자본은 여성을 어떻게 이용하는가

아시아의 자본 축적과 여성 노동

Capital Accumulation and Women's Labour in Asian Economies
by Peter Custers
Copyright © Monthly Review Press, 2012
All Rights Reserved
Korean translation copyright © 2015 by Greenbee Publishing Company.
Korean translation rights arranged with Monthly Review Foundation through
Shinwon Agency Co.

자본은 여성을 어떻게 이용하는가 : 아시아의 자본 축적과 여성 노동

발행일 초판1쇄 2015년 6월 15일 · **지은이** 피터 커스터스 · **옮긴이** 장희은, 박소현
펴낸이 임성안 · **펴낸곳** (주)그린비출판사 · **주소** 서울 마포구 동교로17길 7, 4층(서교동, 은혜빌딩)
전화 02-702-2717 · **이메일** editor@greenbee.co.kr · **등록번호** 제313-1990-32호

ISBN 978-89-7682-788-3 93300
이 도서의 국립중앙도서관 출판예정도서목록(CIP)은 서지정보유통지원시스템 홈페이지(http://seoji.nl.go.kr)와
국가자료공동목록시스템(http://www.nl.go.kr/kolisnet)에서 이용하실 수 있습니다.(CIP제어번호: CIP2015015012)

나를 바꾸는 책, 세상을 바꾸는 책 www.greenbee.co.kr

새움총서 05

자본은 여성을 어떻게 이용하는가

아시아의 자본 축적과 여성 노동   피터 커스터스 지음 | 박소현·장희은 옮김

그린비

개정판 서문 _ 아시아의 여성, 노동, 자본 축적

주류 경제학 교과서와 기타 여러 교육 방법을 통해 이어지고 있는 자본주의에 관한 오래된 믿음 중 하나는 어찌 되었든 노동 공급은 경제 체제에 외생적이라는 것이다. 노동 공급은, 특히 일반적인 성장 이론에서, 인구 성장률에 의해 결정된다고 가정되어 왔고 이는 경제 체제 내부에서 상호 작용하는 것이 아니라 그 '외부'에 있는 것으로 이해된다는 뜻이기도 하다.

물론 현실은 이와 매우 다르다. 노동 공급은 경제적 과정과 떨어져 있는 것이 아니며 오히려 그 결과라고 보아야 할 것이다. 역사적으로 자본주의가 수요에 맞춰 노동 공급을 변화시키는 데 아주 능숙했다는 것은 이미 입증되어 왔다. 이와 관련해 이주는——그것이 노예든 연한 계약 노동자(indentured labor)든, 아니면 자유로운 노동자든 간에——중요한 역할을 했다. 이처럼 다양한 경제적 조건에서 아동 노동의 활용 또한 마찬가지로 허용되어 장려되기도 하고 반대에 부딪혀 금지되기도 했다. 그러나 노동력을 만들어 내는 자본주의의 이런 특별한 능력이 여성 노동의 경우에서처럼 잘 드러난 적은 없었다.

자본주의의 시작부터 여성은 언제나 노동계급의 일부였다. 노동자로서 권리를 인정받지 못하던 때에도 말이다. 임금노동자가 아닌 경우에도 그들은 여러 경제 활동은 물론 사회적 재생산에 기여해 왔다. 인정받지 못하고 대가 또한 지급되지 않은 그들의 기여가 자본주의 체제 유지에 언제나 필수적이었다는 점은 두말할 나위가 없다. 어떻게 정의되고 이해되든지 간에 여성 대부분은 노동자이다. 모든 사회에는, 그 중에서도 특히 발전도상국에는 필수적인 것임에도 불구하고 대부분 그 대가를 인정받지 못하는 활동(예컨대 요리, 청소, 기타 집안일, 생필품 제공, 양육, 환자와 노인 돌보기 그리고 공동체 기반 활동)이 존재하고, 이는 대체로 여성의 책임이다. 돈을 벌기 위해 밖에서 (임금노동자로 혹은 자영업자로) 일하는 여성도 이런 유형의 무급노동(unpaid labor)을 하기는 마찬가지이다. 바깥일을 하는 가난한 가정의 여성은 이런 가사를 할 만한 다른 사람을 쓸 수도 없기 때문에 대부분 집안의 어린 소녀나 나이 든 여성에게 맡기거나 아니면 직접 '이중 부담'을 지게 된다. 이러한 과정은 물론 자본주의의 필연적 요소이다. 여성이 사용가치와 교환가치를 생산하는 것은 자본 축적 과정에 필수 불가결하며, 여성에 대한 의존은 최근 더욱 두드러지고 있다.

그럼에도 여성의 투쟁이 더 나은 사회를 향한 노동계급의 투쟁에 없어서는 안 될 한 부분으로 받아들여지는 데는 적지 않은 시간이 걸렸다. 한 세기가 넘도록 남편/아버지가 바깥일로 돈을 벌고 아내/어머니는 그 대신 가사노동을 맡는다는 '남성 생계 부양자' 모델을 통해서 노동조합과 여타 노동 조직은 점차 남성의 전유물이 되어 갔다. 이에 다양한 형태의 임금노동자로서 여성의 역할에 대한 사회적 인식을 제고하고 가사와 공동체 기반의 무급노동이 갖는 중대한 경제적 의의를 밝히려는 오랜 투쟁과 결의에 찬 운동이 일어났다. 산업혁명 이후 초기 유럽 노동자들의 투쟁에서 노동시간 단축은 핵심적 요구였다. 공장 노동으로의 변화(다수의 여성과 아동도 남성보다 훨씬 낮은 임금으로 이에 참여했다)는 대부분 규제되지 않았고, 하루 10시간에서 16시간에 이르는 매우 긴 노동시간을 수반했다. 영국에서는 1847년 여성과 아동에 대해 하루 10시간 노동을 얻어냈으며, 프랑스에서는 노동자들이 1848년 2월 혁명 이후 12시간 노동을 쟁취했다. 20세기 초중반이 되어서야 대부분의 산업국가 노동자들이 8시간 노동일과 추가 노동시간에 대한 잔업수당 지급이라는 법적 권리를 얻어 냈다. 물론 여성이, 주로 가정에서, 무급노동에 쓰는 상당한 시간은 여기서 제외되었다.

그러나 대부분의 노동력이 노동에 대한 보호와 규제를 받지 못하는 발전도상국에서는 유급노동에 쓰이는 시간을 규제하기 위한 여건조차 대다수 노동자에게 요원한 일이다. 게다가 장시간 노동을 하면서 실질적으로 저임금을 받게 되고, 이는 노동자의 건강과 최저 생활 수준에도 영향을 미친다. 특히 여성 노동자에게 장시간 노동의 문제는 그들이 수행해야 하는 상당 수준의 무급노동 때문에 더 복잡하다.

이는 여성 노동과 관련된 문제가 남성 노동자의 문제와는 질적으로 다르다는 것을 의미한다. 유급노동이 증가했다고 해서 꼭 여성 노동자의 처지가 개선되었다는 뜻은 아니다. 이미 가사노동을 책임지고 있는 여성에게는 이중 부담을 지우는 것일 수 있기 때문이다. 따라서 가사노동과 양육에 대한 대안 마련과 같이 발전도상국 여성 노동을 더 용이하게 만드는 조건뿐 아니라 여성 노동의 질, 그에 대한 인정과 보상에도 관심을 기울일 필요가 있다. 이 모든 것은 사회적 관계와 경제 정책 및 과정으로부터 크게 영향을 받고, 여성의 노동시장 진출이 그들의 경제적 상황을 진정으로 개선할 것인지 여부도 결정한다.

사회의 물질적 발전과 함께 여성의 사회경제적 조건도 개선되어 왔음을 보여 주는 역사적 증거들이 있다. 그러나 그것은 저절로 이루어진 것이 아니라 평등과 정의를 향해 여성들이 투쟁한 결과였다. 여성 유급노동의 중요성이 더 커진 것은 그 한 단면이다. 최근에는 노동시장에서 여성의 두드러진 참여를 가능하게 만든 폭넓은 경제적 과정에서 권리와 권한을 찾기 위한 여성운동의 역량이 향상되었다. 후퇴도 있었지만 진보도 있었고, 어떤 사회에서는 진작에 쟁취된 것일지라도 다른 곳에서는 당연하게 여겨지지 않음은 물론이다.

여성에게 영향을 미치는 전 지구적 과정

세계 경제는 지금도 제국주의에 의해 규정되고 있지만 겉모습만큼은 계속해서 변화해 왔다. 금융 자본의 지배, 새로운 통상 관계의 등장, 그리고 생산 과정을 다른 지역들로 분산시켜 놓는 지구적 생산망의 확대는 전 세계의 생산 구조와 노동시장을 완전히 바꾸어 놓았다. 금융 부문과 생산 부문 모두 더욱 집중화되었고 이로 인해 통상적으로 고용 집약적인 소규모 기업은 상대적으로 쇠퇴했다. 2008년 글로벌 금융 위기 직후 공공 지출이 반짝 늘었던 것을 제외하면, 정부들은 고용의 유지나 확대를 위한 거시 경제 정책을 추진할 의지도 능력도 없다. 무역 개방은 새로운 소득 발생과 고용의 기회를 창출했지만, 또한 그 이상으로 생계를 파괴했다. 이러한 변화는 여러 나라에서 일어난 노동시장의 변화에 반영되었다. 공개 실업률은 증가하고 공식 혹은 조직화된 부문의 고용이 전 세계 노동력에서 차지하는 비중은 줄어들었다. 동시에 '사회 부문'에 대한 공공 지출의 감소는 사회적 재생산 활동에 대한 책임을 가정 내 여성의 무급노동으로 더 많이 전가했다.

공식 고용의 감소로 인해 노동자들은 비공식 부문의 활동으로 몰렸고, 그 결과 가난이 미미한 수준의 고용 창출을 그리고 이것이 다시 가난을 낳는 악순환이 고착화되고 있다. 기술 변화로 인해 지구적 생산망은 점점 더 중요해지고 여러 나라의 생산과 노동력은 점점 더 상호 의존적으로 바뀌고 있다. 정부가 공공재와 공공 서비스를 제공할 기본적인 사회적 책임을 방기함에 따라 여성이 (전적으로는 아닐지라도) 대부분을 수행하던 가계 내 무급노동이 전 지구적으로 증가해 왔으며, 돌봄 경제(care economy) 중 더 많은 부분이 무급 영역에 속하게 되었다.

이러한 변화는 발전 중인 아시아 지역에서 특히 두드러진다. 아시아는 전 세계에서 가장 '세계화'되었고 경제적으로도 가장 역동적인 지역이다. 유급노동으로의 빠른 진입과 이탈, 바깥일로 가계 소득을 벌어 오는 역할의 증가, 일자리를 찾아 떠나는 이주의 증가, 더 많아진 무급노동의 부담과 함께 아시아 여성은 그 변화에 가장 큰 타격을 받았다. 여성은——자발적으로 혹은 강제적으로——국가와 지역의 경계를 오가면서 일자리를 찾아 그 어느 때보다 더 많이 이동했다. 거의 농업에 의존하고 있는 농촌에서 그들의 생계는 이제 발전도상국 대부분에 만연한 농업 위기에 영향을 받는다. 아시아 곳곳에서 무역 자유화 때문에 다른 소비재의 사용이 크게 증가하고 그 결과 기본적인 공공재와 공공 서비스에 대한 접근성은 낮아졌다. 지구적 생산망이 특히 그 밑바닥에서 여성 노동을 적극 이용하게 되면서 유급노동의 양식도 변화했다. 또한 서비스의 엄청난 세계화는 노동력의 지역적 이동과 '돌봄' 경제 부문에서 여성의 이주를 수반했다. 동시에 기술 변화로 문화 양식의 소통과 전파가 이전에는 상상도 못할 수준으로 넓어지고 빨라졌다. 이런 모든 변화는 여성의 지위와 자신의 삶을 통제하는 능력에 매우 중대하고 복잡한 영향을 미쳤다.

그 외에도 이러한 경제적 변화는 여성에게 부정적인 또 다른 사회적 결과를 낳았다. 시장과 수익성이 점점 더 중요해지면서, 광고로 소비자를 유혹하여 구매망에 포섭하고 사람들의 취향과 선호를 조작하는 각종 노력이 필요하게 되었다. 그 과정에서 광고회사들이 상품을 전달하기 위한 수단으로 여성을 이용한 것은 주지의 사실이다. 여성은 상품 판매에 이용되는 대상이자 거대한 잠재적 상품 시장이다. 이러한 이중적 관계는 여성 스스로 자신을 대상화하는 데 참여하게끔 조장되고 설득되는 기이한 상황을 만들어 냈다. 발전 중인 아시아에서 미인 선발 대회, '성공한' 모델 등에 쏟아지는 엄청난 관심은 미용 산업의 매우 빠른 확대를 보면 알 수 있는데, 여기에는 화장품과 화장 도구는 물론 몸매 관리, 뷰티숍, 체중 감량 클리닉 등이 포함된다. 이러한 경향 가운데 많은 것이 여성과 그들의 외모에 대한 매우 퇴행적이고 바람직하지 않은 태도를 갖게 만들었다. 이것이 과거의 명백한 가부장제 양식만큼이나 모욕적인 새로운 형태의 사회적 억압 속으로 여성을 떠밀지도 모를 일이다.

피터 커스터스의 공헌

이것이 아시아 경제에서의 자본 축적과 여성 노동에 관한 피터 커스터스 (Peter Custers)의 인상적이고 포괄적인 작업이 자리 잡고 있는 폭넓은 정치경제적 맥락이다. 이 책은 1997년 처음 출판되었지만 놀라울 만큼 참신하고 시의성을 띤다. 이는 커스터스가 독일여성주의 학파에서부터 생태여성주의, 발전여성주의처럼 다른 입장에 이르기까지 여러 여성주의 연구자들의 통찰과 새로운 생각들을 맑스주의의 이론적 관점과 폭넓게 결합시켰기 때문이다. 그렇게 함으로써 그는 지구적 수준에서뿐 아니라 국가적 수준과 지역적 수준에서 다양한 형태의 여성 노동이 자본주의 축적의 발전 및 현재 상황과 얼마나 밀접하게 연결되어 있는지 풍부하게 분석하고 실증적으로 묘사한다.

커스터스는 여기서 다 정리할 수 없을 만큼 폭넓은 통찰을 제공한다. 그 중에서도 몇 가지는 더 주목할 필요가 있는데, 최근 여성주의 연구와 실제 경험에 의해 확인되었음은 물론 앞으로 여성 노동자들의 해방 투쟁과 관련해서도 훨씬 더 중요해질 것이기 때문이다. 특히 네 가지 주제가 주목할 만하다. 절대적·상대적 잉여가치의 착취에서 여성 노동의 중요성, 무급노동의 역할, 여성 노동자들이 자본주의적 노동 관리 기법에 영향을 주고받는 방식, 그리고 노동예비군(reserve army of labor, 산업예비군)의 형성에서 여성이 수행하는 역할이 그것이다. 이 주제들은 모두 자본주의의 역사를 돌아보는 폭넓은 논의와 서로 다른 아시아 국가(인도, 방글라데시, 일본)의 여성 노동자들에 대한 자세한 사례 조사를 통해 제시되고 있다. 이 과정을 이해하는 데 도움이 된 이론적 흐름도 다뤄진다. 물론 각 과정에 커스터스 자신도 크게 기여하고 있지만 말이다.

여성 노동자 그리고 절대적 잉여가치와 상대적 잉여가치의 착취

성별 분업──커스터스는 이를 "부문 간 성별 분업"이라고 부른다──이 유연하다는 것은 커스터스의 연구에서 얻을 수 있는 가장 중요한 통찰 중 하나이다. 여성에 대한 남성의 지배를 유지하면서 또한 자본의 요구에 맞춰 여성에 대한 더 많은 경제적 착취를 확실하게 하려는 필요에 따라 역사적으로 변화해 온 것이다. 그는 현대화로 인해 농업에서 전통적 성별 분업이 어떻게 바뀌었는지를 방글라데시의 인상적인 사례를 통해 보여 주는 한편, 서벵골에서 의류 제조에 종사하는 여성들의 대조적인 두 사례를 통해 성별 분업의 사회적 구성에 따라 여성 노동과 관계된 [공간적] 위치, 보수, 이동성이 어떻게 달라질 수 있는지 보여 준다. (마리아 미스의 유명한 저작에 기초한) 인도 안드라프라데시 지역의 곡물 생산에 관한 논의에서 보듯이 남성이 생산수단을 독점하면서 여성이 생산성이 낮은 업무로 밀려나고 있는 것이 그 대표적인 예다.

중요한 것은 이렇게 분절된 노동시장이 여성의 임금을 삭감하고 여성의 노동에서 훨씬 더 많은 잉여가치를 뽑아낼 수 있게 하는 주요 원인이 된다는 점이다. 커스터스는 여성의 노동시간은 늘리고 임금은 줄임으로써 절대적 잉여가치와 상대적 잉여가치를 모두 높이려는 여러 전략을 밝혀냈다. 이와 관련해 성과급(piece-rate) 노동은 감시의 필요 등을 줄임으로써 추가 이득까지 가져오기 때문에 특히 중요한 수단이다. 이렇게 가부장적 사회관계를 활용하는 것은 축적 과정 자체에서 근본적인 것이 되었으며 이러한 과정은 축적의 성공을 위해 특정 부문의 지속적 빈곤을 필요로 한다.

이러한 논의는 여성의 유급노동 참여에 영향을 미치고 있는 최근 아시아의 거시적 과정을 고려할 때 특히 중요하다. 한 세대도 채 되지 않는 기간에 노동시장은 매우 빠른 변화를 겪었다. 아시아 여성들은 처음에는 임금 고용, 특히 수출 부문으로 유입되었고 그다음 거기에서 퇴출되었다. 1980년대와 1990년대 초반 빠르게 성장한 몇몇 아시아 경제에서 수출 주도형 제조업이 여성을 불균형적으로 많이 활용하던 시기가 있었고 그다음 나이 든 여성과 일부 젊은 여성을 취약하고 불안정한 형태의 고용이나 자영업, 심지어는 무급 가사노동으로 다시 쫓아 버리는 시기가 이어졌다. 자야티 고시와 스테파니 세기노는 성별 임금 불평등이 아시아에서 어떻게 성장을 촉진할 수 있었는지를 보여 주었는데, 1975년부터 1990년까지는 사회적으로 소외된 여성들이 가장 빠르게 증가한 시기였다.[1] 여성의 저임금은 단위 노동 비용을 낮춤으로써 투자와 수출을 촉진했고, 이는 생산성과 성장률 향상에 필요한 자본재와 생산재를 구입하는 외환 거래를 가능하게 했다.

아시아 국가들의 이러한 고용의 여성화 경향은 더 값싸고 '유연한' 노동력에 대한 고용주의 요구에서 비롯되었으며 이는 비정규직화의 가속화, 파트타임 또는 성과급제 계약으로의 전환, 고용 및 해고에서의 더 많은 자유에 대한 강조를 의미한다. 외부 경쟁력이 국가 정책 결정자들의 주요 목표가 되고 이러한 경제에서 자국 고용주와 외국인 고용주의 경영 방침이 정해지면서 '노동시장 유연화'로 일컬어지는 이런 모든 현상이 필수적인 것이 되었다. 수출 산업의 고용주는 주로 여성 노동자가 열악한 노동 조건이나 낮은 임금 수준을 기꺼이 받아들인다는 이유로 그들을 선호했다.[2] 여성은 남성 노동자보다 의중 임금[reservation wage, 노동자가 주관적으로 기대하는 최소한의 임금 수준]이 더 낮으며, 장시간 노동은 물론 불쾌하고 건강에 해로운 위험한 공장 환경까지도 쉽게 받아들인다. 또한 대체로 노동조합에도 가입하지 않고 자신들의 처지를 개선하기 위해 다른 형태의 집단적 교섭력도 행사하지 않으며 정규직 고용도 요구하지 않는다. 따라서 여성 노동자를 임의로 혹은 노동 시장의 수요 상황에 따라 더 쉽게 해고할 수 있었다. 결혼이나 출산 같은 생애 주기적 변화는 여성

---

1) Jayati Ghosh, *Never Done and Poorly Paid: Women's Work in Globalizing India*(New Delhi: Women Unlimited Press, 2009); Stephanie Seguino, "Accounting for Gender in Asian Economic Growth", *Feminist Economics* 6, no. 3(2000), pp. 27~58.

2) Lean Lin Lim, "Women at Work in Asia and the Pacific: Recent Trends and Future Challenges", International Forum on Equality for Women in the World of Work(Geneva: ILS, 1994).

노동자를 해고하고 더 젊고 신참인 여성 노동자를 고용하는 손쉬운 핑계로 이용될 수 있다. 고용주에게 더 많은 유연성이 주어지면서 덜 안정적인 고용 계약을 맺을 수 있게 된 것이다. 나아가 컴퓨터 하드웨어나 가전 제품과 같이 20세기 후반 새롭게 '등장'한 산업의 특수한 부문에서 조립 라인 업무의 특성—손재주와 정교함을 중시하는 반복적이고 세밀한 작업—은 특히 여성에게 적합한 것으로 여겨졌다. 이런 업무들 중 일부가 극심한 '과로'를 유발하기 때문에 고용주는 주기적으로 교체될 수 있는 노동자를 뽑아 쓰기를 선호한다. 그리고 이 같은 주기적 교체는 다음 생애 주기 단계로 넘어갈 수 있는 젊고 대부분 미혼인 여성으로 이루어진 집단을 고용할 때 더욱 쉬워진다.

수출 주도 산업에서 노동의 여성화가 나타난 것은 보수와 노동 조건이 상대적으로 열악했기 때문이다. 이는 그 여성화 현상이 오래지 않아 사라졌다는 점에서 더욱 명확해진다. 1990년대 중반—수출 호황의 절정—에 이미 여성이 제조업 고용에서 차지하는 비중은 아시아 지역 대부분의 경제에서 정점에 달했고, 일부 국가에서는 이내 절대적 수치까지 감소하기 시작했다.[3] 이는 이동성 높은 해외 투자를 통해 수출 주도형 고용이 더 값싼 지역으로 옮겨 갔다는 사실을 일정 정도 반영하고 있다. 그 예로 말레이시아에서 인도네시아와 베트남으로, 태국에서 캄보디아와 미얀마 등의 다른 지역으로 옮겨 갔다. 그러나 전 세계 의류 산업과 같은 여러 수출 부문의 현안은 (특히 여성을 위한) 일자리가 새로운 지역에서마저도 만들어졌다가 몇 년 사이 다시 사라지고 있다는 것이다.

여성이 임금 노동력의 확실한 일부가 되어 가고 특정 부문에서는 지

---

3) Ghosh, *Ibid*.

배적 비중을 차지하게 됨에 따라(동아시아의 섬유, 의류, 가전제품 부문에서 특히 그렇다), 일터에서 전통적 성차별 방식을 활용하는 것은 점차 더 어려워졌다. 그들의 임금 상승 압력이 성별 임금 격차를 어느 정도 완화하는 데다가 전반적 노동 조건을 향상시키려는 법적 규제라는 또 다른 압력도 있었기 때문이다. 그러나 여성 노동자의 노동 조건을 향상시키도록 고안된 이러한 전략들은 고용주에 대한 여성의 상대적 매력을 감소시키는 경향이 있다. 그들이 여성의 열등한 노동 조건과 고용 및 해고에서의 유연성을 필요로 했던 것은 사실 비용을 줄이고 수출 이윤은 높이고 싶었기 때문이다. 임금 상승도 같은 효과가 있었다. (임금, 노동 조건, 계약 조건의 전체 패키지 측면에서) 상대적으로 낮은 여성의 보수가 개선될수록 고용주가 그들에게 느끼는 매력도 줄어든다.

이후 아시아 제조업이 전체 여성 고용에서 차지하는 비중은 훨씬 덜 중요해졌고, 주변부의 여성 고용에도 덜 의지하게 되었다. 수출 주도 생산이 언제나 노동력의 형식적 여성화를 유발하는 것은 아니라는 점이 갈수록 더 명확해지고 있다. 즉 노동력의 여성화는 여성 임금과 노동 조건의 상대적 열악함 그리고 여성 노동자에 대한 통제를 확립하고 임금을 억제하기 위한 가부장적 관계의 활용에 달려 있다. 기계화와 새로운 기술 때문에 숙련 노동의 활용이 더 필요하다면, 혹은 남녀 임금 차이가 그렇게 크지 않다면 수출 활동이 여성 노동에 의지해야 할 필요는 없는 것이다. 남녀 노동자 모두 저임금과 불안정한 노동 계약을 강요받는 상황에서 외환 위기를 겪은 동아시아 국가들은 물론 겪지 않은 다른 동아시아 국가들에서도 그랬듯이 어린 여성 노동자를 노골적으로 선호하는 현상은 이전보다 줄어들었다.

최근 들어서는 이 같은 노동의 특성 또한 바뀌고 있다. 이미 여성 고용은 종신 고용보다는 단기 계약이 대부분이었다. 이제는 복잡한 하청 사슬의 바닥에서 아주 소규모로 혹은 가내 생산으로 일하는 이들에게 더 많이 의존하고 있다. 이러한 변화는 위기 후 조정 단계에서 훨씬 더 두드러졌다. 동남아시아에서 여성은 의류 공장, 신발 공장, 수공예 산업의 비공식 제조업 노동력 가운데 상당한 비중을 차지한다. 또한 많은 여성이 농업이나 건설 현장에서 비공식적이고 임시적인 일들을 맡는다. 가내노동자는 자영업자로 일하기도 하고 하청으로 일하기도 하는데 의류와 신발에서 조화, 카펫, 전자제품, 텔레서비스에 이르는 상품들을 만들고 있다.

외주화의 증가는 수출 기업에만 한정되지 않는다. 그러나 하청이 제공하는 유연성 때문에 고도로 경쟁적인 수출 부문에서 하청화가 큰 이점을 가져다준다는 것은 분명하고 이 때문에 더 광범위하게 활용되는 면이 있다. 국경을 넘나드는 외주화의 대부분은 아시아에서 일어나지만, 커스터스의 지적대로 이런 움직임은 지리적 공간을 넘나들 수 있다. 심지어는 (최근 유럽에서처럼) 고용 붕괴로 여성이 비공식 가내노동을 떠맡게 되자 다시 북반구로 옮겨 가기도 한다. 그렇게 하청화된 생산자들은 중간 규모 공장부터 가내노동자의 생산물을 수집하기만 하는 순수 중간 상인에 이르기까지 규모와 제조 역량 면에서 다양하다. 하청기업이 운영하는 소규모 공장 및 작업장에서 일하는 임금노동자이든, 아니면 복잡한 생산 사슬에서 중간 상인을 상대하는 가내노동자이든 간에, 이 같은 아시아의 국제 생산 활동에서 여성이 맡은 역할은 점점 더 그 중요성을 인정받고 있다. 하청화가 상당한 비중으로 가내노동으로까지 확장되면서 자기 착취(self-exploitation)의 가능성도 높아졌는데, 임금이 성과급으로 지급될 때 특히 더 심각하다. 그리고 이 같은 일은 노동법이나 사회 복지 제도의 보호를 받지 못하는 것이 일반적이다. 그러나 발전도상국에서 세계시장으로 섬유와 의류를 수출하는 것이 점점 더 힘들어지고 경쟁 압력 때문에 수출업체들이 비용 절감을 해야 하는 상황이 되면 가내노동마저도 위기에 처하게 될지 모른다. 노동 수요의 극단적 변동성은 공장에 기반을 둔 수출 주도형 생산의 특징이었지만, 이제는 수출 생산을 위한 가내노동의 특성이 되었다.

무급노동의 역할

커스터스의 저작은 현대 자본주의에서 이윤을 위해 활용되는 지불 착취와 불불 착취 모두에 이론이 관심을 두어야 한다는 사실을 강조했다는 점에서 중요하다. 다이앤 엘슨이 지적했듯이 여성이 가정에서 규칙적으로 수행하는 반복적인 무급 서비스는 사회적·경제적 재생산에 중요한 특성인데도 경제 용어로는 포착되지 않았다.[4] 역사적으로도 줄곧 그것이 자본주의 축적의 중요한 특징이기도 했다는 점은 명백하다. 이는 거시 경제 정책의 변화가 유급노동과 무급노동의 상대적 배분에 영향을 미치기 때문에 특히나 오늘날 더 강한 울림을 준다.

전 지구적으로 노동 과정의 중요한 특징은——(전적으로는 아니더라도) 대부분 여성에 의해서 수행되어 온——가계 내 무급노동이 증가했다는 점이다. 정부가 공공재와 공공 서비스 제공이라는 기본적인 사회적 책임을 방기하면서 돌봄 경제는 점점 더 무급 영역이 되고 있다. 그 결과 증가한 실업과 무급노동 수요가 독특한 방식으로 결합해 전 지구적 노동시

---

4) Diane Elson, *Male Bias in the Development Process*, second edition(Manchester: Manchester University Press, 1995).

장의 특성이 되었다. 중앙 정부들이 내놓은 거시 경제 정책들은 남성과 여성 모두의 고용 기회를 구조적으로 줄였고 남반구 농업을 불안정하고 지속되기 어렵게 만들었다. 그뿐 아니라 공공재와 공공 서비스의 질과 접근 기회를 제한하고, 일상의 많은 부분을 불평등을 심화하는 시장에 무방비로 내맡겨 버렸다. 대개 이런 경제 정책들은 대기업 자본을 위한 것이었다. 부자, 특히 대기업은 경쟁적으로 제공되는 상당 규모의 세금 혜택으로 이득을 봐 왔지만 평범한 사람들은 나라에 돈이 없어서 기초적 공공재와 공공 서비스를 제공받을 수 없다는 말을 들어야 했다. 가난한 나라에서 식량 안보는 위협받고 그 외 다른 경제적 권리들도 부정당했다. 의료나 교육과 같은 사회 부문에는 재원 공급이 제대로 이루어지지 않았으며, 노동자 보호도 축소되었다. 시장을 점점 더 강조하게 되었다는 것은 이전에는 국가나 공동체에 의해 자연스럽게 주어지거나, 시장 거래 또는 소유관계의 대상이 아니라고 여겨지던 삶의 많은 부분들이 상품화된다는 것을 의미했다. 예컨대 몇몇 정부가 안전한 식수를 공급할 수 없거나 공급하기를 거부하면서 생수 산업은 폭발적으로 증가했다. 전력 공급이나 전기 통신과 같이 이전에는 공적으로 제공되던 서비스와 공익사업은 사유화되었다. 지적 재산권에 대한 인정은 시장이 완전히 새로운 영역으로 진입하는 전조이다.

이 모든 것은 여성 그리고 소녀들에게 가장 직접적인 영향을 미쳤다. 가계 내 노동 소득이 줄어들면 여성은 가계를 유지하기 위해 어떤 일자리든 찾지 않을 수 없다. 음식을 구하기 어려워지면 여성과 여자아이들은 더 적게 먹게 된다. 의료 서비스가 제대로 안되면 여성(특히 어머니)은 가장 고통받을 뿐 아니라 환자나 노인을 돌보는 책임도 감수해야 한다. 학교가 기초 시설이 부족하거나 수업료를 올리면 여학생들은 학교에 다니기 힘들어지고 집안일을 떠맡는다. 취사 재료와 깨끗한 식수를 구하기 힘들어도 여성은 어떻게든 그것들을 가족에게 제공해야만 한다. 결국 정부가 여성의 무급노동을 크게 늘리고 결과적으로 그들의 삶의 질을 더 악화시켜 온 것이다. 여성의 무급노동에 어떤 것들이 있는지 따져보면 여성이 꽤 많은 시간을 무급노동에 쓰고 있음을 알 수 있다. 여가와 휴식 시간까지 포기하는 경우도 흔하다. 이러한 무급노동은 시간이 갈수록 증가한 것으로 보이는데, 특히 지난 10년간 크게 증가했다. 공공 정책은 여성의 무급노동시간을 늘리는 데 기여했다. 이는 여성에게 더 많은 부양 의무를 지우는 사회 지출의 축소, 공유재의 사유화와 질 저하, 사회 기반 시설의 부족으로 가계에 필수적인 재화를 공급하는 데 필요한 시간의 증가, 혹은 (조림 사업처럼) 뜻은 좋았지만 몰성적인(gender-blind) 정책 때문이었다.

여성 노동자와 노동 관리 기법

여성 노동과 자본주의 간 상호 작용의 이 같은 특징들 가운데 일부는 주로 최근 사회주의 여성주의자들의 저작에서 폭넓게 이해되고 논의되고 있다. 커스터스의 핵심적인 기여는 이러한 상호 작용이 노동 관리 시스템에 어떻게 영향을 미치는지 통찰할 수 있게 해준다는 것이다. 특히 중요한 11장에서 커스터스는 포드주의(또는 테일러주의)의 대량 생산 시스템과 일본식 시스템 혹은 '도요타주의'를 구분한다. 그는 일본식 시스템이 두 가지 독특한 특성을 지닌다고 밝힌다. "남녀 노동자들을 기업의 규칙에 정신적으로 종속시키려고 만든 노동자 품질관리조, 생산의 위험을 부품 제조사와 그곳에 고용된 노동자들에게 전가하는 하청 구조가 바로 그것이다" (11장, 요약 첫째 문단). 그는 일본식 대량 생산 체제 위계의 밑바닥에 있는 여성 노동자들의 참여가 어떻게 이러한 경향을 낳았는지를 밝히고 있는데, 이 경향성은 이후 권리와 협상력에서 차이가 나는 분절된 노동자 범주를 만들어 내는 데 활용되었다.

전 지구적으로 자본주의는 이러한 생산 시스템을 점점 더 많이 활용하고 있다. 이를 통해 고용주들은 원활한 생산에 제약이 될 수 있는 것들을 '해결'할 수 있기 때문이다. 일본식 생산 시스템에서 대량 상품의 연속 생산이 없어진 것은 아니다. 그러나 기업 내부의 위계적 관계와 외부 관계는 모두 엄청난 재구조화를 겪었다. 커스터스는 이를 다국적 기업들이 공장 노동자들의 사고 과정을 최대한 통제하기 위한 방법을 찾던 끝에 얻은 결과라고 설명한다.

도요타주의의 두드러진 특징은 외적 탈중심화와 내적 탈중심화의 결합이다. 동료의 압력이라는 규율 수단을 가능하게 만들기 위해 높은 생산성에 공동 인센티브로 보상해 주는 '노동집단'을 형성한 것은 내적 탈중심화의 한 예이다. 이는 세부적인 감시와 모니터링의 필요성을 줄이고 훨씬 강화된 '자기 규율'을 보장해 준다. 커스터스는 이것이 노동관계의 인간화와는 거리가 멀고 노동자들 내부의 연대와 그들의 조직력을 약화시킬 뿐이라고 보았다. 이 같은 관리적 통제 기법을 전 세계 기업들이 점점 더 많이 따라 하게 된 것, 그리고 제조 부문을 넘어서 금융 부문으로까지 확산된 것은 흥미로운 일이다. 예를 들어 국제기구와 많은 정부가 '발전 만병 통치약'으로 적극 홍보한 마이크로크레딧에서는 공동 대출로 혜택을 보는 여성 집단(완곡한 표현으로 '자조self-help 집단'이라고 불리는)을 만드는 것이 핵심이다. 대출에 대한 담보가 없어도 동료의 상환 압력이 담보를 대체하게 되는 것이다.

내적 탈중심화와 결합된 외적 탈중심화 또한 노동자에게 부정적 영향을 미친다. 대기업이 소규모 납품업체와 맺는 관계는 점점 더 '적기 납품'(just-in-time delivery, 일본어로 간반 看板) 원리를 따르고 있다. 그 결과 납품업체들은 권리 측면에서 명백히 부차적 지위에 있는 노동자를 고용하고, 이 노동자들은 고용주의 불안정한 수입에 휘둘린다. 노동자에게 위험을 전가하는 수법은 비공식적 성격을 띠는 대부분의 노동 계약, 파트타임 노동자에 대한 의존, 성과급제 임금의 활용에 의해 견고해졌다.

다시 한번 강조하지만, 이 같은 방식이 사실상 전 세계로 퍼져 나갔다는 점에서 위 설명은 최근의 흐름에 대한 놀라울 정도의 혜안을 보여 준다. 최근의 연구에서도 드러나듯, 복잡하고 지리적으로 서로 떨어져 있지만 동시에 잘 통제되고 있는 사슬 속으로 생산 과정이 수직적으로 '분화'(disintegration)하고 있는 것이 바로 오늘날의 모습이다.[5] 두 종류의 변화가 국제적 생산 내 재배치의 가능성을 극적으로 증가시켰다. 기술적 변화는 생산 과정의 여러 부분을 수직적으로 분화되고 공간적으로 분리될 수 있게 만들었다. 이는 서로 다른 유형의 노동 조건을 만들어 냈는데, 하나는 고도로 숙련된 소수의 전문직 노동자의 노동 조건이고 다른 하나는 일을 하며 기술을 습득하기보다는 초과 근무로 소진되어 버리는 다수의 반숙련 노동자의 노동 조건이다. 기술적 변화는 또한 과거에는 지역적으로 고정되어 있던 서비스 활동을 지역적으로 재배치하는 것을 가능하게 만들었다. 조직의 변화는 소유권과 통제권을 집중화할 뿐 아니라 생산 과정 내 특정 부분과 활동의 외주화·하청화를 더 많이 확산시키고 세분화했다. 그 결과 오늘날 생산과 유통 활동의 상당 부분을 특정 장소에서의 직접 생

---

5) Marilyn Carr, Martha Alter Chen, and Jane Tate, "Globalization and Home-Based Workers", *Feminist Economics* 6, no. 3(2000), pp. 123~142.

산보다도 하청에 더 많이 의존하는 재화와 서비스의 국제 공급자가 등장했다. 나이키나 아디다스 같은 다국적 기업이 중앙에서 결정된 디자인과 품질 관리를 기초로 외주와 하청 생산의 복잡한 시스템에 실질적으로 의존하게 되면서, '공장 없는 제조업'이 등장해 시장을 지배하게 되었다. 최근 들어 출판부터 후선 지원 업무[6]에 이르는 서비스의 외주화는 집중화된 통제와 어느 정도의 유연성(노동자에 대한 더 큰 통제력을 의미하는)을 결합하기도 했다. 이 모든 활동에서 여성 노동자들은 핵심적이면서도, 동시에 임금과 통제력 부재라는 측면에서는 노동 과정의 밑바닥을 차지한다.

여성과 노동예비군

커스터스는 자본주의의 노동예비군으로서 여성의 중요성을 정확하게 규명했다. 그는 일본 여성들이 칼 맑스가 노동예비군의 주요 범주로 설명한 잠재적·정체적·유동적 예비군의 주요 특징을 언제나 보여 주었다는 점을 주목했다. 그는 또한 광범위한 경제적 조건이 어떻게 여성 노동자들의 가용성(availability)을 결정하게 되는지도 주목한다. 다시 말해 심화되는 가정의 가난과 고통 때문에 많은 여성(흔히 어린 여성)이 떠밀리듯 임금노동을 찾고 있다. 생애 주기에 따른 사회적 압력도 영향을 미친다. 커스터스는 파트타임으로 고용된 기혼 중년 여성이 노동예비군으로서 일반적 기준을 가장 잘 충족시킨다고 보았다. 엄밀히 말해 그들이 값싼 예비 노동력으로 활용될 수 있는 것은 출산과 육아로 노동시장을 떠나야 했기 때문이

---

6) 백 오피스(back office) 업무라고도 하며 직접적으로 가치를 창출하지 않고 후방에서 생산, 판매와 같은 가치 창출 활동을 지원하는 일련의 업무들을 일컫는다. 부서 간 의사소통 지원, 인사 관리, 회계 관리 등을 포함한다.— 옮긴이

다. 하지만 그 근저에는 고용주 마음대로 불러내거나 쫓아낼 수 있는 불안정하고 종속적인 저임금 노동자로서 그들의 역할을 강화하는 가부장적 관계가 자리하고 있다.

세계 노동시장에서 눈에 띄는 한 가지 경향은 전 세계적인 공개 실업률의 상승이다. 21세기 초반 대부분의 산업국가에서 실업률은 1930년대 대공황 이후 그 어느 때보다 높았다. 더 중요한 것은 발전도상국의 공개 실업률이 매우 높아져 이전과는 확연한 차이를 보인다는 점이다. 이후로도 공개 실업은 계속 증가했다. 발전도상국에서 사회 보장 지급이나 실업 급여는 없는 게 보통이어서 사람들은 임금이 낮든, 자영업이든 가리지 않고 일을 하려고 하는데도 말이다. 중국, 동아시아·남아시아 국가들 그리고 인도처럼 세계 경제에서 가장 역동적으로 보이는 발전도상국에서도 공개 실업률이 증가하고 있으며 이들 나라의 공개 실업률이 지속적으로 높은 불완전고용률과 결합되어 있다는 점은 주목할 필요가 있다.

(특히 발전도상국에서) 공식 부문 고용이 줄어들자 많은 노동자들이 비공식 부문으로 몰려들었는데, 그 중에서도 '피난 부문'(refuge sector)의 특징인 저임금, 저생산성 직업으로 많이 몰렸다. '비공식적' 자영업(예를 들어 집에서 전문 작업을 수행할 수 있게 해주는 소프트웨어나 일부 고급 IT 관련 서비스를 포함해서)에도 고부가가치 직종이 있기는 하지만, 상대적으로 그 수가 적고 특히 다수의 노동력이 미숙련이거나 상대적으로 숙련 수준이 낮은 나라에서 전체 경향에 균열을 내기에는 너무 미미하다. 그 결과 빈곤-낮은 고용 증대-빈곤의 순환 고리가 계속 유지되고 있을 뿐 아니라, 고용 창출에 적극적으로 개입하려는 정부의 의지나 역량이 줄어들면서 오히려 더 심화되고 있다.

그동안 이런 변화에 대한 아시아 여성들의 주요 대응 중 하나가 바로 경제적 이주였다는 점을 주목할 필요가 있다. 아시아는 세계적으로 국경을 넘나드는 자본과 재화의 이동뿐 아니라 사람의 이동도 가장 두드러지는 지역 중 하나이다. 높은 임금과 노동에 대한 인정이라는 분명한 이점도 있겠지만 다양한 방식의 착취가 도사리고 있을지 모를 낯선 환경으로 이주한다는 어려움과 위험 또한 존재한다. 그렇기 때문에 오늘날 아시아에서 여성의 이주가 보여 주는 양상은 복잡하다. 또한 이는 새로운 형태의 생산망인 돌봄 경제의 세계화를 낳고 있다. 다른 (부유한) 지역에서는 1인당 가계 소득과 인구 통계학적 분포가 변화함에 따라 과거에는 가계 내 여성 구성원의 무급노동이었던 가내 돌봄 노동이 점점 더 외주화되고 있는데, 아시아 여성들이 바로 이 지역으로 이주하고 있는 것이다.[7]

커스터스의 책은 성별 관계의 많은 특징 그리고 가부장제가 취하는 특정한 양식이 자본주의 축적 과정과 긴밀히 연결되어 있음을 간명하게 기술한다는 점에서 높은 가치가 있다. 그의 분석은 여성의 지위와 보편적 사회 해방의 가능성을 밝혀내고 특히 현대 자본주의의 복잡한 본질을 해명한다는 점에서 오늘날에도 의의가 있다.

자야티 고시[8]

---

7) Ghosh, *ibid.*
8) 뉴델리 자와할랄 네루 대학교 경제학과 교수. 국제발전경제학회 사무국장.—옮긴이

서문

'역사의 종말'이란 없다. 신자유주의 담론의 대변자들이 사회주의를 과거의 현상으로 볼지는 몰라도, 전 세계적으로 계급 갈등과 계급 투쟁은 여전히 증가하는 중이다. 이 책에서 들고 있는 근거들이 이를 뒷받침하는데, 특히 여성 노동자의 경우에 더욱 분명하다. 나아가 이는 여성주의 관점에서 계급 투쟁과 자본 축적을 분석하려는 맑스주의적 해석을 더 탄탄하게 만들어주고 있다.

　이러한 주제들에 대한 논쟁은 현실에 뿌리를 두고 있는 한 사람의 연구자로서 피터 커스터스와 내가 알고 지내기 시작한 1970년대에 활발히 제기되었다. 우리 둘은 서로 다른 맥락에서 자산의 단순 재분배를 위한 제3세계 소작농의 투쟁을 지지하고 있었다. 맑스는 프롤레타리아트에 경도되었지만, 우리는 제3세계 국가의 소작농 또한 혁명적인 잠재력을 갖고 있다는 것을 보이기 위해 노력하고 있었다. 전 세계 거의 대부분 지역에서 소작농과 여성의 처지는 절망적인 상태이거나 혹은 지난 수십 년간 더 악화되어 갔다. 1970년대에 우리가 관심을 두었던 주요 문제들은 탈냉전 시기의 신자유주의자나 세계화주의자의 수사에 매료된 서구 학계에서 무시되었지만 그래도 여전히 논의할 가치가 있으며 또한 매우 시의적절하기도 하다.

맑스의 삶과 그의 저작들에서 출발한 맑스주의적 실천과 이론은 서로 긴밀히 연관되어 있었다. 때때로 맑스주의적 실천이 보다 탁월한 맑스주의의 면모이기도 했으나 보통은 이론적 사색, 논쟁, 불일치, 테제, 반테제, 종합이 더욱 두드러졌다. 그야말로 맑스**주의**였다. 맑스주의는 과학이나 이데올로기, 천년왕국 운동, 종교로 불렸다. 무엇으로 부르든지 간에 '맑스주의의 결정적 실패'는 이를테면 기독교, 이슬람, 양자 역학 혹은 자유주의의 결정적 실패와 같이 명백히 불가능한 것이다. 맑스주의의 영향은 세계 정세와 인류 역사를 바꾸어 왔고, 새천년에도 어쩌면 계속될지 모른다. 커스터스가 보여 주었듯, 이는 여성주의에 있어서도 예나 지금이나 마찬가지이다.

사회적·정치적·종교적 운동은 생겼다가 사라지지만, 거기에 참여했던 수많은 남성과 여성의 집단적 경험이 진보와 혁명의 과정에서 사람들의 행동에 미친 영향은 영원히 계속될 것이다.

자본 축적과 지난 수십 년 동안 서로 다른 아시아의 상황에서 여성 노동이 수행한 역할에 대한 커스터스의 분석은 부자와 빈민, 가진 자와 못 가진 자, 자본을 소유한 자와 소유하지 못한 자 사이의 대립이 사라지지 않았으며, 지난 수십 년간 사실상 빈국이든 부국이든 특정 지역뿐 아니라 전 세계적 수준에서도 계속 심화되어 왔음을 입증한다. 대립이 이렇게 가중되어 왔다는 것은 전 세계 인구의 10퍼센트에 불과한 서구(북미와 서유럽)에 사는 사람들이 인류의 80퍼센트가 살고 있는 남반구보다 1인당 24배 이상 소비하고 있다는 사실에서 가장 분명해진다. 학자나 정책 입안자들이 간과한 이러한 경향은 카터 미 대통령의 지시하에 제럴드 바니가 엮은 『미국 대통령을 위한 글로벌 리포트: 21세기로의 진입』(백악관 환경위원회와 미 국무부, 1980)에서 아주 분명히 나타난다. 이러한 사실은 유엔의 연간 인간개발보고서(Human Development Reports)에 담겨 있는 최근 자료에 의해서도 확인되었는데, 이 보고서에 따르면 1960년 이래로 빈부 격차는 두 배 증가했다.

이러한 경향이 계급 갈등과 계급 투쟁이 어느 때보다도 더욱 중요한 문제가 되었음을 의미하는 것은 아닐까? 전 세계적으로 거대 미디어에 의해 고취된 '기대 상승 혁명'(revolution of rising expectations)이 대부분의 경우 잠재적인 좌절 상승 혁명을 낳은 듯하다. 그러한 절망감은 과거에도 종종 그랬던 것처럼 일시적으로는 종교 간, 민족 간, 정당 간 갈등——가난한 사람들 대 가난한 사람들——으로 표출되기도 한다. 그러나 이들이 공공의 적을 분명히 구별해 내기까지 기껏해야 얼마나 걸리겠는가? 멕시코 치아파스의 사파티스타는 자유무역주의의 세계화와 이 지역에서의 무분별한 석유 및 광산 채굴에 대한 직접적 대응으로 소농과 여성의 절망감이 격렬한 저항——그리고 혁명적인 운동 ——을 낳은 가장 최근의 사례이다.

커져 가는 여러 대립 가운데 가장 근본적인 것은 전 세계 부르주아 계급과 다른 계급들 사이의 대립인 것 같다. 어쩌면 다음 세기까지 수십 년 동안 이러한 대립은 더 심해질지도 모른다. 이러한 맥락에서 부르주아 계급의 역할에 대한 맑스의 고전적인 언급을 다시 정리해 볼 수 있을 것이다. 마셜 버먼은 그의 책 『현대성의 경험』(1983)에서 현대성에 대한 가장 뛰어난 성찰로서 괴테의 『파우스트』와 함께 맑스와 엥겔스의 『공산당 선언』을 중요한 위치에 두었다. 버먼은 괴테처럼 맑스도 "부르주아 계급의 천재성"에 깊이 감명받았으며, "인상적이고 잊히지 않는 한 단락을 통해 역동적이고 극적인 부르주아 운동을 전해 주고 있다"고 지적한다. 이어서

버먼은『공산당 선언』에서 유명한 구절을 인용한다.

> 생산의 끊임없는 변혁, 모든 사회 상태들의 부단한 동요, 영원한 불안과
> 격동 등이 부르주아 시대를 다른 모든 시대와 구별해 준다. 굳고 녹슨 모
> 든 관계들은 오래되고 존귀한 표상들 및 의견들과 함께 해체되고, 새롭게
> 형성된 모든 것들은 정착되기도 전에 낡은 것이 되어 버린다. 신분적인
> 것과 정체적(停滯的)인 것은 모두 증발해 버리고, 신성한 것은 모두 모독
> 당하며, 그래서 사람들은 마침내 자신의 생활상의 지위와 상호 연관들을
> 깨인 눈으로 바라보지 않을 수 없게 된다.[1]

이러한 구절은 지금 그 어느 때보다도 적실해 보인다. 사실상 버먼도
밝혔듯이 이러한 과정은 점점 더 빨라지고 있으며, 앞서 언급한『글로벌
리포트』와 유엔의 관찰은 전 지구적 결과의 핵심이 무엇인지를 보여 준다.
커스터스의 자료 또한 이를 뒷받침한다.

자본 축적에 대항하는 계급 투쟁은 지역적으로 벌어지고 있지만 그
맥락에서는 전 지구적 영향을 받고 있다. 부르주아 계급은 맑스가 1848년
에 이미 예측했던 방향으로 가고 있다. 커스터스에 따르면, 여성에 대한
착취처럼 맑스가 놓친 측면들이 이제 훨씬 더 중요해지고 있다.

앞으로도 몇십 년 동안은 여기서 설명한 여러 갈등이 계속될 것이고
어쩌면 더 첨예해질지도 모를 일이다. 모든 대륙과 모든 시민 사회의 맑스
주의자들은 지역 발전의 맥락을 형성하는 전 지구적인 장기 경향만이 아

---

1) 칼 맑스·프리드리히 엥겔스,『공산주의 선언』, 김태호 옮김, 박종철출판사, 1998, 7~8
쪽.—옮긴이

니라 이러한 대립들이 그들이 활동하고 있는 지역 상황에 미치는 효과에 대해서도 함께 평가할 필요가 있다. 서구(특히 미국)의 부르주아 계급이 세계화 과정을 그들에게 유리하도록 관리하는 상황에 대응해 가면서 계급 갈등 역시 세계화되었고 결과적으로 더 복잡해졌다. 전 세계 권력 엘리트의 속임수에 맞서는 민중(노동자·여성·농민·종교·환경·시민) 운동은 문명·종교·문화·국가·민족의 분리선에 따라 서로 싸우기보다 공동의 기반을 찾을 수 있어야 한다. 이는 커스터스가 통찰력 있는 대답을 내놓음으로써 기여하고 있는 전 지구적 맑스주의 사상과 실천에 있어 중요한 시험대이다.

어떤 이들은 **아래로부터의 세계화**의 창조적이고 국제적인 노력에서 볼 수 있듯이 맑스주의와 여성주의를 결합할 수 있지 않을까 생각한다. 전 지구적 맑스주의의 이론화는 이 책에서 그리고 있듯이 지역의 노력과 학습 경험으로부터 일어나야 하며 최소한 이와 긴밀한 연관성이라도 가져야 한다.

네덜란드 네이메헌 가톨릭 대학교 제3세계센터

헤릿 하위저르

감사의 말

이 책의 출발점은 1992년 어딘가로 거슬러 올라간다. 이때 헤릿 하위저르 교수(네이메헌 제3세계센터)는 내가 인도 서벵골 주에서의 의류 제조에 종사하는 여성 노동을 조사하는 것에 지지를 보내왔다. 이 도시를 정기적으로 방문하고 콜카타의 비공식 부문의 착취가 얼마나 심각한지를 관찰하게 되면서 나는 펀자비, 드레스 등의 의류 제조에 종사하는 여성들이 경험하고 있는 생산관계를 체계적으로 이해하고 싶었다. 나는 거의 20년 동안 학계와는 거리를 두어 왔기 때문에 처음에는 박사학위 논문의 아이디어에 대해 미온적이었다. 그러니 나는 많은 용기와 영감을 불어넣어 주고 지도를 해준 하위저르에게 큰 빛을 지고 있는 셈이다. 그 덕분에 학위 논문의 기초적인 생각을 타당성 있는 프로젝트와, 그리고 수년간의 실천적·이론적 연구를 정리할 수 있는 적절한 틀과 엮을 수 있었다.

이 책의 주요 주제는 여성의 노동(아시아 경제에서 여성이 맡고 있는 생산 활동)이다. 이 주제를 선택하게 된 것이 무엇보다도 나의 지적 확신에서 비롯한 것임은 분명하게 말할 수 있다. 1980년대 중반부터 나는 남성 지식인들이 만든 경제 이론의 특징인 여성 노동에 대한 무지에 대해 근본적으로 문제제기 할 필요가 있다는 생각을 확고하게 하고 있었다. 나는 여성 노동에 관한 여성주의자의 글들을 폭넓게 분석하기 시작했고, 결국에는 이 책을 집필하게 되었다. 반면 내 학위 논문이 초점을 맞춘 나라들을 선택하게 된 배경에는 감정적 요인도 있다. 지난 24년 동안 남아시아 나라들—특히 방글라데시—에 살고 있는 사람들의 어려운 처지가 내 마음을 떠나질 않았고, 그 긴 시간 동안 나의 생각은 자연스럽게 발전해 갔다. 그럼에도 내가 아시아 경제의 '자본 축적'이라는 보다 폭넓은 주제로 책의 초안을 쓸 수 있게 된 것은 순전히 방글라데시, 인도, 그 외 아시아 국가들에서 오랫동안 머물렀기 때문이라고 생각한다.

많은 사람들이 이 책에서 논의되고 있는 세 나라, 바로 방글라데시·인도·일본에서의 농업·산업 생산에 대한 여성들의 기여를 알아 갈 수 있게 도와주었다. 바느질과 다른 작업들을 하면서 나와 이야기를 나누어 준 서벵골의 의류 생산자들, 몇 년 동안이나 내게 선생님이 되어 준 방글라데시의 산업 노동자와 농민, 자기의 경험을 기꺼이 나와 나누고자 한 일본 여성 노동자들에게 먼저 감사를 표하고 싶다. 마찬가지로 모든 노동조합 활동가들에게 감사한다. 그들은 자기 조합원들이 당하고 있는 착취에 대해서 필요한 설명을 해주었다. 연구자들로는 우선 바수데브 강굴리와 크리슈나 반도파디아이에게 빚을 졌다. 이들은 둠둠-파이크파라와 모헤슈톨라-산토슈푸르에서 의류를 생산하는 사람들 수백 명을 상대로 체계적인 인터뷰를 시행했다. 이 두 지역 가운데 하나는 서벵골의 주도인 콜카타 안에 있고 다른 하나는 그 근처에 있는데, 이 책을 위한 현장 연구는 여기에서 집중적으로 이루어졌다. 통역가로서 세키 히로코와 다른 일본인 친구들에게 고마움을 표하고 싶다. 그들의 열정적인 통역 덕분에 일본 방문이 성공적일 수 있었다.

책을 집필한다는 것은 매우 외로운 일일 수 있다. 하지만 나는 초고를 쓰면서 다양한 동료들의 비판적인 지적에서 도움을 받았다. 바수데브 강굴리는 서벵골의 의류 제조에 관한 5장의 내용을 검토해 주었고, 요한 판릭스털은 생태여성주의에 관한 9장을 비판적으로 고민해 주었으며, 티네커 얀선은 마찬가지로 방글라데시의 의류 부문을 분석한 6장에 대해 논평해 주었다. 메이트레이 크리슈나라지는 인도의 여성 노동에 관한 두 장(가정주부화에 관한 7장과 생태여성주의에 관한 9장)을 비판적으로 읽고 독려해 주었다. 나를 응원해 준 다른 친구들과 내 가족의 이름도 밝히고 싶다. 초고 상태의 몇몇 장을 타자로 입력해 준 헤르미언 판 데르 베이던, 그리고 책 배열 업무를 자원해서 마지막 책 작업을 수월하게 마칠 수 있게 해 준 나의 형제 톰 커스터스.

동반자 수마티 나이르는 언어상 오류를 바로잡기 위해 초고 전체를 살펴봐 주었다. 그녀는 내가 여성 노동에 관한 연구를 시작한 이래 그리고 이 책을 집필하는 내내 변함없이 정신적 격려를 해주었다. 부분적으로 그녀의 연구 덕분에 생물학적 재생산을 포함하지 않은 내 분석이 불완전하다는 것을 알 수 있었다. 다른 언어를 영어로 바꾸는 것은 전적으로 내 책임이다. 이 책에 있을지 모를 그 어떤 오류나 약점도 내 책임인 것은 물론이다.

차례

| 일러두기 |

1 이 책은 Peter Custers, *Capital Accumulation and Women's Labour in Asian Economies*, Monthly Review, 2012를 옮긴 것이다.

2 본문의 주석은 모두 각주로 표시했으며, 옮긴이 주는 '─ 옮긴이'라고 표시했다.

3 본문 내용 중 옮긴이가 추가한 내용은 대괄호([ ])로 묶어 표시했으며, 본문의 인용문에서 지은이 피터 커스터스가 추가한 내용은 해당 부분 끝에 '─ 인용자'라고 표시해 첨언과 구별되게 했다.

4 단행본·정기간행물 등에는 겹낫표(『 』)를, 논문·영화 등에는 낫표(「 」)를 사용했다.

5 각주에 나오는 해외 문헌 중 국역본이 있는 것은 서지 사항을 표시했다. 국역본을 인용할 때는 그대로 옮기는 것을 원칙으로 하되 필요한 경우 옮긴이가 수정했다.

1장
여성주의 그리고 아시아 경제의
여성 노동 개념화

아시아: 세계 경제 성장의 버팀목

"자본 축적의 긴 역사 속에서 그 중심부가 동쪽으로 옮겨 갈 가능성이 보이는 것은 지금이 처음이다."[1] 이는 인도의 경제학자 크리슈넨두 레이(Krishnendu Ray)가 국제 금융 시스템의 역사에 관한 그의 정교한 에세이를 매듭짓는 구절이다. 특히 이 글에서 레이는 일본의 자본 시장과 은행이 국제 자본의 흐름과 통제에 점점 더 큰 힘을 행사하고 있다는 점에 대해 상술하고 있다. 1988년에 이르러 일본 은행은 전체 국제 은행 자산의 35퍼센트를 관리하게 되었고, "규모 면에서 동시간대 도쿄의 채권, 환율, 증권 시장은 뉴욕에 대적할 정도가 되었다."[2] 레이는 국제 금융 시스템에서 현 단계를 하나의 전환점으로 보고 일본을 중심으로 한 동아시아가 미래에 전 세계 경제의 헤게모니를 쥐게 될 가능성이 높아질 것으로 예측했다.

---

1) Ray(1994), p. PE-101.
2) *Ibid*., p. PE-100.

레이와 마찬가지로 프레더릭 클레어몬트(Frederick Clairmonte) 역시 산업 권력과 금융 권력의 전 세계적 균형이 빠르게 이동하고 있다고 믿고 있다. 최근 말레이시아의 폭발적인 성장에 관한 글에서 클레어몬트는 1993년 '선진' 자본주의 국가들의 마이너스 생산 성장률과 지난 10년간 7.5퍼센트에 이르는 아시아의 생산 증가를 대조했다. 그는 "1950년 활기 없던 아시아 태평양 지역은 전 세계 GDP의 겨우 3.5퍼센트를 차지했지만, 1994년에는 22퍼센트로 증가할 것으로 보이며, 20세기가 끝나갈 무렵에는 거의 3분의 1 정도로 치솟을 것으로 보인다"[3]고 했다. 이렇듯 세계 경제에서 아시아의 성장 동력은 의문의 여지가 없다. 게다가 레이와 클레어몬트 모두 아시아 대륙에 속한 국가들의 자본주의 축적 '법칙'을 유심히 살펴보는 것이 더욱 필요해지고 있음을 강조했다.

이 책에서는 세 아시아 국가, 인도·방글라데시·일본의 경험에 초점을 맞추고자 한다. 일본을 선택한 것이 세계 경제에서 이 나라가 차지하는 위치의 영향력 때문이라면, 인도와 방글라데시를 선택한 것은 무엇보다도 남아시아 국가들에서 오래 거주한 내 경험과 이 국가들에 대한 연구와 학술 토론의 경험에서 비롯되었다. 이러한 경험을 기초 삼아 그리고 아시아 다른 지역들의 경제 발전에 관한 내 연구를 근거로 하여, 동남아시아 지역 자본 축적의 전반적 과정을 이해하는 데 중요하다고 생각되는 몇 가지 주제를 선별했다. 예를 들어 내가 인도와 방글라데시에서 현장 연구를 수행하는 동안 의류 제조는 이들 두 아시아 지역 대부분의 경제에서 역동적인 성장 요소였고 지금도 그렇다.

나아가 나는 특정한 관점으로 이 연구를 이해하고 있다. 일본이 지난

---

3) Clairmonte(1994), p. 2403.

19세기 말 근대화 과정을 시작했을 때 일본의 초기 자본가들은 어린 여성을 고용해서 견사 공장과 면방직 공장에서 고된 일을 시키는 것을 선호했다. 최근 일본의 성공적인 전자제품 회사들도 이와 마찬가지로 조립 라인 생산 노동자로 여성을 선호한다. 다른 아시아 지역의 여성들도 마찬가지로 쉽게 착취 대상으로 고려되고 있으며 특히 산업화 초기 단계에서 이는 더욱 분명해진다. 그러나 여성주의 연구자들이 여성의 역할에 관심을 기울이기 전까지 지금의 인력 선발과 고용 정책에 대한 분석은 경제학자들에 의해 완전히 무시되어 왔다. 이 연구는 아시아 국가들의 자본 축적 과정에서 여성이 차지하는 중요한 위치를 주목한다. 서두에서는 현장 연구와 비교 분석에서 내가 활용할 개념적 틀이 근거하는 주요 이론적 원천에 대해 간단히 서술할 것이다.

맑스주의의 유산과 본 연구의 내용

이 책은 현대 생산 과정을 분석하는 것에 맑스주의적 개념들이 적절하다는 점을 분명하게 주장한다. 인도 대학들에서의 토론 경험을 통해서 그리고 남아시아 지역에서 출간된 문헌들을 숙지하면서, 아대륙 지역의 상당히 많은 연구자들이 경제 분석에서 맑스주의적 도구의 적절성을 계속 주장하고 있음을 알게 되었다. 이들은 맑스주의를 지향하는 정당과 함께하고 있으며 이 정당들은 인도 정치에서 어느 정도 세력을 유지하고 있다. 현장 연구 당시 유용하게 참고한 연구의 저자들을 언급하자면, 방글라데시의 아티우르 라만(Atiur Rahman)과 인도의 만지트 싱(Manjit Singh)을 꼽을 수 있다. 라만은 블라디미르 레닌이 혁명 이전 러시아에서의 소농 분화에 대해 내놓았던 분석을 방글라데시 농촌 지역에서 계속되는 빈곤화 과정을 설명하는 데 적용했다. 한편 싱은 인도 경제의 광범위한 '비공식 부문'을 이해하는 데 맑스의 이론적 틀이 탁월함을 주장했다.[4]

몸바이에서 발행되는 『주간 경제정치』는 비맑스주의적 분석과 함께 맑스주의적 분석 방식에도 계속해서 지면을 할애하고 있다. 예를 들면 지난해 출판된 어느 글에서 저명한 경제학자 파레시 차토파디아이(Paresh Chattopadhyay)는 맑스의 첫번째 정치경제학 비판 원고인 『경제학 철학 초고』(파리, 1844)를 기념하기도 했다. 차토파디아이는 자본주의하 노동 소외에 대한 맑스의 이론을 재정리하고 그러한 소외가 어떻게 철폐될 수 있을지에 대해 논쟁을 제기했다.[5] 본 연구에서는 맑스가 19세기 영국에서의 경제적 착취 수단을 설명하기 위해 사용한 수많은 개념이 아시아 경제를 분석하는 데 얼마나 타당한지 보이고자 한다.

그렇다고 맑스주의적 경제 개념들을 무비판적으로 수용한 것은 아니다. 맑스 경제 이론의 초석은 2장과 4장에서 다루는 노동가치론이다. 노동가치론은 애덤 스미스나 데이비드 리카도와 같은 고전 정치경제학자들이 제시한 생각을 맑스가 더 가다듬은 것이다. 상품 가치의 형성에 관한 공식을 통해 맑스는 어떻게 해서 노동자는 노동력을 유지하는 데 필요한 최소한의 임금만을 받는 반면, 자본의 소유주는 상품 가치의 일부를 전유하게 되는지를 보이고자 했다. 맑스의 후계자들은 모든 부의 원천이 노동이라는 명제는 맑스 이전의 고전경제학자들이 공유하던 것으로 맑스의 노동가치론이 고립된 개인이 만들어 낸 것이 아니라고 계속해서 주장했다.[6]

---

4) Rahman(1986); Singh(1991).
5) Chattopadhyay(1994).
6) 예컨대 레닌은 맑스가 자신의 "천재성으로" 영국의 고전파 정치경제학의 "정점을 찍었다"는 생각을 갖고 있었다. Lenin(1976), p.8과 Lenin(1977b), p.4를 볼 것.

그러나 한 세기가 넘도록 맑스의 후계자들은 맑스의 가치론 또한 맑스 이전 경제학자들의 이론처럼 몇 가지 약점이 있다는 점을 보지 못했다. 대표적으로 여성에 대한 뿌리 깊은 편견을 들 수 있다. 1960~1970년대 여성주의 논쟁을 통해서 이 점은 더 분명해졌다. 예를 들어 노동시간이 가치의 척도라고 생각한 리카도처럼 맑스는 노동자의 노동력 가치를 측정할 때 여성의 가사노동을 고려하지 않았다. 맑스는 이전의 경제학자들처럼 남녀 간 성별 분업을 간과했다. 그리고 그 당시 다른 남성 경제학자들과 마찬가지로 영국의 여성주의자 미리암 글룩스만이 '공적 경제'라고 지칭한 것에만 전적으로 관심을 기울였다. 가내 경제와 자본주의적 관계의 발전에 따른 가내 경제의 변화, 그리고 공적 경제와 가내 경제가 변화하는 가운데 이 두 영역이 서로 주고받는 영향은 맑스의 경제 분석에서 본질적인 부분을 이루지 않았다.[7]

이러한 약점에도 본 연구는 맑스가 『자본』에서 보여 주는 분석의 핵심적 요소들을 최근 아시아 경제의 발전을 이해하는 데 적용했다. 나는 방글라데시의 의류업 부문을 다루는 6장에서 맑스의 노동일 분석을, 구체적으로 '절대적' 잉여가치의 생산에 관한 그의 명제를 재정립하고 적용할 것이다. 또한 8장에서는 방글라데시에서 농민의 토지와 공유 자원의 손실에 대해 다루면서 맑스의 '원시' 축적에 대한 관점을 참고한다. 일본의 자동차회사인 도요타의 관리 방식을 묘사하는 11장에서는 맑스의 자본의 회전기간에 대한 분석에 따라 자본의 회전기간을 단축하도록 도요타의 운영 방식이 구성되어 있다고 주장할 것이다. 12장에서는 중년 여성이 파트타임 노동자로 고용되는 현상을 설명하기 위해 노동예비군에 관한 맑

---

7) 맑스에 대한 글룩스만의 비판에 관해서는 Glucksmann(1990), pp. 20~22를 볼 것.

스의 관점을 활용하고자 한다.

여성주의의 역사적 흐름과 여성 노동에 관한 논쟁

세 아시아 국가의 경제에서 여성의 노동 경험을 돌아보기에 앞서 나는 유럽 국가들에서 이어진 여성해방운동과 함께 일어난 여성 노동에 관한 논쟁의 주요 측면들을 강조하고 싶다. 그런 다음 19세기 노동계급 이론가들의 가부장적 편견에 대해 2장에서 다루고, 3장에서는 (1890년부터 1차 대전 발발 이전까지) 1세대 여성주의의 '물결' 속에서, 강력한 조직력을 보여 준 독일 프롤레타리아 여성운동의 중요성에 대해 설명할 것이다. 물론 노동계급 여성의 실제 투쟁의 역사는 그 이전 시기로 거슬러 올라가며, 독일에서의 경험보다 더 광범위한 지역에서 일어난 것이 사실이다.[8] 그러나 독일 여성운동을 돌아봄으로써 우리는 1세대 여성주의의 '물결'이 경제 이론의 수준에서는 돌파구를 제공하지 못했음을 알 수 있게 된다.

1세대 여성주의에 대한 나의 논평과 마찬가지로 4장에 나올 2세대 여성주의 역시 일부만 다룰 것이다. 여성의 삶에서 매우 중요한 주제와 관련된 많은 이슈가 제기되었지만, 나는 산업자본주의하 가사노동에 대한 논쟁의 의미를 평가하는 것을 주된 목표로 했다. 1960년대 말 그리고 1970년대 초 여성의 재생산 노동은 이론과 실천에서 모두 치열한 논쟁의 핵심이었다. 미국과 마찬가지로 이탈리아를 비롯한 많은 서구 국가에서 가정

---

8) 일찍이 1830년대부터 '부르주아적' 일부일처제에 도전한 프랑스 여성 노동자들의 경험은 Mies and Jayawardene(1981)에 묘사되어 있다. 독일 프롤레타리아 여성운동과 같은 시기에 일어난 미국 내 여성 노동자 투쟁은 Tax(1980)를, 여성 투표권을 얻기 위해 영국의 여성 참정권론자들이 벌인 운동은 Liddington and Norris(1978)를 볼 것.

주부와 그들의 동맹자들은 자신들의 고립되고 눈에 보이지 않는 일이 사회적으로 인정되어야 하며, 그에 대한 임금이나 수당을 받아야 한다고 주장하기 시작했다. 이와 함께 여성주의자들은 맑스주의 경제학자를 포함한 남성 경제학자들의 편향된 시각에 대해서도 의미 있는 도전을 시작했다. 그들은 현대 주부가 수행하는 가사노동은 생산적이며 사회적으로 필요하고 간접적으로는 산업 자본가들이 이윤을 벌어들이는 데도 기여한다고 주장했다.

4장에서는 가사노동 논쟁에 참여한 이들이 타당한 비판을 제기했음에도 경제 이론을 재고찰하고 포괄적인 개념적 틀을 수립하는 것에서는 완전하지 못했다고 주장할 것이다. 이는 논쟁에 참여한 주도적 저술가들이 자본주의 경제의 공적 영역을 가사노동과 '분리'하는 경향이 있었기 때문이다. 더 최근에 영국의 여성주의자 글룩스만은 역사적이며 또한 계급에 따라 분화된 가사노동에 관한 분석을 제공했다. 글룩스만은 2세대 여성주의의 다양한 분석적 논평이 기반을 둔 '이원론적' 전제와는 거리를 두면서, 보다 '변증법적'인 이론적 틀을 제안한다. 그녀는 자본주의 경제의 가내 영역과 공적 영역은 뗄 수 없이 서로 얽혀 있는 양극으로 이해해야 한다고 강하게 주장한다.

그럼에도 나는 아시아 경제의 여성 노동에 대한 부분에서 2세대 여성주의의 핵심적 교훈(여성들은 재생산 노동을 통해 사용가치와 교환가치를 모두 창출한다)이 현실을 이해하는 데 적절하다는 것을 알게 되었다. 따라서 일본에서 '파트타임' 여성의 임금노동을 논할 때는 매일 요리, 청소 등의 집안일을 하면서 쓰는 시간에도 관심을 기울일 것이다. 인도의 서벵골과 안드라프라데시 가내노동자에 대한 착취를 분석할 때, 그들이 임금을 지급받지 않는 시간에 창출하는 가치 또한 자세히 분석될 것이다. 또한 남아시아 농촌 여성의 생산 활동을 묘사할 때 나는 그들이 창출하는 사용가치와 교환가치가 무엇인지를 체계적으로 열거해 볼 참이다. 간단히 말해, 아시아 경제에서 여성의 노동을 개괄함으로써 비유럽적 맥락에도 초기 가사노동 논쟁의 교훈이 적용될 수 있음을 보일 것이다.

가부장제 개념과 맑스주의에 대한 비판

가사노동 이슈와 별개로 2세대 여성주의에서 격렬한 논쟁의 대상이 된 다른 주제들이 있다. 맑스주의 이론에 대한 비판적 평가로 이어진 또 다른 논쟁은 바로 가부장제의 역사와 의미에 관한 것이다. 맑스와 엥겔스가 가부장제 가족을 언급할 때, 그들은 경제적 단위(즉 농업 생산의 단위)였던 봉건 시대의 가족을 염두에 두고 있었다. 남성 농민 가부장은 가족의 땅, 가축, 도구를 직접적으로 통제했고 구성원에게 일을 분배했다. 맑스와 엥겔스는 생산이 공장으로 넘어감에 따라, 여성이 산업 자본가들 아래서 독립적인 임금 소득자가 되어 감에 따라 이러한 가부장적 가족은 붕괴되어 간다고 주장했다. 그들은 자본주의가 (공적) 경제에서 착취당하는 노동자로서 남성과 여성의 지위를 동등하게 만들 것이라고 보았다.[9]

이러한 관점은 1960년대와 1970년대 국제적 여성운동의 전성기 이래 여러 여성주의 입장으로부터 비판받아 왔다. 미국의 급진적 여성주의자들은 여성의 종속에 반하는 시위에 동력을 제공한 이들로 기억되고 있을 것이다. 이들은 가부장제를 모든 종류의 생산양식하에서 **가장** 결정적인 사회적 관계라고 보았다. "사회의 모든 권력의 통로가 경찰의 강제력을

---

9) Hartmann(1981), p. 1. 지금의 맥락에서는 구체적으로 엥겔스(1975)를 지칭한다.

포함해 모두 전적으로 남성의 수중에 있다"[10]는 사실에 의해 급진적 여성 주의자들은 현존하는 사회 체계는 모두 남성의 여성에 대한 지배와 다름 없다고 규정한다. 계급관계(생산수단에 따라서 분화된 사회 집단의 지위)는 급진적 경향의 여성주의자들에게는 부차적 문제이(었)다.

이후 두드러지게 된 사회주의 여성주의의 흐름은 가부장제의 의미, 그리고 가부장제와 계급의 관계에서 입장 차이를 보였다. 여성의 투쟁 의지가 모든 남성에 대한 공동 투쟁으로 이어져야 한다는 생각에 정당한 의문을 제기했다. 가부장제 개념에 관한 논쟁에 급진적 여성주의가 기여한 바를 인정하면서도, 사회주의 여성주의자들은 급진적 여성주의와 고전적 맑스주의의 관점을 모두 넘어섰다. 그들은 남성의 지배는 다양한 형태를 띠어 왔으며 (급진적 여성주의자들이 강조한) 여성의 지배에 대한 심리학적 측면들이 간과되어서는 안 된다는 것을 인정하면서도 가부장제 구조의 물적 토대를 더욱 치밀하게 정의하는 것이 필요하다고 느꼈다. 그리하여 하이디 하트만은 「맑스주의와 여성주의의 불행한 결혼」에서 "가부장제의 물질적 기반은 가장 근본적으로는 여성의 노동력에 대한 남성의 통제에 있다"[11]고 주장했다. 사회주의 여성주의자들은 여성의 생산수단에 대한 관계가 남성과는 일반적으로 다르다고 보았다.

---

10) Hartmann(1981), p. 14[하이디 하트만 외, 『여성해방 이론의 쟁점: 사회주의 여성해방론과 마르크스주의 여성해방론』, 김혜경, 김애령 옮김, 태암, 1989, 34쪽]. 가부장제에 관해 급진적 여성주의자들이 어떤 기여를 했는지에 대한 자세한 내용은 Eisenstein(1979), p. 16를 볼 것. McDonough와 Harrison은 Kuhn and Wolpe(1978), p. 11에서 "가부장제 개념을 사용하여 여성 억압에 대한 정교한 이론적 분석을 제공하려는 최초의 시도들 중 하나"를 이룬 사람으로 급진적 여성주의자 케이트 밀렛(Kate Millet)을 높이 평가했다. 가부장제에 대한 개괄로 Barrett(1980), p. 10 또한 참고할 수 있다.

11) Hartmann(1981), pp. 14~15[같은 책, 34쪽]. McDonough and Harrison, in Kuhn and Wolpe(1978), p. 11도 볼 것.

이 책에서 나는 여성주의 내 사회주의적 경향을 따랐다. 또한 가부장제 아래서 여성의 생산수단에 대한 관계는 남성과는 다르다는 점에 동의한다. 그러나 나는 그 누구도 한편으로 공적 경제에서는 (자본가 대 임금 노동자, 지주 대 소작인과 같은) 계급관계를, 다른 한편 가내 경제에서는 남성과 여성의 관계를 기계적으로 똑같이 이끌어 낼 수는 없다는 글룩스만의 비판적 견해에 동의한다.[12] 또한 이 책에서 남성의 가부장적 지배를 두 경제 부문에 모두, 인간의 상호 작용의 경제적 층위와 사회적 층위에 모두 위치 지우고자 했다. 방글라데시의 의류 제조 부문을 다룬 6장에서 설명하겠지만, 가부장적 통제 메커니즘은 이 두 영역에서 모두 나타날 수 있고, 경제적 삶의 한 영역에서 활용되는 지배 방식이 다른 영역의 가부장제에 일어날 일에도 영향을 미치는 경향이 있다.

성별 분업: 공장제 생산의 뿌리 깊은 요소

가부장제에 관해 점차 확대되던 논쟁과 함께 여성주의자들이 전면적으로 제기한 주제는 바로 성별 분업에 관한 것이었다. 모든 계급 사회에서 남성의 경제적, 사회적 지배가 그러한 형태를 띠게 된 것이 바로 이 성별 분업을 통해서이기 때문이다. 여기서 여성주의자들은 산업혁명부터 지금까지 자본주의적 생산을 특징짓는 성별화된 노동 과정에 관심을 기울이는 데 실패했다며 맑스주의/비맑스주의 경제 이론 모두를 재차 비판했다. (20세기에 고안된 두 가지 핵심적 관리 방식인) 포드주의와 테일러주의에 관한 장에서 논하겠지만, 대량 생산 시대에도 산업적 업무를 성에 따라 범주화

---

12) Glucksmann(1990), p. 271.

하는 것은 기업, 그들의 자회사, 그리고 공급 업체가 노동력을 구조화하는 데 활용되었다.

상품 생산이 확산됨에 따라 생필품 생산과 도구 및 장비 제조는 점점 가내에서 공적 영역으로 이동하고 있고, 자본의 직접적인 통제 아래로 옮아갈 것이라는 점은 부정할 수 없다. 하지만 (착취받는) 임금노동자로서 여성의 지위가 남성과 동등해질 것이라는 맑스의 생각은 지지될 수 없다. 자본주의적 생산양식하에서 여성 노동력에 대한 통제는 봉건제하에서의 통제와는 다르게 구조화된다. 영국의 초기 방적 공장에 고용된 남성 노동자들이 작업장에서 아내에 대해 권위를 행사하고자 했음에도 불구하고 그들은 궁극적으로 자본의 소유주에게 그 권위의 일부분을 양도해야 했다.[13] 그러나 많은 여성주의 연구자들이 지적해 왔듯, 성별 분업은 오늘날 기업에 의해 의식적으로 유지되고 있으며, 여성에 대한 불평등과 억압을 지속시킨다. 또한 국가의 정책은 종종 이러한 성별 분업을 만들어내고 강화한다.

이 책은 가부장제에 관해 포괄적 분석을 제공하지 않는다. 이후의 거의 모든 장에서 일관되게 제기할 주제는 남성과 여성 간의 노동 분업과 근대화의 영향 아래서 일어난 그 패턴의 변화이다. 세 아시아 경제의 여성 노동을 조사함으로써 나는 성별 분업의 두 가지 측면을 주목했다. 이는 바로 '사회적' 분업과 '부문별' 분업이다. 한편으로 나는 전 사회를 통틀어 가계에서 일이 어떻게 배분되었는지를 살펴보았으며, 또한 다른 한편으로 의류 부문 같은 특정 부문에서 노동의 위계적 구조가 어떻게 유지되는지

---

13) Hall(1987), pp. 21~22. 공장에서 일하는 남성 방적공들은 아내, 아이, 가까운 친척을 부하 직원으로 고용하기도 했다. 뮬 방적일에 성인 남성이 적합했던 것은 그의 권위가 가족 내 그의 지위에서 나왔기 때문이다.

를 살펴보았다. 수집된 포괄적 증거들을 활용해 나는 성별 분업에서 '변함없는 것'과 그렇지 않은 것이 무엇인지를 이해하고자 했다.

아시아 여성 노동과 여성주의 내 다양한 흐름

이 책을 쓰면서 나는 국제 여성주의의 다양한 흐름에 속한 여성들이 수행한 연구와 분석으로부터 많은 도움을 받았다. 여성주의적 생각들이 오랫동안 발전해 왔음에도, 그리고 여성주의자들이 격렬한 논쟁을 지금까지 이어 오고 있음에도, 많은 맑스주의자 특히 제3세계의 맑스주의자들은 여전히 여성주의를 하나의 명쾌한 사상적 경향을 대변하는 것으로 생각한다. 여성주의가 매우 다양한 사상을 포괄한다는 사실에 대한 이해가 부족하다는 것은 유감스러운 일이다. 서로 다른 여성주의자들이 수행한 연구의 기저에 자리한 철학적 차이를 구별해 내는 것은 쉽지 않다. 다만 경제 이론을 재구성하려는 여성주의적 시도들이 누구나 인정할 만한 단 하나의 새로운 틀에는 아직 이르지 못했음을 깨닫는 것이 중요하다.

　이 책을 통해 독자들에게 어떤 여성주의 흐름들이 존재하는지 구구절절 소개하지는 않을 것이다. 물론 그 목록을 늘어놓는 것이 불가능한 일은 아니다. 그러나 그것은 오늘날 아시아 경제에서 여성이 생산과 재생산에서 수행하는 역할을 강조하고자 하는 이 책의 특수한 출간 목적에 부합하지 않는다. 이러한 목적을 위해서는 여성의 생산적 노동의 일부분을 밝혀내는 데 중요한 기여를 해온 네 가지 기본적 흐름을 짚는 것만으로도 충분하다. 바로 발전여성주의, 생태여성주의, 독일여성주의 학파, 사회주의 여성주의이다. 여성의 농업 노동과 산업 노동을 모두 조사한 독일여성주의 학파를 제외하고 다른 세 흐름의 여성주의 연구는 여성의 생산 활동 가운데 일부만을 다루었다. 이 네 가지 흐름을 차례대로 간단히 소개하고, 그들의 관점을 순서대로 논의하고자 한다.

말 그대로 발전여성주의는 소위 '발전도상국'(즉 제3세계 국가)에서 여성의 지위에 우선적으로 관심을 둔다. 발전여성주의 연구자들은 경제 성장을 달성하려는 현재의 전략들이 여성 해방을 이끌 수 있으며 가장 중요한 문제는 과거의 성장 전략들이 여성의 이해관계를 간과했다는 것이라고 전제한 뒤, '여성을 발전에 통합하는 것'을 목표로 한다. 8장에서 발전여성주의자들이 방글라데시 농업에서 농촌 여성의 가공 일을, 특히 벼 가공 중 여성의 업무를 어떻게 기록하고 있는지 다루었다. 그러나 발전여성주의자들은 경제적 잉여가치의 전유를 위한 지배적 양식(방글라데시 농업의 경우 시초 축적 혹은 '원시' 축적이다)에 대해서는 비판적인 평가를 내리기를 주저한다.

생태여성주의는 농촌 경제에서의 여성 노동에 대한 이해를 넓히는 데 제한적이기는 해도 중요한 기여를 했다. 9장에서 '종자 혁명'(seeds revolution, 농업 현대화의 미명하에 고수확 품종을 도입)이 초래한 생태계 파괴가 여성에게 미치는 부정적 효과에 대해 너무나 잘 알고 있었던 인도 과학자 반다나 시바(Vandana Shiva)의 글을 세밀히 살펴본다. 생태여성주의는 다른 흐름들보다 이 문제를 훨씬 더 잘 알고 있을 뿐 아니라 공유 자원의 손실이라는 사회적 이슈 또한 제기했다. 상업 노동의 확산은 공유지의 사유화 그리고 제3세계에서 여성 농민과 남성 농민의 독립적 생계 기초의 약화를 수반할 수밖에 없다. 그러나 시바는 성별 분업과 여성 농민 내에서의 계급 분화처럼 발전여성주의자들이 분석한 몇 가지 현실적 측면을 간과해 왔다.

독일여성주의 학파에는 세 학자, 마리아 미스(Maria Mies), 베로니카 벤홀트-톰젠(Veronika Bennholdt-Thomsen), 클라우디아 폰 베를호프(Claudia von Werlhof)가 있다. 이들은 모두 제3세계 여성 노동에 대한 연구를 수행했다. 농업과 산업 생산에 대한 여성의 기여를 개념화하면서 그들은 여기서 논의될 두 가지 학설을 각각 내놓았다. 하나는 '가정주부화'(housewifization, 여성을 '가정주부'로 파악하는 사회적 정의를 통한 착취의 강화)에 관한 것이며, 다른 하나는 전 세계적으로 여성의 노동이 직접적 소비를 위한 사용가치의 생산과 등치될 수 있다는 것이다. 독일여성주의 학파 구성원들의 분석 작업을 인정하면서도, 나는 10장에서 생계노동설의 타당성에 대해서는 이의를 제기했다. 그들의 학설이 경제적 잉여가치의 창출에서 여성의 역할을 과소평가할 것으로 보기 때문이다.

끝으로 12장에서는 사회주의 여성주의를 통해 일본 경제 내 여성의 노동을 묘사할 것이다. 가사노동 논쟁이 1970년대 후반에 '교착 상태'에 빠진 것으로 보이자 많은 사회주의 여성주의자는 산업화된 경제 내 공식/비공식 부문에서의 여성 임금노동으로 연구 방향을 바꾸었다. 생태여성주의자 시바나 독일여성주의 학파의 구성원들처럼 사회주의 여성주의자들도 세계 여러 지역의 여성을 종속시킨 지배적 과정은 바로 자본의 축적 과정이라고 믿고 있다. 사회주의 여성주의자들은 노동시장에서 기혼 여성의 부차적 지위에 대해서 그리고 그것이 가부장제와 어떻게 관계되어 있는지에 대해서 이론화한다. 일본 경제에서 여성 임금노동자의 지위에 대한 나의 관찰은 맑스의 노동예비군 개념에 관한 여성주의적 해석이 실로 적절하다는 점을 확인시켜 준다.

세 경제에 초점을 맞춘 연구

끝으로 내가 조사한 사실에 근거해 주요 주제들을 간단히 설명하고자 한다. 아시아에서 자본 축적의 지속적 과정을 묘사하면서 나는 세 가지 주요 주제에 집중하기로 했다. 첫째는 남아시아와 동남아시아 국가들 대부분에서 매우 중요한 역할을 수행하는 의류 부문 생산관계의 본질이고, 둘째는 농업의 현대화와 그것의 사회경제적·환경적 효과이다. 셋째는 노동력에 대한 통제권을 최대한 확보하기 위해 일본 기업들이 적용하는 노무관리 전략에 관한 것이다. 이 연구가 아시아에서의 자본 축적 과정에 대해 모든 것을 설명하지는 못하겠지만, 나는 이러한 연구 주제들이 자본 축적 과정의 결정적인 부분들은 다루어 줄 것이라 믿는다.

첫째, 5장과 6장에서 각각 인접한 두 지역인 인도 서벵골 주와 방글라데시의 의류 부문 생산관계에 집중할 것이다. 이 두 지역의 생산 단위에서 일하는 노동자들은 지역적으로 가까운 곳에서 일하기는 하지만 매우 다른 착취 구조에 직면해 있다. 서벵골에서 자수 노동자와 마무리 노동자, 다림질 노동자는 성과급제(piece-rate regime)로 작은 작업장 여러 곳에 분산되어 일하거나 집에서 일한다. 반면 방글라데시의 의류 부문에서 재봉 노동자나 다른 노동자들은 공장에서 주로 일하고 시간급을 적용받는다. 인도인 연구자이자 저술가인 바수데브 강굴리(Basudev Ganguly)와 함께 수행한 현장 연구에 기초해, 이 두 장은 오늘날 아시아의 여성 노동을 이해하기 위해 맑스주의 개념과 여성주의 개념이 둘 다 필요함을 보여 준다. 7장에서는 인도 안드라프라데시 주 여성 가내노동자들의 레이스 제조에 관한 미스의 연구를 다시 살펴볼 것이다. 미스의 현장 연구와 벵골 지역 의류 제조에 관한 우리의 연구를 비교하면 생산적일 것이다.

8, 9, 10장에서 남아시아 농업 현대화의 여러 측면에 대해서 살펴볼 것이다. 8장은 토착 상업 자본과 외국 금융 기관이 결합하여 방글라데시 경제를 지배함으로써 발생한 경제 위기와 사회적 혼란을 강조한다. 9장은 전통적으로 논에 씨앗을 뿌리던 방식에서 고수확 품종으로의 변화가 환경에 미친 영향에 초점을 맞추어 농업 현대화가 여성에게 미친 영향에 대해 분석한다. 10장에서는 생필품 위주의 생산 활동을 하고 있는 인도의 농촌 여성과 농업에서 점증하는 여성 임금노동자에 대한 경제적 분석을 시도한다. 농업 현대화에 관한 분석에 활용된 기초 자료는 나의 연구와 앞서 언급한 세 부류의 여성주의 흐름에서 수행한 연구에서 가져왔다.

11장과 12장에서 다루어진 셋째 주제는 '일본화'(전형적인 일본식 자본 축적 방법)에 관한 것이다. 이윤을 높이는 데 도움이 되어 오늘날 전 세계의 제조회사들이 따라 하는 이 관리 기법을 일본의 자본가들이 고안해 내는 데 125년 정도가 걸렸다. 11장에서는 일본이 탈중심화된 생산과 노동자를 통제하기 위한 '품질관리조'를 강조하고 있는 현실에 대해 내 나름의 이론적 해석을 내놓을 것이다. 12장은 중년 기혼 여성이 오늘날 일본 경제의 노동예비군으로서 아주 중요하다는 점을 강조하고자 한다. 일본이 추진하고 있는 경제 정책에 대한 포괄적 분석을 내놓으려고 한 것은 분명 아니다. 그러나 이 장들은 일본이 세계 경제에서 어떻게 주도권을 갖게 되었는지를 설명하는 데 어느 정도 도움이 될 것이다. 끝으로 13장에서 아시아의 자본 축적 과정에 대한 전반적 결론을 내리려고 했다. 주요 맑스주의 개념이 확실히 유효하다는 점을 다시 확인하면서, 이 장은 여성주의 이론가들이 제안한 개념들과 함께 맑스주의 경제 이론이 확장될 필요가 있다는 주장을 담는다.

1부

역사적 관점에서 본
여성 노동에 관한 담론

2장

노동계급 이론가들의 가부장적 편향

맑스와 프루동

1856년 프랑스 여성운동가 제니 데리쿠르(Jenny d'Héricourt)는 『철학과 종교』(*Revue Philosophique et Religieuse*)에 기고한 글에서 아나키스트 사상가 피에르 조제프 프루동이 여성의 동등함에 반대하는 생각을 가지고 있었다고 비판했다. 데리쿠르는 프루동의 주요 저작인 『소유란 무엇인가』를 주로 인용했다. 프루동은 이 책에서 착취를 통해 획득한 어떠한 종류의 소유도 도둑질이라고 주장했다.[1] 같은 책에서 프루동은 여성과 남성 간 성차는 "동물들 사이에 종의 차이와 같은 구분"을 낳는다고 주장하기도 했다. 그는 자신이 "여성의 고립을 지향하는 축"에 속한다고 말했다. "자유란 그것 없는 사회는 생각해 볼 수도 없는 절대적 권리"라고 주장한 그는 자기 입장과는 완전히 반대로 여성의 예속을 지지했다.[2]

그의 반해방적 관점을 비판할 때 데리쿠르의 폭로 방식은 프루동이 자신의 주장 안에 있는 모순을 직면하게 하는 것이었다. 지적 능력의 차

---

1) Woodcock(1979), p. 105.
2) d'Héricourt(1856), p. 5.

이를 근거로 사람들 사이의 권리 차이를 옹호해서는 안 된다고 주장해 온 사람이 바로 프루동이었다. 그러나 여성에 대해서 프루동은 남성보다 열등한 지적 역량 때문에 시민으로서 남성과 동등한 권리를 부여받지 못한다고 생각했다. 데리쿠르는 여성이 인류의 한 부분을 이루는 한 이 위대한 사상가의 생각은 자기모순적이라고 주장했다. "인간에게 권리를 배분할 때 그가 얼마나 가치 있는 사람인가는 그 근거가 될 수 없기 때문에" 성에 따른 권리의 불평등을 주장하기 위해서도 이용될 수 없다.[3] 더군다나 "사회적 균형은 강자와 약자를 서로 평등하게 만듦으로써 이루어질 수 있다"[4]고 역설한 사람이 바로 프루동이었다.

유럽 역사에서 19세기는 격렬한 사회적 갈등과 밀도 있는 지적 논쟁의 시기였다. 철학, 경제학 그리고 정치학에서 이루어진 이러한 논쟁들은 압도적으로 남성 이론가들이 주도했다. 그들이 사회주의 건설에 대해 유토피아적으로 생각했든, 만연한 인류의 비극에 대한 아나키스트적 해법을 옹호하든 혹은 그 뒤에 맑스주의 과학으로 알려지기 시작한 신념을 가지고 있었든 간에, 이 논쟁에 참여한 사람들은 대부분 남성 지식인이었다. 앞서 언급했듯 19세기 중반 여성주의적 발상들이 잠시나마 활발히 전개된 프랑스 같은 곳에 눈에 띄는 예외들이 있기는 하다. 그러나 점증하던 산업 프롤레타리아 계급에 대해 연민을 느끼던 지식인들이 사회 문제와 전망에 대해 나눈 논쟁들은 대부분 남성의 전유물이었다.

이러한 남성 이론가들 가운데서 일부(프랑스 유토피아 사회주의자 샤를 푸리에와 그의 영향을 받은 맑스)는 여성 해방의 정도가 해당 사회에서

---

3) *Ibid.*, p. 9.
4) *Ibid.*, p. 14.

이루어진 전반적 해방의 정도를 나타내는 '자연 척도'라고 주장했다. 맑스와 그의 후계자들은 여성 해방에 관한 이론을 발전시키고자 노력했다. 그들은 여성의 사회적 자유의 근거로서 여성의 임금노동에 대한 참여를 지지했다. 그러나 맑스의 이론은 불완전한 채로 남아 있다. 여성의 가사노동을 간과했기 때문에 그의 이론에는 가부장적 편견이 내재해 있었다. 그렇다고 맑스가 의식적으로 혹은 의도적으로 여성의 자유나 성적 평등에 반대하려고 한 것은 아니다. 맑스나 푸리에는 동등한 권리를 부여받고자 하는 여성의 요구가 정당하다는 것을 인정했다.

반면 맑스와 동시대를 살았던 프루동이 내세운 견해는 이와는 전적으로 다르다. 프루동은 아나키즘의 아버지로, '권위주의적'인 사회주의자 맑스보다 훨씬 더 '민주적인' 것처럼 보이는 생각들을 피력한 저술가로 유명하다. 그의 후계자들은 프루동을 인간의 절대적 평등을 요구하는 것에서 타협을 일절 거부한 '자유주의자'(libertarian)로 그려 왔다. 그러나 여성에 대한 프루동의 견해는 서두에 인용한 그의 말에서 잘 나타나듯 전적으로 남성 우월주의적이었다. 프루동은 평등주의자로 신망받아 왔으면서도 여성에 대해서는 완전한 예속을 주장했다. 이 장에서 나는 19세기 노동계급의 이론가들, 가장 중요하게는 프루동이 지닌 가부장적 편견에 대해 정리하고자 한다.

남성 노동계급 해방의 초기 옹호자로서 프루동

피에르 조제프 프루동, 그는 누구인가? 그리고 그가 당시 노동계급 운동에 행사한 영향력은 어느 정도였는가? 먼저 프루동은 노동운동에서 하나의 고유한 흐름이라고 할 수 있는 아나키즘의 선구자로 이해되고 있다. 조지 우드콕(George Woodcock)이 서술한 아나키즘에 관한 권위 있는 역사적 설명에 따르면 그는 자신의 지적 노동을 통하여 이러한 사회주의 흐름의 기초를 준비한 사람이다.

사유의 폭, 저작의 강력함, 그리고 그 고독에서 풍기는 파급력이 결합하여 영어권 국가들에서는 프루동을 온전히 인정받지 못한 가장 위대한 19세기 유럽인 중 한 사람으로 만들었다. 아나키스트들 가운데 순전히 작품 조화의 위대성이라는 측면에서 보면 오직 톨스토이만이 그를 능가한다.[5]

소농 집안에서 태어나(프루동의 아버지는 영세 장인이었고 그의 어머니는 요리사였다고 전해진다) 프루동은 그의 지식을 모두 스스로 노력해서 독학으로 획득했다. 독학에도 불구하고 그는 글쓰기 능력을 향상시키는 데 놀라울 정도로 성공적이었다. 정치 활동에 참여하던 와중에도 그는 매우 많은 이론적 저작의 원고를 집필했고 그 중 가장 잘 알려진 것이 앞서 언급한 『소유란 무엇인가』이다. 이 책에서 그는 소유를 "최후의 우상"이라고 비난했으며, "소유는 도둑질이다"라는 반항적 슬로건을 내놓았다. 프루동의 분권주의에 대한 생각은 『연방제의 원리』(*Du Principe fédératif*)와 『프랑스 노동계급의 정치적 역량』(*De la Capacité Polittque des Classes Ouvrières en France*)에서 발전되었다.[6] 『경제적 모순 또는 빈곤의 철학』(*Système des contradictions economiques, ou philosophie de la misère*)은 이를 비판적으로 비평한 맑스의 저작 『철학의 빈곤』으로

---

5) Woodcock(1979), p. 100.
6) *Ibid.*, pp. 130~132.

더욱 유명하다.

프루동은 1848년 불만에 찬 노동자들이 프랑스의 수도 파리 거리에 바리케이드를 쌓던 해에 정치적 '세례'를 받았다. 그는 그 사건의 역사적 의의, 바로 근대 노동계급 최초의 봉기라는 점을 단번에 간파했고 반란을 일으킨 사람들을 공개적으로 지지했다. 그가 발간한 첫 신문 『인민의 대표자』(Le Représentant du Peuple)의 칼럼에서, 프루동은 소요를 진정시키기 위해 프랑스 정부가 이용한 총살형 집행대에서 희생된 사람들에 대해 안타까움을 표했다. 또 그는 국민의회의 구성원으로서 자신의 지위를 이용해 프롤레타리아에게 동조를 표하기도 했다. '인민 은행'의 설립을 통해 그는 노동자들끼리 생산물을 직접 교환하도록 장려하는 데도 잠시나마 노력을 기울였다. 그는 글을 통해 새로운 대통령인 독재자 루이 보나파르트에게 도전한 뒤 선동에 대한 책임으로 3년 구금형을 선고받았다.[7]

1850년대와 1860년대 초반 프루동은 부분적으로 1848년 초기 노동자 평의회 경험에 기초해 노동자들의 자기통치에 관한 이론을 발전시키는 데 힘썼다. 결과적으로 그의 생각은 1871년 3월의 반란, '파리 코뮌'에 결정적 역할을 했다. 산업 노동자들 스스로 지배하는 사회를 건설하려는 첫 실험이 시작되었을 때, 프루동의 후계자들은 반란을 일으킨 노동자들 중 다수는 아니지만 적어도 주요 세력 중 하나였다. 노동자들의 자기통치에 관한 프루동의 지침을 지지한 사람들이 있었고 이들은 '상호 부조론자' (mutualist)로 불렸다. 또 다른 그룹으로 제1인터내셔널의 중요한 부분이었던 '집산주의자'(collectivist)들 역시도 프루동의 견해를 따라야 한다고 주장했다. 아나키즘의 '아버지' 프루동의 견해에 동조한 현대의 한 저술가

---

7) Woodcock(1979), pp. 117~120.

는 코뮌의 정책, 예를 들어 정치 구조나 노동 조직에 관한 정책은 프루동의 이론에서 비롯되었다고 설명한다.[8]

그러나 프루동이 19세기 후반 프랑스 산업 노동자들의 의식에 결정적 영향을 미쳤다고 해서 당대에 그가 착취로부터 노동자들의 자유를 옹호한 유일한 사람인 것은 아니다. 여기에서 나는 두 명의 프랑스 여성, 플로라 트리스탕(Flora Tristan, 1803~1844)과 잔 드로앵(Jeanne Deroin)이 발전시킨 발상과 시도에 관심을 기울이고 싶다. 두 여성은 '유토피아 사회주의자'로부터 영감을 얻었고 이들의 여성에 대한 태도는 앞서 언급한 프루동의 태도와는 크게 달랐다. 트리스탕과 드로앵이 그렇게 인상적인 분량의 저술을 남긴 것은 아니지만 그래도 그들의 역할은 주목할 만하다. 아주 초기 때부터 페미니스트 여성들은 자신들을 현대 산업 노동계급의 해방과 연결하고자 했음을 보여 주기 때문이다.

트리스탕은 (프루동이 주목받기 시작하던 1848년 파리 봉기 이전인) 1843년과 1844년 산업 노동자들의 자치 조직을 적극적으로 지지했다. 가산에서 자기 몫을 찾기 위해 페루를 방문한 후 그리고 억압적인 남편에게서 자유를 찾기 위해 수년간 투쟁을 벌인 후 트리스탕은 직접 런던의 감옥, 공장, 빈민가의 생활 환경 조사를 시작했다. "노동계급의 해방이라는 이상에 확고하게 헌신"[9]하게 되면서 트리스탕은 『노동자 동맹』(*Union Ouvrière*)이라는 책을 썼다. 이 책에서 그녀는 남녀를 포함한 700만 프랑스 노동자들이 단일 조합으로 스스로 결속함으로써 "다른 계급과는 구별되는 하나의 사회 계급으로서 자기 정체성을 선언할 것"을 요구했다. 이

---

8) Langlois(1976), p. 26.
9) Jean Hawkes의 서문, Tristan(1986), p. xxiii.

책은 노동조합의 구조, 자금 확보, 중앙위원회 선거 등에 대한 상세한 제안을 담고 있었다. 별도의 장에서 그녀는 (남성) 노동자들이 여성이 처한 곤경에 대해 공감해야 하고 또한 여성의 동등한 권리를 요구해야 한다고 주장했다. 뒤이어 노동자의 단결에 관한 생각을 알리기 위해 프랑스 제조업 지역 17곳을 순회하기 시작했다. 그녀는 노동자들의 무관심 그리고 그녀의 방문을 언짢아하는 남성 지식인들에 직면했던 것으로 보이지만, 적어도 4곳에서는 노동자들의 조직 지부가 형성되었다고 한다. 그러나 그녀는 순회 중 건강이 쇠약해져 장티푸스로 곧 죽음을 맞았다.[10]

이후 10여 년이 지나 드로앵이 발전시킨 생각들은 프루동의 견해에 대한 직접적인 반발이었다. 프루동처럼 드로앵도 독학을 통해 프루동에 반하는 주장을 폈다. 그녀는 여성의 자유는 모성에 있는 것이 아니라 집 밖에서 괜찮은 보수를 받고 일할 수 있는 권리에 있다고 생각했다. 프루동이 여성은 오직 두 가지 직업, 주부와 창녀로만 일할 수 있을 것이라고 생각한 반면, 드로앵은 여성이 산업 노동에 참여할 권리를 옹호했다. "당신은 작업장에서 여성이 사라지기를 바란다. 그러나 우리는 그보다 작업장이 활동과 독립의 원천이 되도록 바꾸어야 한다."[11] 드로앵은 프랑스에서 노동자 연합이 광범위한 연맹을 맺는 것을 처음으로 지지한 사람으로 전해진다. 연맹에 관한 계획은 그녀가 편집한 『여성의 견해』(L'Opinion des Femmes)라는 신문에 실렸다. 프랑스 사회학자 에벨린 쉴르로(Évelyne Sullerot)에 의하면 드로앵은 남성 노동자와 여성 노동자의 연합 104개를 통합하는 데 성공했다. 고향에서 노동자들의 회합 중 그녀는 경찰에 체포

---

10) Tristan(1986), pp. xxiii~vii.
11) Sullerot(1979), p. 108.

되어 감옥에 구금되었고 "공모죄"로 기소되었다. 당시 프랑스 경찰은 그녀가 조직화에 "천부적 재능"이 있으며 이 재능으로 인해 신임을 받아 왔다고 기록하고 있다.[12] 요컨대 이 여성운동가는 프루동의 남성 우월주의적 관점에 대해 반론을 제기하는 것에 그치지 않고 19세기 중반 프랑스에서 노동조합을 조직하는 과정에도 의미 있는 영향력을 행사했던 것이다.

프루동의 정치 철학은 그의 삶과 영향력에 기초해서 요약할 수 있을 것이다. 노동계급의 해방에 대한 그의 정치적, 경제적 입장 전체를 정리하는 것은 본 연구의 범위를 넘어선다. 그러나 국제 아나키스트 운동의 형성과 국제노동자연맹(1865년 프루동이 죽기 바로 전[1864년]에 런던에서 설립된 제1인터내셔널)에서 이루어진 논쟁들에 큰 영향을 미쳤다는 점을 감안할 때, 프루동이 발전시킨 두 가지 핵심 개념을 간단히 살펴볼 필요가 있다. 이 두 개념은 바로 노동자의 자기통치(새로운 사회의 경제적 조직)와 연방주의에 대한 것인데, 여기서 연방주의는 프루동이 옹호한 미래 사회, 바로 사회주의 사회의 정치 구조를 말한다.

노동자의 자기통치 개념은 노동자들의 연합이 경제를 운영할 때 국가의 지도하에, 국가의 재정적 지원을 받아야 한다는 생각에 대한 반론으로 제시되었다. 프랑스의 루이 블랑이 취한 입장이 바로 국가의 지도와 지원을 옹호하는 것이었고 이는 이후 국가사회주의의 초석이 되었다. 프루동에 의하면 '연합된 생산자들'이 (즉 선출된 대표의 위원회를 통해 산업 노동자들 스스로) 회사를 관리해야 한다. 개별 노동자는 지루하고 힘든 일들도 어느 정도 해야 한다. 그리고 각자 다양한 생산 업무를 수행할 수 있어야 하며 또 수행해야 한다. 프루동은 연합된 노동자들이 전문화된 지식 일

---

12) *Ibid.*, p. 111.

체를 다 가질 수 있는 것은 아니라는 사실을 깨닫게 되었고, 훈련을 받기 위해 노동자들이 자기 자신을 기술자와 관리자로 임명해야 한다고 주장했다. 새로운 사회, 타인을 착취하지 않는 사회에서 소유의 법적 권리에 관한 프루동의 견해는 그의 활동 과정에서 점차 진화해 갔다. 그는 처음에는 노동자들의 연합이 생산수단의 직접적 소유자여야 한다고 믿었지만 이후에 소유권과 용익권[13]을 구별했다. 대체로 농업과 산업 연합이 법적 소유권을 가지는 반면, 연합된 생산자들은 생산수단에 대한 용익권을 가진 세습 소작인의 지위를 인정받아야 한다고 본 것이다.[14]

연방주의의 개념은 프루동의 생애 말년에 다듬어졌는데, 정치적 민족주의와 근대 국민국가에 대한 대안으로 고안되었다. 프루동은 지역 공동체는 독립에 대한 그들의 자연권을 포기해서는 안 되고 대신 그들 전체의 삶을 집단적으로 조직해야 한다고 주장했다. 그리하여 사람들은 지역적으로는 '자연 집단'을 형성하고, 나아가 자발적 연합과 계약 관계의 형성을 통해서 다시금 아래로부터 더 큰 정치적 단위의 조직을 형성하게 되는 것이다. 프루동은 지역 공동체의 조정 기구는 언제라도 해임될 수 있는 대표들로 이루어져야 한다고 주장했으며 이는 1871년의 파리 코뮌을 움직인 원칙의 전조가 되었다. 이런 식으로 국민국가는 지역들의 지리적 연합으로 대체되고 유럽은 연합들의 연합이 되어, 이 속에서는 가장 작은 지방의 이해관계도 가장 큰 지방의 이해관계처럼 표현되고 모든 문제가 상호 협정과 계약, 중재를 통해서 조정될 것이었다.[15] 노동자들의 자기통치와 연방주의에 대한 프루동의 생각은 19세기 말, 망명한 러시아 혁명가 미

---

13) 用益權, usufruct. 타인의 소유물을 사용/수익할 수 있는 권리. ― 옮긴이
14) Guérin(1970), p. 43.
15) *Ibid.*, p. 63; Woodcock(1979), pp. 130~132.

하일 바쿠닌에 의해 전파되어 보다 정교해진다.[16]

여성 예속의 옹호자로서 프루동

이제 여성에 대한 프루동의 견해를 보다 자세히 살펴보자. 프랑스의 여성 운동가 데리쿠르가 프루동의 남성 우월주의에 대해 어떻게 반론을 제기했는지는 이미 언급했다. 그의 관점에 대한 반대 운동의 필요성을 절감한 프랑스 여성운동가가 데리쿠르만은 아니다. 예를 들어 또 다른 저술가인 쥘리에트 랑베르(Juliette Lamber)는 1861년『반프루동주의적 생각들』(*Anti-Proudhonist Ideas*)이라는 소책자를 출간했다. 이 책은 상당한 인기를 끌었고 수차례 개정판이 나오기도 했다.[17] 프루동은 19세기 당시 성평등을 위해 싸운 프랑스 여성들에게는 공공의 적이었던 것이다.

프루동과 여성 반대자들의 논쟁의 역사로부터 우리는 프루동이 평생 단 한 번도 반여성주의를 누그러뜨린 적이 없었음을 알게 된다. 1858년에는 그의 "가장 두껍고 위대한 책"[18]이라고 불리는『혁명과 교회에서의 정의를 위하여』(*De la justice dans la révolution et dans l'église*)라는 제목의 책을 출간했다. 이 책, 더 구체적으로 이 책에서 여성의 사회적 지위를 다루는 장들은 데리쿠르나 랑베르 같은 여성들의 공분을 사기에 충분했다. 이에 프루동은 자신을 변호해야겠다고 생각하고『창부 정치, 또는 현대 사회에서의 여성』(*La Pornocracie ou les Femmes dans les Temps Modernes*)이라는 자극적인 제목의 책을 냈다. 이 책은 그의 사후 발간되

---

16) Guérin(1970).
17) Albistur and Armogathe(1977), p. 318.
18) Woodcock(1979), p. 129.

었지만 이 책의 서두를 읽으면 그가 피력하는 생각들이 개탄스러운 것이라기보다는 그저 노망난 두뇌에서 나왔다면 이해할 만한 결과물임을 알수 있다.

먼저 프루동은 '창부 정치'라는 용어를 사용할 때 이렇게 정의했다.

창부 정치는 오늘날 제2의 세계 권력이라 할 만하다. 중요한 것은 창부 정치가 돈의 힘을 신속히 따른다는 것이다. 그것은 비밀 권력이지만 오래 전부터 스스로 드러내 보였고 여성에 의해 조종되어 왔다. 창부 정치는 지난 30년에 걸쳐서 출간된 글과 팸플릿에 잘 나타나 있다.[19]

프루동은 데리쿠르 같은 여성들이 여성의 자유를 주장하면서 악영향을 끼치고 있다고 보았다. 표리부동과 교묘한 부패를 통해 그들이 타락을 만들어 낸다는 것이다. 일부일처제에 의문을 제기하는 여성은 이미 확립된 윤리에 위협이 되고, 창녀나 후첩으로 비난받아 마땅한 이들이다.[20] 교묘한 언어를 사용하여 프루동은 어떠한 혼외 성관계에 대해서도 강력한 반대 목소리를 높였고 여성의 의무는 현대의 부르주아적 결혼 풍속을 떠받드는 것이라고 보았다.

게다가 프루동은 결혼에서 남성과 여성의 지위가 동등해서는 안 된다고 생각했다. 심지어 남편은 법적 아내에 대해 소유권을 가지고 언제든 홧김에 버릴 수도 있다. 프루동은 『창부 정치』에서 "남자는 내키면 언제든 아내를 버릴 수 있어야 한다"고 말했는데 이는 "자기가 원하는 것보다

---

19) Proudhon(1970), p. 13.
20) *Ibid.*, p. 43.

더 오랫동안 아내와 살게 된다는 것은 생각만으로도 끔찍하기 때문"이었다.[21] 따라서 일부일처제는 여성과 남성에게 동일한 의무를 지우는 제도가 아니다. 프루동에게 결혼이란 여성의 '자연적 예속'에 맞춰 아내에 대한 남성의 권위를 확립해 주는 법적 제도이다. "남성은 아내를 마음대로 할 수 있지만 아내는 그에게 그럴 수 없다."[22] 현대 일부일처 결혼에 대한 다른 지지자들이 여성 억압을 거부한 것과 달리 프루동은 노예로서 여성의 지위를 통제하는 것이야말로 결혼의 기능이라는 생각에 찬성했다.

프루동은 명쾌하게 자신의 생각을 표현했다. 노예제에서 주인이 노예의 생사 결정권을 갖듯이 결혼 제도하에서 남자는 여성을 지배해야 한다고 거침없이 말한다. 『창부 정치』에서 프루동은 여성의 '잘못된 행동' 여섯 가지를 열거하며 이에 대해 남편은 아내를 죽여도 괜찮다고까지 말한다. 열거된 이유 여섯 가지 가운데서 일부는 '정숙하지 못함'이나 '불륜'처럼 일부일처제의 도덕성을 어기는 경우에 해당한다. 주인으로서 남성의 지위를 분명히 하면서, 그는 "완고한 반항"을 그로 인해 죽임을 당한다 해도 어쩔 수 없는 죄악들 중 하나로 포함시켰다.[23] 간단히 말해 프루동은 일부일처제가 여성의 노예화를 수반한다는 사실을 인정하고 나아가 혼인관계에서 남성의 권력을 말 그대로 노예의 주인이라고 해석했다.

이제 그가 왜 여성은 노예로 남아 있어야 한다는 생각을 퍼뜨렸는지 그 이유를 살펴봐야 할 것이다. 생태여성주의에 관한 장에서 나는 17세기 이래 현대 서구 지성의 과학적 시도들과 함께한 사회적 편견들에 대해 논할 것이다. 독일여성주의 저술가 미스가 주장했듯 19세기에 성차별주의

---

21) *Ibid.*, p. 16.
22) *Ibid.*
23) *Ibid.*

와 인종주의 이데올로기는 "유물론적인 '과학적' 토대"[24]를 획득했다.

프루동의 『창부 정치』를 읽으면서 사람들은 프루동이 반여성주의적 시각을 옹호하는 방식이 투박하고 비과학적이라는 것에 놀라게 된다. 여성은 남성과 달리 동물처럼 살기 때문에 열등하다고 주장하기도 한다. 즉 여성이라는 성은 열등한데 이는 "여성의 자유와 지성에 야만적 경향성을 이겨내는 힘이 약하기 때문"[25]이다. 이 책의 다른 곳에서 그는 여성의 지적 열등함을 수리적으로 계산하기도 한다.

> 내가 아는 한 다음과 같은 명제가 진실임을 확인할 수 있었다. 힘에 대한 표현으로 여성 대 남성이 비율상 8 대 27이라면, 관념적 사고에 대한 표현으로 27이라는 남성의 값에 비교하면 여성은 아무리 많이 잡아도 8이 되지 않는다.[26]

프루동의 관점이 비과학적이었다고 해서 그에게 동조자가 전혀 없었던 것은 아니다. 19세기 뛰어난 지성들 가운데 사회적 불평등을 정당화하기 위해 수리적 계산을 사용한 것은 프루동만이 아니었다. 예를 들어 다윈의 사촌 프랜시스 골턴(Francis Galton)도 같은 계산을 했다. '선택 번식'의 옹호자로서 골턴은 우생학(인종의 쇠퇴를 막기 위해 만들어진 학문)의 아버지이다. 미스에 따르면 골턴은 사람들의 유전적 질을 측정하기 위한 등급 체계를 소개했다. "우생학에 통계적 방법을 적용함으로써 그는 자신의

---

24) Maria Mies and Vandana Shiva(1993), p. 180[『에코페미니즘』, 손덕수·이난아 옮김, 창비, 227쪽].
25) Proudhon(1875), p. 41.
26) *Ibid.*, p. 35. Sullerot(1979), p. 85도 볼 것.

이론에 '과학적' 정당성을 부여했다. 수학적 과정과 통계야말로 과학적 객관성의 증거로 간주되었기 때문이다."[27] 결국 프루동의 방법은 19세기 유럽 지성에 존재하고 있던 보다 폭넓은 경향에 부합하는 것이었다.

나아가 과학자들은 백인 외의 인종이 열등함을 입증하는 데 끈질긴 노력을 기울였을 뿐 아니라, 성 불평등이 생물학적으로 결정된 것임을 구체적으로 보이기 위해서 해부학적 연구를 수행하기도 했다. 생태여성주의 저술가인 캐롤린 머천트(Carolyn Merchant)는 이렇게 지적한다.

> 과학자들은 여성의 지적 열등함과 정서적 기질을 설명할 성별 차이의 존재를 논증하려는 노력의 일환으로 남성과 여성의 두개골의 치수와 뇌의 부분들을 비교했다. 여자들의 재생산 기능은 출산과 모성에 더 많은 에너지를 쏟기를 요구하므로, 학습과 추론에 연관된 보다 고도의 기능에는 덜 유능했다.[28]

요약하자면 프루동의 관점은 여성의 지적 열등함에 대해 언급하면서 여성을 가정에 매어둘 필요가 있음을 '증명'해 보이고자 한 당대 유럽 과학자들의 시도와 상통하는 데가 있는 것 같다.

나아가 프루동이 여성에 대해 가지고 있던 생각들을 대부분 계속 견지한 것은 집 밖에서 여성이 고용되어 일하는 것을 반대했기 때문이었다. 여성이 혼인관계에서 남편에게 종속되어야 한다는 생각에 대해 프루동이 동조한 것은 가사노동도 여성이 전적으로 책임져야 한다는 생각에서 비

---

27) Mies and Shiva(1993), p. 181 [같은 책, 227쪽].
28) Merchant(1980), pp. 162~163 [『자연의 죽음』, 전규찬 외 옮김, 미토, 2005, 253쪽].

롯된 것이었다. 그는 여성이 공장 내에서 수행하는 어떤 노동에도 반대했고 대신에 여성에게 가사노동에만 전념하라고 설득했다. 남성이 행여 어떤 불편이라도 겪을까, 그는 남성에게 예술가나 문학 활동에 종사하고 있는 여성과는 절대 결혼해서는 안 된다고 충고했다. 이런 유형의 여성은 공적 활동에 참여하고 경제적으로 독립해 있기 때문에 좋은 어머니, 좋은 아내가 될 수 없다고 주장했다. "만일 어떤 여성의 정신, 상상력, 마음이 정치, 사회, 문학 같은 것들에 빠져 있다면 그녀는 더 이상 아이를 낳을 수 없을 것이다."[29]

'가정주부' 이데올로기를 선전하면서, 프루동은 자본가 계급이 마음 속에 품고 있었던 생각을 노동운동 내에 표명했다. 자본가들은 자기 아내를 집에 묶어 두고 싶어 했고 또 남성 '생계 부양자'와 여성 '주부'라는 이데올로기를 만들어 프롤레타리아 남성과 여성을 서로 싸우게 만드는 데 열심이었다. 독일여성주의자 벤홀트-톰젠 같은 학자가 주장했듯 가정주부란 노동력에 대한 법령이나 조직과 같은 수단들을 통해 교회가 만들어 낸 특수한 역사적 산물로서 19세기 '제1세계'에서 등장했다. 예를 들어 일부일처제, 핵가족 제도는 1868년 북부 독일에서 도입된 법에 기초해 노동자 계급 커플을 위한 모델로 제시되었다.[30]

기업가의 이해를 대변하는 유럽 국가들이 외부로부터의 규제나 경찰력을 통해 노동계급에게 이상적인 가정주부의 상을 강요하는 동안, 아나키스트 철학자 프루동은 그 내부에서 똑같은 이상을 고취하고 있었다. 제1

---

29) 예를 들어 예술과 문학 분야의 여성에 관한 프루동의 논평(1875), p. 85를 볼 것. 나아가 그는 남성에 대한 여성의 종속은 결코 임의적인 것이 아니고 남성의 힘에 근거한다고 주장한다(p. 59).

30) Bennholdt-Thomsen(1988b), p. 159; Mies(1986b), pp. 105~106.

인터내셔널에서 독일의 지도자 페르디난트 라살레의 후계자들과 함께 프루동의 후계자들은 일자리를 향한 경쟁은 용인될 수 없다며 공장 일자리에서 여성의 완전한 배제를 선전했다. 1866년에 열린 인터내셔널 총회에서 프랑스 대표단은 여성의 자연스러운 위치는 가정이라는 제안을 받아들이도록 회의에서 압력을 행사했다. 그다음 해에 열린 회의에서는 프루동의 영향 아래 여성의 임금노동은 금지되어야 한다는 주장이 또다시 제기되었다. "어머니의 자유라는 이름으로 여성을 타락시키고, 다시 말해 여성을 부도덕하게 만들고, 여성의 목숨을 앗아 가는 작업장에서 여성을 빼내야 한다"[31]는 것이다. 요컨대 프루동의 실질적 역할은 부르주아 계급이 생각하던 이상적인 아내상을 노동운동 내에 도입하는 것이었다.

프루동의 견해에 대한 맑스의 평가: 『빈곤의 철학』

지금까지 프루동의 사회적 의미에 대해 살펴보았고 이제 프루동의 지적 기여에 대한 맑스의 평가에 대해 살펴보자. 아나키스트 철학자에 대한 그의 비판은 얼마나 철저했는가? 프랑스인 동료 프루동을 향한 맑스의 태도는 급격한 변화를 겪었다고 할 수 있다. 그의 초기 저작 가운데 하나인 『신성가족』(프리드리히 엥겔스와 공동 집필)에서 맑스는 소유에 관한 프루동의 날카로운 통찰력에 대해 높이 평가했다. 이 아나키스트 철학자는 노동자의 진정한 대변자라고 소개된다. "프루동은 프롤레타리아의 이익을 위해 글을 쓸 뿐 아니라 그 자신이 프롤레타리아이면서 한 노동자(un

---

31) Sullerot(1979), p. 105; Thönnessen(1976), p. 22.

ouvrier)이다. 그의 저작은 프랑스 프롤레타리아의 과학적 선언이다."[32]

맑스는 프루동의 사회적 배경(프루동의 직업은 인쇄공이었다)과 계급적 입장 때문에 그를 높이 평가했다. 그는 프루동이 "자기만족적인 비판주의의 이익을 위해" 글을 쓴 것이 아니라 "프롤레타리아의 이익을 위해" 글을 썼다고 평했다.[33]

그러나 논쟁적 저작 『철학의 빈곤』의 출판 이후로 맑스는 줄곧 과거 친구였던 프루동과는 분명한 거리를 두었다. 이 책은 파리 봉기가 일어나기 얼마 전인 1847년 7월에 출판되었는데, 당시 프루동은 노동자들의 편에 서 있었다. 그전까지 맑스는 자신과 프루동이 인간 본성의 해방을 위한 투쟁에서 힘을 합하길 바랐다. 하지만 프루동의 『빈곤의 철학』을 읽은 이후 맑스는 그 생각을 바꾸었다. 프루동이 사망한 해에 쓴 글에서는 그를 "살아 있는 모순"이라고 불렀다. 맑스는 프루동이 "부르주아와 프롤레타리아를 떠나 과학적 인간으로 우뚝 서고 싶어 한, 자본과 노동 사이에서, 정치경제학과 공산주의 사이에서 끊임없이 흔들리는 프티 부르주아에 불과"하다고 말했다. 맑스의 중요한 비판 중 하나는 프루동이 독일 철학자 헤겔과 마찬가지로 역사를 관념의 연속으로 보았다는 것, 프루동은 유물론자가 아닌 관념론적 철학자일 뿐이라는 것이었다.[34]

맑스가 '프티 부르주아' 반대자인 프루동을 격렬히 비판했을 당시 이미 프루동이 가장 완고하게 성별 분업을 지지한다는 사실이 논의되었지만, 이것이 맑스의 프루동 비판에서 결코 핵심이 되지 못했다는 것은 놀라

---

32) Easton and Guddat(1967), p. 361. 『신성가족』에 대한 레닌의 개관 또한 읽어 볼 것. V. I. Lenin(1973), p. 23.
33) *Ibid*[『신성가족』, 편집부, 이웃, 1990, 71쪽].
34) J. B. 슈바이처에게 보낸 맑스의 편지, 1865년 1월 24일, Marx and Engels(1973), p. 24.

운 일이다. 아나키스트 운동과 사상을 연구하는 역사학자 우드콕과 마찬가지로 맑스는 프루동을 산업 사회 이전의 과거에 뿌리를 두고 자신의 철학을 형성한 과도기적 인물로 파악했다.[35] 그러나 맑스는 여성에 대한 프루동의 견해와 명시적으로 거리를 두려고 한 적이 없었고, 그를 노동계급 운동 내의 전형적인 남성 우월주의자라고 폭로한 적도 없었다. 맑스의 비판은 신랄했다. 하지만 여성의 지위에 대한 관점이라는 측면에서 맑스는 프루동이 지배적인 자본가들의 이해를 대변함을 깨닫지 못한 것 같다. 나는 프루동의 『빈곤의 철학』과 이에 대한 맑스의 비판서를 살펴봄으로써 맑스의 프루동 비판이 지닌 한계를 밝히고자 한다.

논쟁적으로 쓰인, 날카로운 통찰이 담긴 저서 『철학의 빈곤』에서 맑스는 프루동의 견해를 거부함과 동시에 (고전경제학 이론가 애덤 스미스와 데이비드 리카도와 비교하여) '정치경제학'에 관한 입장을 분명히 했다. 맑스는 가치론, 경쟁, 노동 분업과 같이 프루동이 끌고 들어온 몇몇 주제를 다루었다. 『빈곤의 철학』과 『철학의 빈곤』을 다시 읽고 비교해 보면 아나키스트 철학자 프루동에 대한 맑스의 비판이 결코 과장된 것이 아님을 알 수 있다. 프루동은 자신의 글에서 자본주의 사회의 기본 모순에 대해 파악하지 못했음을 드러냈다. 그리고 19세기 노동운동 내에서 그가 지녔던 영향력을 감안한다면 그의 관점을 부정하는 것은 매우 필요한 일이었다.

먼저 프루동은 자본주의적 이데올로기에 대해 전적으로 동의하는 가운데 경쟁의 필요성도 옹호한다. 경쟁이란 "개별 주체들"에게 진정한 "자유에 대한 약속"이라고 주장한다. 프루동은 경쟁의 원리와 자본주의하에서 분업의 불가피한 발전을 관련지었다. "경쟁은 분업만큼이나 노동에 핵

---

35) Woodcock(1979), p. 133.

심적인 것이다. 경쟁이 또 다른 형태의 분업 그 자체이기도 하고 아니면 분업의 효과를 더욱 극대화하기 때문이다."[36] 그는 분업이 자유와 인간의 자립을 가능하게 했으며, 이것이 바로 경쟁의 필요성을 입증한다고 주장한다. "한마디로 경쟁이란 분업과 모든 분할된 부분에 있어 자유이다."[37] 그의 첫번째 주장을 살펴보면, 프루동은 자본주의하에서 변화된 노동 및 생산 과정을 자본 소유자를 지배하고 그들 사이에 살인적 경쟁을 유발하는 축적의 구체적 '법칙'과 구별하지 못했다.

나아가 경쟁을 예찬하면서 프루동은 시장 경쟁과 정치적 민주주의가 자연스레 서로 연결되어 있는 것이라고 주장함으로써 자본주의 체제 옹호자들의 입장을 따른다. 그는 애매모호하게 자본가 간의 경쟁과 산업 노동자의 집단적 노동 과정을 같은 것이라고 주장한다. 경쟁은 "집단적 행동이 자신을 드러내 보이고 움직이게 하는 양식, 사회적 자발성의 표현, 민주주의와 평등의 상징, 가치 구성에서 가장 활동적인 수단, 연합의 버팀목이다."[38] 자본주의적 관계의 이데올로그들은 인간의 본성이 변치 않을 것이라는 생각을 법칙처럼 수용함으로써 이러한 관계들의 신성성과 영속성을 옹호한다. 이와 유사하게 프루동은 경쟁은 "인간의 영혼에 필요한 것"이라고 주장한다! 요컨대 프루동은 축적 과정과 자본 증식의 원동력으로 작동하는 경쟁을 그 '법칙'의 적용이 임금노동자의 삶에 미칠 구체적인 효과와 구별해서 생각하지 않는 것이다.

또한 그는 공개적으로 당시의 매우 관습적인 생각들을 주장하기도 했다. 이는 그가 임금 인상을 위해 노동자들이 벌인 파업을 비난했을 때

---

36) Proudhon(1888), p. 223.
37) *Ibid.*
38) *Ibid.*, p. 270.

더욱 분명해진다. 프루동에게 임금은 생산물의 진정한 가치를 반영하는 것으로 "모든 재화의 총가격"[39]이다. 그는 노동자가 만들어 낸 가치의 일부분을 자본가가 가져간다는 점을 보지 못했다. 결국 그는 노동계급이 파업을 무기로 하여 삶의 조건을 향상시키려는 경향에 반대하는 무의미한 싸움을 하기에 이른다.

노동계급의 삶이 개선되기를 바라는 나의 바람에도 불구하고 나는 임금 인상을 위한 파업이 전반적인 가격의 상승으로 귀결될 수밖에 없을 것이라고 확신한다. 이는 2+2＝4라는 것만큼이나 분명하다. 파업은 노동자들이 부를 획득하는 수단이 될 수 없으며, 그것으로는 그보다 천 배는 더 값진 자유 또한 얻을 수 없다.[40]

위 내용이 경제 사상가로서 프루동에 대한 비판을 이룬다면, 『빈곤의 철학』을 다시 읽으면서 철학자로서 그의 명성 또한 취약하다는 것을 알게 된다. 이 책은 변증법의 핵심 원칙(즉 '대립물의 통일')에 대한 그의 이해에 문제가 있음을 입증해 준다. 『빈곤의 철학』에서 프루동은 무엇보다도 그가 '내재적 가치'라고도 부른 사용가치와 교환가치의 관계에 대해 논한다. "사용가치와 교환가치 사이에는 어떤 관련이 있는가?"[41] 이 저자는 자신이 가치의 두 가지 형태 사이의 관계를 파악하는 데서 고전 정치경제학자들을 뛰어넘었다고 믿는다. "경제학자들은 가치의 이중적 특성에 대해 분명히 설명해 왔다. 그러나 그것의 모순적 속성에 대해서는 그렇게 분명치

---

39) *Ibid.*, p. 149.
40) *Ibid.*
41) *Ibid.*, p. 73.

못했다." 프루동은 계속해서 가치의 두 가지 형태가 서로 긴밀히 연결되어 있다고 주장한다. "효용은 교환의 필요조건이지만 교환을 하지 않는다면 그 사용가치는 사라지게 된다." 이 둘이 서로 뗄 수 없을 만큼 긴밀히 연결되어 있다는 것을 근거로 그는 추가 토론이나 논쟁 없이 바로 결론에 이른다. "그렇다면 모순은 어디에 있는가?"[42]

이로부터 프루동에게 두 가치는 둘 중 하나, 서로 뗄 수 없이 긴밀히 연결된 것 아니면 서로 대립을 이루는 것(서로 모순되는 것)임이 분명해진다. 이런 생각은 맑스와 엥겔스가 그들의 철학적 선구자 헤겔의 뒤를 이어 형성한 변증법의 핵심적 원칙과 상충된다. 대립물의 통일 법칙은 자연, 사회 그리고 인간의 생각, 즉 우주 전체가 대립물의 양극으로 구성되어 있고 대립물은 상호 연결되어 있으면서 동시에 상호 투쟁한다고 본다. 어떤 활동이나 발전도 양자의 모순과 상호 연관된 부분들 없이 이루어질 수 없다. 그러지 않고 현실을 드러내 보이려고 하면 프루동처럼 변증법적 사고의 핵심을 거스르게 된다.[43]

핵심으로 들어가서 개별성과 보편성 사이의 관계에 대해 살펴보자. 이 관계가 모순이나 통일 가운데 하나로 이해되어야만 하는가? 처음에는 보편성과 개별성이 서로 관계되지 않는 대립물처럼 보일 것이다. 그러나 사실상 이 둘 사이에는 동일성 혹은 통일이 존재한다. 레닌은 변증법에 관한 짧은 소고에서 "개별성은 오직 보편성으로 이어지는 연관성 속에서만 존재한다. 보편성은 오직 개별성 안에서, 개별성을 통해서만 존재할 수 있다"[44]고 쓴다. 개별성과 보편성 사이에 통일과 모순이 동시에 존재할 수

---

42) Proudhon(1888), p. 77.
43) Lenin(1973), p. 357.
44) *Ibid.*, p. 359.

없다고 예단하는 것은 현실, '객관적 진실'에 대한 부정이 될 수 있다. 마찬가지로 프루동이 그랬던 것처럼 서로 떼려야 뗄 수 없이 연결되어 있기 때문에 사용가치와 교환가치 사이에 어떠한 모순도 존재할 수 없다고 이야기하는 것은 현실에 대한 잘못된 설명이다.

프루동에 대한 맑스의 제한적 비판: 노동가치론

나는 여기서 맑스가 『철학의 빈곤』에서 서술한 프루동에 대한 비판 중 일부에 대해 논할 것이다. "구성된 가치 혹은 종합적 가치"라는 장에서 맑스는 프루동의 가치론을 비판했다. 노동가치론은 맑스 경제학 이론의 초석으로 여겨지고 있다. 경제학 이론에서 가장 뛰어난 '부르주아' 사상가들, 그 중에서도 스미스와 리카도가 제시한 견해들을 비판적으로 살펴봄으로써 맑스는 노동시간이야말로 시장에서 판매되는 상품 가치의 진정한 결정 요인이라고 결론짓는다. 이러한 근본적 이해에 기초하여 맑스는 자본주의 사회에서의 착취 구조를 파헤치고 산업 노동자들에게 궁핍한 그들의 처지를 이해할 수 있는 이론적 수단을 제공했다.

경제 이론가로서 프루동의 명성에 도전하면서 맑스는 먼저 경제적 모순의 기초가 되는 '구성된 가치'를 발견했다는 프루동의 주장을 조롱했다. 이 용어를 이용해서 프루동은 시장에서 팔리는 생산물의 가치는 사용가치와 교환가치의 '종합'으로 이루어진다고 주장했다. 프루동은 자신의 개념화 덕분에 그가 고전 정치경제학의 아버지인 스미스의 직관적 수준의 이해를 뛰어넘었다고 주장했다. 그러나 맑스에 따르면 프루동의 '선견지명'은 잘못된 것이었다. 리카도는 1817년 노동가치론을 구체화하면서

이미 스미스보다 더 뛰어난 현실 인식을 보여 주었다.[45]

다른 경제학자들과 마찬가지로 리카도는 '효용'과 '교환가치'를 구별했다. 드물게 조각상이나 그림 작품같이 그 가치가 희소성에 의해서 결정되는 상품들이 있기는 하지만, "욕망의 대상이 되는 재화의 거의 대부분은 노동을 통해서 얻을 수 있다". 리카도에 따르면

> 상품, 상품의 교환가치, 그에 따라 가격이 규정되는 여러 가지 원리 등에 관해서 이야기할 때, 우리는 단지 그것의 양이 인간의 노동에 의해 증가할 수 있고 또 그것의 생산이 경쟁에 의해 아무런 제한 없이 계속될 수 있는 그러한 상품들만을 고찰 대상으로 고려하는 것이다.[46]

나아가 리카도는 스미스보다 더욱 정확한 상품의 측정 기준을 고안했다. 스미스는 이에 대해 확실한 답을 내리지 못했다. 그는 노동의 양이 유일하게 정확한 측정 도구라는 점을 인정하면서도 다른 한편으로는 다른 방향의 생각을 따르기도 했다. 반면 리카도는 내적으로 일관된 가치론을 고안했다. 그는 상품에 실현된 노동의 양이 그것의 가치를 결정한다는 것을 깨달았고 노동의 양은 노동시간에 의해 측정되어야 한다고 분명하게 밝혔다. 따라서 맑스는 노동시간이 "모든 물건의 교환가치의 기초"가 되며, 이러한 원칙이 "정치경제학에서 가장 중요한 원리"라는 리카도의 진술을 찬성하며 인용했다.[47]

맑스가 프루동을 비판하면서 명료하게 하고 싶었던 두번째 문제는

---

45) Marx(1975), p. 43.
46) *Ibid.*, p. 45 [『철학의 빈곤』, 강민철·김진영 옮김, 아침, 1988, 46쪽].
47) *Ibid*[같은 책, 46쪽].

임금에 관한 것이다. 맑스는 프루동이 노동자의 임금과 상품 가치를 혼란스럽게 만드는 데서 스미스를 능가한다고 주장한다. 프루동에 의하면 "어떤 일정한 생산물에 고정되어 있는 노동량은 노동자에게 지불되는 임금, 즉 노동의 가치와 동일하다".[48] 그러나 맑스에 따르면 이러한 해석은 경제적 사실에 부합하지 않으며 오히려 자본주의하 착취의 본질을 은폐한다. 여기서도 리카도는 스미스보다 더 명석하다. 그는 시장에서 판매를 위해 생산된 상품의 가치를 노동자가 자신의 노동 활동에 대해 받은 가치의 양과는 구별하기 때문이다.

그러므로 노동의 가격, 다시 말해 노동자의 임금에 대해 정의할 때 맑스는 리카도의 관점을 지지했다. 물론 그는 노동자들이 활동하면서 자신의 근력을 사용하는 것과 자본가가 노동자의 노동 능력을 구매하는 것을 구별하기 위해서 이후에 '노동력'이라는 개념을 도입하기는 하지만, 노동자의 노동력에 대한 대가를 측정하는 데서 리카도와 근본적으로 다르지 않았다. 맑스가 『자본』에서 더 엄밀히 서술했듯, 노동력 가치의 정확한 척도는 "노동의 지속적인 유지를 위해 필수 불가결한 대상물의 생산"에 필요한 시간이다.[49] 4장에서 더 상세히 언급하겠지만, 여기서 맑스가 가리키는 것은 시장에서 노동자가 구매하는 생필품의 가치이다.

다시 말하지만 이러한 개념화는 맑스의 선구자인 리카도의 개념화에 가까운 것이다. 리카도는 "노동의 자연 가격"은 "노동자와 그의 가족의 부양에 필요한 식량, 필수품 및 편의품의 가격"에 의존한다고 언급한 바 있기 때문이다.[50] 리카도와 맑스 모두 노동자의 기본 소비 요건을 주목했고,

---

48) *Ibid.*, p. 53[같은 책, 56쪽].
49) *Ibid.*, p. 49[같은 책, 51쪽].
50) Ricardo(1817), pp. 90~91[『정치경제학과 과세의 원리에 대하여』, 권기철 옮김, 책세상, 2010,

공장 노동자의 임금노동을 전후해서 그들의 노동력을 유지하기 위해 여성이 가정에서 수행해야 하는 양육, 청소, 요리 등의 가사노동은 간과했다. 자본주의적 착취에 대한 혁명적 반대자 맑스는 이 점에서 분명 고전 정치경제학자들의 가부장적 편견을 계승했다.

달리 말해 맑스는 오직 부분적으로만 프루동의 가치론을 뛰어넘는다. 앞서 언급한 것처럼 프루동이 주장한 경제 이론과 맑스가 주장한 경제 이론 사이에는 질적인 차이가 있다. 그러나 가사노동을 분석하는 데서는 둘 모두 각자의 방식으로 편견에 사로잡혀 있다. 프루동은 가정 안에 여성을 고립시킬 것을 주장했다. 그는 가사 부담을 모두 여성에게 지우고 싶어 했다. 맑스가 이러한 생각을 선전한 것은 아니다. 그는 여성의 임금노동에 대한 참여를 옹호했다. 그러나 리카도처럼 노동시간에 기초한 노동가치론에서 맑스는 가사노동 시간의 합을, 즉 여성이 가정에서 가족 구성원을 위해 힘들게 일하는 데 쓰는 상당한 시간을 계산하지 않았다. 4장에서 보여 주겠지만 경제 이론의 이러한 가부장적 편향은 2세대 여성주의 흐름에서 가사노동 논쟁에 참여한 이들에게 비판의 표적이 되었다.

맑스가 프루동을 격렬히 비판한 세번째 사항은 분업 개념이다. 프루동은 고전경제학자들이 분업의 장점만을 강조해 왔다고 꼬집으면서 분업의 '긍정적 측면과 부정적 측면'을 모두 포괄하는 대차 대조표를 그리려고 애썼다. 이 과정에서 프루동은 경쟁처럼 분업도 불변의 법칙성을 갖는 것으로, "단일한, 추상적인 범주"로 간주했다. 이러한 탈역사적 접근은 맑스의 비판을 받았다. 구체적 사실과 자료를 활용하여 맑스는 분업이 분명 역사적 발전의 산물이며 프루동의 생각처럼 "세계가 시작되었을 때부터 시

97쪽].

작"된 분리는 아님을 입증하고자 했다.[51]

자신의 관점을 명료하게 하기 위해 맑스는 수공업 단계에서 근대적 기계가 설치되었을 당시의 '자동화된 작업장' 단계로의 이행에 대해 논했다. 예를 들어 16세기 말과 17세기 초 네덜란드의 제조회사들은 "분업에 대해 아직 거의 모르고 있었"지만, 업무의 분담은 산업혁명이 시작되면서 보다 확장되었다.[52] "기계 덕택에 직조공이 동인도에서 거주하는 동안에도 방적공은 영국에서 생활할 수 있게 되었다." 그리고 "기계와 증기의 사용 덕분에 분업은, 자연적 토지에서 분리된 대규모 공업이 세계시장, 국제적 교환, 국제적 분업에 전적으로 의지해야 하는 규모로까지 발전할 수 있었다."[53]

이렇듯 맑스는 영속적 분업에 관한 프루동의 생각과 분업의 역사적 발전에 관한 자신의 관점을 대비했다. 그러나 여기서 다시 프루동의 가치론에 대한 비판과 마찬가지로 맑스의 비판 역시 결국에는 표면화될 수밖에 없는 약점이 있다. 어떻게 분업의 역사적 발전을 정확히 보일 수 있을까? 『철학의 빈곤』에서 첫번째 대규모의 사회적 분업은 소도시와 촌락 간, 도시와 농촌 지역 간에 존재하던 대립으로 규정된다. 그래서 맑스는 "독일에서는 최초의 중요한 분업, 즉 농촌에서 도시가 분리되는 데 꼬박 3세기가 걸렸다. 도시와 농촌의 관계가 바뀐 만큼 전체 사회도 변화했다"[54]고 한다.

맑스가 제시한 이러한 관점은 여성주의 저술가들에게 이중의 비판을

---

51) Marx(1975), p. 124[『철학의 빈곤』, 137쪽].
52) *Ibid.*, pp. 127~128[같은 책, 140쪽].
53) *Ibid.*, p. 129[같은 책, 142쪽].
54) *Ibid.*, p. 119[같은 책, 132쪽].

받아 왔다. 인간성의 오랜 사회적 진화 속에서 첫번째 분업은 도시와 농촌 지역 사이에 발생한 것이 아니라 남성과 여성 사이에 있었다. 도시가 처음으로 등장하기 훨씬 전부터 특정한 형태의 분업이 선사 시대의 수렵 채집 집단에서 발전했다. 예를 들어 숲에서 채소와 뿌리를 채집하는 데 관계된 일들은 주로 여성에게 주어진 반면, 남성은 활이나 창을 이용하여 동물을 사냥하는 일을 맡았다. 근래 수십 년 동안 여성주의 인류학자들은 선사 시대 사회에서 여성의 경제적 역할이 지닌 중요성을 강조해 왔다. 음식을 채집하는 활동을 통해 여성은 상당한 양의 음식을 친족 집단에게 제공했기 때문이다.[55]

『철학의 빈곤』과 다른 저작들에서 분업의 역사에 관한 논지를 펴 나가면서도 맑스는 성별 분업을 '자연적'이고 '고정적'인 것으로 생각했기 때문에 그에 대해 주목하지 않았다. 그러나 사실 여성 인류학자들이 지적해 온 것처럼 성별 분업은 변화한다. 예를 들어 선사 시대의 생활 방식을 따르는 일부 부족 사회에서 여성은 남성과 함께 집단적 사냥에서 중요한 역할을 수행한다. 엘리너 리콕(Eleanor Leacock)은 캐나다의 원주민 몽타네-나스카피족 여성들이 때때로 짧은 사냥 여행을 떠나기도 하고 원하기만 하면 장기 사냥 여행도 간다는 것을 발견했다.[56] 다시 말해 특정한 형태의 성별 분업이 등장하기는 했지만 그것은 비공식적이었고 고정되지도 않았다.

수렵 채집 사회에서의 성별 분업과 그 기원 및 비공식적 성격에 관한 주제는 고전 정치경제학자들은 물론 맑스를 포함한 고전 정치경제학자들

---

55) 예를 들어 Draper(1975), p. 77과 Slocum(1975), p. 36을 볼 것.
56) Leacock(1981), pp. 40, 149. Kelkar and Nathan(1991), p. 2도 볼 것.

에 대한 급진적 비판자들로부터도 명백히 외면받아 왔다. 맑스는 자신의 선구자인 스미스나 리카도처럼 전체적으로 성별 분업이 역사적으로 어떻게 발전해 왔는지 그리고 당시에 자본가들이 이윤을 증대하기 위해서 성별 분업을 어떻게 활용했는지 명료하게 설명하지 못했다. 그 결과 대부분의 여성주의 흐름들은 노자 간의 모순에 대한 맑스 분석의 완결성과 포괄성에 의문을 품게 되었다. 어떻게 해서 선사 시대에 성별 분업이 등장하게 되었는지 정확히 이해하는 것에 진전이 없는 한, 자본주의하에서 성별 분업의 구체적 역할이 분석되지 않는 한 프루동의 비변증법적 이론에 대한 비판은 불완전한 채로 남아 있을 수밖에 없을 것이다.

요약: 맑스와 프루동의 일치와 대립

19세기 유럽에서 산업 노동자들의 투쟁은 여성과 남성 모두가 참여한 긴밀한 지적 논쟁과 함께 성장했다. 특히 프랑스에는 트리스탕이나 드로앵과 같이 말뿐 아니라 행동으로도 남성/여성 노동자의 이해관계를 옹호한 용감한 여성들이 있었다. 그러나 전반적으로 진보적인 지적 논쟁은 대부분 남성 사상가들이 주도해 왔다. 뛰어난 노동계급 이론가들로 국제 아나키즘의 아버지인 프루동과 『빈곤의 철학』에 나타난 프루동 가치론의 오류를 폭로한 맑스를 예로 들 수 있다.

　당시 영향력 있던 두 사상가 사이에 서로를 구별하는 매우 큰 차이점이 있다는 것은 의심할 바 없다. 맑스는 헤겔이 발전시킨 변증법의 방법을 통해 자본주의 사회의 본질적 측면들을 상당 부분 설명하고 산업 자본가들에 의한 착취의 비밀을 성공적으로 드러냈다. 그는 노동이 모든 부의 원천이라는 정치경제학자들의 가설을 이어받고 더욱 발전시켰다. 리카도처럼 맑스의 핵심적 테제는 시장에서 판매되는 상품의 가치는 그것을 생산하는 데 임금노동자가 얼마만큼 시간을 썼는지로 측정되어야 한다는 것이다. 맑스가 보여 준 이론적 정밀함이 프루동에게는 부족했다. 프루동은 이후 세대의 아나키스트들을 이끌었던 '노동자들의 자기통치'와 '연방주의' 같은 정치적 개념들을 제안하기는 했지만, 경제관계에 대한 그의 이해는 리카도보다 뒤처졌다. 리카도와 달리 프루동은 노동시간을 상품 가치의 척도로 보지 않았던 것이다.

맑스와 프루동의 큰 차이와 대립을 설명하면서 우리는 이 두 사상가의 유사성과 일치에도 주목했다. 가부장적 편향이 이 두 사람의 저작에 모두 나타나기 때문이다. 프루동이 공개적으로 가장 엄격한 수준의 성별 분업과 여성의 완전한 종속을 주장한 반면 맑스는 여성의 해방이 사회 진보의 척도라고 믿었다. 그러나 맑스의 경제 이론을 면밀히 관찰해 보면 그역시 여성이 주부로서 수행한 노동을 인정하지 않았으며 기본적으로는 성별 분업을 '자연적으로' 주어진 것으로 여겼음을 알 수 있다. 여성이 수행하는 노동 활동에 대한 완전한 이해는 이 두 남성 이론가가 공유하던 가부장적 편견을 드러냄으로써만 이루어질 수 있다.

3장
독일 프롤레타리아 여성운동과 여성 노동

"지금은 우리의 지난 투쟁의 기억을 떠올릴 때이다. 그 투쟁은 오늘날 도덕의 강화와 정치적 지도의 풍부한 원천이 될 것이다." "사회주의 역사는 삶의 학교이다. 우리는 그것으로부터 항상 새로운 자극을 받는다." "역사적 경험은 [현대 프롤레타리아트의——인용자] 유일한 스승이다. 자기 해방을 향한 그 쓰라린 경험은 말로 다 할 수 없는 고통은 물론이고 수없이 많은 실수로 가득 차 있다."[1] 독일에서 정치적 경력을 쌓은 폴란드의 혁명가 로자 룩셈부르크의 말에서 따온 이 인용구들은 19세기 마지막 20년과 20세기 첫 10년 동안 독일 노동계급 여성의 대중운동에 관한 이 장을 시작하는 말로 매우 적합하다.

독일에서의 운동은 아마도 1세대 여성주의와 함께 유럽에서 일어난 여성운동들 가운데 가장 풍부하고 또 가장 중요한 운동일 것이다. 예를 들어 영국에서 여성들의 투쟁은 동등한 참정권을 요구하는 수준에서 정점에 올랐고, 이 유명한 여성 참정권 운동에서 여성 공장 노동자들이 주도적

---

1) Luxemburg(1971), pp. 169~170, 280, 324.

역할을 하기도 했다.[2] 그러나 여성 노동자들 고유의 운동이 등장한 곳은 독일이다. 이 운동은 보다 체계화되어 있었고 말 그대로 수십만 명이 참여했다. 이 운동 속에서 시위는 여성의 선거 투표권을 요구하는 데서 멈추지 않고 다른 전반적인 (경제적/정치적) 요구들도 함께 고려되었다. 게다가 이 운동에 이용된 행동 지침 역시 ('정치적 보이콧'으로 불리는) 소비자의 보이콧과 행동에서부터 노동자의 특권적 무기인 파업에 이르기까지 매우 다양했다.

그뿐 아니라 부족한 역사적 지식을 가지고 흔히 생각하는 것과는 달리 여성 노동에 대한 활기찬 토론이 프롤레타리아 여성운동과 함께 전개되었다. 이미 한 세기 전 여성운동의 '부르주아' 진영과 '프롤레타리아' 진영에 동시에 속해 있던 독일의 활동가들은 여성 노동자 착취 상황에 관한 조사와 토론을 시작했다. 가사노동 논쟁이 2세대 여성주의만큼 이론적 깊이를 갖추지 못한 것은 사실이다. 그러나 여성이 가족의 실질적 생계 부양자인 경우가 많다는 사실, 성별 분업과 성별에 따른 임금 불평등의 역사와 본질, 그리고 이른바 '노동예비군'의 한 부분인 미혼 여성, 어린 여성, 결혼한 여성에 대한 착취(이는 12장에서 자세히 다루었다)처럼 (자본주의하에서 여성에 대한 폄하를 이해하는 데 매우 중요한) 가사노동 외의 다른 측면들이 제기되고 격렬한 토론의 대상이 되었다. 당시 지적된 분석 대상들 상당수는 오늘날도 여전히 유효하다.

이 장에서는 독일에서 이루어진 여성 노동에 대한 초기 논쟁들의 기여와 한계에 대해 평가할 것이다. 아우구스트 베벨이나 클라라 체트킨과 같은 지도적인 맑스주의 대변인들이 진정한 여성 해방 이론을 구성하기

2) Liddington and Norris(1978).

위해 무엇을 주목했는지도 다룰 것이다. 또한 맑스주의적 입장이 극복할 수 없었던 태생적 한계에 대해서도 밝히고자 한다. 실패만을 일방적으로 강조하는 것을 피하기 위해 운동의 놀라운 조직적 성취에 대해서도 설명할 것이다. 1세대 여성주의와 2세대 여성주의를 통틀어 서구권 국가의 그 어떤 여성운동도 독일 프롤레타리아 여성운동이 축적한 조직력에는 비할 바 못 되었다는 점은 의심의 여지가 없다.

프롤레타리아 여성운동의 지향, 조직 구조 그리고 전술

20세기 첫 10년 동안인 1900년에서 1910년 사이 독일은 노동계급 여성의 대중운동이 성장하는 것을 목격했다. 이 운동은 큰 공장과 매우 열악한 영세 사업장, 가내 공업, 그리고 가사노동 '부문'에 이르기까지 여성 노동의 서로 다른 세 부문에서 힘들게 일하고 있는 여성들을 아우르고 있었고, 따라서 운동의 목표 또한 매우 포괄적이었다. 투쟁의 형식, 그리고 다양한 조직의 형태로 인해 이 운동은 투쟁의 기반을 안정적으로 확장할 수 있었고 이 세 부문에서 모두 여성의 참여를 끌어낼 수 있었다. 무엇이 독일 여성들의 엄청난 전투성을 폭발시킨 것일까? 여기서 나는 담론 평가의 기초로서 '객관적' 상황을 간단히 요약하고자 한다.

먼저 여성(과 아동!)이 "기계제를 자본주의적으로 활용한 첫 본보기"였다는 점을 환기할 필요가 있다. 당시 독일 노동계급 운동에서 여성 해방을 주창한 사람들 사이에는 산업 발전이 지속된 결과 여성이 계속 임금노동으로 끌려 나오고 있다는 생각이 널리 퍼져 있었다. "자본주의적 생산이 시작된 초기 단계의 노동시장에서는 남성 노동자와 남성 노동자가 서로 대립할 뿐이었다."[3] 이러한 관점은 공장에서 남성의 임금노동을 대체하는 여성에 대한 불안을 증폭시키는 경향이 있었다. 하지만 이는 적어도 부분적으로는 잘못된 이해였다. 산업화의 토대인 섬유 산업이 시작되는 그 순간부터 여성은 공장에 있었다. 섬유 산업의 시작부터 방적 공장은 상당수의 성인 여성을 고용했다. 19세기 중반 무렵 작센의 방적 공장에서 여성은 노동력의 다수를 이루었다.[4]

베벨이 주장한 것처럼 여성의 임금노동 참여는 19세기 말까지 지속적으로 증가했다. 『여성과 사회주의』(Die Frau und der Sozialismus)에서 그는 1895년부터 1907년까지 남성 고용은 10.55퍼센트 증가한 반면 여성 고용은 44.44퍼센트를 훌쩍 뛰어넘는 수준으로 증가했다고 쓴다.[5] 그러나 이것이 프롤레타리아 여성운동이 등장할 수 있었던 핵심적 동인은 아니다. 여성이 변함없이 기아 임금으로 근근이 살아갈 수밖에 없었다는 사실, 그들의 노동시간에는 사실상 제한이 없었다는 사실, 그리고 그들의 노동 조건이 극도로 비위생적이었다는 사실이 더 중요한 객관적 요인이었던 것 같다. 매우 많은 여성 재봉사가 폐결핵으로 목숨을 잃었고(48.6퍼센트), 어두침침하고 공기가 매우 뜨거운 지하 창고와 뒷마당에서 힘들게 일해야 하는 많은 여성 세탁부 또한 같은 병으로 죽음을 맞고 있었다.[6]

가사노동 시간을 빼고도 엄청나게 길었던 여성의 노동시간 또한 주목을 받았다. 프롤레타리아 여성운동의 대변자였던 격주간지 『평등』(Die

---

3) Bebel(1979), p. 170[『여성론』, 이순예 옮김, 까치, 1987, 234쪽].
4) "역사적으로 19세기 전반에 여성 노동이 남성 노동을 대체한 것이 아니다. 공장을 가득 메운 남성들은 이미 거기에 여성들이 있었음을 알게 되었다." Bauer(1978), p. 36.
5) Bebel(1979), p. 173.
6) 폐결핵에 의한 죽음에 관한 자료로 Bauer(1978), p. 126을 볼 것. 여성 노동자들의 건강상 위험에 관해서는 Bebel(1979), pp. 184~185를 볼 것.

Gleichheit)에 따르면 20세기가 시작될 무렵 다림질과 세탁을 하는 여성들의 주간 노동시간은 100시간에 이르렀다. 이는 노동자들이 운동을 시작할 당시 주요 불만 사항 중 하나였다. 베벨은 "여성이 전체 노동력의 과반수 이상을 차지하는 섬유업의 경우, 대부분 어느 업체에서나 노동시간이 가장 길다"[7]고 했다. 1903년 이 부분은 10시간 노동일을 위한 끈질긴 투쟁을 경험하게 되었고, 이 파업에서 여성 임금노동자들은 핵심적 역할을 수행했다.[8]

이에 더해 저임금 현상 또한 분노를 샀다. 일반적으로 여성의 임금은 남성 동료의 임금보다 훨씬 낮았다. 19세기에는 여성이 받은 임금이 남성 임금의 절반에도 미치지 못하는 경우가 종종 있었다. 동일한 일을 수행하는 곳에서도 여성은 동일한 보수를 받지 못했다. 1893년 만하임 시에서 실시되어 이후 베벨이 인용한 조사에 의하면 여성 노동자 99퍼센트 이상이 저임금 범주에 속하는 것으로 밝혀졌다.[9] 담배 공장에서 1911년 여성의 주당 평균 임금은 6~8마르크였다고 하는데 당시 가장 기본적인 생계를 위해서도 최소한 9~10마르크가 필요했다. 간단히 말해 기아 수준의 불평등한 임금은 20세기 초 독일의 모든 여성 고용이 취한 가장 흔한 모습이었으며, 임금 불평등이 당시 계급 투쟁의 의제는 못 되었어도[10] 임금 인상 요구는 계속해서 제기되었다.

---

7) Bebel(1979), p. 172[같은 책, 236쪽].
8) 다림질과 세탁을 하는 여성의 노동 조건에 관한 상세한 사항은 Brinker-Gabler(1979), p. 87, 섬유 부문의 주당 노동시간에 관해서는 Bebel(1979), p. 172, 여성 섬유 산업 노동자에 관해서는 Richebacher(1982), p. 32를 볼 것.
9) Bebel(1979), p. 181.
10) 독일 노동계급 운동이 동일 임금 주제를 제기하는 데 실패한 것은 Bauer(1978), p. 118을 볼 것.

운동에 속해 있던 다양한 저술가들이나 참여자들이 밝힌 바에 따르면, 독일 여성들은 맑스가 『자본』에서 설명한 노동예비군의 중요한 부분을 형성하고 있었다. 그들은 주로 일반적 임금 수준을 떨어뜨리기 위해, 즉 전체 노동계급 착취 강화를 촉진하기 위해 고용되었다.[11] 전형적인 예가 바로 베를린 시에서 셔츠, 양말, 앞치마 바느질을 하던 여성 가내노동자들이다. 이들은 맑스의 용어에 따르면 '정체적'(stagnant) 노동예비군이라고 할 수 있다. 베벨의 자료에 의하면 바느질하는 여성들의 임금은 많아봐야 최저 생계를 위해 필요한 임금의 절반밖에 되지 않았다.[12] 열악한 사업장에서 일하는 여성 노동자들과 더불어 가내노동자들은 가장 먼저 프롤레타리아 여성운동에 동원되었다. 그들은 조직화된 운동의 시작 단계에 사회적 기초를 제공했다.

운동의 초석은 여성 임금노동자 부문이 조직되기 시작한 1880년대에 놓였다. 여성 가내노동자들이 많던 베를린이 그 시작이었다고 한다. 1885년 여성노동자연합(Women Worker's Association)이 상호 부조를 지도 원리로 하여 베를린에서 설립되었다. 이러한 연합을 만들기 위한 시도는 처음에는 '외부인'이었으나 이후 '사회민주당 진영에 함께한' 게르트루데 기욤-자크(Gertrude Guillaume-Sack)에 의해 이루어진 것이 분명하다. 마리아 미스에 따르면 기욤-자크는 사회주의 사상을 퍼뜨리고 독일 부르주아의 군국주의를 공격하기 위해 다양한 도시에서 열린 여성노동자연합의 모임을 활용했다.[13]

---

11) Marx(1977a), p. 589.
12) Bebel(1979), p. 182.
13) Mies and Jayawardena(1981), p. 136. 1880년대에 설립된 여성 노동자 협회들에 대해서는 Richebacher(1982), p. 171을 볼 것.

(1890년대 프롤레타리아 여성운동의 핵심 리더로 부상한) 체트킨이 고안한 정책과 마찬가지로 공식적 맑스주의 해방 이론은 여성 노동자가 남성 동료와 함께 동일 노동조합에 가입해야 한다고 주장했다. 반사회주의법의 폐지 이후 노동조합이 공개적으로 기능할 수 있게 되자 사회민주당은 여성 노동자를 위한 별도의 장(場)을 폐지하려고 했다. 그러나 많은 남성 노동자가 노동조합 회의에 참석하는 여성에게 적대적이었기 때문에 통합은 쉽지 않았다. "많은 사람이 여성의 선동이라면 어떤 것이든 반대부터 했고 여성의 질문은 하찮은 것으로 취급했다."[14] 이로 인해 프롤레타리아 여성운동의 지도부는 실리적 태도를 취해야만 했다. 여성 노동자들은 독립적 조합을 형성하기도 하고, 남녀가 섞인 조합에 가입하기도 했다.

1890~1900년대에 여성 노동자의 노동조합 가입이 급격히 증가했다. 카린 바우어(Karin Bauer)에 의하면 1890년대 중반 이전까지 섬유 부문이나 담배 제조 부문같이 여성이 노동력의 절반을 차지하는 산업을 대표하는 노동조합에서도 여성은 소수에 불과했다. 1896년 제과업 노동자 파업 이후 노동조합 가입이 상당히 증가한 것으로 기록되어 있다. 그러나 그해 말 새로운 노동조합 구성원 중 많은 사람이 조합을 떠났다. 10년 뒤인 1905~1906년에 또다시 노동조합 가입이 급격히 증가했다. 이때는 프롤레타리아 여성운동의 핵심적 조직체였던 여성회의(Women's Conference)가 여성 노동자를 위한 불만위원회(Complaint Commissions)를 만든다는 결의를 열정적으로 실천에 옮긴 것이 결정적 요인이 되었다고 한다. 전반적으로 노동조합에서 여성의 가입은 1892년 5

---

14) Mies and Jayawardena(1981), p. 138.

천 명 미만에서 1차 대전 직전에는 20만 명을 훌쩍 넘을 만큼 증가했다.[15]

　프롤레타리아 여성운동이 노동조합으로의 조직화를 장려했다고는 하지만, 노동조합이 조직화의 주된 형태였던 것은 아니다. 운동의 구조는 횡행하는 국가의 탄압에 크게 영향을 받았고 반사회주의 법 폐지 이후에도 여성의 정치 참여를 금지하는 법이 계속해서 존재해 왔다는 점 역시 영향을 미쳤다. 국가의 탄압 때문에 여성들은 아주 창의적이지 않으면 안 되었고 투쟁 속에서 검증받아야 했다. 1889년 이후 지도적 역할을 한 여성들은 앞서 언급한 정치 참여 금지 때문에 체계나 규모가 미약했던 선동위원회(Agitational Commissions)를 건설하는 데 집중했다. 구성원은 여성 노동자의 공개적 대중 모임에서 선출되었다. 제2인터내셔널 설립 회의에 파견된 독일 대표단의 주도로 첫 위원회가 베를린에서 만들어졌다. 이 위원회는 곧 전국적인 조정 역할을 부여받았다.

　1894~1895년 즈음 탄압이 더 강화되면서 회합이 시작 전에 취소되거나 경찰의 방해를 받게 되자 선동위원회는 '믿을 수 있는 사람들'(Trusted Individuals; 독일어로는 Vertrauenspersonen)이라는 대안적 구조로 빠르게 대체되었다. 이들은 지역 선동 활동의 조율을 책임진 활동가들이었고 과거 선동위원회의 구성원들과 마찬가지로 대중 모임에서 선출되었다. '믿을 수 있는 사람들'이 불법과 합법의 경계에서 운영되거나 아니면 아예 불법적으로 운영되었다는 것은 말할 것도 없다. 연이어 형성된 두 조직은 노동조합으로 여성을 모집하기 위한 통로로 기능했고 프롤레타리아 여성운동 기관지 『평등』을 배포하는 일을 맡았다.[16]

---

15) Bauer(1978), p. 120.
16) 선동위원회와 '믿을 수 있는 사람들' 시스템에 대해서는 Bauer(1978), pp. 61, 85를 볼 것. Mies and Jayawardena(1981), pp. 138~139; Richebächer(1982), pp. 177, 191.

그 밖에 세 가지 기관 역시 프롤레타리아 운동의 괄목할 만한 성장을 설명하기 위해 언급할 필요가 있다. 여성회의, 교육협회(Educational Associations), 『평등』이 바로 그 기관들이다. 이들은 프롤레타리아 여성운동과 유기적으로 연결되어 있었던 사회민주당의 (우파) 지도부에게 공격을 받아 왔다. 1차 여성회의는 운동이 전국적 규모의 대중 저항 단계로 접어들면서 막 활발해지려고 하는 1900년에 열렸다. 처음 10년에 걸쳐 열린 회의는 내부적, 조직적 문제들이 토론되고 결정되는 플랫폼으로서 그리고 남성 우월주의적 태도(예를 들어 노동조합 리더들의 태도)를 비판하는 토론의 장일 뿐 아니라 여성이 사회민주당의 연례 회의를 함께 준비하는 수단으로서도 중요했다. 회의는 운동의 민주적 기능을 크게 강화했다.[17]

1892년 설립된 교육협회는 프롤레타리아 여성운동의 초기부터 정치 교육을 위한 수단으로도 활용되었다. 교육협회들은 경찰의 개입으로 없어지기도 했지만 어김없이 다른 이름으로 다시 생겨났다. 교육협회들은 "여성만을 위한 대중 조직의 시작 단계"에 있었다. 1900년 내려진 결정에 따라 이들은 프롤레타리아 계층의 가정주부들을 특별 교육 대상으로 삼았는데 이 전략은 매우 효과적이었던 것으로 보인다. 1907년까지 독일 전역에 교육협회가 10,302개 있었는데 이는 선출된 '믿을 수 있는 사람들'의 수보다도 훨씬 더 많은 것이었다. 여성들이 1908년 사회민주당으로 공식적으로 통합되었을 때 협회의 폐쇄는 여성 활동가들의 격렬한 반대에 부딪혔다.[18]

반면 격주로 발행된 『평등』은 느슨하게 조직된 프롤레타리아 여성

---

17) Richebächer(1982), p. 210.
18) 교육협회에 관해서는 Bauer(1978), p. 85를 볼 것.

운동에 이데올로기적 일관성을 제공하는 데 결정적 역할을 했다. 서로 다른 범주의 여성 노동자가 겪는 어려움에 관해 상세히 보고하고 여성의 권리와 조직의 전술에 관해 논쟁할 수 있는 토론의 장을 제공하기도 했다. 1891년에 시작한 『평등』은 지도부와 대중의 정치 교육에 큰 차이를 절대 두지 않으려고 했지만 1905년부터는 대중을 위해 더욱 구체적인 형식을 띠었다. 그 결과 『평등』은 가정주부를 위해 (어머니와 양육에 대한) 보충 설명을 실었으며 이는 대중적 기관지로서의 역할을 강화하는 데 도움이 되었다. 『평등』의 판매 부수는 1901년 4,000부에서 1913년 11만 2,000부로 증대했다. 게다가 1907년 '국제여성노동자운동'(International Movement of Working Women)의 공식 기관지로 채택되면서 국제적으로 인정받기도 했다.[19]

운동을 성장시킨 또 다른 요인으로 운동이 활용한 투쟁 전술에 대해서도 살펴보자. 예상대로 파업은 투쟁의 무기로 자주 이용되었고 여성 노동자에게 접근하는 것(다시 말해 경제의 공식적·비공식적 영역에서 모두 프롤레타리아 여성이 운동에 더 많이 참여하도록 만드는 것)도 도왔다. 1890년대 중반 큰 파업을 일으켜 베를린의 의류 산업을 마비시켰고 파업 회의에서 사회적으로 고립되어 있던 많은 가내노동자를 설득하고 각성시켰다고 한다. 나아가 여성 노동자들은 1903년 크리미트샤우의 직물 공장에서 벌어진 잘 알려진 파업에서도 최전선에 있었다. 포위와 회동 금지에도 불

---

19) 『평등』에 관한 상세한 사항은 Richebächer(1982), pp. 120, 233과 Bauer(1978), p. 92를 볼 것. 프롤레타리아 여성운동의 조직화 방법에 관한 더 많은 통찰은 조정을 담당하고 있던 '믿을 수 있는 사람들' 중앙이 매년 『평등』에 게재한 보고서를 볼 것. Baader, "Bericht der Vertrauensperson der Genossinnen Deutschlands", *Die Gleichheit*, Supplement, 23 August 1905를 예로 들 수 있다.

구하고 5개월 동안 노동자 6천 명이 업무 재개를 거부했다. 그들은 멀리서 데려온 파업 파괴자를 막아 내는 데도 성공적이었다고 한다. 바우어는 20세기 초 독일에서 일어난 모든 임금 및 파업 투쟁에서 여성 노동자들이 주도적 역할을 수행했다고 밝히고 있다.[20]

한편 프롤레타리아 여성운동의 영향력을 이해하기 위해서는 여성들이 활용한 활동 방식의 다양성을 고려해야 한다. 파업하는 남성들에 대해 가정주부들이 나서서 연대를 표명한 사례가 많이 있다. 1893년 자를란트에서 광부들이 일손을 놓았을 때 여성들은 남편의 요구를 지지하는 시위를 자체적으로 열었다. 1896년 함부르크에서 부두 노동자와 선원의 파업에서도 같은 일이 일어났다.[21] 다른 예에서는 사회적 연대가 남성 노동자의 배우자에 국한되지 않고 더 넓은 영역으로 확산되었는데, 1898년 함부르크 시에서 제빵 노동자들이 벌인 파업의 경우처럼 소비자 보이콧의 형태를 취하기도 했다. 많은 가정주부가 제빵공, 정확히는 제빵공 조합의 요구를 받아들이지 않는 곳에서는 빵을 사지 않았다. 보이콧 전술은 파업의 성공에 크게 기여했다고 한다.[22]

사실 프롤레타리아 여성운동의 전략에서 보이콧의 중요성은 운동의 발전과 함께 계속 증가했다. 임금노동자의 경제적 요구에 연대를 표현하고 그들의 파업 투쟁을 도와주기 위해서만 활용된 것은 아니었다. 보이콧은 정부가 여성의 정치적 권리를 인정하도록 압력을 행사하기 위해서도 쓰였다. 1894년과 1897년 여성과 청년의 참정권을 박탈하려는 법안에 반

---

20) 남성 노동조합 지도부가 배신한 크리미트샤우 파업을 둘러싼 사건들에 대해서는 Bauer (1978), p. 132; Richebächer(1982), pp. 226~227을 볼 것.
21) Richebacher(1982), p. 208.
22) *Ibid*.

대하는 대규모 시위가 있었다. 10년 뒤인 1908년 여성 임금노동자와 프롤레타리아 가정주부는 프로이센 삼계급 의회의 배타성에 반대하는 운동에 참여했다. 이들은 남성과 여성 모두 투표할 권리가 주어져야 한다고 주장하며 의회 선거를 보이콧했다. 이 운동은 사회민주당 지도부를 놀라게 했고 일부 지도부는 '테러리즘'이라고 여성들을 비난하기에 이르렀다.[23]

결론적으로 20세기 첫 10년 동안 프롤레타리아 여성운동은 계속해서 성장해 갔다. 노동계급의 가정주부를 포함시키는 것이 중요하다는 인식의 확산이 이러한 성장에 부분적으로 기여했다. 이러한 변화는 프롤레타리아 여성운동의 진화를 다룬 자비네 리혜베허(Sabine Richebächer)의 책에 풍부한 자료와 함께 기록되어 있다. 이 운동은 공장, 영세 사업장, 가정에서 일하는 여성을 포함하여 모든 범주의 여성 노동자에게 맞추어져 있었다. 체트킨은 1908년 『평등』에 "모든 프롤레타리아 여성을 연대의 정신으로 설득하는 것은 여성 노동자뿐 아니라 보편적인 노동자 운동의 편에, 특히 노동조합의 편에 서는 것이다"라고 쓰고 있다. 많은 수의 노동계급 가정주부가 동원되었고 바로 이 때문에 1900년대 말 프롤레타리아 여성운동의 규모는 8만 2,000명을 넘어섰다. 이때부터 프롤레타리아 여성운동은 독일 정치에서 중요한 위치를 점하게 되었다.[24]

---

23) Bauer(1978), p. 78; Richebächer(1982), p. 250.
24) 『평등』에 실린 체트킨의 성명에 관해서는 Richebächer(1982), p. 249를 볼 것. 같은 책 p. 201에서는 운동 내의 특정한 업무 분담에 관해서 언급하고 있다. 임금노동자 대부분은 노동조합으로의 조직화에 우선 집중하는 반면 교육협회 내 정치적 활동은 대부분 노동계급 가정주부들이 수행했다.

장애물: 프롤레타리아 반여성주의와 수정주의

프롤레타리아 여성운동이 직면한 주요 어려움에 대해 생각해 보면 이 운동이 이룬 성취가 더 잘 드러날 수 있을 것이다. 여성의 조직화와 공장 내 여성 고용에 대한 노동운동 내의 끈질긴 반대도 프롤레타리아 여성운동의 확장을 막지 못했다. 원래는 프랑스의 아나키스트 프루동의 관점을 따라[25] 여성이 마땅히 있어야 할 곳은 가정이며 여성은 공장 내 일자리를 얻기 위해 남성과 경쟁해서는 안 된다고 주장한 프롤레타리아 반여성주의가 독일 노동계급 운동을 지배하고 있었다. 라살레가 설립한 노동자연합(Worker's Association)은 1867년 "현대 산업 현장에서 여성의 고용에 대해 논하는 것은 우리의 시간을 가장 말도 안 되는 일에 허비하는 것이다"라는 결의안을 채택했다고 한다.[26]

당시 프롤레타리아 반여성주의에 대해 가장 먼저 반대 입장을 내세운 이는 맑스주의가 아닌 자유주의 여성주의의 대변인 루이제 오토-페터스(Louise Otto-Peters)였다. 1848년의 혁명적 시기에 이미 그녀는 여성이 가정 밖에서 돈벌이가 되는 일자리를 얻을 권리와 정치적 생활에 완전하게 참여할 권리를 가져야 한다고 주장했다. 오토-페터스는 1849년 독일에서 첫 여성 매체(『여성신문』Frauen-Zeitung)를 창간했다.[27] 라살레주의자들이 산업에서 여성의 고용을 반대하고 여성이 투표권을 요구하지 못하게 막는 입장을 채택했을 때, 그녀는 이를 강하게 비난했다. 그녀는 자유주의 여성주의자였지만 프롤레타리아 여성 착취에 대해서는 "사회

---

25) Thonnessen(1976), p. 15에서 인용.
26) Mies and Jayawardena(1981), p. 136.
27) Otto-Peters의 관점에 관해서는 Brinker-Gabler(1979), p. 111을 볼 것.

주의를 신봉하던 대부분의 남성들, 그리고 제1인터내셔널의 남성 노동자들보다도 더 진보적"이었다.

이후 몇몇 맑스 지지자와 협력자(이들 중 가장 유명한 이들로 엥겔스, 베벨, 체트킨을 들 수 있음)는 라살레주의자들의 관점에 반대하려는 직접적 목적에서 여성 해방에 관한 이론을 정교화하기 시작했다. 이들의 기본적 입장은 점차 그 토대를 확보해서 에르푸르트 대회(1891) 당시 독일 사회민주당에 의해 공식 정책으로 수용되었다. 그 내용은 기계화와 탈숙련화의 결과로 현대 산업에서 여성의 고용은 피할 수 없다는 것이었다. 게다가 임금노동이 여성에게 처음으로 경제적 자유를 제공했기 때문에 '사회적 생산'에 대한 여성의 참여는 사회주의하에서 그들의 미래 해방의 자연적 기초였다. 그 예로 체트킨이 1889년 파리에서 열린 제2인터내셔널 회의에서 주장한 입장을 들 수 있다. 이 입장은 초기 프롤레타리아 여성운동의 이론적 기초를 이루었다.[28]

그러나 해방적 관점이 지배적이고 여성운동이 영향력을 키워 가고 있었다 해도 당내의 상당한 분파들, 특히 노동조합 내 사회민주당 분파들 사이에서는 프롤레타리아 반여성주의가 계속해서 주장되었다. 1905년에 에드문트 피셔(Edmund Fischer)라는 대변인은 중요한 논쟁을 촉발하게 된 글에서 이런 질문을 던졌다. "대다수 여성이 일하러 밖으로 나가게 되는 발전의 과정은 정말 피할 수 없는 것인가? 그리고 이것이 과연 환영할 만한 일인가?" 피셔는 자신의 이러한 판단에 대해 매우 확고했다. "여성 해방은 여성의 본성과 전체적인 인간의 본성에도 반하는 것이다. 그것은

---

28) 파리 회의에서의 체트킨 연설 중 일부 발췌문은 Thönnessen(1973), p. 39를 볼 것. 맑스주의 해방 이론에 관한 정교한 비판은 Mies and Jayawardena(1981), p. 141을 볼 것.

자연스럽지 못하고 결국에는 이루어질 수도 없다."[29]

　한동안 이러한 생각들은 사회민주당 내에 숨어 있었으나 1차 대전 이후 수백만 기혼 여성을 임금노동에서 몰아내고 가정으로 돌려보내는 데 활용되었다. 전쟁 동안 철강, 화학, 기계 조립 산업과 군수품 공장에서까지 여성의 고용은 확대되었다. 그러나 전쟁이 끝나자 바로, 독일 정부는 대대적으로 공장 여성 노동자를 전역한 군인으로 대체하기로 결정했다. 반여성주의적 생각들은 이러한 정책을 실행하는 데 큰 도움이 되었는데, (이후 살펴볼) 에두아르트 베른슈타인의 수정주의와 함께 사회민주당 내에서 지배적 영향력을 다시 획득했다. 당시까지 여성 진영은 당의 중앙 리더십의 완벽한 통제하에 있었고 체트킨처럼 해방적 관점을 가지고 있던 대부분의 여성 지도자는 배제되었다.[30]

　프롤레타리아 여성운동에 관한 또 다른 종류의 공격은 사회민주당 내 혁명주의적 흐름과 수정주의적 흐름 사이에 일어난 대립으로, 이미 예정되어 있던 것이나 다름없었다. 독일은 맑스주의를 표방하면서도 사회주의를 향한 평화적 변화라는 관념이 퍼져 있던 최초의 나라로 알려져 있다. 이 논쟁 속에서 중요한 두 논객은 잘 알려진 인물들이다. 한편에는 「사회주의의 문제」라는 제하의 논문들과 『사회주의의 전제와 사민당의 과제』라는 책을 통해 자신의 주장을 펼친 수정주의자 베른슈타인이 있었다. 다른 한편에는 베른슈타인에 반대하며, 1899년 팸플릿 형태로 처음 출간

---

29) Thönnessen(1976), p. 98에서 인용. 베르너 퇴네센에 의하면 피셔의 생각이 『월간 사회주의』(*Sozialistische Monatshefte*)에 실렸다는 것만으로도 여성 해방에 관한 오랜 이론을 수정하려는 징후로 간주될 수 있다. 1971년 피셔는 전쟁 중 여성 노동에 관한 논쟁이라는 맥락에서 자신의 주장을 강화하려던 것이었다. *Ibid.*, p. 104.
30) Thönnessen(1976), p. 89.

된 『사회 개량이냐 혁명이냐』(Sozialreformoder Revolution?)를 통해 혁명적 입장을 옹호한 룩셈부르크가 있었다.[31]

이 중요한 논쟁, 사회민주당 내 두 부류의 투쟁이 실제로 프롤레타리아 여성운동이 상승하기 이전, 그러니까 그 운동이 영향력 있는 대중운동으로 성장하기 전에 폭발했다는 점을 지적할 필요가 있다. 앞서 언급한 것처럼 여성운동이 대중운동으로 성장한 것은 20세기 첫 10년 동안이었다. 수정주의의 위협을 둘러싼 이념 투쟁은 1898년 슈투트가르트와 1899년 하노버에서 열린 당 대회에서 폭발했다. 그 결과는 긍정적이었던 것으로 보인다. 하노버에서는 룩셈부르크가 제출한 수정주의 비판 결의안이 215 대 21의 득표로 통과되었다. 그러나 사실상 이후 10년 동안 수정주의의 영향력은 "누구도 그것을 말하지 않는다. 단지 그것을 하고 있을 뿐"이라는 모토 아래 계속해서 증가했다.[32]

그동안 프롤레타리아 여성운동은 파업과 보이콧, 여타 캠페인을 통해서 퍼져 나갔다. 릴리 브라운(Lily Braun)과 같은 일부 지도부 여성들은 개량주의적 입장을 취하기도 했지만 체트킨이 주도한 다수는 혁명적 집단의 편에 섰다. 당내 혁명적 좌파의 반대에도 불구하고 당 지도부가 수정주의의 '편을 드는 것'이 점점 분명해질 때도, 상대적으로 자율적이던 여성운동은 곧바로 영향을 받지 않았다. 수정주의와 전투적 여성운동 모두 적어도 1908년까지는 동시에 성장하고 있었다. 그러나 1908년부터 수정주의 지도부는 프롤레타리아 여성운동을 필사적으로 통제하려고 시도했고 또 대부분은 이에 성공하는 일들이 일어나기 시작했다. 여기서 지도부

---

31) Luxemburg(1971), p. 52.
32) Howard의 서문, Luxemburg(1971), p. 31. Walters의 서문, Luxemburg(1974), p. 7도 볼 것.

는 1908년 정부가 공식적으로 여성의 참정권을 인정했다는 점을 노렸다. 그해에 열린 당 대회에서는 여성이 '특별한 정치 조직'을 유지하는 것을 금지하는 결의안을 채택했다.

얼마 동안은 교육협회, 여성회의, 그 외 여성의 자율적 기관들은 계속 유지되었고 이들을 통합하라는 압박도 물리칠 수 있었다. 그러나 1910년에 여성회의의 개최에 관한 큰 갈등이 있고 난 뒤, 프롤레타리아 여성운동은 커다란 조직적 패배를 겪게 되었다. 당 지도부는 민주적 논의 과정 없이 고압적으로 회의 일정을 연기하기로 결정했다.[33] 1911년에 전국여성회의(National women's conferences)는 지역 회의로 대체되었고 이러한 과정은 여성이 당의 정책에 영향을 미칠 수 있는 가능성을 차단하기 위해 기획된 것이었다. 이후 여성운동이 누려 오던 제한적 자율성도 점차 약화되어 갔다.

여성회의가 폐지되자 그다음에는 당의 여성국(Women's Bureau)이 당내 남성 지도부의 표적이 되었다. 이는 1차 대전이 발발한 이후 체트킨이 독립적 공공 기관지 『평등』의 편집장직을 사임하게 되었을 때 정점에 이르렀다. 『평등』은 당의 공식 노선을 거부하고 군국주의와 전쟁에 반대하는 원칙적 입장을 채택한 몇 안되는 당 기관지 중 하나였다. 결국 『평등』이 수정주의자들의 손에 넘어갔다는 것은 이중의 패배를 의미했다. 하나는 프롤레타리아 여성운동의 패배, 다른 하나는 사회민주당 내 혁명적 입장의 패배였다. 전쟁 이전과 1차 대전 동안 독일에서는 여성의 전투성과 혁명적 정치는 서로 긴밀히 얽혀 있었다.

---

33) Richebächer(1982), p. 255를 볼 것. 교육협회를 계속 유지할 것이냐 하는 논쟁에 대해서는 Bauer(1978), p. 87을 볼 것.

여성 노동: 부르주아 여성주의와 프롤레타리아 여성주의의 공통 주제

이 강력한 운동 속에서 여성 노동자들이 처한 노동 조건을 둘러싼 논쟁이 벌어졌다. 논쟁의 중요성은 부분적으로 서로 다른 사회적 지위에 속해 있는 여성들이 함께했다는 사실에서 비롯한다. 프롤레타리아 여성운동이 대두되기 전 일부 부르주아 여성들이 성별 분업이나 여성 노동자들에 대한 법적 보호의 필요성과 같은 주제들에 대해 의견을 피력하기 시작했다. 분명 여성의 비참한 경제적 현실과 착취는 무시되기에는 너무나 냉엄한 것이었다. 이제 이 논쟁을 주도한 저술가들이 논의한 몇 가지 주제들을 요약해 보자. 그리고 여러모로 자본주의하 여성 노동의 본질에 관한 오늘날 여성주의 논쟁의 전조가 된 대략 한 세기 전의 독일 논쟁을 살펴볼 것이다. 이 논쟁에서는 더 최근인 2세대 국제 여성주의의 핵심인 가사에 관한 주제도 제기되었다.

　　먼저 독일 논쟁에 참여한 사람들 가운데 일부는 여성은 약한 성이며 여성의 임금 고용이 확산되는 것은 고용주가 '경미한 근력'을 노동력으로 점점 더 많이 사용하고 있기 때문이라는 가부장적 편견을 반복하려고 했지만, 다른 이들은 이러한 관점을 강하게 거부했다. 헤드비히 돔(Hedwig Dohm)이 그 대표라고 할 수 있는데 그녀는 여성운동 내 부르주아 계파에 속한 작가였다. 1874년 「남성과 여성 간 노동 분업」이라는 제목의 글에서 그녀는 여성이 수행하는 중노동의 구체적인 예를 수없이 인용했다. 영국에서는 벽돌 가마에서 건조를 위해 벽돌을 눕히는 일을 여성이 했고, 때로는 여성이 뜨거운 파이프를 넘어 걸어 다녀야 하기도 했다. 아마 방적 공장에서는 공장 내 온도가 참기 힘들 정도로 높았고 일 또한 너무 힘이 들어 겨우 28살이나 30살밖에 되지 않은 여성 노동자 대부분이 일찍 죽음을 맞았다. 프랑스의 작업장들에서는 유리 연마를 위해 다른 누구보다도 여성을 고용했다. 그들은 하루 종일 발로 바퀴를 돌려야 했다. 돔에 따르면 여성 노동자가 1년 내내 하루 12시간 동안 물 위에 서 있어야 하는 공장도 있었다.[34]

이러한 예들을 통해서 돔은 여성 임금노동자가 근력이 많이 드는 활동을 면했다는 것은 사실에 전혀 부합하지 않는 이야기라고 밝히고 있다. 반대로 여성은 가장 힘든 일에 먼저 배정되기도 했다. "어떤 경우에도 여성이 가장 짜증 나고 역겨운 일을 면제받은 경우는 없다." 그녀에 의하면 근력의 차이 외에 다른 요인들이 여성과 남성 사이에 불평등한 산업적 분업을 결정한다. 현실에서 '지적인' 그리고 '돈이 되는' 노동은 남성을 위해 남겨 놓고 여성에게는 '기계적'이고 '박봉'인 일만 허용된다. 밀도 있는 훈련이 필요한 모든 직업에서 여성의 지위는 부차적이고 종속적인 것이다. 한 세기도 훌쩍 넘는 과거에 돔은 남성 임금노동자와 여성 임금노동자 사이에 존재하던 노동의 '부문별' 성별 분업에 의문을 제기했다.

둘째로, 또다시 제기되는 주제는 가계의 생계 부양자로서 여성에 관한 것이다. 여기서 여성의 수입은 남성 가장인 '주 생계 부양자'의 수입과 비교할 때 별로 중요하지 않으며 기껏해야 부가적인 것에 불과하다는 부르주아 사회의 일반적 이데올로기가 비판받았다. 이러한 생각을 반대하는 사람들은 다양한 흐름에 속해 있었다. 돔과 베벨은 자본가가 이왕이면 전적으로 또는 부분적으로 가족 부양의 책임을 진 여성을 고용하는 일이 종종 있다고 쓰고 있다. 돔에 따르면 "아이를 키워야 하는 여성 노동자를 더 반기는 작업장과 공장이 있다. 부유한 공장 소유주는 그런 여성들이 무

---

34) Brinker-Gabler(1979), p. 124.

슨 일이 있어도 아이들에게 밥을 먹여야 하고 따라서 어떤 일도 마다하지 않으리라는 것을 알고 있다".[35]

베벨은 『여성과 사회주의』에서 생계 부양자로서의 여성이라는 주제에 대해 상세히 서술했다. 이 책은 상당한 인기를 끌었고 새로운 자료를 포함하면서 수차례 새로 쓰였다. 베벨은 여성이 순전히 남편의 수입이 충분치 못하다는 단순한 이유로 공장의 일자리를 찾는 경우가 흔하다는 것을 보여 주는 설문 조사를 인용했다. 예를 들어 베를린의 노동 조사관들은 자신들이 면담한 여성 노동자들의 50퍼센트 이상이 남편의 수입이 너무 적어서 생존이 힘들 정도라고 생각하고 있음을 알게 되었다. 노동조합의 자료와 함께 독일의 많은 도시와 지역구에서 조사관들은 유사한 증거들을 내놓았다. 전반적으로 여성 노동자의 "거의 대부분이 일을 해야 했기 때문에 일을 했다".[36]

셋째로 뜨거운 논쟁점은 여성이 왜 극히 낮은 임금을 받느냐는 것이었다. 여성 노동자들은 대개 '기아 임금'을 받았고, 언제나 프롤레타리아 가운데 가장 임금이 낮은 범주에 속해 있었다는 사실이 프롤레타리아 여성운동의 등장과 빠른 성장의 객관적 원인들 중 하나라는 것은 이미 거론했다. 앞서 언급한 베벨의 책을 보면 여성 노동자가 남성과 같은 시간 일하는 경우에도 그들의 임금은 남성보다 훨씬 낮았다는 것을 보여 주는 자세한 내용들이 풍부하게 기술되어 있다. 여기서 베벨은 철도, 우편업, 교육 시설에서 일하는 여성 임금노동자들의 경험을 구체적으로 언급했다. 베벨처럼 맑스의 노동예비군에 대한 분석에 친숙한 저자에게 가장 값싼 노

---

35) Brinker-Gabler(1979).
36) Bebel(1979), p. 180.

동력을 찾아 여성 고용에 의지하게 된다는 점은 불 보듯 뻔한 것이었다.[37]

그렇다면 여성 노동은 왜 그렇게 값이 쌌던 것일까? 완전한 설명을 위해 가부장제의 구조를 면밀히 분석할 필요가 있고 이는 (가부장제라는 개념을 사용하지 않고도) 다양한 이데올로기적 관점을 가지고 있는 여성들에 의해 이미 분석되어 왔다. 여기서 프롤레타리아 저술가와 부르주아 저술가 사이에 어떠한 '완전한 경계'도 존재하지 않는다. 예를 들어 사회민주당 측에는 리타 호르트(Rita Hort)의 관점이 있다. 그녀는 『평등』에서 임금 불평등에 대해 언급하며 "여성에 대해 역사적으로 형성되어 온 불의"가 이들에게 낮은 임금이 지불되는 데 "결정적 역할"을 했다고 주장했다. 여성이 업무 수행 면에서 열등하다는 것은 핑계일 뿐이다. "여성은 여성이라는 성에 속하기 때문에 억압받았고 자본주의 화폐 경제에서 가정주부로 무급노동을 하고 있기 때문에 같은 일을 하는 경우에도 여성 노동자는 남성보다 더 적은 임금을 받게 된다."[38] 여기서 호르트는 비록 모호하기는 해도 사회적으로 수용되는 성별 분업을 결정적 요인으로 보았다.

하지만 『평등』이 스스로 알아서 기사의 전체 시리즈를 불평등 임금에 관한 주제에 할당했던 것은 아니다. 사실 이는 부르주아 여성주의 운동의 핵심적 대변자 알리스 잘로몬(Alice Salomon)이 쓴 책의 출간 때문에 어쩔 수 없던 것이었다. 잘로몬은 사회 복지 직종에 여성이 참여해야 한다고 생각한 사람으로 유명하다. 그녀는 여성이 받은 임금노동을 주제로 많은 글을 썼다. 박사 논문으로 쓴 「동일 노동 동일 임금」(Gleicher Lohn für

---

37) *Ibid.*
38) 호르트가 『평등』에 쓴 글을 Bauer(1978), p. 117에서 인용. 바우어는 같은 기관지에 실린 글을 인용하는데, 그 글에 따르면 여성의 저임금으로 인한 노동계급의 화폐 손실은 1년 250일 노동일, 250만 여성 노동자를 기준으로 계산해 5억 5000만 마르크에 이른다고 한다.

Gleicher Leistung)에서 그녀는 여성과 남성 간의 불평등한 임금은 다른 무엇보다도 공장 내에 존재하는 성별 분업의 결과라고 주장했다. "여성은 흔히 아주 미미한 훈련만이 요구되는 직위를 맡는다."[39]

잘로몬은 여성이 모든 가사에 대한 책임을 떠맡는다는 사실 외에도 다른 요인에 대해 언급했다. "수백 년 동안 여성은 거의 항상 가정과 가족을 위해서 일해 왔다. 오늘날까지도 가정주부의 노동은 그에 상응하는 대가를 받지 못했으며 따라서 그 가치도 저평가되었다." 가정주부의 노동에 대한 저평가로 인해 여성이 적절한 임금을 요구하는 것이 제약받았다. 잘로몬은 여성에 대한 사회적 편견이 뿌리내리고, 여성 임금노동자마저 자기 자신을 노동자라기보다는 가정주부로 인식하게 되면서 자본가가 가정 내 여성의 지위를 악용하는 사례가 더욱 만연하게 된다고 주장했다. "소녀들은 자신의 일을 삶에서 지나치는 하나의 정거장쯤으로 여긴다." 부모들은 딸이 결국에는 결혼을 하고 가정을 이룰 것이므로 딸의 교육에 돈을 쓰기를 꺼렸다. "따라서 모든 여성의 노동은 일시적인 것이라는 딱지를 얻고 임금은 억눌려 있게 된다."[40] 결국 잘로몬은 가부장적 이데올로기의 효과를 암시했던 것이다.

끝으로 일부 여성들은 가사노동이 생산적이지 않다는 맑스주의자와 프롤레타리아 여성운동 지도자의 편견에 직면했다. 일찍이 1905년 여성의 가사노동을 가려지고 인정받지도 못하며 대가도 없는 것이지만 결코 없어서는 안 되는 노동이라고 묘사한 케테 시르마허(Käthe Schirmacher)는 이러한 믿음에 맞서 격렬하게 싸웠다. 시르마허는 "우리의 현 문화는

---

39) 불평등 임금에 관한 논쟁과 잘로몬 책의 관계에 대해서는 Bauer(1978), p. 116을 볼 것. 잘로몬의 관점에 대해서 Brinker-Gabler(1979), p. 194도 볼 것.
40) Brinker-Gabler(1979), p. 198.

가사 노역(domestic servitude)에 의존한다"고 주장했다. "가정에서 여성의 노동은 남성이 수행하는 가정 밖의 직업 노동에 없어서는 안 되는 것이다."[41] 그녀의 주장에 의하면 가부장적 이데올로기와 달리 여성이 가족을 위해 수행하는 노동은 두 가지 방식으로 생산적이다. 먼저 여성은 옷을 짓고 밀가루, 계란, 버터로 빵을 굽고 실크로 전등갓을 만든다. 이러한 재화들은 모두 가치라는 누구도 부인할 수 없는 특성을 갖고 있다. 또한 시르마허는 "모든 가치 가운데서도 가장 가치 있는 것", 인간이라는 "생각하고 행동하는 가치"를 생산하는 사람은 어머니뿐이라고 주장했다. 그러나 불행히도 시르마허에 의하면 겨우 몇몇 나라만이 여성의 정치적 권리를 인정함으로써 가사노동 수행에 대한 대가를 지불하고 있었다. 물론 시르마허가 1960년대와 1970년대 여성주의 논쟁에 참여한 사람들처럼 이론적 수준에서 이러한 생각을 두고 논쟁한 것은 아니다. 그러나 여성의 가사노동이 이중의 생산성을 지닌다는 시르마허의 설명은 전반적으로 볼 때 4장에서 다룰 최근의 가사노동 논쟁의 결과와 일치한다.

요컨대 19세기 후반과 20세기 초반의 독일 여성운동이 노동계급 여성을 조직하고 동원하는 데 유용하고 실천적인 경험만을 유산으로 남긴 것은 아니다. 프롤레타리아 흐름과 부르주아 흐름에 각각 속한 여성들이 나눈 논쟁을 살펴봄으로써 오늘날 여성주의자들이 연구하고 분석하고 있는 주제들 중 많은 것이 20세기가 시작될 무렵 이미 독일에서 제기된 것임을 알게 된다. 실제로 그 논쟁은 흔히 생각되는 것보다 훨씬 더 풍부했다. 2세대 여성주의 당시에 비해 가부장제라는 용어가 다소 모호하긴 했지만, 그때에도 성별 분업과 가부장제 사이의 관계, 그리고 임금 착취 구조와 가

---

41) Schirmacher의 가사노동에 관한 글은 *Ibid.*, p. 256을 볼 것.

족 간의 관계 같은 주제들은 운동의 의제로 다루어졌다.

체트킨과 룩셈부르크의 이론적 관점

이제 우리가 할 일은 프롤레타리아 여성운동과 사회민주당 내 혁명적 흐름이 보인 이론적 약점들을 살펴보는 것이다. 나는 대표적으로 두 여성 체트킨과 룩셈부르크의 관점을 통해 무엇이 부족했는지를 살펴보고자 한다. 여성 노동에 관한 논쟁에 참여한 사람들 중 여성 임금노동자와 노동계급 가정주부의 운동에 이데올로기적·조직적 형태를 제공한 사람은 바로 체트킨이었다. 체트킨은 명실상부한 프롤레타리아 여성운동의 지도자였다. 1890년에 시작하여 1차 대전까지 체트킨은 『평등』의 기사를 지도했다. 또한 체트킨은 전반적으로 프롤레타리아 여성운동의 전략적 중요성을 파악하지 못한 것으로 보이는 사회민주당에서 좌파를 대표한 인물이기도 했다.

체트킨은 자본주의하에서 여성에게 가해지는 착취에 대한 종합적 견해를 어느 정도로 발전시켰을까? 체트킨이 프롤레타리아 여성운동이 싹트던 시기에 초고를 작성한 중요한 팸플릿 「여성 노동자와 여성에 관한 최근의 문제들」(Die Arbeiterinnen und Frauenfrage der Gegenwart)에 사용된 공식들 중 일부를 살펴보자. 먼저 체트킨은 선사 시대 때 '원시적' 성별 분업을 통해 여성의 경제적·사회적 종속의 기초가 놓였다고 주장했다. 원시적 성별 분업에서 여성의 역할은 남성이 '(정복)-획득-방어' 업무를 수행하는 동안 '유지를 위한 생산 활동'을 수행하는 것이었다. 전자본주의 시대 경제에서 남성은 아내의 노동력을 착취하는 가족 내의 자본가였다. 공동체적 가계라는 좁게 정의된 영역 내에서 여성은 '주요 생산 동

력'이었다.[42]

　가족을 위해 음식을 만들고 옷을 짓는 것처럼 과거에는 여성이 가정에서 수행한 생산 업무 가운데 많은 것이 자본주의에서 산업으로 전환되고 있다. 결국 산업적으로 조직된 생산양식은 소생산자로서 여성이 제공할 수 있는 것보다 훨씬 더 싸게 생활필수품을 제공할 수 있다. 그리하여 음식과 다른 소비재의 생산은 사회적으로 전환되고 "여성의 활동은 가정에서 사회로 넘어갔다". 체트킨은 자본주의가 여성과 남성 간 성별 분업에 근본적 변화를 가져왔다고 주장했다. 그녀는 "생산수단의 발전은 가정 내 여성의 노동이 가지고 있던 경제적 기초를 파괴했다"고 보았다. 이러한 과정을 통해 여성은 남편의 경제적 지배의 굴레를 벗어던지고 대신에 자본가들의 굴레를 쓰게 된다.

　체트킨류의 생각은 맑스주의 해방 이론에 부합하는 것이었다. 베벨이나 여성의 해방을 지지한 다른 맑스주의자들과 마찬가지로 체트킨은 임금노동자로 고용될 수 있는 여성의 권리를 옹호했다. 그녀는 "여성의 노동에 제약을 가하는 것은 역사의 수레바퀴를 뒤로 돌리려는 것과 다름없다"고 주장했다. 여기서 여성의 노동을 주장할 때 체트킨은 분명 가정 밖, 산업 영역에서 일하는 노동자로서 여성이 수행한 일만 언급했다. 공장 내 여성의 고용은 불가피한 것이었다. "생산관계들은 감상적 혹은 개인적 배려를 모른다. 이러한 생산관계들은 자연법칙처럼 빠져나갈 수 없는 경제 법칙에 의해 결정된다."[43] 남성이 그것을 좋아하든 그러지 않든 간에 여성

---

42) 체트킨의 팸플릿은 Brinker-Gabler(1979), p. 134를 볼 것. 체트킨은 전자본주의 경제에서 여성의 생산적 역할에 관한 동일한 생각을 1896년 고타 당 대회 연설에서 내놓았다. Bauer(1978), p. 203을 볼 것.
43) Brinker-Gabler(1979), p. 142.

의 고용은 틀림없이 확산될 것이었다.

팸플릿에 나타난 것처럼 그녀의 이러한 주장에는 가사노동이 점차 사라져 자연적 죽음을 맞게 될 것이라는 생각이 암시되어 있다. 한참 뒤에야 그녀는 모성적 일에 대한 사회적 인정을 주장했다. 1920년에 프롤레타리아 여성운동이 쇠퇴한 이후 집필한 문건에서 그녀는 '사회적 성과'로 모성적 일에 가치를 부여할 필요가 있다고 계속해서 언급했다.[44] 그러나 그녀가 자본주의하에서의 가사노동에 대해 근본적으로 이론적 평가를 내린 적은 한 번도 없다. 그녀의 단선적 사고방식에서 노동계급 여성의 가사에 대한 이론적 평가를 내릴 여지는 남아 있지 않다. 가사노동의 인정을 위해 싸운 시르마허를 살펴보았지만, (7장에서 살펴볼) 체트킨은 시르마허와 달리 가정 밖 임금노동에 여성이 참여할 수 있는 권리를 옹호하는 데 일차적 관심을 두었다.

정리하자면 체트킨이 많은 노동계급 여성이 활발히 활동하도록 만드는 데 매우 고무적인 역할을 수행했고 착취받는 여성의 운동을 건설하는 데 그녀의 조직화와 선동 기술이 탁월했음을 부정할 수는 없다. 실제로 그녀가 건설을 도운 여성운동은 프롤레타리아 계급의 가정주부가 처한 '객관적' 비참함을 보듬었다. 그러나 이론적으로 그녀는 자본주의와 가부장제 간 관계의 복잡성을 완전하게 파악하지 못한 것으로 보인다. 노동계급 가정주부를 동원하기 위한 진정한 기회, 점점 더 가시화되던 기회가 있었지만 체트킨이 가지고 있었던 생각의 범위에서 가정주부의 역할은 맑스주의 전통에 따라 과소평가되고 있었다.

---

44) 제3인터내셔널을 위해 작성된 Richtlinien für die Kommunistische Frauenbewegung의 초안은 Bauer(1978), p. 256을 볼 것.

룩셈부르크는 체트킨과 함께 반군국주의에 대한 확고한 헌신을 보였다. 『사회 개량이냐 혁명이냐』의 부록과 『자본의 축적』(*Die Akkumulation des Kapitals*)에서 그녀는 군국주의 문제에 대한 맑스주의적 분석을 시도했고 군국주의를 자본주의 생산양식의 필연적 산물로 보았다.[45] 1차 대전이 발발했을 때 체트킨과 룩셈부르크는 모두 독일 정부의 전쟁 동원에 반대하는 시위와 여러 투쟁을 이끌었다. 이들 모두 1차 대전에 대해 불만이 있던 대중을 끌어내기 위한 갖가지 노력에 적극적 지지를 보냈다. 이들은 사회민주당 지도부가 제국주의 정부에 대해 보여 준 타협적 태도에 격렬히 반대했고 또한 독일의 '국익'이라는 미명하에 8월 4일 일어난 노동계급 정치에 대한 배반에 저항했다.

원래 이 두 여성은 사회민주당 지도부가 독일 정부의 국수주의적 전쟁 선전에 확고히 반대하지 못했다는 사실에 몹시 충격을 받았다. 하지만 전쟁 기간 중 일어난 일들은 그들에게 이내 다시 희망을 가져야 할 이유를 주었다. 1915년 3월 15일에 제국 의회 앞에서 여성 주도로 첫 평화 시위가 열렸다. 이듬해 군수 공장에서도 여성의 참여가 두드러진 파업이 수차례 일어났다. 같은 해 베를린과 브레멘의 여성들 6만 명이 파업을 했고 이때 유명한 좌파 지도자 카를 리프크네히트가 반군국주의 연설로 투옥을 선고받았다. 뒤이어 전쟁과 그로 인한 경제적 어려움에 대한 저항이 급속도로 확산되었다. 1918년 1월 무기 산업의 여성·남성 노동자들 1만 명 이상이 러시아 혁명에 자극을 받고 파업에 들어갔다. 정의롭지 못한 전쟁에 반대하는 행동에서 주도적 역할을 수행한 것은 분명 여성들이었다.[46]

---

45) Luxemburg(1971), p. 135; Luxemburg(1981a), p. 398을 볼 것.
46) 독일의 전쟁 방침에 반대한 여성들의 저항에 대한 상세한 내용은 Bauer(1978), p. 139와 Richebächer(1982), p. 279를 볼 것. 전쟁에 반대한 투쟁들은 그레이엄 로크(Graham

그러나 노동계급 여성들이 보여 준 혁명적 결단력에도 불구하고 룩셈부르크는 체트킨처럼 프롤레타리아 여성운동에 헌신을 보이지 않았다. 그녀는 앞서 묘사한 여성운동과 관련된 논쟁에 거의 참여하지 않았고 체트킨과 베벨 등이 여성 해방에 관한 맑스주의 이론을 정교화하기 위한 노력을 기울일 때에도 이에 적극적으로 함께하지 않았다. 프롤레타리아 여성——임금노동자와 가정주부——에 대한 착취라는 특수한 문제에 대해 그녀는 전형적인 맑스주의적 인식만을 가지고 있었고 이는 그녀의 글에도 잘 나타나 있다. 그녀 자신의 혁명적 이상을 위해서도 여성운동은 매우 중요했다는 점을 생각해 보면 이는 매우 놀라운 일이며, 결과적으로도 중대한 영향을 미치게 되었다.

　　여성운동 내 부르주아 참여자와 프롤레타리아 참여자 모두 노동예비군 내에서 여성의 지위에 대해 토론하고 분석했다. 하지만 놀랍게도 룩셈부르크는 현대 자본주의의 법칙에 관한 해설에서 이러한 문제를 일절 무시했다. 『경제학 입문』(*Einführung in die Nationalökonomie*)과 『자본의 축적』에서 그녀는 주로 맑스의 이론을 다시 쉽게 정리하기만 했다. 맑스가 정립해 놓은 것과 같은 범주들을 언급하기만 했을 뿐, 수만 명의 어린 여성, 미혼 여성, 그리고 자녀가 있는 기혼 여성으로 이루어진 대부분의 '유동적 예비군'(floating reserve)에 대해서는 고려하지 않았다.[47]

　　둘째로 기초적 방식으로나마 가사노동의 생산적 본질을 설명하려는 노력이 당시에도 이루어졌지만 룩셈부르크는 자본주의를 과학적으로 이해한다면 가정주부의 노동을 생산적인 것으로 정의할 수 없을 것이라는

Locke)의 서문, Liebknecht(1973), p. xiii에서도 논의되고 있다.
47) Luxemburg(1981a), p. 311; Luxemburg(1981b), p. 753.

반여성주의적 입장을 취했다. 투표권과 계급투쟁에 관한 자신의 글에서 가사와 양육에 대해 언급하면서 그녀는 거침없이 이렇게 이야기했다.

거기에 들인 희생과 에너지가 얼마나 크든, 얼마나 많은 노력을 기울였든 간에 오늘날 자본주의 경제의 관점에서 보면 이런 종류의 일은 생산적이지 않다. 이는 노동자의 개인적인 일이고 그에게만 행복하고 다행스러운 일일 뿐이며, 또한 그렇기 때문에 우리 사회에 이러한 노동은 존재하지도 않는다. 자본주의와 임금 체계가 지배하는 한 잉여가치를 생산하고 자본주의적 이윤을 창출하는 노동만이 생산적인 것으로 간주될 수 있다.[48]

앞서 설명한 프롤레타리아 여성운동의 진화와 당시 여러 여성주의 저술가들 사이에서 이루어진 논쟁의 배경을 살펴봄으로써 독일 혁명의 실패를 새롭게 조명할 수 있다. 알려져 있듯 룩셈부르크는 타락한 사회민주당에서 떨어져 나와 전쟁 중 만든 새로운 혁명적 정당의 핵심부에서 주요 이데올로그 역할을 맡았다. 그동안은 그녀와 그녀의 동료들이 대안적 조직을 건설하기에는 너무 늦었음을 깨닫게 되었다는 점만 강조되어 왔다. 그러나 어쩌면 그녀가 의식적으로 프롤레타리아 여성들의 대중운동에 대한 이론적 설명을 제공하려는 노력을 하지 않았다는 사실이 본질인지도 모른다. 만일 그녀가 이론적 설명을 제공했다면 이는 혁명적 대안에, 즉 대전 후 프롤레타리아 권력을 수립하려 한 용감한 시도에 주요한 사회적 기초로 기능할 수 있었을 것이다.

---

48) Luxemburg(1971), p. 220. 이 글은 1912년 5월 12일 슈투트가르트에서 열린 제2차 사회민주당 여성 대회 연설에 기초한다.

룩셈부르크의 유명한 저작 『사회 개량이냐 혁명이냐』는 1899년에 처음 출간되고 거의 10년이 지난 뒤에 다시 출간되었다. 이 글은 사회민주주의 내 수정주의자와 혁명주의자의 흐름을 명확히 구분 짓는다. 구질서하에서 법적 개혁의 달성 그 자체를 목표로 하는 사람들과 그녀처럼 그러한 법적 개혁은 구질서의 폐기를 향한 프롤레타리아의 행진 속에서 단순히 수단에 불과하다고 보는 사람들로 나누어 볼 수 있다. 그렇다면 어떠한 사회적 힘이 개량주의자들, 즉 베른슈타인적 흐름에 대한 대안 건설의 진정한 기초로 파악되어야 하는가? 그녀는 이 문제를 다루지 않았다. 프롤레타리아 여성운동의 주관적 경험처럼 노동계급 여성의 비참한 가난과 끝없는 고역이라는 객관적 현실이 문제에 최소한 부분적인 답이나마 제공하는데도 말이다.

"현상의 가장 근본에 가해지는 자아비판, 고통스럽고 가차 없는 비판이 프롤레타리아 운동의 생명이고 빛이다."[49] 결국 실천으로부터 발생하지 못한 것은 자본주의 사회에서의 여성 노동에 대한 포괄적이며 결정적인 이론에 대한 인식이었다. 물론 베벨과 체트킨 등이 발전시킨 여성 해방의 공식적 이론은 라살레나 피셔 같은 사람들이 주장한 프롤레타리아 반여성주의와는 전적으로 대비되고 또한 훨씬 더 진보적인 것이었다. 여성 해방에 관한 맑스주의 이론은 적어도 노동계급 여성에게 계급 투쟁에서 중요한 역할을 맡을 수 있는 기회를 제공했다. 그러나 남성과 동등한 수준에서 여성의 리더십에 대한 필요를 제기하지는 않았다. 그리고 여성운동 내의 논쟁이 자본주의와 가부장제 사이의 관계와 가사노동과 성별 분업

---

49) 팸플릿 "The Crisis in Social Democracy"에서 인용. Luxemburg(1971), pp. 324~325를 볼 것.

등에 관한 여러 건설적인 생각을 꺼내 놓았음에도 불구하고 룩셈부르크 같이 타고난 혁명가들이 할 수 있었던 이론과 실천의 통합은 불행히도 이루어지지 못했다.

요약: 모순적인 모습들

결론에서는 3장에서 설명한 발전들 속에 자리하고 있던 이중적 모순에 대해 언급해야 할 것이다. 프롤레타리아 여성운동의 경험이 얼마나 놀라운 것이었든 간에, 지도적인 사회민주당원들이 당내 우파 입장에 선 남성 우월주의적 지도부의 완고한 반대 속에서 여성 해방 이론을 구성하려고 한 노력이 얼마나 훌륭했든 간에, 운동은 계속해서 이중적 모순에 시달리고 있었다. 하나는 이론과 실천 사이의 모순이었고, 다른 하나는 부르주아 여성운동과 프롤레타리아 운동이 외연적으로는 확연한 차이가 있었지만 분석적으로는 미미한 차이만 있었다는 데서 오는 모순이었다.

먼저 여성운동의 프롤레타리아 축과 부르주아 축을 완전히 구분하는 것에 대한 선언적 필요와, 실제로는 여성 저술가들이 여성의 고된 노동에 대한 논쟁에 크게 기여한 프롤레타리아 축과 부르주아 축 양쪽 모두에 속해 있었다는 현실이 서로 대조를 이룬다. 특히 자본주의와 가부장제 사이의 관계, 임금노동 착취와 가족 구조 사이의 관계를 분석하면서 돔과 잘로몬 같은 여성들은 고유의 건설적 논점을 내놓았다. 역사적인 독일의 운동에서 이루어진 전체 논쟁을 다시 살펴볼 때 적어도 이 둘을 나누는 기준이 모호하다는 점은 이야기할 수 있을 것이다.

둘째, 프롤레타리아 여성운동 자체의 이론과 실천 사이에도 모순이 있다. 투쟁에서 사회적·정치적 보이콧과 같은 창의적 전략이 프롤레타리아 가정주부를 참여시키기 위해 고안되었지만 이론적 수준에서 가사노동에 대한 맑스주의자들의 편견은 견고하게 남아 있었다. 당내 좌파 진영의 중요한 이론가 룩셈부르크나 여성운동의 명실상부한 지도자 체트킨 같은 뛰어난 지도자들이 가사노동에 대해 피력한 견해를 보면 이러한 점은 더욱 확실해진다. 조직의 성장, 특히 20세기 첫 10년 동안에 이루어진 중대한 발전들이 동등한 수준의 이론적 발전을 수반하지는 못했다.

어쩌면 이것이 당시의 경험에 관해 언급해야 할 가장 중요한 핵심인지도 모른다. 프롤레타리아 여성운동의 실천은 운동의 이론적 성숙보다 훨씬 앞서 나가 있었다. 이 책이 역사적·비교론적 개괄임을 감안할 때 이는 실로 다른 어떤 것보다도 중요한 내용이다. 최근 여성주의자들이 가사노동과 여성의 임금노동을 이해하기 위한 분석에 상당히 기여했다고 해도, 여성 임금노동자와 가정주부의 운동을 실질적으로 조직했다는 점에서 독일 여성들이 20세기 초에 얻은 경험들에 비할 바는 못 되는 것 같다. 오늘날 여성운동은 독일 프롤레타리아 여성운동에서 값진 실천적·조직적 교훈을 이끌어 낼 수 있을 것이다.[50]

---

50) 나의 평가를 Mies and Jayawardena(1981), p. 111과 비교해 볼 것.

4장

2세대 여성주의의 유산

가사노동 논쟁에 대한 재고

독일 프롤레타리아 여성운동이 쇠퇴하고 반세기 이상 흐른 뒤인 1960년 대 후반과 1970년대 초반 국제적으로 새롭고 강력한 여성주의 운동이 등장했다. 미국에서 서유럽을 거쳐 일본과 수많은 제3세계 국가에 이르기까지 여성은 자율적 집단과 공동체를 세우고 팸플릿을 쓰며 대중적 관심을 끌어내고자 했다. 그들은 삶의 조건에 강한 불만을 표출하기 위해 시위는 물론 전국적 여성 파업까지 전개했다. 이러한 투쟁 속에서 여성주의 활동가들은 몸에 대한 통제권과 사회적 삶에서의 폭넓은 평등을 요구했다. "개인적인 것이 정치적인 것이다"라는 구호를 내세우며 새로운 세대의 여성주의자들은 사적인 삶 속에 일어나는 억압을 공적인 문제로 만들었다.

물론 새 시대 여성들의 활동이 단순히 새로운 이슈를 수면 위로 끌어 올리기만 한 것은 아니다. 앞에서도 설명했지만 여성들은 새로운 이론적 틀을 짜기 위해서도 투쟁했다. 여성 억압의 구체적 본질을 적절하게 밝혀 내는 이론 말이다. 미국을 본거지로 하는 급진주의 여성주의자들이 선구적으로 발전시킨 '가부장제' 개념은 남성 지배 체계에 대한 용어로 다양한 흐름의 운동에서 두루 사용되기 시작했다. 가부장제의 역사를 추적하고 그것의 물질적 기초를 파악하는 데도 많은 노력이 기울여졌다.[1] 심지어 일부 그룹들은 서구의 지적 전통 일체에 대해 공개적으로 도전하는 데까지 나아갔다. 1970년에 출간된 선언문에서 이탈리아 여성주의 그룹 '여성의 반란'(Rivolta Femminile)은 다음과 같이 도전적으로 선언했다. "가부장적 세계가 우리에게 뒤집어씌운 이 엄청난 자기 비하는 체계적 관점을 가진 사상가들에게 그 책임이 있다."[2]

현대 가정주부의 노동과 관련된 폭넓은 논쟁은 이후 막대한 영향을 미쳤다. 수년간 이탈리아, 영국, 독일 등지의 여성들은 현대 자본주의하 가사노동의 본질에 관해 활발하게 논쟁했다.[3] 이후 살펴보겠지만 그로부터 촉발된 논쟁과 운동은 몇몇 범주로 제한되었다. 그 결과 제3세계 국가 농촌 지역에서 비임금(non-waged) 가내노동이 지닌 특징이 처음에는 이론화되지 않았다. 이 여성들은 공적 경제와 가내 경제의 관계를 변증법적으로 사고하지도 않았고 사무실이나 공장에서 임금노동자로 고용되어 일하는 여성의 이해관계와 가정주부의 이해관계를 유기적으로 연결하는 데도 의식적으로 노력을 기울이지 않았다. 그러나 가사노동 논쟁은 여성의 무급 가사노동을 인정도 평가도 하지 않는 경제 이론의 근본적 한계를 폭로했다는 것만으로도 해방적 측면에서 쉽게 잊힐 수 없는 중요성을 지닌다.

이 장에서는 중요한 이론적 논쟁을 다시 짚어 보고자 한다. 이탈리아 여성들이 조직한 시위(2세대 여성주의 내에 존재하던 대립을 밝히기에 좋은 사례이기도 하다)의 강력한 영향을 환기하고 난 다음, 2세대 여성주

---

1) 그 예로 Eisenstein(1979); Hartmann(1981); Kuhn and Wolpe(1978); Sargent(1986)를 볼 것.
2) Bono and Kemp(1991), p. 40을 볼 것.
3) 그 예로 Birnbaum(1986), p. 132; Bono and Kemp(1991), p. 260; Coulson et al.(1975); Dalla Costa and James(1972); Malos(1980); Secombe(1974); West(1980)를 볼 것.

의의 주요 대변인들(벤스턴과 달라 코스타)이 제시한 가사노동에 대한 견해의 핵심을 간단히 정리하고 '가사노동에 임금을' 운동의 협소한 관점에 대해 의문을 제기할 것이다. 또한 가치 창출에 관한 맑스의 공식을 비판하고 가정주부가 맡고 있는 경제적 역할의 통합을 그 핵심으로 하는 이론의 확장을 제안함으로써, 맑스의 노동가치론에 대한 논쟁의 결과에 대해서도 다룰 것이다. 이 장의 마지막 부분에서는 전체 경제의 양극으로 공적 경제와 가내 경제를 개념화하는 길을 보여 준 미리암 글룩스만(Miriam Glucksmann)의 역사적 연구를 강조한다. 앞 장과는 다르게 이 장은 특별히 경제 이론의 재구성에 집중한다.

이탈리아의 2세대 여성주의: 강력한 영향을 미친 사회운동

2세대 여성주의 운동이 이룬 성취와 '실패'를 모두 살펴보기 위해 나는 이탈리아의 새로운 운동이 미친 영향을 먼저 설명하고자 한다. 1968년 프랑스와 서유럽 국가들에서 학생 반란은 정치적 지배의 안정성을 깨뜨렸다. 프랑스에서처럼 이탈리아에서도 학생 운동은 공장 노동자 운동과 결합되어 광범위한 대중의 불만을 분출시켰다. 여성 노동자들을 포함해 노동자 약 500만 명이 1969년의 '뜨거운 가을' 동안 파업에 참여했다. (공산당과 같이) 잘 알려진 좌파 진영과 이 좌파 진영의 맑스주의 교리에 대해 비판적이었던 자율적 여성주의 그룹들은 이러한 사회적 동요와 계급 투쟁을 배경으로 이탈리아 전 지역으로 퍼져 나갔다. 이들은 당시 금기시되던 주제들을 당돌하게 꺼내 든 『에페』(*Effe*) 같은 매체를 창간했다.[4]

---

4) Birnbaum(1986), p. 90.

빠르게 확산되어 가던 정치적 소요에서 가장 눈에 띄는 이슈는 이혼권에 관한 것이었다. 1970년에 의회의 정당들은 사유를 명시적으로 밝히지 않아도 결혼을 끝낼 수 있도록 이혼에 관한 법안을 통과시켰다. 이탈리아 여성운동의 경험을 충실히 기록해 온 루치아 키아볼라 번바움(Lucia Chiavola Birnbaum)은 이 법안이 공포된 이후 이혼법은 열띤 공적 논쟁의 주제가 되었다고 쓴다. 이탈리아의 로마 가톨릭교회와 교회의 의회 동맹자인 기독교민주당은 이혼법을 폐지하기 위한 운동을 시작했지만, 여성주의 단체는 매우 효과적으로 반대 운동을 펼쳤다. 1974년에 반이혼법에 관한 국민 투표가 있었다. 유권자의 90퍼센트가량 투표에 참여했고 이중 60퍼센트가 이혼법을 유지하는 데 표를 던졌다.[5]

매우 중요한 또 다른 문제는 여성의 낙태권이었다. 로마를 중심으로 하는 지역 여성주의 공동체 네트워크 '여성해방운동'(MLD: Movimiento di Liberazione della Donne)이 1970년부터 이 문제를 제기했다. 번바움에 의하면 낙태를 범죄로 규정하는 법률이 있던 이탈리아에서 1971년 100~300만 건의 낙태가 행해졌다. 낙태를 처벌하는 법률을 폐지할 것을 요구하는 활동과 여성들의 대규모 집회가 간헐적으로 이어졌다. 1975년과 1977년에 여성 5만 명이 로마 거리를 행진했다. 이 운동은 1978년 낙태법을 채택할 때 정점에 이르렀다. 이 법은 18세 이상의 여성이면 누구나 임신 후 90일 내에 이루어진 낙태에 대해 정부가 비용을 부담하게 할 권리가 있다고 명시하고 있다.[6]

2세대 여성주의는 이렇게 이탈리아 사회에 깊은 인상을 남겼다. 가

---

5) Birnbaum(1986), p. 103.
6) *Ibid.*, p. 105; Bono and Kemp(1991), p. 211.

톨릭교회가 강력하게 존재하고 있었기 때문에 여성운동은 복잡해질 수밖에 없었지만, 공산당과 연결된 의회 지향적 여성 조직, 이탈리아 여성연합(UDI: Unione Donne Italiane)과 전투적 여성주의 집단이 서로 협력을 추구함으로써 운동은 성공을 거둘 수 있었다. 서로 다른 정치적 신념을 가진 여성들이 유연하게 힘을 합쳐 결혼에서 여성의 지위와 여성이 자신의 몸을 통제할 수 있는 권리 그리고 노동시장에서 여성의 지위에 관련된 수많은 법적 개혁을 이끌어 냈다. 1977년 평등 대우(Legge Di Parita)에 관한 법률은 남성과 동등하게 여러 부가 혜택을 누릴 수 있는 여성의 권리를 확립했다.[7]

가사노동을 둘러싼 이탈리아의 논쟁과 사회적 투쟁은 바로 이러한 맥락 속에 위치 지어져야 한다. 1972년 마리아 로사 달라 코스타는 『여성의 힘과 공동체의 전복』(*Potere Femminile e Sovversione Sociale*)이라는 제목의 책을 출간했는데, 여기서 그녀는 여성의 가사노동에 관한 이론적 분석을 제시했다. 달라 코스타는 고립을 깨기 위해 가정주부들이 사회적 투쟁의 장으로 들어가야 한다고 강조했다. "우리는 집을 떠나야 한다. 그리고 우리에게 강제되어 왔으나 결코 그 대가조차 지불받지 못한 가사노동을 거부해야 한다."[8] 이러한 관점에서 달라 코스타는 전술적으로 '가사노동에 임금을' 요구하는 운동의 입장을 지지했다.

여성의 무급 가사노동에 대해 관심을 가진 새 세대 여성주의자로 달라 코스타가 처음은 아니었고, 그녀의 관점이 단 하나의 가능한 해결책이었던 것도 아니다.[9] 그럼에도 그녀가 초안을 작성한 소책자는 해당 주제

---

7) Birnbaum(1986), p. 110.
8) Dalla Costa and James(1973), p. 47.
9) 여성의 반란 선언 중 무급 가사노동에 대한 인용은 Bono and Kemp(1991), p. 39를 볼 것.

에 대한 관심을 끌어내는 데 큰 영향을 미쳤고, 여성주의 활동가들에게 이론적 '무기'를 제공했다. (1972년 파도바, 1973년 나폴리에서) 수차례 컨퍼런스가 열렸고 여기서 여성들은 가정주부로서 여성이 겪는 어려움에 대해 논쟁을 벌였다. 1970년대 중반 여러 이탈리아 도시에서 여성들은 가사노동에 대한 재평가 요구를 담은 플래카드를 들고 거리로 나왔다. 파도바에서 형성된 여성 단체는 여성들에게 가장 중요한 주제라 할 수 있는 임금 요구에 찬성하여 국제적 전술을 발전시킬 필요가 있음을 주장했다.[10]

이 운동에 대해서는 다양한 평가가 내려졌다. 번바움에 의하면 "가사노동에 대한 임금 지급 문제는 여성을 묶어 주는 폭넓은 단결의 끈을 만들어 낼 수 있다. 이탈리아에서는 다른 여성주의 관련 이슈에 별도로 관심을 두는 경우가 아닌 한 가사노동 임금 문제가 여성이 처한 상황에 대한 집단 내 논쟁의 핵심을 이루었고, 실제로 단결의 끈을 만들어 냈다".[11] 그 증거로 기독교민주당이 1979년 이탈리아 의회에 제출한 법안에서 전업주부인 어머니에게 수당을 지급할 것을 제안했다는 사실을 그녀는 가장 비중 있게 언급했다. 당시 제2정당이었던 이탈리아 공산당은 1980년대 초 임금운동의 중요성을 인정했다고 볼 수 있는데, 이는 임금운동이 이탈리아의 1200만 명에 달하는 가정주부들이 여성주의 이슈들을 이해하는 데 도움을 줄 것이라는 예상에서 비롯되었다.[12]

그러나 이 운동이 공적 토론을 촉진하는 데 기여했음에도 다른 한편으로는 '고립주의' 효과 또한 있었던 것 같다. 아마도 가장 놀라운 점은 임금노동에서 배제된 여성을 위한 운동이 그들과 마찬가지로 고립된 채 '공

---

10) Birnbaum(1986), p. 135를 볼 것.

11) *Ibid.*, p. 130.

12) *Ibid.*, p. 141.

장 밖에서 일하는 여성 노동자'(operaie senzafabbrica)의 투쟁과는 동떨어져 있었다는 점일 것이다. 1950년대 후반 이탈리아 각지(대표적으로 에밀리아와 토스카나를 들 수 있다)에서 의류 제조업에 종사하던 여성 가내노동자들은 임금 향상과 여타 복지 혜택을 얻어 내기 위해 파업과 시위를 벌였다. 이러한 운동은 가내노동에 관한 법안 채택으로 이어졌고, 이는 다시 법의 이행을 촉구하고 성과급을 둘러싼 노동 계약 제도에 압력을 행사하려는 투쟁으로 이어졌다. 가내노동자 수천 명은 공장에서 피켓 시위를 벌이고 고속도로를 봉쇄하는 데까지 나아갔다.[13]

이후 이러한 투쟁들은 1970년대 초반(정확히 '가사노동에 임금을' 운동이 확산된 시기와 일치한다)에 재개되었다. 또다시 채택된 가내노동 규제 법안(1973년)은 가내노동자가 다시금 조직화되고 그들의 권리를 지키기 위한 노력을 기울이는 데 자극제가 되었다. 예컨대 대규모 가내 수공업이 발달한 나폴리 시에서 자율적 위원회들이 마을 단위로 형성되었고 나아가 가내노동자연맹이 설립되었다.[14] 가정주부와 마찬가지로 고립되어 있는 가내노동자들이 집단적 영향력을 행사하고자 할 때 부딪히는 극도의 어려움들을 고려한다면, 이러한 투쟁들은 매우 중요한 의미를 갖는다. 그러나 '가사노동에 임금을' 운동은 가내노동자의 권리 그 자체를 체계적으로 다루지는 않았고 양쪽 투쟁의 최전선에 어떠한 유기적 연결 고리도 존재하지 않았다. 가정주부와 가내노동자라는 이 두 범주에 속한 여성들의 동맹은 실현되지 못한 것으로 보인다.

---

13) Cutrufelli(1977), p. 96.
14) de Marco and Talamo(1976), p. 136.

가사노동의 개념화: 벤스턴과 달라 코스타

지금까지 이탈리아의 사례를 통해 2세대 여성주의자들이 벌여 온 투쟁의 풍부함에 대해 설명해 왔다면 이제부터는 현대 가정주부의 노동을 설명해 온 관점들 중 일부에 대해 논할 것이다. 이 논쟁에는 많은 참여자가 있었지만 이들 중 대표적인 두 저자, 미국의 마거릿 벤스턴과 이탈리아의 달라 코스타의 관점에 초점을 맞추고자 한다. 이 두 여성이 제시한 가설들을 비교해 보면 노동가치론에 내재한 남성 편향에 관련된 문제들이 이 논쟁에서 어떤 식으로 제기되었는지를 볼 수 있을 것이다. 『뉴 레프트 리뷰』와 같이 잘 알려진 서구 맑스주의 잡지도 가사노동 논쟁에 지면을 할애해야 한다는 부담을 느낄 정도였으니 말이다.[15]

2세대 여성주의가 국제적으로 확산되던 때 벤스턴은 『여성 해방의 정치경제학』이라는 책을 1969년에 처음 출간했다. 당시 이 책은 미국의 여성해방운동 내 논쟁의 분수령이 되었다. 벤스턴은 "사실상 여성의 부차적 지위의 근원은 경제적인 것"이며 이는 "집단으로서 여성이 생산수단과 제한적 관계만을 가진다"는 사실에 의해 확인될 수 있다고 강하게 주장했다.[16] 그 결과 벤스턴은 가족이란 상부 구조이며 경제적 단위가 아니라는 '부르주아적' 관념을 가지고 있던 미국 여성주의자들과는 거리를 두게 되었다. 이러한 관념을 거부하면서 벤스턴은 여성 억압의 물질적 기초에 대한 기나긴 탐색을 (재)시작했다.[17]

---

15) Coulson et al.(1975); Gardiner(1975); Secombe(1974).
16) Benston(1980), p. 119.
17) 벤스턴의 원고가 출간되기 이전의 미국 여성주의 운동 내 여성 노동에 관한 입장을 간략히 정리한 것으로는 Malos(1980), p. 810을 볼 것.

벤스턴은 프롤레타리아 임금노동자에 대응하는 것으로 여성에 대한 '구조적 정의'를 찾으려고 했다. 여성의 위치를 정의하기 위해 그녀는 여성의 가사노동을 분석할 것을 제안했다. 산업 사회에서 가사노동의 부담은 얼마나 큰가? 벤스턴은 집안일이 전보다 훨씬 줄어들었다는 주장이 종종 제기되지만 이는 오직 부분적으로만 사실이라고 밝히고 있다.

아주 부유해서 대신 일해 줄 사람을 고용할 수 있는 경우를 제외하고, 대부분의 여성에게 남편과 아이들 그리고 가정을 돌보는 데서, 더 줄이려야 **줄일 수 없는 최소한의** 필수적 노동이 있다. 아이가 없는 기혼 여성에게 이러한 가사노동은 주당 최소 15~20시간 정도이며, 어린아이가 있는 여성의 경우 가사노동은 최소 70~80시간 정도 된다.[18]

보통 생각하듯이, 혹은 많은 맑스주의자가 추측하는 바와는 달리, 만약 가사노동에 대한 부담을 없앨 수 없는 것이라면 가사노동의 역할은 어떻게 분석되어야 하는 것일까? 여기서 벤스턴은 경제학에서의 사용가치와 교환가치 그리고 직접적 필요를 위한 생산과 시장에서 팔릴 상품을 만들기 위한 생산(이러한 구분은 이전에도 언급했다)의 구분에 착안했다. 경제학자 에르네스트 만델의 견해를 자세하게 인용하면서 벤스턴은 여성은 농민처럼 가정에서 소비를 위한 사용가치를 생산한다고 주장했다. 그녀는 이러한 생산을 사회적으로 필요한 생산으로 규정했다. "양적으로만 봐도, 가사노동은 양육을 포함하여 사회적으로 필요한 생산의 엄청난 부분

---

18) *Ibid.*, p.124, 강조 추가.

을 구성하고 있다."[19] 그럼에도 불구하고 농민의 생산과 마찬가지로 가사노동은 "실상 전자본주의적"인 채로 남아 있는 것이다.[20]

이 책의 다른 부분에서 우리는 더 최근의 독일여성주의 학파 일원들이 이와 비슷하게 서구 가정주부의 노동과 (제3세계) 농민의 노동 사이에 존재하는 공통점을 강조한 것을 보게 될 것이다. 그러나 이 학파의 구성원들이 여성의 가사를 '비자본주의적'인 것으로 정의하기 훨씬 전에 벤스턴은 본질적으로 동일한 주장을 해왔다. 그녀 또한 집단으로서 여성이 화폐경제 밖에서 일하고 있다고 믿었다. 그녀는 가사노동은 전형적으로 가족 구성원이 직접 소비하는 유용한 재화와 서비스를 생산한다고도 주장했다. 독일여성주의 학파와 마찬가지로 벤스턴은 여성을 이렇게 생계를 위한 생산자로 정의했다. "우리는 잠정적으로 여성을 가정과 가족에 관계된 활동들 가운데서도 단순 사용가치를 생산하는 것을 책임지는 사람들의 집단으로 규정할 것이다."[21]

1972년 이탈리아 여성주의자 달라 코스타는 가사노동 논쟁의 중요한 발전을 이끌었다. 『여성의 힘과 공동체의 전복』에서 여성 문제를 분석하면서 그녀는 "노동계급 여성의 지위에 관한 문제"에 초점을 맞추고 싶다는 뜻을 밝혔다.[22] 몇 년 뒤 독일여성주의 학파의 클라우디아 폰 베를호프(7장에서 다시 논한다)가 철학적으로 면밀히 분석한 입장을 받아들임으로써 달라 코스타는 노동계급 가정주부에 대한 착취를 이해하는 것이 보편적인 자본주의 체제하 착취 과정을 이해하는 데 핵심이라고 주장했다.

---

19) Malos(1980), p. 121.
20) *Ibid.*
21) *Ibid.*
22) Dalla Costa and James(1973), p. 27.

가정주부의 지위는 "다른 모든 여성의 지위에" 결정적 영향을 미친다.[23]

둘째, 달라 코스타는 가족이 상부 구조라는 관념을 비판하는 데서도 벤스턴과 입장을 같이한다. 그녀에 의하면 가정주부는 단순한 소비자가 아니다. 그들의 역할은 자본의 상품을 구매함으로써 가치 실현에 기여하는 것일 뿐 아니라 가치를 생산하는 것이기도 하다. 봉건제하에서 농노로서 남성과 여성은 "동등하게 예속되어" 함께 힘든 노동을 수행했지만, 자본주의는 독립적 부문들을 만들어 냈다.[24] 남성이 '자유로운' 임금노동을 수행하도록 모집된다면 여성은 가정에 묶여 있고 고립된 핵가족 안에서 그들의 노동은 눈에 보이지 않게 된다. 이 때문에 사회적 부의 창조에 여성이 기여하는 바는 무시되기 쉽다. 그러나 달라 코스타의 관점에서 볼 때 가사노동이 '비생산적'이라는 맑스주의자들의 생각은 잘못된 것이다.

나아가 가정주부의 생산성에 대해 상세히 설명하면서 달라 코스타는 이전의 벤스턴보다도 더욱 확고하게 맑스주의 이론과 구별되는 새로운 출발을 시도했다. 그녀는 가정주부가 단순히 사용가치를 생산하는 것뿐 아니라 노동시장에서 남편이 판매할 수 있는 노동력 상품 또한 생산한다고 지적했다. 달라 코스타는 자신의 글에서 여성은 사용가치의 생산자에 불과하다는 잘못된 관념을 명쾌하게 비판했다. 그녀에 의하면 이러한 생각은 "노동계급의 바깥에" 여성을 위치 지우는 것이다.[25] 그녀는 가사노동을 순전히 사용가치만을 생산하는 것이 아닌, "잉여가치의 생산에서 핵심적 기능을 수행"하는 것으로 분명히 언급할 필요가 있다고 보았다.[26]

---

23) *Ibid.*
24) *Ibid.*, p. 30
25) *Ibid.*, p. 42.
26) *Ibid.*, p. 39.

달라 코스타는 임금노동이 가사노동과 질적으로 다르며 임금노동에
비해 가사노동은 자본의 직접적 통제를 받지 않는다는 사실을 인정했다.
여성의 가내 활동에 필요한 노동시간이 얼마나 되는지는 아무도 관심이
없다. 알다시피 가정주부의 노동시간은 끝이 없다. 가정주부는 "전자본주
의적 상황에 얽매인 채"로 남아 있다. 그러나 가정주부가 맑스가 잉여가치
라고 부른 가치의 생산 과정(자본가가 노동력을 고용하고 이를 사용함으로
써 가치를 축적해 가는 과정)의 외부에 존재하는 것은 아니다. 가정주부의
노동과 그녀가 수행하는 힘든 일들은 바로 자본 축적 과정의 기초이다.

달라 코스타에게 가사노동의 핵심적 특징은 노동력이라는 특별한
상품을 만들어 내는 것이다. 노동력의 창조와 유지를 통해 가정주부의 생
산성은 바로 (남성) 임금노동자 생산성의 전제 조건이 된다고 할 수 있다.
"임금을 통해서 비임금노동자에 대한 착취가 조직된다."[27] 이후 주장할
테지만 달라 코스타의 글은 여성의 가사노동과 임금노동의 관계에 대해
서는 불명확한 채로 남아 있다. 그럼에도 불구하고 그녀의 글은 맑스의 가
치론에 관한 논쟁에서 획기적 전환점이 되었다. 여성의 가사노동을 이중
으로 생산적인 것으로 정의함으로써, 즉 직접적으로 가치를 창출하는 노
동으로 파악함으로써, 그리고 '사회화된 생산 순환'(socialized production
cycles)의 과정에서 자본가가 가정주부의 무급노동(unpaid labour)과 임
금노동자의 유급노동(paid labour)을 동시에 필요로 한다는 사실을 주장
함으로써,[28] 달라 코스타는 이론적 수준에서 맑스가 『자본』을 쓴 이래로

---

27) Dalla Costa and James(1973).
28) 원문의 paid labor와 unpaid labor는 각각 유급노동과 무급노동으로 옮겼다. 단, 맑스의 원
   전을 인용한 경우나 착취 개념을 설명하는 과정에서 언급되었을 경우에는 지불노동과 불
   불노동으로 옮겼다. 아울러 waged labor와 unwaged labor는 각각 임금노동과 비임금노

해결되지 못한 문제에 대해 (기초적인) 답을 제공했다.

운동의 협소한 관점: '가사노동에 임금을'

매우 선구적인 성취들을 정리해 왔으니 이제 가사노동 논쟁의 몇 가지 문제적 측면에 대해서도 언급해 볼 필요가 있다. 나는 앞서 이 논쟁이 이론적으로 새로운 생각들을 발전시켰다는 입장을 이미 밝힌 바 있다. 그러나 이 논쟁은 여성주의 가치론, 맑스 경제학의 완전한 재정립까지 나아가지는 못했다. 베로니카 비체(Veronika Beechey)를 비롯한 여러 여성주의 저자가 인정했듯 1970년대 후반 무렵 이 논쟁은 일종의 막다른 골목에 다다랐다.[29] 연구를 겸하는 활동가들 쪽에서는 그들의 관심을 바꾸어 여성의 임금노동에 다시 주목하기 시작했다. 서로 입장을 공유함으로써 논쟁도 예전만큼 격렬해지지 못했다. 이 논쟁이 이러한 교착 상태에 빠진 것은 무엇 때문이었을까?

  '가사노동에 임금을'이라는 운동의 슬로건을 둘러싸고 논쟁이 있었다. 달라 코스타와 '가사노동에 임금을' 운동을 비판하는 여성주의자들도 이러한 요구가 "가사노동이야말로 진정한 노동이라는 생각을 여성이 수

동으로 옮겼다.─옮긴이

29) Beechey(1987), pp. 7~8. 가사노동 논쟁에 참여한 일부는 정통파 맑스주의적 개념을 다시 받아들였다. 예를 들어 Conference of Socialist Economist(1977)의 p. 10을 보면 이렇게 말하고 있다. "우리가 채택하려 한 입장은 가치를 상품에 체화된 사회적으로 필요한 노동시간으로 정의하는 해석을 더 많이 따랐다. 따라서 노동력의 가치란 노동자와 그의 가족의 재생산과 유지에 필요한 상품의 가치로 정의된다." Lise Vogel 또한 정통파적 개념으로 되돌아갔다. "가사노동 논쟁이 촉발된 지 10년 동안 몇 가지 문제는 해결이 된 것 같다. 알다시피 자본주의 사회에서 가사노동이 가치를 생산하는 노동의 사회적 형태를 띠지 않음을 이론적으로 입증해 보이는 것은 비교적 쉽다." Vogel, in Sargent(1986), p. 195.

용하게 하게 만들었다"는 것을 인정했다. 그러나 이 요구는 '개량주의적'이라는 이유로 비판을 받기도 했다.[30] 가사에 임금 지급을 요구함으로써 '가사노동에 임금을' 운동에 참여한 사람들은 여성에게 가사를 모두 떠넘기는 성별 분업 구조에 의문을 제기하지 못했다. 또한 운동의 슬로건 자체도 현대 가정주부의 고립된 위치에 대해서는 문제를 제기하지 않았다. 운동의 요구는 가부장제의 구조를 따져 보는 데 충분치 못했다.[31]

게다가 진정한 계급 지향적 운동을 건설하는 데 큰 장벽이 된 것은 전통적 맑스주의 이론의 난제를 풀기 위해 노력하다가 정작 조직화의 대상이 될 여성의 범위를 좁혀 버렸다는 것이었다. '가사노동에 임금을' 슬로건을 지지할 때 달라 코스타는 여성이 '사회화된 투쟁'을 계속해서 벌여야한다는 필요성을 슬로건과 연결했다. 즉 그녀는 "고립된 노동자들의 투쟁을 사회화하는 것"에 흔쾌히 찬성했다. 그러나 그녀는 이러한 사회화가 어째서 그녀가 내놓은 특정 슬로건을 반드시 요구하게 되는지 설명하지 못했고, 프롤레타리아 가정주부가 과거에 어떻게 해서 그들의 투쟁을 사회화하는 데 성공할 수 있었는지를 보여 주기 위해 역사를 참고하지도 않았다. 앞 장에서 설명했지만, 프로이센 의회에 대한 보이콧에서 볼 수 있듯이 20세기 초 독일 가정주부들은 단결되어 있었고 여성 임금노동자들과 연결 고리를 만들어 대중 투쟁을 계속해 나갔다.

'가사노동에 임금을' 운동이 흐지부지된 것은 부분적으로 협소한 실천적 기초 때문이었다. 처음에 달라 코스타는 여성을 자본가가 원하면 언

---

30) 번바움은 파도바의 집단행동이 "개량주의 버전의 이론"을 구성했다고 한다. Birnbaum(1986) p. 135.

31) Malos(1980), p. 37에 남성 육아 휴직을 위한 회사 내 요구나 가정주부로 삶을 보내 버린 여성에게 주는 연금 수급권을 포함해 일련의 대안적 요구들이 제시되어 있다.

제라도 가져다 활용할 수 있는 대규모 노동예비군으로 파악했던 것 같다. 그러나 생산의 두 부문에서 여성의 역할을 개념적으로 연결하지는 않았다. 그리고 그녀의 주된 비판 대상은 고립된 가정주부에 대한 자본주의(그리고 전통적 좌파 정당들)의 부당성이었다. 공동의 장을 만들어 내기 위해 독일 여성들(여성 임금노동자와 프롤레타리아 가정주부)의 효과적 사례를 어디에서도 언급하지 않았다. 그녀와 그녀의 동료들 누구도 자본주의와 가부장제에 대한 공동의 전투를 위해 여성 임금노동자와 가정주부의 동맹을 주장하지 않았다. 앞서 논의된 이탈리아 가내노동자 투쟁의 예가 보여 주는 것처럼 서로 다른 부문의 여성 노동자를 지지하는 운동은 각기 분리되어 다르게 발전해 나갔다.

이처럼 협소한 관점은 벤스턴의 『여성 해방의 정치경제학』에서도 볼 수 있다. 한편에서 벤스턴은 여성이 가사와는 별개로 임금노동에 참여한다는 점을 잘 알고 있다고 밝힌다. 그녀는 여성이 임금노동자의 다양한 부문 가운데 특정한 위치를 차지한다는 사실에 대해 잘 이해하고 있었다. 그래서 그녀는 "산업화된 경제 부문들에서 여성의 역사는 단순히 해당 부문에서 노동의 공급과 수요에 의존해 왔다. 여성은 광범위한 노동예비군으로 기능한다"[32]고 쓴다. 여성을 노동예비군의 광범위한 부분이라고 칭하는 것은 독일 프롤레타리아 여성운동 당시에 선전되고 더 최근에 사회주의 여성주의자들이 주장하는 바와 일치한다. 이것이 성별 분업을 임금노동 관계로 확장하는 것을 의미함은 물론이다.

그럼에도 불구하고 벤스턴은 임금노동을 여성 노동의 기본적 영역으로 정의하지 않았다. 다음 문구를 예로 들어 보자. "여성은 상품 생산에

---

32) Malos(1980), p. 125.

서 배제되어 있지 않다[는 것을 알아야 한다——인용자]. 여성도 임금노동에 참여하고 있다. 그러나 집단으로서 여성은 상품 생산 영역에 어떠한 구조적 책임도 지지 않으며 임금노동에 대한 참여는 보통 일시적인 것으로 간주된다." 그리고 벤스턴은 자본주의하에서 남성의 역할과 대조하여 여성은 구조적 책임이 없다고 보았다. "반면 남성은 상품 생산에 책임이 있다. 그러나 이들은 원칙적으로 가사노동에 어떠한 역할도 부여받지 않는다."[33] 따라서 벤스턴은 산업 자본가들이 오랫동안 퍼뜨려 온 생각을 주장하게 된 것이다. 이 주장에 따르면 여성이 임금 영역에서 가치의 생산에 기여하는 바는 오직 부차적이고 임시적인 것들에 지나지 않는다.

자본주의 국가들에서의 여성 고용에 관한 통계 자료를 보면 이러한 관점은 반박된다. 엘레이에트 사피오티(Heleieth Saffioti)의 말처럼, "통계치들은 국가 경제의 산업화가 언제나 남성과 여성 노동력을 모두 활용해 왔음을 보여 준다."[34] 예를 들어 1866년 프랑스의 산업 내 전체 노동력의 30퍼센트는 여성으로 이루어져 있었다.[35] 이 비율은 서유럽 국가들에서 변동해 왔는데 1차, 2차 대전 같은 전쟁 기간에 정점에 달했다.[36] 사피오티의 자료에 의하면 최근 수십 년 동안 대부분의 산업국가들에서 전체 임금노동자 중 여성의 비중은 3분의 1 이상으로 유지되고 있다. 여성의 임금노동 참여를 일시적 현상으로 이해함으로써 벤스턴이 가부장적 이데올로기와 현실을 혼동한 것이 분명하다. 여성 임금노동을 일시적인 것으로 정의한 것 자체가 바로 가부장적 이데올로기이다.

---

33) Malos(1980), p. 121.
34) Saffioti(1978), p. 53.
35) *Ibid.*, p. 54.
36) *Ibid.*, p. 53.

글룩스만은 1930년대 영국에 새롭게 생겨난 산업들에 종사한 여성 조립공에 관한 책에서 임금노동의 영역에서 여성이 '어떠한 구조적 책임도' 지지 않는다는 관점을 적절히 논박했다. 그녀에 의하면 영국 자본은 그전까지 (기차, 배, 엔지니어링 기계와 같은) 수출을 위한 중장비 자본재를 생산하는 데 집중해 왔으나 지금은 (전자제품, 가공식품 같은) 영국 내수 시장을 겨냥한 소비재를 생산하기 시작했다. 이들 새로운 공장의 조립 라인에서 단조로운 일을 수행하기 위해 모집된 노동력의 대부분은 여성으로 이루어졌다. 전통적인 직능별 조합은 변화된 현실을 이해하지 못했지만, 글룩스만의 표현을 빌리자면 여성은 새로운 산업에서 "주된 노동력"이 되었다. 그들은 유례없이 "자본 순환의 핵심부"로 통합되었다.[37]

요컨대 집단으로서 여성은 화폐 경제 바깥에서 일하고 있으며 여성 대부분은 기본적으로 가정주부라는 생각을 지지함으로써 벤스턴은 여성 조립공이나 다른 여성 임금노동자에게 편향적이고 여성 노동에 관해 협소한 이론적 개념을 제공했다. 벤스턴과 달라 코스타 모두 여성이 가사노동자로서 착취받는다는 것을 잘 알고 있었다. 그러나 이들은 여성이 두 가지 측면에서 착취받는다는 점을 제대로 인식하지 못했다. 즉 여성은 노동력의 생산을 통해 자본주의적 생산과 착취의 길을 터 주는 존재로서, 그리고 시장을 위한 산업적 상품 생산의 생산자로 남성과 함께 착취받는 존재로서 이중의 착취를 받고 있었다. 가사노동에 대한 이론적 분석을 여성의 고된 노동에 대한 폭넓은 개념화와 통합할 필요가 있다.

---

37) Glucksmann(1990), pp. 2, 7.

노동가치론에 대한 맑스의 해석: 비판의 필요성

임금노동만이 자본의 축적을 가능하게 한다고 보는 맑스의 노동가치론에 대해 달라 코스타가 제기한 비판을 더 발전시키고자 한다. 이를 위해서는 맑스 이론을 다시 살펴보고 이를 확장해 볼 필요가 있을 것이다. 여성주의 비판을 공정하게 평가하자면 가치 창출에 대한 맑스의 공식이 변화될 필요가 있다. 그러나 가장 먼저 맑스의 이론 가운데 '노동력의 가치'(시장 상품의 생산에 들어간 인간 노동의 가치)에 대해 논한 부분을 면밀히 살펴봄으로써 맑스가 여성의 가사노동을 고려하지 않았다는 여성주의자들의 비판을 분명히 하고 싶다. 맑스는 『자본』 1권의 일부 장과 『임금, 가격, 이윤』에서 노동력의 가치에 관한 주제를 피력했다. 아래에서는 리카도의 '노동 가격'에 대한 관점을 언급할 때 간단히 언급한 것을 다시 반복할 것이다.

먼저 『자본』과 ("80쪽의 팸플릿 안에 정치경제학의 전체 과정을 담고 있다"고 하는) 『임금, 가격, 이윤』에서 맑스는 사용가치의 생산과 교환가치의 생산의 차이에 대해 논하면서 노동과 사회적 노동을 구별했다.[38] 맑스는 교환가치의 생산에 대해서는 사회적인 것이라고 보았지만, 사용가치의 생산에 대해서는 사회적이라는 표현을 붙일 수 있다는 생각을 거부했다.

하나의 상품을 생산하기 위해서는 일정한 양의 노동이 그것에 투여되거나 가해져야 한다. 그런데 나는 그냥 **노동**이 아니라 **사회적 노동**을 이야기하고 있다. 자기 자신의 직접적 필요를 위해, 즉 스스로 소비하기 위해

---

38) Marx(1977a), p. 164. Marx(1973c)도 볼 것. Martin Nicolaus의 서문, Marx(1973b), p. 61에서 인용.

물품을 생산하는 사람은 **생산물**을 만드는 것이지 **상품**을 만드는 것은 아니다. 그는 자급자족 생산자로서, 사회와는 아무런 관계가 없다.[39]

'사회적 노동'이라는 이름을 상품 생산에만 붙임으로써 맑스는 여성이 가정에서 수행하는, 임금노동자의 노동력을 유지시키는 데 필수적인 사용가치의 생산이 사회적 성격을 갖는다는 점을 암묵적으로 거부했다. 그러나 그러한 노동은 자본주의 사회를 포함한 사회 내 생산과 매우 밀접한 관계를 갖는다.

맑스는 노동력의 가치에 대해 언급할 때에도 마찬가지로 편향된 시각을 보였다. (『자본』에서 언급한 것과 비슷하게)[40] 『임금, 가격, 이윤』에서 그는 노동력의 가치는 다음과 같은 방식으로 결정된다고 밝힌다.

다른 모든 상품의 가치와 마찬가지로, 노동력의 가치도 그것을 생산하는 데 필요한 노동량에 의해 결정된다. 한 사람의 노동력은 오직 그의 살아 있는 개체 속에서만 존재한다. 한 사람이 성장하고 그의 삶을 유지하기 위해서는 일정한 양의 생활필수품이 소비되어야 한다. 그러나 인간도 기

---

39) Marx (1973c), p. 34[『임금·가격·이윤』, 남상일 옮김, 백산서당, 1990, 99쪽].
40) *Capital*(Marx, 1977a), p. 167[『자본 I-1』, 강신준 옮김, 길, 2008, 255쪽]에서 맑스는 노동력의 가치에 대해 논했다. "이제 이 독특한 상품인 노동을 좀더 자세히 살펴보도록 하자. 다른 모든 상품과 마찬가지로 이 상품도 가치를 지니고 있다. 이 가치는 어떻게 정해지는 것일까? 노동력의 가치도 다른 모든 상품과 마찬가지로 이 특수한 물건의 생산[그리고 재생산]에 필요한 노동시간에 따라 정해진다. 가치라는 점에서 노동력은 거기에 대상화되어 있는 사회적 평균 노동의 일정량만을 나타낸다. 노동력은 살아 있는 개인의 능력으로만 존재한다. 따라서 노동력의 생산은 이 개인의 존재를 전제로 한다. 개인의 존재가 주어져 있다면 노동력의 생산은 그 개인의 유지와 재생산을 통해서 이루어진다. 자신을 유지하기 위해서 살아 있는 개인은 일정량의 생활 수단을 필요로 한다. 그러므로 노동력의 생산에 필요한 노동시간은 이 생활 수단의 생산에 필요한 노동시간으로 귀착된다. 바꿔 말하면 노동력의 가치는 그 소유자의 유지를 위해 필요한 생활 수단의 가치이다."

계와 마찬가지로 마모되며, 다른 사람으로 교체되어야 한다. 인간은 자기 자신의 생존을 위해 필요한 양의 생활필수품 외에도 노동시장에서 대체하고 노동자의 대를 잇게 될 일정한 수의 자녀를 양육하는 데 또 다른 양의 생활필수품을 필요로 한다. 더구나 그의 노동력을 개발하고 일정한 기술을 습득하는 데도 또 다른 양의 가치가 지출되어야 한다.[41]

흔히 인용되는 이 구절은 가사노동에 대해 맑스가 드물게 언급한 부분이다. 맑스에게 임금노동자의 노동하는 능력을 재생산하는 것은 원재료를 소비재나 다른 생산 활동으로 전환하는 것을 포함한 과정이 아니라 단순히 생필품을 구매하는 것으로만 보였다. 또한 다른 글에서와 마찬가지로 이 글을 봐도 맑스가 (남성) 임금노동자가 자신(과 자신이 부양하는 가족)의 생계 유지를 완전히 책임진다고 믿고 있었다는 데는 의심의 여지가 없다. 맑스는 말 그대로 "노동하는 인간은 자신의 노동하는 능력의 가치를 재생산한다"고 주장했다. 그는 인간 노동력의 회복을 위해 대부분 여성이 수행하는 (가사)노동의 역할에 대해 그 어디에서도 논하지 않았다. 또한 그는 자본주의 시스템을 공적 영역과 가내 영역이라는 서로 분리되어 있으면서 동시에 서로 긴밀히 연결되어 있는 두 생산 영역의 합일로 보지 않았다. 그는 공적 영역에만 거의 모든 관심을 쏟아부었고, 가내 경제에 대해서는 사실상 아무런 관심을 보이지 않았다.

여기서 나는 가치 창출에 관한 그의 공식을 다시 살펴봄으로써 그리고 맑스보다 앞서 가치론을 주장한 정치경제학자 애덤 스미스의 가치 창출 공식과 맑스의 공식을 비교함으로써, 맑스의 노동가치론을 확장할 가

---

41) Marx(1973c), p. 45[『임금·가격·이윤』, 129쪽].

능성에 대해서 살펴보고 싶다. 폴란드의 혁명적 이론가 룩셈부르크는 『자본의 축적』에서 이 두 거장과 그 학파들 간의 관점 차이에 대해 냉철하게 분석했다.[42] 맑스 공식의 역사적 등장에 관한 그녀의 설명을 통해 맑스의 공식이 어떻게 스미스의 공식보다 뛰어날 수 있었는지를 더 쉽게 이해할 수 있다. 나는 룩셈부르크의 관점에 따라 이를 다시 설명할 것이다.

(역사적으로 볼 때도 중요한 점은) 다른 무엇보다도 맑스 그리고 고전 정치경제학의 창시자 스미스가 시장에서 판매되는 재화의 가치가 그 상품에 체화된 노동의 양에 의해 결정된다는 생각을 견지했다는 사실이다. 그리하여 스미스 역시 (맑스나 엥겔스가 지적했듯 그가 전반적으로 일관된 입장을 가지고 있던 것은 아니지만)[43] 사회적 총생산물의 가치는 노동자에게 지급된 임금과 불불노동의 잉여로 이루어진다는 입장을 옹호했다. 여기서 불불노동의 잉여는 이윤과 이자의 형태로 소유 계급(자본가와 지주)에게 축적된다. 그렇다면 맑스가 보기에 스미스는 어디에서부터 잘못된 것일까? 스미스의 이론적 개념에서 잘못된 것은 정확히 무엇인가?

맑스를 계승한 룩셈부르크는 사회적 총생산물의 가치에 대해 새로운 생산물에 결합되는 가치이지만 생산 과정에서 그 양이 바뀌지 않는 것으로 보았다(즉 원료와 노동 수단의 가치). 맑스 경제학 이론에서 이러한 가치

---

42) Luxemburg(1981a).
43) 예를 들어 Engels(1977), p. 235[『반듀링론』, 김민석 옮김, 새길, 1987, 207쪽]를 볼 것. "애덤 스미스의 저작에서 자주 노동시간에 의한 상품 가치의 결정과 나란히 나타나곤 했던, 노동 임금에 의한 상품 가치의 결정." 맑스는 주로 부를 창출하는 활동에 관한 이른바 '중농학파'(physiocrats)의 개념을 확장했다는 점에서 스미스를 높이 평가했다. "부를 산출하는 활동의 모든 규정성을 거부한 것은 애덤 스미스의 대단한 진보였다.—매뉴팩처 노동이나 상업 노동 또는 농업 노동이 아니라 전자이기도 하고 후자이기도 한 노동 일반." Marx(1973b), p. 104[『정치경제학 비판 요강 I』, 김호균 옮김, 그린비, 2000, 74~75쪽]. 실제로 스미스와 맑스의 관점 모두 남성 편향적이다. 두 사람은 모두 여성이 임금을 일절 받지 못하는 가사노동을 간과했으며, '노동 일반'을 다루지 않았으므로 비판받을 만하다.

부분은 '불변자본'이라 한다. 맑스와 룩셈부르크에 따르면 스미스는 자본, 즉 불변자본 혹은 'c' 부분의 역할을 간과했다. 룩셈부르크의 표현을 빌리 자면, "그[스미스——인용자]는 노동이 새로운 가치를 창출할 수 있다는 점 외에, 생산수단에 결합되어 있는 과거의 가치를 새로운 상품으로 **이전할** 수도 있다는 점을 잊어버렸거나 간과했다".[44]

　　룩셈부르크는 이 점을 입증하기 위해 구체적인 예로 제빵사가 구운 빵을 인용한다. 빵의 가치는 빵을 만들어 내는 데 제빵사가 투자한 지불노 동 시간과 불불노동 시간을 합한 것보다 더 크다. 빵은 밀가루의 가치를 합한 것이고, 밀가루는 그 이전에 방앗간 주인의 생산물이었으며, 또 그 이전에는 곡물로서 농부의 노동의 산물, 결과였기 때문이다. "물질에 가해 진 모든 종류의 노동[물질 노동·material labour ——인용자]은 그 이전의 노 동의 결과로 만들어진 어떠한 생산수단을 전제로 하기 때문에, 이 과거 노 동의 가치는 새로운 생산물로 이전될 필요가 있다."[45] 스미스는 이 점을 간과했고 그리하여 가치 창출에 관한 완전한 공식을 제시할 수 없었다.

　　룩셈부르크가 요약하듯 고전 가치론과 이에 대응하는 맑스주의 가 치론의 차이는 서로 다른 두 공식에 나타난다. 상품 가치에 관한 스미스의 공식은 $v+s$(지불노동과 불불노동 그리고 가변노동과 잉여노동으로의 분할) 이지만 맑스에게 가치는 세 가지 요소 $v+s+c$로 구성된다. 그가 추가한 요 소는 불변자본 c, 혹은 상품의 제조 과정에서 생산수단으로부터 새로운 생산물로 이전된 가치이다. 룩셈부르크는 맑스가 오랜 숙고 끝에 이런 공 식을 발견하게 되었다는 점을 강조했다.

---

44) Luxemburg(1981a), p. 41, 강조 추가. Lenin(1977) p. 47도 볼 것.
45) Luxemburg(1981a), p. 41.

그러나 아무리 맑스의 선구적인 기여가 고전 가치론을 보완하고 있다 해도 맑스가 죽은 지 한 세기도 더 된 지금, 우리는 그의 가치론이 스미스의 이론과 마찬가지로 뿌리 깊은 가부장적 편견을 담고 있다는 것을 인정하길 꺼려서는 안 된다. 여성주의자들은 맑스의 이론, 특히 그의 이론 중에서 노동력의 가치를 분석하는 부분에 어떤 부당함이 있는지 설명해 왔다. 맑스는 임금노동자의 생계 유지를 위한 소비 외에도 여성의 가사노동이 필요하다는 점을 간과했다. 맑스가 바로잡고 싶어 한 고전 정치경제학자들의 가치론과 마찬가지로 그의 이론 역시 편향되어 있었다. 여기서 나는 맑스의 이론이 어떻게 해서 상품 생산에 필요한 노동의 양을 심각하게 저평가하게 되었는지, 내가 알고 있는 한 여성주의자들보다 더 포괄적으로 밝혀내고 싶을 뿐이다. 어떤 의미에서 맑스의 이론은 그것이 드러내는 것만큼이나 많은 것을 감추고 있다.

룩셈부르크가 제시한 제빵사가 구운 빵의 예로 다시 돌아가 보자. 제빵사가 지불노동과 불불노동(v + s)을 행하기 전에 누군가 집에서 그를 위해 요리와 청소를 하고 기타 노동력 유지에 필요한 일들을 한다는 것만이 필수적인 것이 아니다. 누군가 이 일을 대가 없이 한다는 것만이 사실인 것도 아니다. 제빵사가 이용하는 밀가루, 오븐, 연료 등의 생산수단이 과거 방앗간 주인과 농부 등의 아내 혹은 친척이 맡았던 가사노동 또한 포함한다는 점도 분명히 할 필요가 있다. 즉 c 부분도 두 가지 측면이 있어서 과거에 행해진 불불노동을 포함하게 된다. 임금노동자가 이용하는 원료나 다른 생산수단의 생산뿐 아니라 임금노동자의 노동력을 생산/재생산하는 데 필요한 이전의 가사노동을 포함하는 것이다.

결론적으로 다음과 같이 핵심을 요약할 수 있을 것이다. 스미스와 맑스의 노동가치론 개념은 착취의 부당한 현실 중 일부를 감춘다. 가사/가계

노동 및 다른 재생산 노동을 수행하는 데 여성의 기여를 '통합'하기 위해서는, 맑스 경제학 이론에 초석이 된 공식 v+s+c를 확장하고 개선할 필요가 있다. 사회에서 이중으로 착취받는 모든 여성을 정당하게 대우하려면 맑스의 노동가치론을 꼼꼼히 살펴보는 것이 꼭 필요하다. 정리하자면 벤스턴, 달라 코스타 등이 불을 댕긴 맑스의 정치경제학 비판에 대한 비판을 더욱 진전시킬 필요가 있다.

　　그러면 맑스의 노동가치론은 어떻게 확장되어야 하는 것일까? 먼저 우리는 다음과 같은 명제를 명확히 해야 한다. 착취 과정은 이중의 불불노동으로 이루어져 있다. 이는 가치 창출에 대한 맑스의 공식을 부인하는 것이 아니라 맑스 이론의 확장이라 할 수 있다. 둘째, 맑스 이론을 확장하기 위한 기본적 방법은 (프롤레타리아) 가정주부의 노동시간을 계산하는 것이다. 맑스는 선구자 리카도의 관점에 따라 교환가치가 상품에 체화된 노동의 양에 의해 결정된다고 보았다. 앞서 언급했듯 초기 저작 『철학의 빈곤』에서 맑스는 리카도를 우호적으로 인용했는데, 리카도는 "노동시간이 모든 대상의 교환가치의 진정한 기초"이며 이러한 원칙은 "정치경제학에서 가장 중요한 것"[46]이라고 주장했다. 결국 상품의 가치를 결정하기 위해서는 (여성과 남성) 임금노동자의 노동에 대한 양적 평가와 그들이 자본가들을 위해 생산하는 데 사용한 시간이 핵심이다.

　　마찬가지로 가정주부를 비롯한 여성의 노동이 노동력 재생산에 기여하는 바를 규명할 수 있도록 맑스의 이론을 확장하고자 한다면, 여성이 가사노동에 쏟은 시간을 정량화(定量化)하는 것은 필수적이다. 앞에서 언급한 대로 이러한 정량화에 적합한 초창기의 종합적 자료들이 일부 있다. 그

---

46) Marx(1975), p. 45 [『철학의 빈곤』, 강민철·김진영 옮김, 아침, 1988, 46쪽].

결과 산업 사회에서 노동의 부담은 줄었지만 양육 부담은 점점 더 늘어나고 있다는 사실이 밝혀졌다. 여성주의 저자 벤스턴은 1969년에 "어린아이들을 키우는 어머니는 일주일에 최소 6~7일 12시간 가까이 일해야 한다"[47]고 기록했다.

그러나 여성의 가사노동을 정량화하기 위해 맑스의 이론을 기계적으로 확장할 수는 없다. 우선 여성이 자본주의적 기업가에 의해 직접 고용된 경우 그들이 개인적으로 가사노동에 쓰는 시간은 임금노동 착취 강도에 영향을 받을 수 있다. 가족 내 다른 여성 구성원에게 가사가 맡겨질 수도 있지만 임금노동자로서 그들이 해야 하는 노동이 연장됨으로써 재생산 노동에 쓰이는 시간이 단축되는 경향도 있을 것이다. 따라서 임금노동과 가사노동이 양적, 질적으로 서로 어떻게 영향을 주고받는지 더 조사할 필요가 있다. 한 가지 분명한 것은 임금노동과 가사노동을 모두 수행해야 하는 여성이 극도로 과도한 부담을 지고 있다는 점이다.

간단히 말하면 착취에 관한 맑스의 이론을 확장하기 위해서는 여성들의 가사노동을 정량화할 필요가 있으며 이 일은 많은 시행착오와 세밀한 관찰 없이는 이루어질 수 없다. 일반적으로 벤스턴이 한 것처럼 가사노동에 필요한 최소한의 시간이 얼마인지를 밝히는 것은 가능할지도 모른다. 마찬가지로 산업 사회에서도 어린아이의 양육을 책임지는 기혼 여성의 노동일은 대부분 여전히 매우 길다는 것도 자신있게 말할 수 있을 것이다. 나는 이제 인도의 두 주(state)에서 여성 레이스 노동자와 의류 제조 노동자가 수행하는 가사노동의 부담과 일본에서 만난 공장 여성 노동자가 수행하는 가사노동의 부담에 관한 수량적 증거를 언급할 것이다. 임금노

---

47) Malos(1980), p. 129.

동과 비임금노동 착취 둘 다에 시달리는 북반구와 남반구 국가 여성 노동자들 스스로 그들의 힘든 노동의 매트릭스를 완전히 그려 낸다면, 보다 정교한 재평가가 가능해질 것이다.

가내 경제와 공적 경제: 글룩스만의 변증법적 이해

글룩스만은 1970년대 가사노동 논쟁의 결실을 부정하지 않으면서도 그 한계를 다른 방식으로 극복하고자 노력한 인물이다. 글룩스만은 『여성, 조립 라인에 서다』(Women Assemble)에서 가치 창출에 관한 맑스의 추상적 공식에는 관심을 두지 않았다. 그녀는 1차 대전과 2차 대전 사이 영국 자본주의의 구체적인 역사적 전개에 관심을 두었다. 전자제품이나 가공식품과 같이 대량 소비를 위해 재화를 생산하는 산업에 초점을 맞추어 그녀는 각각 가내 경제와 공적 경제의 내부에서 그리고 가내 경제와 공적 경제 사이에서 일어나는 변화들에 초점을 맞추었다. 가내 경제와 공적 경제는 서로 연결된 양극으로 이 둘이 통합되어 전체를 구성한다고 보았다는 점에서 그녀가 발전시킨 이론적 인식은 매우 변증법적이다. 동시에 글룩스만은 기존의 맑스주의와 여성주의 이론화에 모두 비판적이다.

글룩스만은 맑스주의에서 이론적 단서를 찾은 사회학 이론들이 "가내 경제를 사실상 배제하고 공적 생산 세계를 더욱 중요하게 만들었다"고 강하게 주장한다.[48] 그녀는 공적 생산 영역에서의 임금노동자라는 지위에만 기초해서 사람들의 계급상 지위를 설명하는 이론은 뭔가 대단히 잘못된 것이라고 생각했다. 맑스주의에 영향을 받은 이론들에서 상품을 생

---

48) Glucksmann(1990), p. 270.

산하는 공적 영역은 "노동력 재생산을 위한 상품 생산과 완전히 분리된 것처럼 분석된다. 현실에서 이 두 형태는 하나로 통합되어 있음에도 말이다".[49] 그녀는 맑스주의와 '일반 학계'의 이론적 틀이 경제적 현실의 한 가지 측면만 포괄하기 때문에 필연적으로 편파적일 수밖에 없다고 주장한다. 맑스주의와 대립하면서 글룩스만은 공적 경제와 가내 경제의 영역을 포함한 '노동의 전(全) 사회적 조직'을 설명하는 이론적 틀을 제시한다.

여성운동이 가사노동에 대한 인정을 이끌어 냈다는 사실에 대해 정확하게 평가하는 한편 글룩스만은 가내 경제를 비자본주의적 제도로서 공적·경제적 영역과는 본질적으로 연결되지 않는 분리된 생산양식으로 다루는 1970년대의 일부 사회주의자들과 여성주의 진영의 접근 방식에 대해서 의문을 제기했다. 가내 경제와 공적 경제는 서로 다른 내적 원리에 의해 특징지어지는 것으로 간주되기 때문에, "이 두 경제가 어떤 역사적 단계에서 서로 연결되어 있는 실질적 방식들은 대체로 분석의 주요 관심사가 못 되었다".[50] 그녀에 의하면 가장 쉽게 찾아볼 수 있는 경향은 자본주의는 생산 영역에서 작동하고 가부장제는 재생산 영역에서 작동한다고 보는 것이다.[51] 따라서 글룩스만은 가내 경제와 공적 경제를 서로 연결된 전체로 제시하는 분석의 틀을 충분히 발전시키는 데 "여성주의 이론이 충분치 못했다"고 보았다.

나는 앞에서 자연, 사회, 인간의 생각은 '대립물의 양극'으로 구성된다는 '모순의 법칙', 즉 변증법의 핵심적 원칙에 대해 언급했다. 글룩스만

---

49) *Ibid.*, p. 269.
50) *Ibid.*, p. 265.
51) *Ibid.*, p. 13. 자본주의와 가부장제가 서로 다른 두 영역에서 따로 돌아간다고 본 여성주의자로는 크리스틴 델피(Christine Delphy)가 있다. Barrett(1980), p. 14를 볼 것.

에게 가내 경제와 공적 경제는 정확히 하나로 통합된, 전체에 속한 대립하는 양극으로 간주된다. 그녀는 어떤 사회에서의 경제적 변화를 이해하기 위해서는 특정한 시점에 각각의 영역(경제의 공적 영역과 가내 영역)에서 일어나고 있는 변화를 따로 살펴보는 것도 필요하지만, 한 영역에서 일어난 변화가 다른 영역에서의 변화와 어떻게 연결되는지를 이해하는 것 또한 필요하다고 주장했다. "한쪽 측면을 그 자체로 분석해야 한다는 사실이 양쪽을 포괄하는 전체 구조와 각 영역이 맺고 있는 관계 속에서 둘의 차이점이 온전하게 이해될 수 있다는 사실을 부정하지는 않는다."[52]

글룩스만의 사상적 표현이 갖는 의의는 전간기 영국의 변화에 대한 그녀의 분석을 간단히 살펴보면 가장 잘 이해될 수 있다. 글룩스만은 자신의 분석에 대한 구체적 기초를 쌓기 위해 라디오, (다리미 같은) 가전제품, (스펀지케이크나 비스킷 같은) 포장 식품 등의 새로운 대량 소비재를 생산하는 공장에 고용된 수많은 여성을 인터뷰했다. 남성 노동자가 그런 공장에서 간접 노동자로 고용된 반면, 공장 소유주는 조립 라인의 직접 생산자로 거의 여성만 고용했고 컨베이어 벨트로 매우 엄격하게 통제했다.[53] 조립공으로서 여성의 노동은 새로운 여성 고용 형태나 공적 경제 내 여성 고용 패턴의 변화만을 의미한 것이 아니었고, 가내 하녀(domestic servants)라는 가내 경제 내의 여성 고용에도 영향을 주었다. 영국 경제 내에서 일어난 한쪽의 변화는 다른 쪽에서 일어난 변화와 연결되어 있었다.

글룩스만은 그 당시 발생한 변화의 중요성을 평가하기 위해 무엇보다 여성 고용의 변화에 관한 통계 자료를 면밀히 살폈다. 섬유 산업에서

---

52) Glucksmann(1990), p. 258.
53) Ibid., pp. 143, 197.

여성 고용은 줄어들었지만(공식적 수치로는 1923년과 1938년 사이에 12만 개가 넘는 여성 일자리가 줄어들었다고 기록되었다),[54] 전기공학 산업에서 여성 고용은 증가했다. 이 부문에서 여성 노동자 수는 1921년과 1931년 사이 123퍼센트 증가했다고 한다.[55] 결과적으로 공적 경제 내 전체 여성 고용에서 전기공학 산업이 차지하는 비중이나 전체 노동자 중 여성 노동자 비중은 여러 측면에서 증가했다. 1921년과 1931년 사이 전기공학 산업에서 남성 고용은 43퍼센트 증가한 반면 여성 고용의 증가는 남성 고용 증가의 거의 세 배에 달한다. 그 결과 이 부문에서는 전체 고용 가운데 여성이 차지하는 비중이 26.6퍼센트에서 32.4퍼센트로 증가했다.[56] 이러한 모든 변화는 수많은 영국 여성들의 삶을 바꾸었다. 그러나 제시된 자료는 공적 경제의 영역, 영국 경제의 한쪽 측면 안에서 일어난 변화들에 대해서만 다루고 있었다.

글룩스만에 따르면 가내 하녀의 고용에서 훨씬 더 중요한 또 다른 변화가 일어났다. 1931년 정부의 인구 조사 자료는 인위적으로 가내 하녀의 수를 크게 과장했다. 글룩스만은 부분적으로 이는 실업 상태의 여성들을 가내노동 수행을 위해 훈련시키고 가내노동에 종사하도록 북돋우려는 정부 정책 때문이라고 본다. 그러나 1951년까지 사적 영역의 가내 하녀는 75만 명 이상 줄어들었다("1931년 수준의 거의 7분의 1로 줄었다").[57] 글룩스만은 전기공학 산업에서 여성 일자리 증가를 분석한 것처럼 가내 경제와 관련된 고용 형태상의 이 같은 변화에도 마찬가지로 관심을 가졌다. 그녀

---

54) *Ibid.*, p. 51.
55) *Ibid.*, p. 58.
56) *Ibid.*
57) *Ibid.*, p. 50.

가 보기에 가내 서비스로부터의 이동이 "20세기 전반기 고용 형태에서 일어난 가장 극적인 변화 중 하나"[58]였기 때문이다. 그리고 글룩스만은 이러한 변화를 공적 경제에서 발생한 변화와 연결한다. 그녀가 수행한 인터뷰들을 통해서도 확인되지만, 이전에는 가내 하녀로 일하던 여성들과 그 딸들은 기회만 주어진다면 중산층 가정에서 일하기보다 공장의 조립 라인에서 일하기를 선택했다.

이는 전간기에 존재한 공적 경제의 변화와 사적 경제의 변화의 상호 연관성의 한 가지 예시에 불과하다. 글룩스만의 관점에서 가내 서비스에서 공장 고용으로의 변화는 영국 경제의 자본 축적 전 과정에 영향을 미쳤다. 가내 서비스는 "가내 경제 **안**이지만 자신의 집 **밖에서** 수행된 여성의 노동을 포함하는"[59] 특수한 형태의 임금 관계로 이루어졌지만, 가내 하녀들이 받은 보수에서 화폐 임금은 그저 일부에 불과했고 대부분은 현물이었다. 가내 하녀는 상품의 생산과 소비라는 순환 과정에 그저 미미하게 통합되어 있었지만, 공장의 여성 노동자는 이 두 순환에 더 완전하게 통합되어 있었다. 가내 경제 내 고용에서 공적 경제 내 고용으로 많은 여성이 이동하면서 "노동계급 여성은 자본의 생산과 소비라는 순환 과정으로 더욱 완전하게 통합되었다".[60] 이렇듯 구조적 변화는 경제의 두 측면이 상호 연계된 전체로 그려질 때에만 이해될 수 있다.

게다가 가내 하녀로 일하는 여성의 수가 줄었다는 예를 통해 가내노동 문제에 관한 역사적이고 변증법적인 접근의 중요성뿐 아니라 계급별 접근의 중요성에 대해서도 알 수 있다. 1970년대 논쟁에서는 역사적으로

58) Glucksmann(1990), p. 53.
59) *Ibid.*, p. 252, 강조 추가.
60) *Ibid.*, p. 253.

여성의 가사노동 문제, 즉 노동력 재생산 문제가 서로 다른 사회적 계급에 속한 여성에게 똑같은 문제는 아니었다는 점이 간과되었다. 사실은 그 반대이다. 2세대 여성주의의 논쟁은 심화되던 각 지위들 사이의 '수렴'에 그 물질적 기초를 두고 있었던 것 같다. 중간계급에 속한 가정주부의 지위와 노동계급에 속한 여성의 지위는 2차 대전 후 점점 더 유사해지고 있었다. 그러나 자본주의 이전 시기에 중간계급 여성과 노동계급 여성의 지위는 전혀 비슷하지 않았다. 이는 글룩스만의 분석에도 잘 나와 있다.

1차 대전 이전에는 노동계급과 중간계급 여성의 지위가 상대적으로 명확히 구분되었다. 중간계급 가정에서 청소, 요리, 그리고 원료를 가족 소비를 위한 재화로 만드는 일 대부분은 노동계급 여성이 했으며, 이들은 유럽 전역에서 임금노동 가운데 심한 착취를 받는 부문을 이루고 있었다. 거주 가내 하녀의 고립은 특히 심했고 그들의 일은 거의 끝이 없었다. 그래서 20세기 초 독일 프롤레타리아 여성운동의 구성원들은 그들을 조직하는 것을 가장 중요한 일로 간주했던 것이다.[61] 중간계급 여성과 달리 노동계급 여성은 가사노동(즉 남편, 아이들, 여성 자신의 노동력 재생산)을 항상 스스로 해야 했다. 소비재가 대량으로 생산되기 전, 상품 경제에서 이들 두 계급의 참여는 제한적이었고 비교적 많은 일이 가정에서 수행되었다. 하지만 이 두 계급의 가내 경제는 전적으로 다른 방식으로 조직되었다.

1920년대에서 1930년대까지 가전제품과 가공식품 생산의 급격한 증대는 이러한 양상을 완전히 바꾸어 놓았다. 노동계급 여성이 새로운 산업의 공장 노동에 참여할 것을 선택하고 중간계급 여성이 가내노동자 부

---

61) 20세기로 접어들 무렵 독일 가내 하녀(dienstboten)의 지위에 관한 분석으로 Braun, Brinker-Gabler(1979), p. 4를 볼 것.

족 현상에 직면하면서, 중간계급에 속한 여성도 진공청소기와 다리미, 집에서 만든 옷 대신 기성복, 집에서 만든 음식 대신 공장에서 생산한 비스킷과 케이크를 구매함으로써 점점 상품 경제에 참여하게 되었다. 반면 이전에는 가내노동자였던 공장 노동자들도 더욱더 상품 경제에 참여하게 되면서, 특히 남성과 여성의 가계 소득이 통합되어 있을 때는 노동계급 여성과 남성의 '가계 소득'으로도 중간계급과 마찬가지로 전자제품과 다른 대량 생산 소비재들을 구매할 수 있게 되었다. 글룩스만의 표현에 따르면, 소득의 규모에서는 차이가 지속되었으나 궁극적으로 "중간계급 여성이나 노동계급 여성 모두 동일한 방식으로 자본주의적 소비의 순환에 통합되게 되었다".[62]

이렇게 공적 경제와 가내 경제 양쪽에서 발생한 변화는 궁극적으로 자본과의 관계에서 중간계급 여성과 노동계급 여성이 차지한 지위에서 일종의 통합을 이끌게 되었다. 그전에는 주인으로서 중간계급 여성은 하녀로서 많은 노동계급 여성의 반대편에 서 있었지만, 20세기 들어 두 계급의 여성은 점점 더 많은 수가 집 밖으로 나와 일을 하게 되었다. 북반구의 산업국가들에서는 대량 생산된 재화의 소비자로서 중간계급과 노동계급의 여성은 잉여가치의 실현이라는 자본의 순환을 위해 동일한 기능을 수행한다. 오늘날의 가정주부는 공적 경제와 가내 경제에 모두 영향을 미친 어떤 과정을 통해 만들어졌다. 그 과정과 결과는 글룩스만이 보여 주듯 역사적이고 계급적인 접근을 통해서만 완전하게 이해될 수 있다.

끝으로 글룩스만의 분석에서 도출될 수 있는 중요한 사실은 공적 경제와 가내 경제의 변화된 관계에 관한 것이다(즉 '자본 축적의 전체 순환'

---

62) Glucksmann(1990), p. 254.

에서 가내 경제의 증대된 중요성). 19세기에 맑스는 보편적 상품 생산의 시스템으로 자본주의를 그렸고, 이 속에서 모든 생산은 상품 형태를 취했다. 그는 상품을 '사용가치'와 '교환가치'라는 대립물의 통일로 묘사했고 기본적으로 가내 경제에서 사용가치가 지속적으로 생산되고 있다는 사실은 보지 못했다. 그는 그 당시 영국에 존재하던 경제에서 모든 생산적 노동은 자본주의의 직접적 영향하에 있다고 여겼다. 맑스의 표현에 의하면 "자본주의적 생산양식이 지배적인 모든 사회에서 부는 개별 상품을 그 단위로 하는 '상품의 거대한 집적' 그 자체로서 나타난다".[63]

자본주의적 생산양식의 역사적 경향은 사회의 새로운 구역과 세계의 새로운 지역을 상품 생산의 영역으로 통합한다는 것이다. 그러나 가내 경제와 공적 경제의 변증법적 관계에 대한 분석을 결여함으로써 맑스는 가내 경제 속으로 상품 관계가 점점 더 침투하게 되는 현상을 제대로 그려내지 못했다. 앞서 지적했듯, 맑스는 노동자 가족이 소비자로서 상품 경제에 참여한다고 해도 이는 주식 등 생활필수품을 구입하는 정도에 불과하다고 보았다. 전간기 영국에서 일어난 변화에 대한 글룩스만의 역사적 분석은 그러한 상황이 절대 안정적으로 유지된 적이 없었다는 점을 분명하게 보여 준다. 노동계급 가족이 구매한 가전제품, 라디오, 텔레비전, 그리고 그 밖의 대량 생산 소비재는 지난 50년간 계속해서 증가하고 있으며, 자본주의 경제의 공적 영역과 가내 영역에 모두 영향을 미치고 있다.

글룩스만이 지적했듯 1차 대전 이전의 자본주의 발전 단계에서 상품 경제 내 노동자 가족의 역할은 매우 제한적이었다. 남성 노동자는 기차, 배, 기계 공업같이 그들이 사거나 소비하지 않는 '전통적 주요 상품'을 생

---

63) *Ibid.*, p. 43.

산하는 자본재 산업에 주로 고용되었다. "그들은 자신을 고용한 계급을 위해 부를 생산했고 집세나 연료비를 내고 가계 소비에 필요한 최소한의 상품이나 원료를 구매하기에 충분한 임금을 받았다."[64] 반면 여성이 기울인 노력의 대부분은 원료로 소비를 위한 재화, 즉 사용가치를 만드는 데 쓰였다. 옷감을 셔츠로, 밀가루를 빵으로 만드는 것처럼 말이다.

원료를 완성품으로 바꾸는 데 필요한 노동의 대부분은 가내 경제 내의 여성이 수행했으며, 이들은 아내로서 무급으로 일하거나 가내 하녀로 중간계급이나 상층계급의 가정에 고용되어 일했다. 그러나 이 두 경우에서 모두 여성은 상품 생산과는 완전히 다른 생산관계 속에서 일했다.[65]

1920~1930년대 이후 가내 소비를 위한 재화의 대량 생산으로 변화하자 상품 생산 영역이 급격히 증대했고 공적 경제와 가내 경제 영역의 내적 구조와 이 두 영역의 관계도 완전히 바뀌었다. 예를 들어 가공식품 산업의 확대로 훨씬 더 많은 원료가 공장에서 음식으로 만들어지게 되었다. 글룩스만이 말했듯 동시에 노동계급의 구성원이 벌어들이는 임금의 기능도 바뀌었다. 원료를 구입하던 노동자가 완성품을 구입하게 됨에 따라 자본의 실현 과정에서 그들의 임금이 갖는 중요성은 그 어느 때보다도 중요해지게 되었다. "두 경제 사이의 관계 혹은 양극 구조에서 일어난 질적 변화의 효과로 임금의 형태와 기능이 역사적으로 바뀌었다."[66] 앞서 설명한 이 두 가지 변화는 직접적 필요를 위한 가내 생산을 대신하도록 상품 경제

---

64) Glucksmann(1990), p. 266.

65) Ibid.

66) Ibid., p. 267.

가 확장되었다는 것을 잘 보여 주고 있다.

요약: 경제 이론의 변화를 위해

이 장의 핵심 주장을 요약하자면, 1960년대와 1970년대 초반의 가사노동 논쟁은 경제 이론의 수준에서는 매우 중요한 진전을 가져왔다. 가사노동은 비생산적이라는 전통적 맑스주의의 전제와 달리, 가사노동은 직접적 소비를 위한 단순한 사용가치의 생산과 더 중요하게는 특별한 상품인 노동력의 생산과 재생산까지 포함한다고 할 수 있다. 더 구체적으로 말하자면 (미래의 노동력인) 아이를 낳고 기르는 것, 임금노동자인 남편의 뒷바라지를 하는 것, 여성 임금노동자로서 자신의 노동 능력을 회복시키는 것을 뜻한다. 즉 가사노동은 사용가치와 특별한 교환가치라는 두 가지 형태의 가치를 창출한다.

이 모든 것이 논쟁의 긍정적 결과로 이해될 수 있겠지만, 나는 이 논쟁이 놓치고 있는 점에 대해서도 지적했다. 여성의 노동을 드러냄으로써 가사노동 논쟁이 경제 이론을 재정립하는 데 도움을 준 면도 있지만, 동시에 여성의 임금노동을 간과하는 경향은 문제가 있었다. 이러한 편파적 평가 때문에 여성주의자들은 그들의 관점에서 (맑스와는 다른 방식으로) 여성이 맡은 노동의 부담을 과소평가하게 되는 위험이 발생했다. 둘째로, 개량주의적 함의를 지닌 '가사노동에 임금을'이라는 운동의 슬로건은 여전히 논쟁적인 것으로 남아 있다. 가사노동을 둘러싼 운동이 내세운 핵심적 요구 때문에 여성운동의 계급 지향성은 약화되고 여성주의 활동가들이 이중 부담(임금노동과 가사노동)을 지고 있는 이들을 흔들림 없이 지향하는 것을 어렵게 만들었다.

나아가 가사노동 논쟁이 제공하는 통찰을 더 심화하기 위해 두 가지 가능한 방향에 대해서도 언급했다. 첫째, 가치 창출에 관한 맑스의 공식 v +s +c(가변자본+잉여자본+불변자본)를 2세대 여성주의 참여자들이 만들어 낸 이론적 판단의 기초에 따라 면밀히 검토해 보면 맑스가 상품 생산에 들어가는 노동의 양을 지나치게 과소평가한다는 사실을 인정할 수밖에 없게 된다. 가치 생산에 여성이 기여하는 바를 강조하기 위해서 세 가지 요소 각각의 내용이 새로 쓰여야 한다. 반복하자면 v, s, c는 자본가 밑에서 직접적으로 수행된 노동 외에도 그들의 이해를 위해 간접적으로 수행된 노동(가정 내 여성들이 수행하는 노동)을 포함해야 한다. 잉여가치의 생산은 이중의 착취로, 하나는 가내 노예(domestic slave)에 대한 것이고 다른 하나는 임금노동자에 대한 것이다.

끝으로 글룩스만은 전간기 영국 경제의 진화를 연구함으로써 더욱 풍부한 이론적 생각을 발전시킬 수 있는 새로운 방향을 제시하기도 했다. 글룩스만은 공적 영역에서 일어난 변화(전기 공업 회사의 조립공으로 고용된 여성의 예)와 가내 경제에서 일어난 변화(가내 하녀로 고용된 여성 수의 감소)를 연결함으로써, 역사적이고 변증법적인 접근 방식으로 노동계급 여성이 차지해 온 지위의 변화를 분석했다. 그녀는 가내 영역과 공적 영역에서 일어난 변화가 서로 긴밀히 연결되어 있다고 결론지었다. 공적 경제와 가내 경제를 각각 서로 다른 내적 원리에 따라 특징지어지는 별개의 대상이라고 파악해 온 여성주의자들과는 달리 글룩스만은 이 둘을 통합된 전체를 구성하는 서로 연결된 양극이라고 주장했다. 가사노동 논쟁의 제한된 측면을 넘어 앞으로 나아가는 길은 공적 경제와 가내 경제 두 영역을 포괄하는 노동의 전(全) 사회적 조직을 살펴보는 이론적 틀에 있다.

2부

인도와 방글라데시 여성의
산업 노동

5장

서벵골 의류 산업의 여성 가내노동자

"사업가들은 폭발적으로 성장할 이 사업에서 먼저 우위를 점하려고 안달이다." 1990년 발간된 『전 인도 의류 중개인 명부』의 어조는 말 그대로 환희로 가득했다. 이 보고서는 인도 의류 제조업의 폭발적 성장세를 자세히 밝히고 있다. 1990년 인도 국내 의류 시장 규모는 300억 루피(미화 약 10억 달러), 연간 성장률은 30퍼센트였다. 또한 보고서는 1990년대에 이르면 성장률이 더 높아질 것으로 내다보았다.

의류 제조업을 폭발적으로 성장하게 한 가장 큰 동인은 무엇보다도 최근 인도 도시 지역을 중심으로 불어닥친 '소비자 혁명'이다. 1980년대까지 인도인 대부분은 도티[1]나 사리 같은 전통 의상을 입었다. 도시 지역 중산층 남성 정도가 서구식 바지와 셔츠를 입었고 치마와 드레스를 입는 여성이 늘어나는 정도였다. 보고서는 인도의 직물 공장에서 의류 제조 공장으로 가는 직물의 비율이 지금은 8~10퍼센트지만 10년 안에 최소 80퍼센트까지 높아질 것이라고 내다보았다.

---

1) dothi, 흰 천을 치마처럼 둘러 입는 남성 전통 의상. —옮긴이

인도에서 의류 제조업이 성장할 수 있었던 또 다른 이유는 이웃한 방글라데시 등에 비해 토착 직물 제조업이 발달했기 때문이다. 국내 직물 공장에서 면직물을 비롯한 직물을 공급할 수 있기 때문에 원자재를 수입하지 않아도 된다. 직물 공장주에게는 이미 상품을 팔 수 있는 판로가 있기 때문에 쉽게 의류 제조업으로 사업을 확장할 수 있었다. 1990년 보고서는 "직물 공장주들은 자기 상표와 판로를 이용하고 싶어 한다"고 설명한다.

그러나 인도 의류 제조업은 공장뿐 아니라 최근 들어 '비공식 부문'(informal sector)이라고 부르는 소규모 작업장에서도 이루어진다는 사실에 유념해야 한다. 학계는 1970년대 들어서야 인도 등지에서 행해지는 소규모 제조업에 관심을 갖기 시작했지만, 사실 훨씬 이전부터 소규모 제조업은 인도 산업에서 가장 큰 이윤을 창출해 왔을 뿐 아니라 가장 많은 일자리를 제공해 왔다.[2] 의류 시장에서 제품 공급과 유통은 인도의 몇몇 사업가 가문과 다국적 기업, 전통적 상인 공동체가 독점하고 있다. 그러나 옷을 만드는 일 자체는 작은 단위[서벵골에서 달리즈(daleej)라고 부르는 작업장 또는 자기 집에서 일하는 남녀 재봉사]에 하청을 준다.

콜카타 의류 제조업: 발전 과정과 기본 특징

서벵골 의류 제조업은 다른 인도 지역 의류 제조업과 비슷하지만 몇 가지 지점에서 차이를 보인다. 첫째, 수출이 차지하는 비중이 매우 작다. 델리나 뭄바이(구 봄베이), 첸나이(구 마드라스) 같은 도시 지역의 공장 상당수는

---

2) G.K. 쉬로코프는 지배적 생산 형태인 소규모 가내 공업에 대한 방대한 자료를 제공한다. Shirokov(1980), p. 165. 만지트 싱도 유사하게 영국 지배에서 독립한 이래 인도 산업은 소규모 작업장 생산에 치우쳐 왔다고 지적한다. Singh(1991), pp. 53~54.

수출 주도형 생산을 중심으로 하지만 콜카타에서 제조한 바지, 셔츠, 드레스 등은 대부분 동인도 지역 시장으로만 팔려 나간다. 뉴델리에 있는 의류 수출촉진위원회에 따르면 1980년 각각 생산된 제품의 57.5퍼센트와 26.2 퍼센트가 수출된 델리와 뭄바이에 비해 같은 해 콜카타산 의류제품은 2.6 퍼센트만 수출되었다.[3] 그후로도 이 수치에는 큰 변화가 없다.

둘째, 우리가 조사한 바에 따르면 서벵골 의류 제조업은 대부분 재단사가 운영하는 재봉사 20인 이하의 소규모 작업장이나 자기 집에 재봉틀을 놓고 일하는 남녀 재봉사 같은 여러 층위의 구조를 거치는 하청관계로 이루어져 있다. 과거에는 의류 제조 공장이 있었지만 오늘날 '제조업자'들은 재단을 제외한 모든 공정을 하청 주는 것을 선호한다. 그 결과 극도로 복잡한 관계망이 만들어지고 노동자들은 고도의 노동 착취에 처하게 된다. 일반적 임금 체계는 지역에서 푸란(furan)제라고 부르는 성과급제다.

셋째, 주 정부가 의류 제조 분야에 전혀 관여하지 않는데 이 점은 다른 지역과 확실히 다른 지점이다. 1970년대 후반부터 집권해 온 좌파 성향의 주 정부는 농업 분야 투자를 활성화해 소작농과 자작농의 이윤을 일정 정도 확대하고자 해왔다. 또한 인도의 대기업을 적극적으로 유치하고 대기업에 유리한 투자 환경을 마련했다. 그러나 주 정부는 의류 제조업의 성장 가능성은 보지 못했다. 제조업을 대상으로 한 신용 대출 제도도 없고, 좌파 정부가 이해를 대변해야 할 노동자들은 심각한 저임금에 시달리고 있다. 좌파 연립 정부의 한 축인 인도맑스주의공산당[CPI(M): Communist

---

3) Romatet(1983), p. 2118에 인용된 수치. 싱은 인도 의류 수출 성장에 관해 다음의 수치를 제시한다. "1980년 인도에서 수출된 의류 총액은 43억 5500만 루피로 1988년에는 그 다섯 배에 가까운 214억 8600만 루피 어치가 수출되었다. 이러한 경향은 같은 기간 총수출에서 의류 수출이 차지하는 비율에서 더 강화된다." Singh(1991), p. 67.

Party of India, Marxist]에서 일하는 지역 활동가에 따르면 주지사가 모헤슈톨라-산토슈푸르(Moheshtola-Santoshpur)의 의류 산업 지역을 방문했을 때 지역 대표들이 많은 문제점을 건의했지만 그후로 아무 소식이 없다고 한다.

넷째, 서벵골 의류 제조 분야는 엄청난 수의 여성 노동자를 고용하고 있다. 여성 노동자들이 하는 일은 각기 다르지만 모두 집에서 일한다는 공통점을 가지고 있다. 정확한 고용 통계는 없지만 믿을 만한 정보원에 따르면 의류 제조업에 종사하는 노동자는 적어도 50만은 되며 절대다수는 여성이라고 한다. 모헤슈톨라-산토슈푸르 지역에는 남성 재단사가 많지만 둠둠-파이크파라 지역(Dumdum-Paikpara)에서는 여성 재봉사가 하청으로 재봉일을 맡는다. 의류 제조업 역사가 짧은 둠둠-파이크파라 지역에서는 여성이 거의 모든 공정을 도맡아 한다. 따라서 콜카타 의류 제조 분야는 니르말라 바네르지(Nirmala Banerjee)가 도시 지역의 경향에 대해 지적한 바를 적확하게 뒷받침한다. 즉 여성이 임금노동에 참여하는 비중은 점차 늘고 있지만 그 대부분은 비공식 경제 부문에서만 이루어진다.[4]

서벵골 의류 제조업의 특성을 이해하기 위해서 생산관계에서 다른 양식을 보이는 두 지역을 살펴보아야 한다. 하나는 콜카타 남쪽 경계에 있는 모헤슈톨라-산토슈푸르 지역으로 전통 의상 펀자비(Pubjabi)[5]와 셔츠, 아동 의류와 바지를 주로 만든다. 또 하나는 둠둠-파이크파라로 콜카

---

4) Banerjee(1985). 바네르지에 따르면 "사실상 정체된 노동시장에서 도시 지역의 여성 고용이 의미심장한 비율로 높아지고 있"으며, "여성 일자리의 압도적 다수는 비조직화 부문(unorganized sector)에 속한다. 이는 조직화 부문과 비조직화 부문에 속한 노동자 수가 거의 반반에 가까운 남성 노동자들의 경험과는 뚜렷하게 대조적이다".

5) 주로 미혼 여성이 입는 엉덩이를 덮는 긴 윗옷. 펀자브 지방에서 입기 시작해 펀자비라고 부르지만 인도 전역에서 두루 입는다. 살와즈 카미즈라고도 한다. ― 옮긴이

타 북부와 주변 마을을 포함한다. 두 지역은 생산관계뿐 아니라 이 책의 관심사인 여성 고용 형태에서도 뚜렷한 차이점을 보여 준다.

첫째로 각 지역이 의류 제조와 관련 맺은 세월의 길이다. 모헤슈톨라-산토슈푸르는 여러 세대를 거쳐 재단일을 가업으로 이어 온 오랜 전통이 있는 곳이다. 영국 식민지 시기 이전부터 나와브[6]의 수행원으로 옷을 만들던 재단사들이 이 지역에 정착한 것이 그 기원이라고 한다. 식민지 시절에 이 재단사들은 유럽인의 옷을 만들었다. 판매용 의류를 만들기 시작한 것은 약 125년 전인 19세기부터다. 그러나 오스타가르(ostagar)라고 부르는 지역 의류 제조업자들에 따르면 의류 제조업이 본격적으로 성장한 시기는 1971년 방글라데시가 [파키스탄에서] 분리 독립한 즈음이다. 방글라데시 독립 후 엄청난 양의 옷이 이 신생 국가로 수출되었다.

둠둠-파이크파라 지역이 의류 제조와 인연을 맺은 역사는 훨씬 짧다. 동벵골, 방글라데시에서 이주해 와서 정착한 힌두교도 난민이 주로 옷을 만드는 일을 시작했다. 1947년에서 1948년 사이 [인도와 당시에는 동파키스탄이었던 방글라데시의] 국경 분할과 함께 벌어진 종교 공동체주의[7] 폭동으로 많은 힌두교도가 고향인 동벵골을 등졌다. 난민 상당수가 콜카타 북부 교외에 정착해 생계를 위해 옷을 만드는 일을 시작했다. 일을 받아 바느질을 하는 여성 노동자나 일을 주는 고용주 모두 동벵골에서 이주해 온 난민 출신이다. 재단사 대부분이 이슬람교도인 모헤슈톨라-산토슈푸르와는 달리 둠둠-파이크파라 지역 의류 제조업 종사자는 서벵골 사람들과 같은 힌두교도이다.

---

6) nawab, 무굴 제국 시대의 지방 태수. —옮긴이
7) communalism, 같은 종교를 믿는 사람들을 공동체로 여기고 모든 정치 행위의 기준으로 삼는 집단주의. —옮긴이

여성 고용 형태도 다르다. 모헤슈톨라-산토슈푸르에서 여성은 주로 실밥 풀기, 낡은 옷 빨래, (편자비에) 손바느질로 장식 달기, 단춧구멍 내기, 실밥 제거 같은 보조적인 일을 맡는다. 여성은 기계를 사용하는 재봉이나 자수 같은 '남자' 일은 할 수 없다. 그러나 둠둠-파이크파라의 상황은 좀 다르다. 블라우스 단 만들기 같은 보조적인 일뿐 아니라 생산 과정 거의 대부분을 여성이 도맡는다. 여성도 재봉틀을 사용한다. 옷을 만드는 전체 과정에서 남성에게만 허용된 유일한 일은 옷감을 재단하는 일뿐이다.

또 한 가지 중요한 서벵골 의류 제조업의 특징은 제조업자의 자본 회전기간이 짧다는 점이다. 대부분 오스타가르는 무척 작은 자본으로 사업을 하기 때문에 자본 투자와 재투자 속도를 유지해야 한다. 속도와 빠른 회전으로 소자본의 약점을 최소화할 수 있다. (『정치경제학 비판 요강』과 『자본』에서) 맑스가 설명하듯이 소자본가는 자본 회전율을 짧게 해서 상당한 이윤을 얻거나 대자본가보다 더 높은 이윤율을 얻을 수 있다.[8]

서벵골 의류 제조업자의 자본 회전기간은 예외 없이 짧다. 이 지역에 사는 오스타가르로부터 많은 자료를 확보할 수 있었던 모헤슈톨라-산토슈푸르가 좋은 예가 될 수 있을 것이다. 이 지역 오스타가르의 주간 매출액은 다음과 같다. 대규모 오스타가르가 확보할 수 있는 돈은 2000만 루피에서 3000만 루피 정도이다. 중간 규모 오스타가르는 500만 루피에서 2000만 정도, 그 아래 단계 오스타가르는 10만 루피에서 250만 루피 정도, 10만 루피 이하는 소규모 업자로 분류한다. 대규모 오스타가르는 몇 명 안 되지만 소규모 오스타가르는 수천 명에 달한다.

하지만 규모에 상관없이 모든 오스타가르는 일주일 안에 투자한 자

---

8) 예를 들어 Marx(1973b), p. 519[『정치경제학 비판 요강 II』, 김호균 옮김, 그린비, 2007, 151쪽].

본이 다시 자기 손에 돌아올 수 있도록 자본을 돌린다. 오스타가르는 주초에 콜카타에서 제일 큰 의류 시장인 바라바자르의 상인에게 옷감을 산다(옷감 비용이 기성복 제조 비용에서 75~80퍼센트를 차지한다).[9] 일주일 후 제조 공정을 모두 마친 옷은 시장에서 팔린다. 오스타가르는 매주 하리샤 하앗이나 하우라 역 근처 몽라 하앗에서 옷을 판다. 몽라 하앗은 지역 사람들뿐 아니라 다른 주의 상인들도 오는 큰 시장이다. 옷을 팔아 얻은 수입은 바로 다음 주에 옷을 만드는 데 재투자된다.

그렇다면 일주일 안에 얼마나 많은 단계를 거쳐야 하는가? 펀자비를 만드는 상당히 긴 공정이 그림 5-1에 잘 설명되어 있다. 펀자비가 완성되기까지 옷감은 다섯 군데가 넘지 않는 작업장을 돈다. 오스타가르의 집과 작업장, 재단사의 작업장(달리즈), 자수 작업장, 여성 노동자의 집과 다림질 작업장. 이 과정에서 아홉 가지 서로 다른 공정이 이뤄지고 그 중 여성 노동자가 맡아 하는 일은 손바느질로 장식 달기, 마무리 작업(단추 달기, 옷단 만들기, 실밥 정리), 완성된 옷을 손빨래해서 깨끗하게 만들기, 이렇게 세 가지다. 오스타가르의 자본 회전기간이 짧기 때문에 옷 만드는 노동자들은 늘 쳇바퀴처럼 일해야 한다.

모헤슈톨라-산토슈푸르 지역 농촌 여성이 하는 일

콜라이돌라이(Kholai-dholai)는 헌 바지를 뜯어 다시 옷을 만드는 독특한 의류 제조 과정으로 모헤슈톨라에 있는 차타칼리카푸르(Chatta Kalikapur) 지역에서 많이 한다. 시골집의 어두컴컴한 마당에서 여자들이

---

9) Romatet(1983), p. 2119.

그림 5-1 모헤슈톨라의 편자비 제조

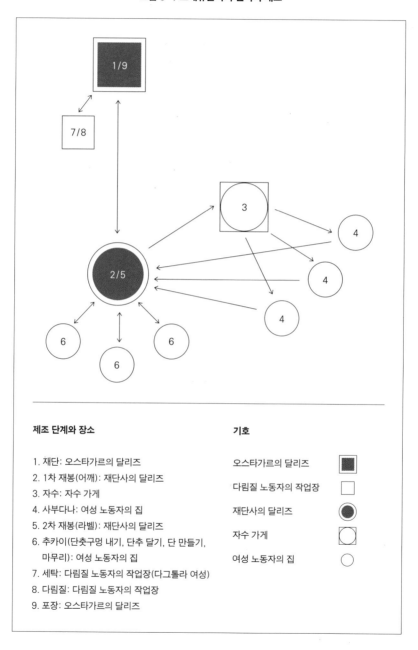

제조 단계와 장소

1. 재단: 오스타가르의 달리즈
2. 1차 재봉(어깨): 재단사의 달리즈
3. 자수: 자수 가게
4. 사부다나: 여성 노동자의 집
5. 2차 재봉(라벨): 재단사의 달리즈
6. 추카이(단춧구멍 내기, 단추 달기, 단 만들기,
   마무리): 여성 노동자의 집
7. 세탁: 다림질 노동자의 작업장(다그톨라 여성)
8. 다림질: 다림질 노동자의 작업장
9. 포장: 오스타가르의 달리즈

기호

오스타가르의 달리즈

다림질 노동자의 작업장

재단사의 달리즈

자수 가게

여성 노동자의 집

헌 바지를 뜯을 준비를 한다. 이들은 먼저 헌 바지(콜라이)의 바느질 선을 모두 뜯어낸 후, 뜯어낸 천 조각을 빨고 애로루트[10]로 풀을 먹인다(이 과정이 돌라이다). 남자 재봉사에게 천을 넘기기 전에 다림질까지 한다.

이 일은 고되지만 받는 돈은 아주 조금밖에 되지 않는다. 성과급으로 계산해 콜라이돌라이 일을 하는 여성이 하루에 받을 수 있는 임금은 바지 100벌 분량 작업을 했을 때 많아 봐야 20루피에서 22루피이다(표 5-1). 그러나 순수입을 계산하려면 여기서 숯과 비누, 애로루트를 사는 데 쓴 돈을 빼야 한다. 거기에 이 정도를 받기 위해서는 (가사노동 시간과 노동자의 건강은 고려하지 않고) 13~14시간 정도 쉴 새 없이 일해야 한다. 따라서 일을 빨리 마쳐야 하는 압력이 특히 높은 축제를 앞둔 기간에만 여자 친척들이 모여 밤늦도록 재봉선을 뜯고 옷을 빤다.

헌옷 다시 만들기는 차타칼리카푸르에서는 일반적인 의류 제조법이지만 의류 제조업 전체에서는 '이류'로 친다. 1971년 방글라데시 독립 전쟁이 벌어지면서 쏟아진 구호품이 콜카타 의류 제조업계로 흘러들어 오면서 콜라이돌라이식 제조가 늘어나기 시작했다. 새 옷감을 살 돈도 감당하기 어려웠던 재단사들이 구호물자 의류로 옷을 만들기 시작했다. 헌 바지 공급은 그때부터 점점 늘어나게 됐다. 헌 바지는 해외, 주로 미국에서 오기도 하지만 대부분은 행상들이 콜카타의 중산층과 상류층 주거지에서 주워 온다. 콜라이돌라이 제조와 유통을 총괄하는 오스타가르는 새 바지를 만드는 오스타가르보다 자본 규모가 작게 마련이다.

여성이 노동자로 참여하게 된 것도 최근의 일이다. 한 세대 전에는 모헤슈톨라-산토슈푸르에서 의류 제조의 모든 공정은 남성이 도맡아 했다.

---

10) arrowroot, 마란타속(屬)의 다년초. 뿌리에서 녹말을 얻는다. ―옮긴이

표 5-1 모헤슈톨라-산토슈푸르 바지 제조 노동자의 노동시간과 임금

분업	일일평균 임금	일일평균 노동시간	달리즈/집/ 대여 장소	성별	임금 단위 (루피)	임금지급 주기	주당 노동 가능 일수
재단사	50	12	달리즈	남	0.75~1.20/ 12벌	주급	4
다르지 (재봉사)	25	12	달리즈/집	남	4.50~5.50/ 12벌	주급	4
추카이	6	9	집	여	0.30/벌	주급	3
헌 바지 콜라이돌라이	12	10	집	여	0.25/벌	주급	3
(헌 바지) 다림질	12	11	집	여	0.25/벌	주급	3
자수	40	12	대여 장소	남	2.50/벌	주급	5

출처: Ganguly and Custers(1993).

기계를 사용하기 시작하면서 재봉이나 자수, 오버로크 같은 제조 과정에 변화가 시작됐다. 손으로 하는 일은 여성에게 넘겨지고 기계로 하는 일은 남성이 한다. 이런 식의 성별에 따른 분업은 여성을 부차적이고 언제나 대체 가능한 노동력으로 만든다. 차타칼리카푸르의 여성 노동자들은 최근의 '마지막 기계화' 이후로 일자리가 줄어들었다고 불평한다.

또한 콜라이돌라이 여성 노동자를 비롯한 여성 가내노동자는 이중 차별에 시달린다. 기계 작업에서 배제될 뿐 아니라 마음대로 돌아다닐 수도 없다. 차타칼리카푸르에서 (이곳 인구의 60퍼센트를 차지하는) 의류 제조에 종사하는 사람은 모두 이슬람교도인데, 인도 이슬람 사회는 힌두교도가 절대다수인 인도에서 소수 종교라는 불안감 때문에 보수화됐다. 이는 여성에게는 푸르다(purdah) 즉 여성 격리 원칙이 엄격하게 지켜지고 집 밖에서 일하는 것이 금지된다는 뜻이다. 간단히 말해서 헌 바지를 뜯고 준비하는 여성은 제조 과정 서열에서 가장 밑바닥에 있다.

여성이 주로 맡아 하는 또 다른 공정은 손바느질로 장식을 다는 일로 사부다나(sabudana)라고 하는데, 펀자비를 만드는 과정에서 네번째 단계에 해당한다. 펀자비를 만드는 중심지 주변 마을에 사는 수많은 여성이 집에서 하루 종일 장식을 단다. 여성은 목둘레와 가슴의 단추 주변으로 굵은 실로 고리 모양을 바느질해 장식하는 사부다나 일을 한다. 간단히 배울 수 있는 일이라 초등학생 나이의 소녀를 포함한 모든 연령의 여성이 한다. 이 일을 하는 여성들은 달리즈에서 재봉틀을 다루는 남성 재단사의 기혼·미혼 친척이다. 보통 오스타가르가 일거리를 가져다주거나 남자 가족이 가서 일감을 받아 온다.

헌 바지를 뜯고 빨래하는 일처럼, 아니 사실 다른 모든 가내노동처럼 사부다나도 성과급으로 임금을 받는다. 임금에는 약간씩 차이가 있지만 보통 옷 한 벌에 1루피 정도이다. 이드[11]나 결혼 시즌같이 바쁜 시기에는 일주일에 150루피까지 벌 수 있지만 평상시에는 주당 40루피에서 50루피 정도로 많이 벌지 못한다. 그래도 사부다나 일을 하는 여성은 나중에 설명할 완성된 옷의 얼룩을 제거하는 다그톨라(dagtola) 여성 노동자에 비하면 그나마 나은 형편이다. 사부다나 여성 노동자의 상당수가 남자 친척과 함께 일을 한다. 일부 인터뷰에서 여성들은 수입의 일부를 자기가 좋아하는 '사치스러운' 물건을 사는 데 쓸 수 있다고 밝혔다. 그렇다고 해도 이 여성들이 해야 할 일은 엄청나게 많다. 지출과는 별개로 평균적으로 일고여덟 시간 동안 장식을 꿰매고 나면 어김없이 네다섯 시간은 집안일을 해야 한다. 엄격한 성별 분업 덕분에 남성은 임금노동을 하지 않는 날에도 모든 가사노동 책임에서 면제된다.

---

11) Eid, 한 달 간의 라마단 단식이 끝난 후 시작되는 이슬람교 최대의 명절.—옮긴이

반대로 여성은 교육비나 의료비 같은 중요한 일에 대한 결정권이 없고 집안에서 왕으로 군림하는 남성이 모든 것을 결정한다. 누르 악삼 같은 미망인조차 집안 대소사 결정은 자신이 아니라 아들들이 한다고 밝혔다. 더군다나 여성은 푸르다 율법 때문에 혼자 외출할 수 없고 반드시 남성 보호자와 함께 다녀야 한다. 장식 달기를 하던 젊은 여성 중 일부는 자신이 푸르다 율법을 깰까 남자 친척들이 걱정하는 바람에 학교를 그만둘 수밖에 없었다고 했다.

가계에 기여하는 것이 분명한 사부다나 여성 노동자들은 모든 가부장적 제도를 기꺼이 받아들이는가? 이들은 남성이 우월하다고 생각하는가? 재봉틀을 쓰지 못하게 하고 여성을 집에 가둬 두는 성별 분업에 대해 이들은 어떻게 생각하는가? 우리가 인터뷰한 여성들 대부분은 다양한 방식으로 성차별에 대한 불만을 터뜨렸다. 일부 여성은 남성이 태어날 때부터 우월한 것이 아니라 사회가 그렇게 만들었을 뿐이라고 했다. 재봉틀을 사용하는 여성들이 나타나면서, 재봉틀에 대한 욕망을 표현하는 여성도 있었다. 무르시다 베굼은 이렇게 말한다. "당연히 여자들도 재봉틀을 다룰 수 있지요. 그저 여자들은 쓰지 못하게 하는 것일 뿐이라고요!"[12]

모헤슈톨라-산토슈푸르 지역 여성 가내노동자의 세번째 유형은 편자비와 헌 바지 제조 양쪽에 다 있는 추카이(chukai) 여성 노동자이다. 추카이 여성 노동자가 하는 일은 다양하지만 보통 단춧구멍 만들기와 단추 달기, 실밥 제거를 맡는다. 추카이는 의류 제조 공정에서 '마무리 작업'으로 남자들이 할 일이 못 되는 부수적인 일로 여겨진다. 모헤슈톨라-산토

---

12) 이 요약된 내용은 1992년 10월 반도파디야이가 사부다나 노동자와 진행한 9건의 인터뷰를 바탕으로 했다.

슈푸르에서는 교육받은 여성이나 학교 문턱에도 가 보지 못한 여성 모두 추카이 일을 한다. 여성이 집에서 하는 의류 제조일 중에서도 추카이는 천한 일로 여겨지며 단연 적은 임금을 받는다.

추카이 여성 노동자는 아침 일찍 일어난다. 새벽이 오기 전 4시 반에서 5시 정도면 일어나 일을 시작하기 전에 차를 끓이고 마당을 쓸고 설거지를 하는 등 집안일을 한다. 다른 임금노동을 하는 여성처럼 추카이 여성 노동자도 가사노동과 임금노동을 모두 맡아 해야 한다. 그러나 이 긴 시간의 노동에 대한 대가는 너무나도 작다. 옷 한 벌 추카이 일을 마치면 0.15파이사에서 0.3파이사를 받는다. 아동 의류 추카이 일을 해서 생계를 이어가는 차타칼리카푸르에 사는 루트판 비비는 하루에 옷 30벌 정도 마무리 작업을 해서 고작 6루피를 받는다. 일주일에 나흘 일해서 24루피를 버는데 이 정도가 추카이 여성 노동자가 버는 평균 수입이다.

남성 재단사와 추카이 여성 노동자를 비교해 보면 의류 제조업 임금 차별의 정도가 확연해진다. (숙련 노동자로 여겨지는) 재단사가 시간급과 명절 보너스를 받을 때 추카이 여성 노동자는 작업량에 따른 성과급을 받으며 그 외에는 아무런 추가 수당이 없다. 재단사 평균 월수입이 1,500루피 정도일 때 추카이 여성 노동자는 그 10분의 1도 벌지 못한다. 추카이 여성 노동자인 라히마 카툰에 따르면 힌두교 명절인 칼리 푸자같이 일거리가 없을 때면 일주일에 4~5루피 정도로 줄어든다고 한다.

또한 제조 과정 서열에서 모든 남성은 같은 일을 하더라도 여성보다 높은 지위를 점한다. 추카이 노동자를 직접 고용하는 사람은 편자비나 바지를 하청 주는 오스타가르, 자기 작업장에 고용한 남성 재봉사와 함께 직접 재봉하는 소규모 오스타가르, 아니면 (추카이 노동자와 마찬가지로) 옷을 재봉해 주고 돈을 받는 남자 친척일 수도 있다. 그러나 그의 실제 위치가 무엇이건 간에 일감을 가져다주고 작업을 마친 옷을 가져가는 남자는 여성 노동자에게 사장님(오스타가르)이다.[13]

마지막으로 다 만든 옷의 얼룩을 지우는 일을 하는 여성들은 의류 제조일을 하는 전체 여성 노동자 중에서도 제일 가난한 이들이다. 이들은 다그톨라라고 불리며 새로 만든 펀자비에 얼룩을 없애는 일을 한다. 다그톨라 여성 노동자는 대부분 집안 대대로 의류 제조일을 하게 된 것이 아니라 남편이 지붕 만들기 같은 저임금 노동을 하던 순다르반이나 다이아몬드 하버 등에서 이주해 왔다. 남편이 일자리를 찾는 동안 아내는 허리가 휘도록 다그톨라 일을 해서 가족을 먹여 살린다.

다그톨라 일은 펀자비 제조에서 마지막 공정이다. 얼룩을 지우는 일을 하는 여성 노동자는 오스타가르가 아니라 같은 이주 노동자인 다림질 노동자가 고용한다. 이 여성 노동자들은 해 뜰 때부터 해 질 때까지 빨래만 한다. 펀자비를 커다란 토기에 담근 후 옷을 비벼 빤다. 재봉틀에서 묻은 기름때는 손톱으로 긁어 지운다. 하루 12시간을 그렇게 일하고 나면 손에 기름기 있는 크림을 바르거나 불기를 쬐어 손을 매끄럽게 해 줘야만 한다. 이렇게 일하다 보면 손끝에 혹이 생기는 경우가 많아 손만 봐도 다그톨라 노동자인지 알아볼 수 있다.

그러나 이렇게 고된 노동으로 벌어들이는 수입은 생활하는 데는 턱없이 부족하다. 다림질 노동자는 다그톨라 여성 노동자에게 옷 1벌 빠는 데 10파이사를 준다. 하루 평균 옷 100벌을 빨고 일주일에 60루피에서 70루피 정도 받는데 집세가 보통 한 달에 70루피이다. 남편이 실직 중이라

---

13) 1992년 9월과 10월 강굴리와 반도파디아이가 추카이 여성 노동자와 진행한 인터뷰 12건을 바탕으로 한 내용이다.

아내가 버는 수입만으로 살아가야 할 때 다그톨라 여성 노동자 대부분은 아이들에게 밥을 먹일 돈도 부족하다. 산토슈푸르에서 일하는 파리다 비비는 아예 음식을 못 할 때는 배고픈 아이들에게 치라(chira, 튀긴 쌀)나 물만 주기도 한다. 다그톨라 여성과 그 가족에게 영양실조는 일상이다.

벵골 출신 이슬람교도인 다그톨라 여성 노동자의 사회적 처지는 그들의 경제적 처지만큼이나 비참하다. 다그톨라 여성 노동자는 남성 오스타가르와 남편 양쪽으로 가부장적 억압에 시달린다. 남편에게 맞거나 버림받는 경우가 비일비재하다. 예를 들어 라비야 비비는 셋째 아내로 결혼했는데 외아들을 낳아 주고 나자 남편이 사라져 버렸다. 라비야 비비는 끝없는 공포 속에 살고 있다. 오스타가르의 아들들이 희롱하고 시키는 대로하지 않으면 집을 비우라고 협박하기 때문이다. 다그톨라 여성 노동자는 너무나 가난하기 때문에 쉬운 먹잇감이 된다. 겨울 넉 달 동안 펀자비를 세탁하는 일이 없을 때는 오스타가르 집에서 하녀로 일하기도 한다.[14]

둠둠-파이크파라의 여성 재봉사: 자부심 있는 가내노동자

남자들처럼 재봉틀을 사용하는 여성 재봉사를 살펴보면 여성 노동자의 역할이 다양하다는 점을 알 수 있다. 콜카타에서 여성 재봉사가 있는 곳은 둠둠-파이크파라 지역뿐이다. 사실 여성 재봉사가 이 지역 전체 고용 인력의 대부분(90퍼센트 이상)을 차지한다. 장식 달기나 마무리 작업을 하는 다른 여성 노동자처럼 이 여성들도 집에서 일한다. 앞에서 살펴본 모헤슈

---

14) 1992년 10월에서 11월 사이 반도파디아이와 강굴리가 다그톨라 여성 노동자들과 진행한 인터뷰를 바탕으로 한 내용이다.

톨라-산토슈푸르의 남성 재봉사는 흔히 작업장에서 다른 재봉사들과 함께 일하지만, 둠둠-파이크파라의 여성 재봉사는 집에서 혼자 일한다.

여성 재봉사는 따로따로 고립되어 일하지만 남부 모헤슈톨라-산토슈푸르의 여성 노동자에 비해 자부심이 넘친다. 첫째, 남부의 여성 노동자와 달리 북부의 여성 재봉사는 중요한 생산수단을 통제할 수 있다. 블라우스나 드레스, 페티코트를 재봉하는 이 여성들은 각각 재봉틀 한두 대를 가지고 있다. 재봉일을 하청 주는 제조업자의 입장에서 생산 비용(불변자본)을 노동자에게 떠넘기는 셈이다. 하지만 얼마 안 되는 자본이라도 재봉틀을 소유하고 있다는 사실은 여성 재봉사에게 사회적 특권으로 작용한다.

둘째로 북부의 여성 재봉사는 모헤슈톨라-산토슈푸르 여성 노동자와 달리 제조업자나 제조업자의 중개인에게 직접 고용되어 일한다. 그렇다고 해도 노동자로서 아무런 보호 장치를 누릴 수 없는 것은 사실이다. 우리가 인터뷰한 가내 재봉사들은 게으르거나 '말을 안 듣는다'는 이유로 언제든 해고될 수 있다고 했다. 그러나 남부와 확실히 다른 점은 적어도 북부의 여성 재봉사는 다른 남성 임금노동자에 의해 재고용되는 일은 없다는 사실이다. 여성 재봉사는 블라우스와 드레스, 페티코트 제조에서 핵심적 역할을 맡고 있기 때문에 '진짜' 남성 재봉사나 자수노동자가 그들 위에 군림하고 여성은 그 밑에서 착취당하는 구조에 들어가지는 않는다.

다른 여성 가내노동자와 달리 여성 재봉사는 일감을 직접 받아 온다. 이는 여성 재봉사가 제조업자에게 직접 고용되어 있기 때문에 당연한 것처럼 보이지만 콜카타 남부와 북부의 결정적인 문화적 차이—여성 재봉사는 푸르다 율법을 따르지 않아도 된다—때문이기도 하다. 따라서 여성 재봉사는 남편이나 아들이 주문을 받아 오기를 기다리지 않고 직접 제조업자나 중개인에게서 옷감과 실을 받아 온다. 또한 모헤슈톨라-산토슈푸르 무슬림 지역과 달리 둠둠-파이크파라의 여성 재봉사는 임금도 직접 받아 온다.

둠둠-파이크파라 지역 여성 노동자들의 노동량은 두말할 나위 없이 엄청나다. 조사 과정에서 우리는 14살부터 43살까지 여성 드레스 재봉사 9명을 인터뷰했다. 이들도 역시 집안일과 재봉일을 다 맡아 했다. 우리는 하루에 집안일과 재봉일을 각각 몇 시간 정도 하는지 물었다. 계절에 따라 달라지는 작업량과 관계없이 평균적으로 여성 재봉사의 노동시간은 하루 15시간 정도로 그 중 8시간을 집안일에 쓰고 있었다. 다른 여자 가족이 있을 경우 어머니나 여자 형제, 딸이 집안일을 함께 하지만 남자 가족이 집안일을 돕는 경우는 없었다.

다른 여성 가내노동자와 마찬가지로 드레스 재봉사도 성과급 임금을 받는다. 이들은 드레스 12벌을 재봉하면 10루피를 받는데, 한눈에 보기에도 추카이 여성 노동자나 다른 여성 임금노동자가 모헤슈톨라-산토슈푸르에서 받는 임금보다는 많아 보인다. 12벌 1세트를 재봉하는 데 1시간 반 정도 걸리기 때문에 재봉사들은 어른의 경우 매일 적어도 48벌 4세트를 재봉한다고 했다.[15] 일주일에 엿새를 재봉틀 앞에 앉아 일하고 주당 250루피 정도 받는다. 푸자 축제를 앞둔 달이면 작업 시간은 더 늘어나고 수입도 350루피에서 400루피까지 많아진다.

이는 분명 앞에서 살펴본 다그톨라 여성 노동자나 추카이 여성 노동자에 비해서는 높은 임금이지만 이 액수가 순수입은 아니다. 첫째, 일부 고용주들은 드레스 1세트당 1.8루피씩을 실 값으로 떼어 간다. 둘째, 여성 재봉사도 모헤슈톨라-산토슈푸르의 남성 재봉사처럼 후크나 단추 달

---

15) 인터뷰한 어린 소녀들은 하루에 24벌을 재봉한다고 밝혔다.

기 같은 마무리 작업을 다른 노동자에게 하청 준다. 닥신 라빈드라나가르 (Dakshin Rabindranagar)의 라니발라 다스는 1세트 마무리 작업에 60파이사를 지급한다고 한다. "또 재봉틀이 우리 것이라서 재봉틀을 유지하고 관리하는 것도 우리 일이다. 새것은 일 년에 한 번 오래된 기계는 서너 번은 손봐 줘야 한다." 재봉틀 소유자가 감가상각비도 부담해야 하는 것은 물론이다. 여성 재봉사의 수입을 깎아 먹는 또 다른 요인은 불량품이 생기면 모두 책임져야 한다는 점이다. 라누 쿤두는 불량품이 생기면 20루피에서 30루피를 깎인다고 했다. 따라서 결과적으로 긴 시간 일하는 데 비해 여성 재봉사의 수입은 여전히 변변찮다(표5-2를 볼 것).

표 5-2 둠둠-파이크파라 여성 의류 제조 노동자의 노동시간과 임금 단위

노동 분업	일일 평균 임금	일일 평균 노동시간	노동 장소	임금 단위 (루피/12벌)	임금 지급 주기	주당 노동 가능 일수
				일반 블라우스		
다르지	9	6	집	6.00	주급	3
여성 마무리노동자	3	4	집	1.50	주급	3
				봄베이 블라우스		
다르지	12	6	집	8.00	주급	3
여성 마무리노동자	5	4	집	2.50	주급	3
				일반 페티코트		
다르지	9	6	집	4.00	주급	3
				참 페티코트		
	10	6	집	5.00	주급	3

출처: Ganguly and Custers(1993).
주: 여성 노동자 대부분은 매월 30~40루피를 내고 재봉틀을 빌려 쓴다.
　　대체로 공장주의 집에서 공장주가 옷감에 패턴을 그리는 대로 재단한다.
　　참chap은 문자 그대로는 압력이라는 뜻이다. 참 페티코트는 재봉을 두 번 해야 하는데 두번째 재봉을 참이라고 부른다.

그럼에도 재봉사의 수입은 가족의 생계에 절대적으로 중요하다. 보통 칠장이, 인력거 운전사나 석공으로 일하는 아버지나 남편은 가족의 생계를 이어 갈 고정 수입을 벌지 못한다. 인터뷰에 참여한 재봉사들이 버는 돈은 가계 수입에서 최소한 절반 이상을 차지했고 대부분은 가계의 주 수입원이었다. 따라서 가부장제 이데올로기가 통칭하듯 여성의 수입을 '부' 수입이라고 하는 것은 옳지 않다. 실제로 드레스 재봉사나 다른 여성 가내 노동자는 가족의 생계에 이중으로 공헌한다. 집안일을 하면서 여성은 자신과 남편, 아이들의 노동력을 (재)생산하고, 재봉사로 일하며 교환가치를 생산한다. 따라서 여성이 만들어 내는 사용가치와 교환가치의 합은 남자 가족이 생산하는 가치보다 훨씬 크다.[16]

노동 착취에 맞선 투쟁에 관해 살펴보자면 둠둠-파이크파라 지역에서 여성 재봉사들이 자신들의 권리를 위해 싸운 일은 널리 알려져 있다. 과거 의류 제조업 노동자들의 전투적 투쟁은 모헤슈톨라 지역에 집중돼 있었다. 모헤슈톨라 노동운동에서 주도적 역할을 한 재단사 모슬림 알리 만달에 따르면 투쟁의 물결이 몇 차례 있었다고 한다. 1956년 다르지 [darjee, 재봉사] 2만 4,000명이 의회로 행진했고, 1967년에는 19일간 파업으로 재단사 투쟁이 그 정점에 달했다. 1975년 다르지들은 또다시 대규모 시위를 벌여 목소리를 높였고, 1983년 다시 모슬림 알리 자신이 주도하고 1만 명이 참여한 시위가 있었다.[17]

이런 투쟁의 결과 의류 제조업 관련 노동관계법이 제정되고 서벵골 재단사 조합이 관여한 삼자 협약이 이루어졌다. 그러나 노동관계법은 제

---

16) 1992년 11월 반도파다아이가 드레스 생산자 9명과 진행한 인터뷰를 바탕으로 한 내용이다. 경제 이론에서 가치 창출에 대한 여성의 기여에 관한 논의는 4장을 볼 것.
17) 1992년 강굴리가 진행한 인터뷰. 다음 문단도 볼 것.

내로 시행되지 않고 있다. 또한 이 투쟁은 명확하게 남싱 재단사의 요구에만 집중할 뿐 모헤슈톨라-산토슈푸르 지역 여성 하청 노동자의 이해를 반영하지는 않았다. 재단사 조합은 여성 노동자의 고충을 간단히 무시했다. 우리가 알게 된 여성 노동자의 움직임은 둠둠-파이크파라의 드레스 재봉사들이 벌인 투쟁뿐이다. 당시 참가자였던 시마라니 다스는 그 사건을 이렇게 설명했다.

> 1988~1989년에 우리는 어느 정당의 도움도 받지 않고 드레스 사미티[Samiti, 협회]를 결성했어요. 당시 고용주들은 드레스 한 세트에 6~7타카를 줬는데, 우리는 고용주에게 임금을 올리지 않으면 3주간 파업하겠다고 했지요. 거기에 우리는 다른 동네 여자들이 주문을 받는 것도 막아 냈어요. 이 모든 일은 고용주들이 가장 돈을 많이 벌어들이는 푸자 축제 직전에 벌어졌어요. 고용주들은 위기를 인식하고 우리 불만을 들으려고 했어요. 그 회의에서 최저임금은 한 세트에 10타카로 결정됐지요.[18]

그러나 안타깝게도 이 성공적 투쟁은 노동조합 결성까지 이어지지 못했다. 우리가 인터뷰한 여성 재봉사들은 자신들의 이해를 대변할 조직이 필요하다고 느끼고 있었다. 조직이 있다면 경제적 착취의 정도가 덜할 것이라고 기대하고 있었다. "조합이 있다면 임금이 인상될 수 있을 것이다." 그러나 광범위한 조직을 유지해 갈 만한 기본적 하부 구조가 없다. 드레스 사미티는 회원이 200명 정도밖에 안 되는 고립된 운동에 머물러 대중적 조직으로 커 나가지 못하고 있다. 시마라니 다스는 드레스 사미티가

---

18) 1992년 11월 반도파디아이가 진행한 인터뷰.

여성 노동자의 권리를 보호하기 위한 투쟁을 조직하지 못하는 현실을 한탄했다.

어느 블라우스 재봉사 이야기: 닥신 라빈드라나가르의 차비 미트라

차비는 스무 살로 지난 5년간 블라우스 재봉일을 해왔다. 학교에 다닐 때 다르지 일을 시작해 5학년에 올라간 후 학교를 그만두었다. 세 자매 중 큰 언니는 작은 공장에서 일하는 노동자와 결혼했지만 공장은 몇 달째 문을 닫은 상태다. 차비는 둘째 딸이며 여동생은 9학년이고 다르지 일은 하지 않고 있다. 남자 형제는 없다.

차비는 새벽 6시 반부터 일을 시작해 오전 10시 반에 목욕을 하고 간식과 점심을 먹는다. 한 시간에서 한 시간 반 정도 쉬고 12시부터 오후 4~5시까지 일한다. 차비는 '일반' 블라우스와 '봄베이' 블라우스 두 가지를 만든다. 일반 블라우스 주문이 더 많은 편이다. 봄베이 블라우스는 특별한 종류라서 바느질을 두 번 해야 한다. 하루에 여덟아홉 시간 일하면서 일반 블라우스면 4~5세트, 봄베이 블라우스면 3세트 정도 만든다. 차비는 한 달에 300루피 정도 버는데 수입은 모두 아버지에게 준다. 차비는 가계에 보탬이 될 수 있어 뿌듯해한다.

집안일은 어머니가 도맡아 한다. 어머니는 작년부터 차비가 만드는 블라우스에 단을 만드는 일을 시작했다. 블라우스 목과 위쪽 팔 부분을 손바느질하고 앞쪽 단추 선을 깁고 후크나 단추를 다는 일이다. 이 일을 다른 여성 노동자에게 하청을 주면 1세트에 1.5루피씩 지불해야 한다. 어머니가 그 일을 하기 때문에 당연히 그 돈은 가계에서 빠져 나가지 않는다.

차비는 몸이 안 좋지만 아버지 혼자서 가족의 생계를 책임지기 어렵다는 사실을 잘 알기 때문에 기꺼이 일한다. 아버지는 석공으로 일이 있는 날이면 하루에 50~60루피를 번다. 2년 전 아버지가 공사장 비계에서 떨어져 다리가 부러졌다. 넉 달간 병원에 있었지만 예전처럼 건강을 완전히 회복하지는 못했기 때문에 이제는 공사장 비계에 '올라가는' 위험을 감수할 수 없다. 우기에는 일이 없어 적어도 넉 달은 아무 일도 하지 못하는데 그동안은 한 푼도 벌지 못한다.

차비는 덤덤 교차로 근처의 큰 고용주에게 옷감을 받아 오는 동네 하청업자 시아말 다스에게 일을 받아 온다. 시아말은 옷감을 재단해 실과 함께 차비 같은 여자들에게 일감을 나눠 준다. 고용주는 시아말에게 주 단위로 돈을 주지만 시아말은 (고용주가 아직 돈을 주지 않았다는) 거짓 핑계를 대며 여자들에게 한 달에 한 번씩만 임금을 준다. 거기다 시아말은 임금 일부를 주지 않고 가지고 있다. 예를 들어 한 달 반 동안 일한 다르지는 한 달 치 임금만 받는다. 나머지 임금은 늘 연기된다. 원재료의 경우 고용주는 옷감 외에도 실과 단추, 후크 같은 원재료를 제공한다. 보통 블라우스 12벌 한 세트를 바느질하는 데 실 한 뭉치가 필요하고 봄베이 블라우스는 그보다 좀 많이 든다.

시아말과 일하기 전 차비는 덤덤 교차로 근처 바히라가타 콜로니(Bahiragata Colony)에 큰 블라우스 작업장을 가진 반킴 물릭에게 일을 받았다. 어느 시점에서 차비는 맹장염으로 수술을 받아야 했다. 수술 후 꿰맨 자리가 낫지 않아 오래 고생했고 오랫동안 일을 하지 못했다. 거기에 건강이 나빠지자 일감을 받으러 오랫동안 움직이는 것이 어려워졌다. 아직 물릭에게 못 받은 돈이 100루피 있다. 이제 차비는 그런 일을 다시 겪지 않으려고 한다.

고용주는 우리 편이 되어 준 적이 한 번도 없어요. 내가 몸이 안 좋아 제때 옷을 못 가져다주면 다른 재봉사한테 내 일을 줘 버렸어요. 그러면 며칠 동안 일이 없어요. 그래서 몸이 망가지건 말건 마감을 지켜 주려고 하죠.

차비는 보너스나 다른 종류의 수당을 전혀 받지 못한다. 차비는 임금이 너무 적다고 생각하지만 그 일자리마저 잃을까 두려워 아무 말도 하지 못한다. 물릭에게 일을 받을 때 여성 재봉사 135명은 그 밑에서 몇 년이나 일해 왔지만 한 번도 임금을 올려 달라고 하지 못했다. 차비는 이 생각을 머리에서 지울 수 없다.

"내가 돈을 못 벌면 아버지가 어떻게 우리 식구를 다 먹여 살리실까? 집세(한 달에 105루피)에 여동생 학비, 병원비에 언니네 살림까지 말이야."[19]

서벵골 의류 제조업과 비공식 부문 개념

지금까지 여성 노동의 다양한 형태와 범주를 살펴보았으니 이제 사실을 분석해 보자. 지난 20년간 서벵골 의류 제조업이 처한 현실을 설명하기 위해 자주 사용된 개념은 '비공식 부문'이다. 에마뉘엘 로마테(Emmanuel Romatet)는 '비공식 부문'에 대한 논쟁의 역사를 살펴보면서 논의를 시작한다. 로마테에 따르면 이 개념은 1970년대 유엔 감독하에 국제노동기구(ILO) 의뢰로 진행된 경제 조사에서 처음 사용되었다.[20]

---

19) 1992년 강굴리가 진행한 인터뷰.
20) Romatet(1982), p. 2115. Breman(1976), pp. 7~8도 볼 것.

비공식 부문 개념은 대도시 인근에 있는 대규모 공업 단지와 작은 작업장 및 가내 작업장 사이에 존재하는 차이를 드러내 준다는 점에서 유용하다. 공장 노동자는 노동조합을 결성하고 사회 제도의 혜택을 누릴 수 있지만, 비공식 부문 노동자는 조직되지 않는 경향이 있어 제도적 보호를 받지 못하면서 계속 착취당한다. 로마테는 비공식 부문 개념을 사용해서 얻는 이점 한 가지는 "계획 단계에서 늘 간과되는 한 집단——대도시 주변 슬럼에 사는 도시 빈민——을 알아볼 수 있게 해주는 것"[21)]이라고 인용한다.

로마테의 비공식 부문에 관한 간략한 문헌 연구는 비공식 부문 개념이 가진 중요한 약점 또한 보여 준다. 경제학자 존 키스 하트(John Keith Hart)는 1970년대 초 공식과 비공식의 구분법이 이중 경제 이론(the dualism theory)을 부활시키는 데 이용되었다고 주장했다. 제3세계 경제가 고전하는 이유가 근대 경제와 전통 경제의 이중 구조 때문이라고 보는 이 이론은 큰 논란의 대상이 되어 왔다. 하트는 이중 경제 구조가 존재한다는 사실을 부정하지는 않았다. 다만 그 명칭을 바꾸자고 제안했다. '비공식 부문'에 대한 논쟁 과정에서 비공식 부문이 '공식 부문'과 연결이 없지는 않다는 점이 지적됐다.[22)] 실제로 11장에서 살펴볼 기업의 일본화 논의는 고용 관련 법안을 피하고 생산 비용을 줄이기 위해 다국적 기업 등 여러 기업이 비공식 부문에 하청을 주는 관행을 잘 보여 준다.[23)]

21) Romatet(1983), p. 2117.
22) *Ibid*., pp. 2115~2116. 브레만은 "도시 지역 이중 구조에 동의할 수 없으며 공식-비공식 개념을 사용하는 대신 제3세계 경제 구조에서 각기 다른 중요성을 보여 주는 다른 방식으로 분절된 생산관계들 간에 변별점을 만들어야 한다"고 본다. Breman(1976), p. 22.
23) 브레만은 비공식 부문의 공식 부문에 대한 '의존과 종속'을 말하지만, 일본 모델에서 비공식 부문과 공식 부문에 있는 기업 간의 구조적 연결을 이루는 하청관계에 대해서는 논의하지 않는다. Breman(1976), p. 21.

또한 비공식 부문을 설명하는 연구들에서 보이는 많은 특성은 고전 경제학과 맑스주의 경제 이론 용어로도 충분히 잘 설명될 수 있다. 따라서 로마테에 의하면 이중 경제 이론의 부활을 인증한 ILO의 케냐 보고서는 노동자들이 매우 유동적이며 도시에서 직업을 찾는 농촌 이주자들이 처음 유입되는 지점이라는 비공식 부문의 전형적 양상을 담고 있다. 『자본』에서 맑스는 자본주의하에서 노동 조건은 동일하지 않으며 착취가 특히 극심한 가내 공업에 노동자 일부를 고용하는 것이 자본의 이해라고 설명했다. 따라서 로마테가 콜카타 의류 제조업에 적용한 (비공식 부문에 관한) 많은 부분이 옳기는 하지만, 콜카타 남녀 의류 분야 노동자의 상황은 맑스의 노동예비군 개념으로도 잘 설명할 수 있다.[24]

성과급의 중요성: 맑스 대 폰 베를호프

또 다른 중요한 분석 지점은 콜카타 의류 산업이 여성 노동자를 착취하는 구체적 방식에 관한 것이다. 앞에서 살펴보았듯이 (둠둠-파이크파라에서처럼) 재봉사이든 (모헤슈톨라-산토슈푸르에서처럼) 바지를 뜯거나 단추를 달고 실밥을 제거하거나 새 옷을 세탁하는 '보조 노동자'든 관계없이 의류 제조업 여성 노동자들은 한결같이 푸란제, 즉 성과급으로 임금을 받는 가내노동자이다. 이 임금 체계를 어떻게 평가할 것인가? 이 여성들이

---

24) 이 책 12장을 볼 것. 브레만은 자신의 현장 연구에 근거해 큰 기업에서 대규모 비정규직 노동자의 존재가 정규직 노동자에게 지급되는 임금에 부정적 영향을 미치는 점에서 노동예비군설을 지지한다. Breman(1976), p. 31. 비공식 부문 개념에 대한 다른 비판은 Singh(1991), p. 2를 볼 것. 싱에 따르면 비공식 부문 개념은 "그 몰역사적인 내포(connotations)"로 혹독하게 비판받았다. 그는 비공식 또는 비조직화 부문은 "자본 자체의 역사적 분석"에서 시작한 관점에서 위치 지어져야 한다고 주장한다. Singh, p. 3.

처한 노동 조건을 경제 이론으로는 어떻게 해석할 것인가?

맑스는 『자본』에서 함께 공존하기도 했던 임금의 두 가지 형태인 시간급과 성과급을 주목했다. 맑스가 살았던 19세기 중반 영국에서는 똑같은 일을 하는 노동자인데도 고용주나 국적에 따라 다른 임금 체계를 적용받았다. 따라서 런던의 식자공과 런던 항의 조선공은 성과급으로 일하지만 농촌의 임노동자는 일당을 받았다. 런던의 마구(馬具) 제조 공장에서 일하는 프랑스인 노동자는 성과급으로 임금을 받았지만 영국인 노동자는 시간급을 받았다. '똑같은 일'에 서로 다른 임금 체계가 적용되는 마구 제조 공장의 경우 차별은 명백하다.[25]

비슷하게 동시대의 서벵골 의류 제조업 고용주들도 시간급과 성과급 임금을 함께 적용한다. 예를 들어 편자비를 만드는 남(南)칸쿨리(Kankhuli)에서는 오스타가르의 작업장에서 일하는 남성 재단사만 시간급을 받고, 그 외 남성 재단사와 자수 노동자와 보조 노동자, 여성 노동자는 모두 작업한 분량에 따라 돈을 받는다. 이 경우 임금 체계가 달라지는 기준은 오스타가르가 직접 감독하는 작업과 직접 또는 중개인을 거쳐 하청을 주는 일의 차이인 것 같다. 오스타가르의 작업장에서는 고용주가 하루 노동시간을 (14시간까지) 규제하고 하청을 주는 경우 생산품에 의해서, 즉 생산품 하나를 완성하는 데 필요한 시간으로 노동시간이 규제된다.

맑스는 성과제 임금 체계의 고유한 성격에 대해 이렇게 설명한다.

노동의 질과 강도는 임금 형태 그 자체에 의해 통제되기 때문에, 대부분의 노동 감독은 필요 없어진다. 따라서 이 형태는 앞에서 서술한 근대적

---

25) Marx(1977a), p. 516[『자본 I-2』, 강신준 옮김, 도서출판 길, 2008, 756쪽].

'가내 공업'의 기초를 이룰 뿐 아니라 동시에 착취와 억압의 위계 제도에서도 그 기초를 이룬다.

한편 성과급은 자본가와 임노동자 사이에 기생 계급이 개입하는 것을 용이하게 해준다. 또한 자본가가 주력 노동자(head labourer)에게 보조 노동자(assistance labourer)를 모으고 임금을 지급하는 역할을 주는 일도 가능해진다.[26]

130년 전 맑스의 분석을 오늘날 서벵골 의류 제조업 현장에도 똑같이 적용할 수 있다. 모헤슈톨라-산토슈푸르의 오스타가르와 둠둠-파이크파라의 고용주는 엄격한 성과급 임금을 적용해 따로 노동 관리를 할 필요가 없다. 북부 콜카타에서는 중간 노동자를 두고 재봉일을 재하청 준다. 펀자비를 제조하는 남칸쿨리에서는 작은 작업장을 운영하는 주력 노동자나 재단사가 자기 작업장에서 다른 남자 노동자들과 일을 나눈다. 무엇보다도 성과급은 집에 있는 여성의 가내 노동력을 가장 광범위한 규모로 착취할 수 있게 해준다. 맑스의 설명은 분명 시대에 뒤처지지 않았다.

독일여성주의 학파의 폰 베를호프는 다른 방식으로 가내노동자의 지위를 분석했다. 폰 베를호프는 오늘날 현실을 '자유 임노동'이 한편에, '가정주부'가 다른 한편에 있는 이원적 구조로 분석한다. 폰 베를호프는 비공식 부문이 계속해서 커지면서 자유 임노동이 사라진다고 보았다. 많은 노동자의 노동 조건이 점점 개별화되고 고립되었으며 임금으로 통제되지 않는 주부의 노동 조건과 비슷해지고 있다. 서벵골 여성 의류 제조 노동자들이 처한 노동 조건은 폰 베를호프의 이론에 얼마나 '부합'하는가?

---

26) Marx(1977a), pp. 518~519[같은 책, 758~759쪽].

여기서 이 여성들의 노동의 사회학적 성격과 경제적 속성을 나누어 보면 도움이 될 것이다. 사회학적 의미에서 이들의 노동 조건은 서구 사회 주부의 노동 조건과 비슷하다고 할 수 있다. 콜카타의 슬럼과 인근 마을의 삶은 네 벽에 둘러싸여 일하는 서구 여성의 노동 조건에 비해 덜 원자화되고 덜 고립된 상태다. 그러나 의류 제조 노동자들은 모두 집에서 일한다는 것도 사실이다. 앞에서 살펴보았듯 남성 재단사나 자수 노동자와 달리 의류 제조업에 종사하는 여성 노동자는 여성 재봉사까지 모두 집에서 일한다. 사회학적 용어로 우리는 이 노동이 '가정주부화'(housewifization)했다고 할 수 있다.

그러나 의류 제조업에 종사하는 여성 노동자의 경제적 지위에 관한 자료는 폰 베를호프의 가설을 뒷받침하지 않는다. 자유 임노동의 범주가 사라질 것이라고 본 점은 틀렸기 때문이다. 기본급 외에 부가적 복리 후생을 누리는 노동자가 거의 없는 것이 사실이다. 유일한 추가 수당은 남성 재단사 일부가 일 년에 한 번 받는 50루피 정도의 이드 보너스뿐이다. 또한 성별을 막론하고 산업국가에서 정규 노동자들이 누리는 (의료보험, 실업수당, 연금 같은) 다양한 복리 후생을 누리는 노동자는 없다. 그럼에도 불구하고 서벵골에서 의류 제조일을 하는 노동자는 임금이라는 자본주의적 체계에 종속되어 있다는 점에서 모두 자유 임노동자이다.

(절대다수 노동자의 생산을 통제하는) 시간급과 성과급 임금 체계 모두 분명히 자본주의적 체계이다. 맑스는 (콜카타와 그 주변 여성 가내노동자를 통제하는 체계인) 성과급에 관해 "성과급은 시간급이 변환된 형태일 뿐"이며, "자본주의 생산 발전에 따라 한 체계가 다른 체계보다 선호된다 하더라도 임금 체계의 차이가 핵심적 본질을 바꾸지는 못한다"고 밝혔다. 그리고 어떻게 성과급이 시간급에 비해 더 많은 개별성의 여지를 주는지

설명한 후 맑스는 더 나아가 "성과급이 자본주의적 생산양식에 가장 적합한 임금 형태"[27]라고 결론 내린다. 간단히 말해 폰 베를호프의 '가정주부화'설은 의류 제조업 여성 노동자의 사회학적 상황을 적절하게 설명해 주기는 하지만, 이들이 일하고 있는 경제관계 또는 생산관계를 정확하게 규명하지는 못한다.

성별 분업: 남성의 일과 여성의 일 사이의 다양한 분할선

이제 여성주의 의제인 성별 분업에 대해 논의해 보자. 앞에서 모헤슈톨라-산토슈푸르와 둠둠-파이크파라 모두 남성이 하는 일과 여성이 하는 일 사이에 명확한 구분이 있다는 점을 살펴보았다. 두 지역 모두 여성에게 허용되지 않는 남성의 영역과 남성은 하지 않아도 되는 여성의 영역이 있다. 한 가지 예를 들자면 둠둠-파이크파라에서 우리가 인터뷰한 여성들은 예외 없이 집안일을 하는 것은 여자 가족뿐이라고 말했다. 그러나 또 한 가지 중요한 점은 두 지역에서 성별 분업이 똑같은 방식으로 이루어지지는 않는다는 점이다.

　모헤슈톨라-산토슈푸르에서 기계를 사용하는 모든 일은 남성이 한다. (다시 말해 남성이 중요한 생산수단을 완전히 독점한다.) 첫눈에 보기엔 성별 분업이 언제나 특정한 생산 공정에 따라 이루어진 것처럼 보이지만 사실 그렇지 않다. 아동복을 주로 만드는 바탈라 지역 사례는 새로운 기계 도입이 어떻게 이 성별 분업을 바꾸어 놓았는지 살펴볼 수 있는 좋은 예다. 상대적으로 부유한 이 지역에서 한 오스타가르가 단춧구멍을 뚫고 단

---

27) Marx(1977a), p. 521[같은 책, 761쪽].

추를 다는 작업을 하는 기계를 들여왔다. 그런 마무리 작업은 앞서 추카이 여성 노동자 부분에서 살펴보았듯이 여태까지 여성의 일이었지만 정작 기계를 다루게 된 것은 여성이 아니라 남성이었다.

둠둠-파이크파라에서는 남성의 일과 여성의 일을 나누는 기준이 확연히 다르다. (드레스 제조에서 핵심 기계인) 재봉틀을 사용하는 일은 모두 여성이 한다. 여기서는 집에서 일하는 여성 임금노동자와 밖에서 일하는 남성으로 나뉜다. 남자 가족은 고용주의 집에서 일하거나(예컨대 재단사), 옷 만드는 일과는 상관없는 임금노동을 하고, 여성은 집에서 재봉이나 마무리 작업, 집안일을 한다. 남성 재단사가 집에서 재봉을 하는 모헤슈톨라-산토슈푸르와는 다른 형태의 성별 분업이다. 예를 들어 남칸쿨리에 사는 누룰 하크는 종일 재봉을 하고 부인과 딸들이 마무리 작업과 추카이 일을 한다. 이 일은 모두 가족의 오두막에서 이루어진다.

이를 통해 성별 분업이 고정된 것이 아니라는 점을 알 수 있다. 모헤슈톨라-산토슈푸르 지역에서 모은 자료는 기계 소유를 통해 남성 권력을 보호해야 할 필요에 따라 시간에 따른 성별 분업 구조가 바뀌어 왔다는 사실을 보여 준다. 앞에서 살펴본 사례는 같은 제조업 분야에서도 지역에 따라 성별 분업의 방식과 구조는 달라진다는 점 또한 보여 준다. 문화적 요소가 이런 성별 분업에 큰 영향을 미칠 것으로 보이지만, 푸르다 율법이 지배하지 않는 둠둠-파이크파라 지역에서 오히려 여성이 집 안에서 하는 일과 남성이 밖에서 하는 일이 가장 엄격하게 나뉘어 있다는 점은 의외다. 성별 분업이 남성과 여성의 생물학적 차이에 의한 것이라는 주장은 성립할 수 없다. 그런 입장은 여성주의 학자들이 지적하듯이 현실에 근거한 것이 아니라 가부장적 편견에서 비롯된 것이기 때문이다.

요약: 경제 이론의 맑스주의-여성주의적 전화를 향해

이 장에서 나는 콜카타 주변 의류 제조업 분야에 고용된 여성 노동자들이 처한 노동 조건을 살펴보았다. 이 분야는 수백 년의 역사를 가지고 있지만 최근에 와서야 '소비자 혁명'의 영향으로 확대되었다. 남성과 아동 또한 이 분야에 많이 고용되어 있지만 대체로 여성이 주요 노동력을 구성한다. 여성 노동자는 모두 임금노동과 일상적 가사노동을 함께 하는 가내노동자로 고용되지만 생산 과업에 따라 적어도 여섯 가지 범주로 나눌 수 있다. 주된 의류 제조 지역인 남부의 모헤슈톨라-산토슈푸르와 북부의 둠둠-파이크파라의 차이점은 유용한 비교 지점을 제시해 준다.

서벵골의 의류 제조 부문은 많은 슬럼 거주자와 농촌 사람들이 생계를 위해 의존해야 하는 비공식 부문 노동의 전형적인 예이다. 노동자 상당수는 동벵골(지금의 방글라데시) 출신의 난민 이주민(둠둠-파이크파라의 의류 제조 노동자의 경우)이거나, 농촌에서 더 살 수 없어 이주해 온 이들(모헤슈톨라-산토슈푸르의 다림질 노동자, 다그톨라 여성을 비롯한 다른 의류 제조 노동자)이다. 모든 일은 작은 작업장, 달리즈 또는 노동자의 집에 하청으로 주어진다. 제조일은 극도로 임금이 낮으며 제조업자들은 보호 법규가 있어도 아무 죄책감 없이 무시해 버린다.[28] 그러나 이 모든 특성이 '비공식 부문'과 관련되어 있음에도 불구하고 이 개념은 이 분야의 생산관계, 특히 여성의 노동 조건을 충분히 설명해 주지는 못한다.

맑스주의자와 여성주의자가 함께 발전시켜 온 경제 이론에 의해서

---

28) 강굴리가 인터뷰한 정보원에 따르면 서벵골 주 정부가 의류 제조업계 최저임금을 제정했지만 오스타가르를 비롯한 중개인들은 대부분 최저임금 규정을 무시한다고 한다.

만 완전한 설명의 틀이 가능하다. 콜카타 의류 제조 분야의 특징은 대규모 오스타가르에서 소규모 오스타가르의 작은 작업장과 남성 재단사를 거쳐 집까지 연결되는 하청관계다. 시간급을 받는 노동자는 극소수에 불과하고 절대다수의 남성 노동자와 모든 여성 노동자가 성과급을 받는다. 맑스가 지적했듯이 성과급은 노동 감독의 필요성을 줄여 주기 때문에 "착취와 억압의 위계 제도"를 이루는 근간이 된다. 착취와 노동일 연장을 가능케 하는 것은 바로 성과급이다. 서벵골 의류 제조 분야의 경험이 보여 주듯이 성과급은 노동자에게 '자기 통제'를 강요한다.

그러나 여성이 수행하는 이중 노동의 짐을 설명하기 위해서 우리는 가부장제에 관한 여성주의 논의를 참조해야 한다. 서로 다른 두 지역 모헤슈톨라-산토슈푸르와 둠둠-파이크파라를 비교해 본 결과 남성과 여성 간의 노동 분업은 고정된 것이 아니라 남성 지배를 유지할 필요에 따라 결정되며 시간의 흐름에 따른 의류 제조 분야의 진화에 따라 변화한다. 두 지역 여성 노동자들에게 공통적인 것은 가사노동의 책임이 모두 그들의 몫이라는 점이다. 가부장제 아래서 여성의 가사노동 책임은 고정되어 있다. 결과적으로 여성 재봉 노동자가 다른 지역 여성에 비해 지위가 높은 둠둠-파이크파라에서조차 여성의 노동은 남성과는 달리 임금노동과 가사노동의 이중 과업으로 이루어져 있다.

이러한 이중 노동과 그 가치는 임금노동만을 노동으로 여기는 편협한 전통적 맑스주의 경제 이론에서는 받아들여지지 않았다. 따라서 여성 노동을 설명할 수 있는 것은 현대 자본주의에서 이윤을 창출하기 위해 벌어지는 지불노동과 불불노동 형태의 착취를 모두 고려하는 맑스주의-여성주의 이론뿐이다.

6장

방글라데시 공장제에서
여성 의류 제조 노동자 중 임금 노예

"의류 산업은 독립 이후 현대적 제조업 분야의 성공 스토리다."[1] 이웃한 인도와 마찬가지로 방글라데시에서도 바지와 셔츠를 만드는 현대적 의류 제조업은 경이로운 성장률을 기록했다. 1970년대 후반에는 소수의 제조 업체가 있었을 뿐이었지만 15년 후 업체 수는 적어도 1,100곳으로 늘어났다. 오늘날 방글라데시에서 의류 제조업은 고용하는 임금노동자 수가 가장 많은 산업 분야로 자리 잡았다. 도시 경제에서 의류 제조 분야는 가장 핵심적인 위치를 차지한다.

방글라데시 의류 제조업은 서벵골 의류 제조업과 여러 가지 면에서 닮았다. 모헤슈톨라-산토슈푸르와 둠둠-파이크파라에서 옷을 만드는 노동자들처럼 방글라데시의 다카와 치타공에서 옷을 만드는 노동자는 대부분 여성이다. 이 점은 방글라데시에서 의류 제조업만의 독특한 특징이다. 1991년 노동청의 통계에 따르면 황마 공장에서 일하는 전체 노동자 25만

---

1) *Bangladesh: Country Study and Norwegian Aid Review*(1986), p. 36.

명 중에서 여성 노동자는 겨우 573명으로 비율이 매우 낮다.[2] 황마 공장 소유주는 남성 노동자를 선호한다. 반대로 의류 제조 공장 소유주는 (젊은) 여성 노동자를 고용하는 것을 선호한다. 여성 노동자가 의류 제조업 노동력의 절대다수를 이룬다. 실제로 방글라데시 의류 공장을 들여다보면 재봉틀 앞에서 일하는 여성 재봉사들의 긴 작업 라인을 볼 수 있다.

생산 구조 면에서는 서벵골과 비슷한 점도 있지만 차이점이 더 크다. 먼저 방글라데시에는 서벵골처럼 여성이 집에서 일하는 하청관계의 서열 같은 것은 없다. 방글라데시 여성 의류 제조 노동자는 대체로 집이 아닌 공장에서 일한다. 서벵골 여성들과는 달리 성과급이 아닌 시간급을 받는다. 서벵골에서처럼 여성이 하는 일이 다양하지도 않다. 서벵골에서 여성 노동자들은 재봉사, 추카이 노동자나 다그톨라 노동자 등으로 나뉘지만, 방글라데시 여성 의류 제조 노동자들이 하는 일은 기본적으로 한 가지다. 모두 재봉틀로 바지나 셔츠를 재봉한다.

이 책에 방글라데시 사례를 포함시키는 구체적인 이유는 거의 모든 제조 공정이 공장 안에서 이루어지기 때문이다. 의류 제조업의 등장으로 방글라데시 역사상 처음으로 여성 노동자가 공장에서 집단 노동자로 일하도록 고용되는 일이 벌어졌다. 개별 공장이 고용하는 여성 노동자의 수는 작은 공장은 100~150명부터 큰 공장은 1,500명 넘게까지 다양하다. 또한 대부분 수출 주도형 생산이기 때문에 방글라데시 사례는 수백만의 젊은 여성들이 '세계시장 공장'에서 일하는 제3세계의 한 사례가 된다. 이들은 수출 주도형 성장 전략에 착취당하는 희생양이다. 이 장에서는 19세기 영국 공장을 바탕으로 체계화된 맑스의 노동일 이론이 타당한지 검토

---

2) 방글라데시의 다양한 산업 부문에서 여성 노동자 수에 관한 자료는 Akhtar(1992)를 볼 것.

해 보겠다.

의류 제조업의 국제적 재배치와 제3세계 내 '재이동'

방글라데시 의류 제조업의 급성장은 급변하는 국제적 맥락에서 이해해야 한다. 세계 경제에서 섬유와 의류 제조업 분야는 지난 수십 년간 대규모의 재배치 과정을 겪고 있다. 처음에는 유럽과 미국에서 중동으로 다시 극동으로 산업의 중심지가 이동하고 있다. 최근에는 다시 제3세계의 다른 지역과 러시아와 동유럽 등 구공산권 국가로 업체들이 이동하는 추세다. 이 재배치 과정이 유럽연합 국가들에 미치는 구체적 영향은 로랑 카루에 (Laurent Carroué)의 최근 논문에 잘 정리되어 있다.[3]

카루에에 따르면 겨우 15년 사이에 유럽연합 내 섬유·의류 산업 분야에서 일자리 140만 개가 없어졌다. 1970년 프랑스의 섬유·의류 산업 종사자 수는 76만 5,000명이었으나 1980년 52만 7,000명, 10년이 지난 1990년에는 36만 1,000명으로 감소했다. 이전에는 북유럽 국가에서 생산되던 의류의 상당 부분은 이제 그리스, 스페인, 포르투갈, 이탈리아 등 남유럽 국가에서 생산된다. 이들 국가에서 제조되는 의류 상당수는 소규모 작업장에서 재봉된다. 따라서 20명 이하 규모의 작업장에 고용된 노동자 수가 전체 노동자의 18퍼센트뿐인 독일에 비해 이탈리아에서 이런 비공식 분야 노동자는 전체의 45퍼센트에 달한다. 유럽연합 내 10인 이하 초소형 사업체는 5만 8,000곳에 달하는데 그 중 절반이 스페인과 이탈리아에 있다.

1950년대와 1960년대에 국제적 구조조정이 시작되었을 때 처음 섬

---

3) Carroué(1993), pp. 18~19.

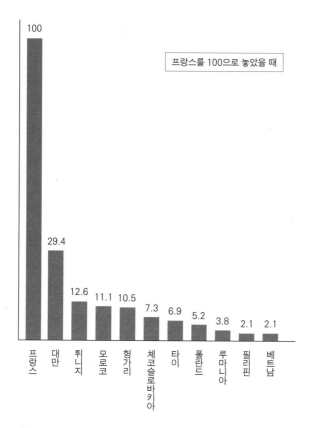

도표 6-1 저임금 국가의 섬유·의류 분야에서의 경쟁, 1993년(단위: 미화)

프랑스를 100으로 놓았을 때

- 프랑스 100
- 대만 29.4
- 튀니지 12.6
- 모로코 11.1
- 헝가리 10.5
- 체코슬로바키아 7.3
- 타이 6.9
- 폴란드 5.2
- 루마니아 3.8
- 필리핀 2.1
- 베트남 2.1

출처: *Le Monde Diplomatique*, December 1993.

유·의류 산업이 옮겨 간 곳은 중동 지역이었다. 일부 지중해 연안 국가들은 섬유·의류 산업을 자국 산업화 정책의 중점 산업으로 삼았다. 예를 들어 모로코에서 섬유·의류 산업은 규모 면에서 둘째로 큰 산업 분야로 성장했다. 카루에에 따르면 현재 모로코 섬유·의류 산업 종사자수는 180만 명에 달한다. 튀니지에서 섬유·의류 산업은 전체 제조업의 50퍼센트, 전체 수출의 35퍼센트를 차지한다. 걸프전 이후 대미 의류 수출 한도가 3배로 늘어난 터키에서 섬유·의류 산업 노동자 수는 200만에 달하며 이는 터키 전체 산업 고용자의 3분의 1에 해당한다. 터키에서도 남유럽과 마찬가지로 '비공식 부문'이라고 부르는 작은 작업장에서 대부분의 재봉일이 이루어진다.

서유럽 업체들이 섬유·의류 생산지를 옮기게 된 주요인은 낮은 임금이다. 도표 6-1이 보여 주듯 모로코와 튀니지에서 섬유·의류 노동자가 받는 임금은 프랑스의 10분의 1 수준이다. 세계적 차원의 구조조정에 관한 연구들은 보통 이런 움직임을 '사회적 덤핑'(social dumping)에 연결한다. 선진국의 높은 인건비를 피하고 노동자에 대한 사회적 보호 장치가 아직 제대로 마련되지 않은 지역의 이점을 취하는 것이 기본 목표이다. 이 움직임은 국제통화기금(IMF)이나 세계은행이 발전도상국에 강요하는 구조조정 프로그램으로 더욱 강화된다. 발전도상국은 외자를 갚을 외화를 벌기 위해서 수출품의 가치를 높여야만 한다. 세계은행 방글라데시 사무소 대표의 슬로건 "수출하거나 죽거나"는 이런 상황을 잘 설명해 준다.[4]

그러나 생산지를 옮긴다고 해서 제3세계 국가에 미국과 서유럽의 주문이 계속 이어진다고 볼 수 없다. 지난 수십 년간 세계 의류 시장은 제3세계 한 지역에서 또 다른 지역으로 옮겨 가는 '이동과 재이동'(run and re-run) 과정을 겪어 왔다. 공급 라인이 짧고 유행을 많이 타는 드레스의 경우 중동에 있던 생산지를 북유럽과 미국으로 다시 옮겨 가는 재이동 사례도 있다. 동유럽과 소련의 사회주의 정권 몰락 이후 그쪽으로 생산지를 옮겨 가는 것이 가장 최근의 재이동 경향이다. 이들 국가는 상대적으로 서유럽

---

4) 방글라데시 다카에서 진행한 세계은행 방글라데시 사무소 대표 크리스토퍼 윌러비와의 인터뷰. *SüdAsien*(Dortmund, Germany), 15 October 1992, p. 70.

과 가까울 뿐 아니라 이미 사회 기반시설과 숙련된 노동력을 갖추고 있어 생산지 유치에 용이하다는 장점이 있다.

제3세계 내 재이동의 전형적인 예는 의류 제조업이 동아시아의 '호랑이' 혹은 '신흥 공업국'으로 불리는 나라(홍콩, 싱가포르, 대만, 한국)에서 다른 아시아 지역으로의 이동이다. 예를 들어 도시국가 홍콩은 2차 대전 이후 수출 주도형 산업화 전략의 일환으로 섬유·의류 산업에 주력했다. 홍콩의 임금 수준이 오르자 1970년대 대형 업체들이 임금이 훨씬 낮은 남아시아 국가로 생산지를 옮겨 갔다. 네덜란드 연구소 소모(SOMO)의 보고서에 따르면 1984년에서 1991년 사이에만 홍콩에서 섬유·의류 분야 여성 노동자 7만 명이 일자리를 잃었다.[5] 1980년대 중반 이후 생산지가 중국으로 대규모 이전했는데 현재 중국 섬유·의류 산업은 세계에서 가장 빨리 성장하고 있다고 한다.[6]

이런 식의 2, 3차 재이동이 아시아와 세계 의류 시장에 미친 영향은 엄청나다. (인도네시아에서 파키스탄에 걸친) 국가들이 아시아 신흥 공업 국들이 좀더 일찍 채택한 수출 주도형 산업화 전략을 뒤따르는 가운데 각국 섬유·의류 산업이 여성 노동자 수십만 명을 고용하고 있다. 동시에 동아시아 업체들은 이미 자국에서 검증된 혹독한 착취와 노동조합 및 노동권 탄압 경험을 활용해 중미와 남아프리카 같은 다른 제3세계 지역에서 의류 제조업 관리자로 부상하고 있다. 홍콩과 한국에 본사를 둔 업체들은

---

5) Rosier(1993), p. 16.
6) 국제섬유의류가죽노동자연합(ITGLWF: International Textile, Garment and Leather Workers Federation) 사무총장 닐 커니(Neil Kearney)에 따르면 "중국이 섬유·가죽·의류 분야에서 주도적인 생산국이 될 것이다. 홍콩과 한국 같은 좀더 산업화된 아시아 국가들이 중국에 수십억 달러를 투자했다". *Clean Clothes*, Vol. 2, February 1994, p. 4를 볼 것.

예컨대 의류 산업에 고용된 노동자 수가 2만 5,000명인 레소토로 생산지를 옮긴다.[7] 북반부 선진국들이 제3세계 각국에 적용하는 쿼터제를 빠져나가기 위해 특히 옷을 만드는 최종 생산지(재봉이나 다림질을 하는 곳)를 새로운 '목초지' 즉 착취하기 쉬운 노동력이 있는 나라로 옮기는 것이다.

방글라데시 의류 수출: 세계 경제의 하청업자

그렇다면 이런 국제적 이동과 재이동의 맥락에서 방글라데시의 사례는 어떻게 위치 지을 수 있는가? 1976년 방글라데시 최초의 공장이 지어진 이래 의류 제조업은 성장 가도를 달렸다. 방글라데시의류제조수출협회에 따르면 공장 수는 1984년에 이르면 177곳, 1992년에는 1,100곳으로 늘어났다.[8] 합작으로 지은 공장이 일부 있지만 대부분은 방글라데시 업체이다. 그러나 방글라데시에서 개인 기업가 계급이 새롭게 등장하는 와중에 의류 제조 분야는 독자적인 산업화 과정을 예고하지 못했다.

첫째, 의류 제조 공장이 원자재를 수입에 크게 의존하기 때문이다. (실이나 종이 상자 같은) 원재료 일부가 국내에서 생산되기는 하지만 핵심 재료인 원단의 97퍼센트 이상을 동아시아 신흥 공업국에서 수입한다. 옷 감과 단추 및 다른 부자재는 대부분 한국이나 대만 같은 나라에서 수입한다. 1970년대 말 동아시아 업체들은 서구 국가의 수입 쿼터를 피할 방법을 찾던 와중에 방글라데시를 '발견'한다.[9] 따라서 바지와 셔츠 제조업은 동아시아 국가의 섬유 산업과 구조적으로 연결되어 있을 뿐 수출 주도형 의

---

7) *Clean Clothes*, Vol. 2, February 1994, p. 3.
8) Jackson(1992), p. 21을 볼 것.
9) *Ibid.*, p. 22.

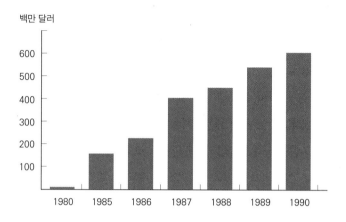

도표 6-2 방글라데시 의류 수출 증가

백만 달러

출처: GATT, *International Trade*, 1990~1991, Jackson(1991), p. 21.

류 제조업보다 훨씬 역사가 긴 방글라데시 국내 섬유 산업과는 아무 관련이 없다.

한편 의류 제조업이 방글라데시의 전체 수출액에서 차지하는 비중은 놀랍도록 빠른 속도로 늘어났다. 관세 및 무역에 관한 일반협정(GATT) 자료에 따르면 1980년 방글라데시는 의류 수출로 겨우 200만 달러를 벌어들였다. 10년이 지난 1990년 의류 수출액은 300배가 넘는 6억 1200만 달러였다. 그다음 해 수출액이 10억 달러를 넘어섰으니 연간 성장률은 40퍼센트에 가깝다. 그러나 의류 수출로 벌어들인 달러의 3분의 2는 아시아 신흥 공업국에서 들여온 엄청난 양의 원단과 원자재 값을 지불하기 위해 다시 해외로 빠져나가기 때문에 이 액수가 순수입이 아니라는 점에 유념해야 한다.

그럼에도 방글라데시 전체 수출액에서 의류가 차지하는 영향은 엄청나다. 1970년대 중반에는 (포대자루 등) 황마 제품이 방글라데시 수출의

표 6-1 방글라데시 수출에서 의류의 위치

품목	1993년 7~12월	1992년 7~12월
의류	692.5	618.7
황마 제품	145.3	161.5
냉동식품	124.7	89.5
가죽	76.4	77.4
메리야스/니트류	83.4	77.1
전체 수출	1,287.2	1,205.7

출처: *Far Eastern Economic Review*, 1994
주: 방글라데시 최다 수출 품목 5종. 숫자 단위는 미화 백만 달러.

75퍼센트를 차지했다. 오늘날 의류 공장은 수출입의 절반 이상을 차지하는 가장 큰 소득원이다.[10] 안타깝게도 방글라데시 수출 구조의 이런 변화는 대외 의존적 구조를 해소하는 데는 도움이 되지 못했다. 황마 제품 생산은 황마 토착 재배에 기반을 두고 있지만 앞에서 설명했듯이 의류 제조의 경우 사정이 다르다. 세계시장에서 황마 가격이 추락하면서 황마 제품 수출에 크게 의존하던 이전의 구조도 문제이긴 했다. 그러나 의류 수출로 옮겨 갔다고 해서 방글라데시 경제가 덜 취약해진 것도 아니다.

따라서 방글라데시 의류 산업 사례는 이동과 재이동의 국제적 과정과 이 과정을 통해 특히 남아시아 소국들이 얻을 수 있는 변변치 않은 이득을 보여 준다. 수많은 다른 제3세계 국가에서 그랬던 것처럼 최대한 싼 노동력을 찾아다니는 국제적 경쟁자들이라는 순전히 외부적 요인에 의해

---

10) 1994년 4월 14일 자 『파 이스턴 이코노믹 리뷰』(*Far Eastern Economic Review*)에 실린 메트로폴리탄 상공회의소(다카)의 수치에 따르면 1993년 하반기 전체 수출액 12억 8720만 달러 중에서 의류 수출은 6억 9250만 달러였다(표 6-1을 볼 것).

제조업 공장이 건설되었다. 그 결과는 농업의 변신만큼이나 의문이다.[11] 의류 분야는 단기적으로 방글라데시가 외화(hard currency)를 벌어들이는 능력을 크게 키워 놓았지만 동시에 높은 대외 의존도라는 대가를 치러야만 했다. 또한 방글라데시 의류 산업의 생산 구조는 하청관계라는 특징이 있는데, 이 하청관계는 우리가 앞서 살펴본 서벵골의 하청관계와는 분명 다르다. 서벵골 의류 산업은 오스타가르에게 옷감을 파는 콜카타의 대상(大商) 마르와리(Marwari)가 독점하고 있지만, 방글라데시에서는 의류 제조업자들이 가장 중요한 역할을 맡고 있다. 의류 제조업자들은 국내에서는 더 강력한 경제 행위자와 연결되어 있지 않다. 그러나 국제적으로 즉 세계시장의 맥락에서 방글라데시 제조업자들이 하청의 사슬에 얽혀 있다고 할 수 있다. 세계 경제적 차원에서 [방글라데시] 의류 제조업자의 지위는 의류 분야의 생산 위계에서 가장 밑바닥에 놓여 있다.

첫째, 홍콩과 한국에 본사를 둔 중개업체가 방글라데시 업자에게 원재료를 공급한다. 중개업체는 실을 뽑고 옷감을 짜는 자국의 옷감 공장과 이 옷감을 재단하고 바느질하고 다림질해 수출용 상자에 담는 방글라데시의 공장 사이를 국제적으로 매개한다. 중개사의 역할은 여기서 끝나지 않는다. 같은 중개사들이 북반부 선진국에서 완제품 판로를 찾는 데도 중요한 역할을 한다. 세계개발운동(WDM: World Development Movement)이 펴낸 탄탄한 연구를 바탕으로 쓴 글은 "옷을 사 입는 사람은 여러 측면에서 한국이나 홍콩에 있는 중개업체에 의존하게 된다. 영국 바이어가 셔츠를 주문할 때도 셔츠를 만드는 옷감을 주문할 때도 같은 중개업체가 관

---

11) 자세한 내용은 이 책의 8장을 볼 것.

여한다"고 밝힌다.[12]

또한 방글라데시에 들어오는 셔츠, 바지, 폴로 주문의 대부분은 미국과 서유럽에 있는 대규모 소매 무역회사에서 온다. 자본과 이윤 모두에서 이 소매 무역회사들은 국제 의류 분야 생산 피라미드에서 제일 꼭대기를 차지한다. 막스 앤드 스펜서(영국), C&A(네덜란드) 같은 업체가 운용하는 막대한 자본에 비하면 방글라데시 공장주가 가진 자본은 푼돈이다. 서구 업체는 방글라데시 노동자들이 뼈 빠지게 일해 만든 이윤에서 가장 많은 몫을 가져간다. 미셸 초스도프스키(Michel Chossudovsky)의 계산에 따르면 방글라데시에서 생산된 셔츠는 선진국에서 수입가의 5~10배 가격에 팔린다.[13]

의류 제조업이 방글라데시로 재배치된 핵심 이유는 저임금 때문인데, 이는 비교를 통해 쉽게 확인할 수 있다. 1984년 미국 의류 제조 공장 노동자가 받는 시급이 평균적으로 7.53달러일 때 방글라데시 노동자는 그 3퍼센트에 해당하는 0.25달러 이하를 받는다. 방글라데시 임금 수준은 홍콩이나 한국 같은 아시아 신흥 공업국보다도 훨씬 낮다. 사실 방글라데시 노동자는 아시아에서 가장 낮은 수준의 임금을 받는다.[14] 방글라

---

12) Jackson(1992), p. 24를 볼 것.

13) 다카에서 발행되는 『홀리데이』(*Holiday*) 1992년 3월 13일 자에 실린 초스도프스키와의 인터뷰, 「세계은행은 대리 정부 역할을 하는가」(World Bank Playing the Role of a Parallel Government?). "셔츠 12벌을 35달러를 받고 선진국에 파는 방글라데시 의류 산업의 경우를 보자. 35달러 중에서 26달러는 원료를 수입하는 데 든다. 나머지 중에서 인건비로 5달러가 들고 그 나머지가 자본적 지출과 작은 이윤이다. 하지만 이 셔츠는 선진국에서 수입가의 5~10배에 팔린다.……방글라데시에서 생산되어 세계시장에 3달러에 팔리는 셔츠 한 장으로 OECD 수입국의 국민총생산(GNP)은 32달러까지 높아진다."

14) 수출용 의류를 생산하는 국가 간 임금(1981~82) 비교 자료는 Philip Gain(1990), p. 9를 볼 것. 인도의 의류 제조 분야 임금 수준을 독일과 비교하면서 싱은 1980년 "서독의 남성 노동자는 인도 남성 노동자보다 22배를 더 받는다"고 밝혔다. Manjit Singh(1991), p. 68.

데시 공장에 있는 재봉사의 생산성이 다른 국가에 비해 확연히 낮다고 하지만, 시간당 임금 차에 비하면 (생산성의) 차이는 크지 않다. 앞으로 자세히 설명하겠지만 방글라데시는 기본적으로 노동자들을 초과 착취(super-exploitation)해서 국제 의류 시장에서 비용을 줄일 수 있었다.

노동자들의 기본 프로필

의류 제조 공장의 노동 조건을 구체적으로 살펴보기 전에 여기서 일하는 노동자들의 일반적 프로필을 간단히 살펴보자. 정확한 노동자 수를 밝히기는 어렵지만 노조 등에서 내놓은 최근 자료는 그 수가 80만에서 100만 정도라고 언급한다.[15] 의류 제조 노동자는 남성, 젊은 성인 여성과 14세 이하 아동 노동자로 구성된다. 공장주는 관리와 '숙련' 노동으로 여겨지는 재단 같은 일에 남성 노동자를 고용하기를 선호한다. (대다수를 차지하는) 재봉사는 거의 모두 여성이다. 아동 노동자는 실밥 자르기 같은 일을 하는 보조 인력으로 고용된다.

다시 이 여성 노동자들은 사회적 배경에 따라 크게 세 부류로 나눌 수 있다. 1992년 인터뷰한 노조 활동가에 따르면 60퍼센트에 달하는 대다수는 농촌 지역의 가난한 가정 출신이다.[16] 남은 40퍼센트 중 절반은 도시 빈민 출신이다. 이들 중 상당수는 농촌에서 도시 빈민가로 진행된 이촌향

---

15) 1993년 2월 11일 자 『남아시아』(*SüdAsien*)에서 「방글라데시 의류 산업: 아동 노동을 통한 경제 성장?」(Bekleidungsindustrie in Bangladesh: Wirtschaftserfolg durch Kinderarbeit?)은 고용자 수가 약 60만이라는 수치를 인용한다. 방글라데시 의류 제조 부문 노동조합 자료가 인용한 수치는 이보다 많다.
16) 1992년 10월 방글라데시 의류노동자고용자연합 대표단과 개인적 의견 교환.

도 현상의 일부로 다가나 다른 도시로 오게 됐는데, 농민이 대규모로 토지에서 유리되면서 벌어진 일이다.[17] 셋째 유형은 도시에서 자란 중하층 출신이다. 즉 의류 제조 분야에는 배경이 다양한 여성 노동자들이 있다. 여성 재봉사들과 인터뷰에서 많은 이주 여성들은 공장 일보다 천대받는 가정부로 일하는 것보다 재봉사 일을 선호한다고 밝혔다.

방글라데시 정의와 평화 위원회가 1985년 의류 제조 노동자 1,000명을 대상으로 진행한 설문 조사는 노동자들의 교육 수준이 높다고 밝힌다. 이 보고서에 따르면 55.5퍼센트가 6학년에서 10학년까지 학교를 다닌 경험이 있으며 39.8퍼센트가 중등 과정 시험에 합격했다고 한다.[18] 노동조합 자료 또한 도시 중하층 출신 여성 노동자 다수가 최소한 초등학교 정도는 마쳤다고 보고 있으므로 교육받은 여성 노동자의 수는 더 늘어난다. 따라서 의류 제조업 여성 노동자의 교육 수준은 방글라데시 여성의 평균 교육 수준보다 높다.

이런 상황은 방글라데시의 실업률이 높기 때문이지만, 의류 제조 노동자의 다른 특성은 업주의 의도적인 고용 정책 때문이라고 할 수 있다. 노동조합 자료와 언론 자료 모두 여성 노동자의 80퍼센트가 미혼이라고 밝힌다.[19] 동남아시아의 세계시장 하청 공장주와 마찬가지로, 방글라데시 공장주는 (16세에서 20세 사이의) 젊은 여성을 노동자로 무척 선호한다. 첫째로는 순종적인 노동력을 확보하기 위해서, 둘째는 출산 수당을 지급

---

17) 이 책 8장을 볼 것. 이주의 규모는 라만(Rahman)의 기사(1994)에 나와 있는데, 방글라데시 도시 슬럼 거주자를 총 2200만 명으로 보고 있다. 슬럼 거주자 대부분은 고용 기회가 없는 농촌 지역에서 토지가 없는 농민이었다고 한다.

18) Gain(1990), p. 6. Banu(1985), p. 45도 볼 것.

19) Gain(1990), p. 13.

해야 하는 법규를 피하기 위해서이다. 공장 관리자가 임신한 사실을 알면 여성 노동자는 해고될 것을 각오해야 한다.[20]

1965년 공장법 위반과 다른 착취 수단들

이 절에서는 의류 공장에서의 노동일(勞動日)을 살펴본다. 다카나 치타공 같은 대도시 의류 공장의 노동 조건은 많은 부분에서 맑스가 19세기 초반 영국 산업에서 노동 조건을 분석할 때 제시한 내용과 비슷하다. 맑스에 따르면 사람들이 "자본주의 생산 체제가 주도하는 국제시장이라는 소용돌이에 끌려들어 와" 수출용 생산품을 파는 것이 업주의 주요 수입원이 되면 강제 잔업은 당연한 일이 된다. 최대 이윤 추구는 노동일을 무자비하게 연장하려는 움직임에 드러난다.[21] 맑스는 후자를 '상대적 잉여가치'와 구별해 '절대적 잉여가치'라는 용어로 개념화한다.[22]

상대적 잉여가치는 노동 속도를 빠르게 하는 것처럼 필요노동시간과 잉여노동시간의 비중을 바꿀 때 발생한다. 이 경우 전체 노동일의 길이는 여전히 똑같다. 절대적 잉여가치는 노동자가 일해야 하는 노동시간을 늘림으로써 발생한다. 맑스의 표현으로는 "절대적 잉여가치의 생산은 전적으로 노동일의 길이에 좌우된다".[23] 19세기 전반부 영국 자본가들이 이윤을 늘리기 위해 사용한 주된 방법이 노동일의 연장이었기 때문에, 맑스는

---

20) 1992년 10월 인터뷰한 방글라데시 의류노동자고용자연합 대표단에 따르면 여성 노동자가 출산 휴가를 쓰면 해고된다고 한다.
21) Marx(1977a), p. 226[『자본 I-1』, 강신준 옮김, 도서출판 길, 2008, 375쪽].
22) *Ibid.*, p. 476[같은 책, 701쪽].
23) *Ibid.*, p. 477[같은 책, 701쪽].

노동자의 노동시간에 관해 상세하게 언급하고 영국 공장법에 있는 노동시간과 꼼꼼하게 비교했다.

맑스의 접근 방식을 따라 노동자들이 일하는 실제 노동시간과 법정 노동시간을 비교해 보면 동시대 방글라데시 공장주의 노동 착취와 절대적 잉여가치 추출에 관해 가장 적절하게 논의할 수 있을 것이다. 방글라데시가 건국되기 훨씬 전에 제정되어 아직까지 유효한 1965년 공장법을 중심으로 살펴볼 것이다. 이 법은 2조에서 '공장'을 이렇게 정의한다.

전기 사용 여부와 관련 없이 지난 12개월간 10명 이상의 노동자가 일하거나 일해 온 특정한 생산 과정이 진행되는 건물이나 부지.[24]

대부분의 공장에서 재단, 재봉, 다림질하는 노동자의 수가 이 정의에 명시된 최소 노동자 수를 넘기 때문에 의류 제조 공장주는 모두 공장법을 따라야 한다.

공장법에는 '노동시간'에 관한 조항이 있다. 53조에 따르면 일일 노동시간은 휴식시간 1시간을 포함해 최대 9시간이다. 주간 최대 노동시간은 48시간으로 규정되어 있다. 공장법은 나아가 하루 1시간에서 몇 시간에 이르는 추가 근무를 포함하면 주간 48시간 이상 일할 수도 있다고 규정한다. 그러나 이런 경우에도 총노동시간은 하루 10시간을 넘을 수 없어서 주간 최대 노동시간은 60시간이 된다. 1년간 평균 주간 노동시간은 주당 56시간을 넘을 수 없다. 또한 51조에서 노동자는 일주일에 하루는 쉬어야 한

---

24) 이 조항을 비롯한 공장법의 전체 내용은 「현재 노동법과 의류 산업」, *Garments*(방글라데시 의류노동자고용인연합 기관지), 1993년 5월호, 2쪽에 벵골어로 실려 있다. 노동자의 법적 권리에 관한 모든 논의는 게인이 쓴 소책자에도 실려 있다. Gain(1990).

다고 규정한다. 10일 이상 휴일 없이 일하는 것 또한 금지한다. 52조는 주간 휴무를 받지 못한 경우 규정된 2개월 이내 '대체 휴가'를 쓸 수 있도록 하고 있다.[25]

앞으로 방글라데시 의류 산업의 특징이 모든 공장에서 벌어지는 다양한 공장법 위반이라는 점을 살펴볼 것이다. 예를 들어 휴식시간에 관한 규정이 지켜지지 않는다(휴식시간은 15분으로 줄어든다). 노조의 요구에도 공장주 대다수는 주간 휴일을 지키지 않는다. 방글라데시에 있는 인권 단체와 노동조합이 시행한 설문 조사는 공장주가 일간, 주간 최대 노동시간에 관한 조항도 지키지 않는다는 사실을 보여 준다. 예를 들어 정의와 평화 위원회 조사에 따르면 의류 공장 52.9퍼센트에서 잔업 시간은 주간 21시간 이상이었다.[26] 명백하게 법적 최대한도를 넘는 노동시간 연장이 의류 분야에서 자행되고 있다. 오늘날 방글라데시의 현실은 한 세기 전 맑스가 묘사한 영국 산업의 현실과 다를 바가 없다.

여성 의류 제조 노동자를 착취하는 정도와 절대적 잉여가치를 뽑아 내는 정도를 측정하기 위해서, 잔업(overwork)이라는 쟁점에 대해 더 자세히 논의해 볼 필요가 있다. 물론 여성 재봉 노동자들이 일하는 시간은 일정하지 않다. 노동일의 길이는 실제로는 공장주가 결정한다. 전체 의류 제조업에 적용되는 주요 변수 중 하나는 '계절적 요인'이라고 할 수 있다. 공장주가 급하게 납기를 맞춰 주어야 하는 수출 주문을 받았을 때는 법적 규제와 상관없이 노동자들에게 몸이 버텨 내는 한 장시간 일하기를 요구한다. 그러나 이 변수를 무시한다고 해도 여성 의류 노동자들의 평균 노동

---

25) Gain(1990); *Garments*(1993)를 볼 것.
26) Gain(1990), p. 7.

시간은 공장법이 정한 것보다 훨씬 길다. 여성 노동자 대다수는 아침 일찍부터 밤늦게까지 일한다. 의류 제조업이 등장하면서 방글라데시 사회에는 전에는 볼 수 없던 새로운 광경이 벌어졌다. 수천 명의 여성이 밤 10시 또는 11시가 넘어서야 도시 빈민가에 있는 집으로 돌아온다.

만연한 공장법 위반 내용을 폭로하는 의류 제조 분야에 관한 저서를 준비하면서 필립 게인(Philip Gain)은 공장주들을 인터뷰했다. 공장주 두 명은 자신들의 공장에서 잔업은 선택이 아닌 의무라고 인정했다. 공장주 무함마드 빌라는 자신의 공장에서는 한 달에 70시간을 잔업하게 하고도 처벌받지 않았다고 아무 죄책감 없이 말했다.[27] 1965년 공장법은 잔업이 한 달에 27시간을 넘지 않아야 한다고 규정한다. 공장주 빌라의 말을 그대로 받아들이면 그 공장에서 일하는 여성 노동자는 법정 잔업 시간보다 평균 43시간을 더 일해야 한다는 뜻이다. 한 달에 26일을 일한다고 보면 이 공장주는 노동자에게 매일 두 시간의 잔업을 뽑아낸다.

더군다나 밤 시간에 여성 노동자에게 잔업을 시키는 것은 그 자체로 불법이다. 공장법 65조는 "여성은 아침 7시에서 저녁 8시 사이에만 일할 수 있다"고 여성의 야간 노동을 금지하고 있다. 정부는 특정한 기업에 한해 이 규정을 면제해 줄 수 있지만 그런 경우에도 노동시간은 오전 5시부터 오후 8시 반 이상으로 늘어날 수 없다.[28] 그러나 수많은 공장이 여성 재봉 노동자가 오후 8시 이후에도 일하도록 한다. 개인 연구자들과 노동조합의 자료에 드러나는 더 심각한 상황은 노동자들을 밤새도록 일하게 하는 공장도 있다는 사실이다. 게인에 따르면 여성 노동자들이 쉬지 않고 48

---

27) Gain(1990), p. 105.
28) *Garments*(1993), p. 2를 볼 것. Gain(1990), p. 29도 볼 것.

시간, 72시간 또는 그 이상 일해야 하는 경우도 있다고 한다.[29] 그런 경우 명백하게 육체적 한계를 넘어선 노동 착취가 벌어진다.

이 같은 가혹한 노동 착취로 공장주는 불법적으로 절대적 잉여가치를 얻어 낸다. 1965년 공장법 58조는 잔업수당은 정규 임금의 두 배여야 한다는 조항을 통해 산업 노동자 착취를 제재하고자 했다.[30] 그러나 잔업수당 미지급으로 여러 차례 벌어진 공장 파업에서 보듯이, 공장주는 자주 잔업수당을 지급하지 않는다.[31] 전형적인 사례는 다카에서 가장 오래된 수출 주도형 의류 공장인 플린트 의류 유한회사의 파업으로, 전체 직원 250명 중 여성이 230명이다. 1993년 12월 노동자들은 밀린 3개월 치 임금과 5개월 치 잔업수당 지급을 요구하며 파업에 들어갔다.[32]

한 진보적 노동조합 간부에 따르면 잔업수당 지급을 둘러싼 변칙 행위는 수도 없이 벌어진다고 한다.

먼저 잔업 시간 내역이 전혀 없다. 관리자가 기록을 관리하지만 실제 받는 돈은 잔업한 시간의 3분의 1밖에 되지 않는다. 둘째, 잔업수당은 두세 달씩 늦게 나온다. 공장이 법을 어겨 가면서 늦게 지급하는 것이다. 셋째, 평균적으로 잔업수당은 법에서 규정한 대로 정규 노동시간 시간급의 200

29) Gain(1990), p. 7. Sultana(1989)도 볼 것.
30) Garments(1993), p. 2를 볼 것. Gain(1990), p. 24도 볼 것.
31) 예를 들어 1993년 11월에 출판된 Clean Clothes(No. 1, p. 12)에 실린 배런 의류와 덕스 의류 유한회사의 분쟁 기사를 볼 것. 전국의류노동자연합(National Garment Workers Federation)은 밀린 급여와 잔업수당을 받기 위해 벌인 배런 의류와 덕스 의류의 투쟁은 성공적이었다고 하는 보도 자료를 1993년 7월과 8월에 배포했다. 다른 공장 세 곳(수산, 데님, 아메드)에 속한 노동자들이 임금 체불에 반발해 벌인 점거 농성에 대한 기사(Rupali, Dhaka, 1993년 9월 9일)도 볼 것.
32) 플린트 의류 여성 노동자들의 투쟁에 관한 기사(Clean Clothes, Vol. 2, February 1994, pp. 13~14)를 볼 것.

퍼센트여야 하는데 실제로는 40~60퍼센트밖에 되지 않는다.[33]

　　노동일을 연장하고 잔업수당을 공장법이 정한 것보다 훨씬 낮게 지급함으로써 공장주는 정규 노동시간 동안 노동자 착취율(the rate of exploitation)을 더 증가시킨다. 이런 행위는 맑스가 말한 절대적 잉여가치 전유의 명백한 예가 된다.

　　공장주가 노동자를 착취해 이윤을 늘리는 방법에는 두 가지가 더 있는데 바로 벌금제와 아동 노동이다. 여러 가지 이유로 노동자에게 벌금을 매기는 벌금제는 새로운 것은 아니다. 19세기 말 러시아에서 벌금제는 노동자의 임금을 박탈하기 위해 사용됐다. 로즈 글리크먼(Rose Glickman)은 혁명 전 러시아 여성 노동자의 지위에 관한 책에서 벌금제에 관해 날카롭게 설명한 바 있다. 예를 들면 공장 규칙을 어기거나 무단결근하거나 (결혼이나 장례 같은) 개인적인 일이 있어도 벌금을 내야 했다. 특히나 여성 노동자가 아이를 돌보기 위해 잠깐만 일터를 떠나도 벌금을 내야 했다. 또한 많은 공장에서 달성하기 불가능한 생산 목표를 정해 놓고 이를 이루지 못하면 임금을 깎았다. 글리크먼에 따르면 벌금제는 "노동자의 실질 소득을 깎기 위해 쓰는 가장 보편적이고 기만적인 수단"[34]이다.

　　동시대 방글라데시 여성 노동자에게도 벌금은 여전히 다양한 이유로 부과된다. 1992년에 인터뷰한 노조 활동가에 따르면 재봉 단계에서 실수가 있으면 벌금이 매겨진다. "노동자 한 명이 실수를 하면 400~500명이

---

33) 1992년 10월 방글라데시 의류노동자고용자연합 대표단과의 인터뷰. 술타나에 따르면 "공장주 80퍼센트가 노동자들이 일한 실제 추가 근무시간의 절반만 기록한다". Sultana(1989), p. 3.
34) Glickman(1984), p. 6.

모두 처벌받는다. 즉 전체 노동자가 잔업수당을 못 받는다."[35] 따라서 공장주는 작은 사건을 노동시간을 연장하는 데 악용한다. 잔업수당을 지급하지 않는다는 것은 비용을 들이지 않고 그 시간 동안 생산된 노동가치를 전유한다는 뜻이다. 이런 행위는 공장법이 정한 잔업수당에 관한 규정을 명백히 위반하는 것이다.

노동조합이 지적한 또 다른 예는 금요일에 출근하지 않았다고[36] 임금을 삭감하는 공장주다. 이것은 불법적 관행을 따르지 않았다고 처벌받는 경우이다. 앞에서 살펴보았듯이 공장법은 일주일에 하루 휴가를 주도록 규정하지만, 많은 고용주가 이런 기본적 권리를 무시한다.[37] 여성 재봉사들이 금요일에 근무하라는 공장주의 지시를 어기면 2~3일 치 임금을 못 받을 위험에 처한다. 앞에서 살펴본 다른 사례처럼 공장주가 불법적 수단으로 착취를 강화하는 방법이다. 노동자들이 금요일에 근무해야 한다는 사실 자체로 이미 초과노동시간이 늘어난다. 거기에 벌금제를 통해 초과노동 착취가 벌어지고 그 착취분은 고용주에게 이중으로 전유된다.

세번째 사례는 착취 강화가 노동시간 연장과 함께 나타나는 경우이다. 첫째, 공장주가 생산 속도를 높이기로 결정한다. 동일한 노동시간 내에 더 많은 셔츠와 바지를 만들어 내도록 노동자들을 압박한다. 이전에는 한 시간에 50벌 정도를 재봉했다면 이제는 60벌을 재봉하도록 요구한다. 따라서 공장주는 추가 비용 없이(즉 가변자본 추가 비용 없이) 더 많은 제품

---

35) 방글라데시 의류노동자고용자연합 대표단의 발언.
36) 이슬람 국가인 방글라데시에서는 모스크에 가는 금요일이 휴일이다.—옮긴이
37) *Ibid.* 다른 처벌제에 관한 예들은 게인이 진행한 여성 의류 노동자들과의 인터뷰에 나와 있다. Gain(1990). 한 공장에서는 사흘 연속 지각하면 하루 치 임금을 삭감한다. *Ibid.*, p. 36. 셀리나 아스마에 따르면 배런 의류에서는 5분 지각하면 하루 치 임금을 삭감한다고 한다. Selina Asma(*ibid.*), p. 38.

을 얻게 된다. 노동자가 목표량을 채우지 못하면 잔업수당을 지급하지 않는다. 이 경우 동일한 노동시간에 생산량도 늘고 임금을 지불하지 않아도 되는 노동일도 늘어나므로 공장주에게는 일석이조인 셈이다. 상대적 잉여가치의 확장된 추출과 절대적 잉여가치의 추가 추출이 합쳐진다.

방글라데시 의류 공장에 만연한 아동 노동은 1992년 8월 하킨 미 상원의원이 1992년 8월 아동 노동 방지 법안을 제안하면서 방글라데시 의류 공장에 만연한 아동 노동이 국제적 관심사로 떠올랐다. 이 법안은 15세 이하 어린이를 고용한 공장에서 생산된 제품을 수입 금지하는 내용을 골자로 한다. 이 법안이 공표되자 미국 수출에 의존해 온 공장이 400곳이 넘는 방글라데시 의류 업계는 공황 상태에 빠졌다. 공장주, 다카 언론, 노조 대표는 하킨 법을 보호무역주의 정책이라고 비난했다. 그러나 몇 달 지나지 않아 공장 30여 곳에서 대규모 해고가 시작됐다. 한 공장주는 전체 노동자 350명 중 80퍼센트가 넘는 아동 300명을 해고하기도 했다.[38]

하킨 법은 여러 가지 측면에서 비판받을 여지가 있다. 이 법안은 미성년 노동을 이용해 싸게 생산된 수입 제품에 맞서 미국 내 시장을 보호하기 위한 것이다. 문제는 어린 자녀들의 수입에 기대야 하는 제3세계 도시 빈민 가족에게 끼칠 부정적 효과를 막을 방도가 없다는 점이다. 수많은 방글라데시 사람들의 삶이 어려움에 처했다. 의류 공장 노동자 4분의 1 정도가 미성년이며 5만 명 정도는 미국법이 정한 성년에 달하지 않았다. 하킨 법은 방글라데시에서 강력하게 비난받았지만, 아동 노동 착취가 매우 심각하며 공장주가 공장법을 어기고 있다는 점에는 의문의 여지가 없다. 공장법은 나이와 시간에 제한을 두고 있다. 14세 이상이 되어야 고용할 수 있

---

38) Khondker(1993)를 볼 것.

으며 하루 최대 5시간까지 일할 수 있다.[39]

　의류 공장에서 자행되는 불법적인 아동 노동 착취에는 먼저 장시간 노동이 있다. 6~7살 난 어린이가 공장에 들어가면 대개 완성된 옷의 실밥을 제거하는 '보조' 역할을 한다. 아동 노동자들이 아주 어린데도 불구하고 이들의 노동시간을 제한하거나 공장법이 정한 연간 30일의 휴가를 아동과 청소년 노동자에게 보장하는 조치는 없다.[40] 14살이 되면 성인 노동자와 똑같은 시간 일해야 한다. 그 결과 14세 노동자가 한 달에 100시간 동안 잔업을 한 사례가 보고되기도 했다.[41] 공장주는 아동 노동 제한 시간을 지키지 않을 뿐 아니라 공장법이 성인 노동자를 대상으로 정한 최대 노동시간도 지키지 않는다.

　게다가 방글라데시 공장주가 아동 노동자에게 지급하는 월급을 보면 초과 착취라고 할 수밖에 없다. 도우미는 쥐꼬리만 한 월급 200~300타카(5~7달러)를 받는데 이는 미국 비공식 부문 노동자가 받는 시급 수준이다. 가족 중 어른이 실직 상태이기 마련인 다카의 슬럼에 사는 가족에게 이 돈은 절대적인 금액이다. 그러나 이 돈은 다른 가족은 말할 것도 없고 아동 노동자 자신의 재생산 비용을 감당하기에도 부족하다. 의류 공장은 아동 노동 고용으로 잉여가치 전유량을 늘리지만, 공장주는 필요노동시간만큼도 지불하지 않아도 된다.[42]

　맑스의 노동가치론은 기본적으로 필요노동시간과 잉여노동시간을 구분한다. 노동일에서 두 부분 모두 노동자가 가치를 만들어 내지만, 필요

---

39) Gain(1990), p. 37. *Garments*(1993)도 볼 것.
40) Gain(1990); *Garments*(1993).
41) Jackson(1992), p. 4를 볼 것.
42) 필요노동시간과 잉여노동시간에 관해서는 Marx(1977a), p.204[『자본 I-1』, 312쪽]를 볼 것.

노동시간에 노동자는 자신의 노동력 가치(생계 수단의 가치)를 생산한다. (노동일의 나머지 시간에 만들어 내는) 영여가치는 자본가 공장주의 주머니에 들어간다. 앞에서 언급한 2세대 여성주의에서 촉발된 가사노동 논쟁에서 이 이론의 결함이 지적됐다. 맑스의 노동시간 구분은 유효하지만 여성이 집에서 하는 비임금 필요노동은 고려되지 않았다는 것이다. 노동력을 재생산하는 일은 맑스가 '필요노동'이라고 부른 공장 노동보다 더 고되고 힘들다.

맑스의 이론은 방글라데시 공장주가 잉여가치 생산을 늘리는 방식을 설명하는 데 이용할 수 있다. 앞서 설명한 대로 맑스는 착취의 정도를 v : s 공식으로 표현한다. 여기서 v는 필요가치[가변자본의 가치]를 s는 잉여가치를 뜻한다. 예를 들어 신입 사원을 '연수생'으로 고용하는 것처럼 불법적으로 기간을 늘리는 방식으로 착취 강도가 강화된다. 공장법에 따르면 재봉하는 여성의 '연수생' 기간은 3개월을 넘길 수 없다.[43] 그러나 정의와 평화 위원회 보고서에 따르면 40.2퍼센트에 달하는 의류 제조 노동자가 4~6개월간, 18.2퍼센트는 6개월 이상 연수생 신분으로 일하게 된다. 연수생의 평균 임금은 300타카로 여성 정규 노동자 임금보다 매우 적다. '연수생'에게 최저임금 이하를 지급해서 공장주는 v에 해당하는 비용을 줄이고 s로 전유하는 가치량을 늘린다.

이런 일은 정규직 노동자에게도 똑같이 벌어진다. '연수생'과 '정규' 여성 노동자 모두 직면하는 불평등은 남성 노동자보다 낮은 임금이다. 농업 분야를 비롯한 방글라데시 다른 산업 분야에서와 마찬가지로 의류 제조업에 종사하는 여성 노동자들은 임금이 남성 노동자보다 훨씬 낮다고

---

43) Gain(1990), p. 18. Sultana(1989)도 볼 것.

불만을 터트린다. 우리가 인터뷰한 여성 노조 대표들에 따르면 "똑같은 일을 하고 똑같은 기술을 가진 남녀 노동자가 있다면 남자가 1,500타카를 받을 때 여자는 900타카밖에 못 받는다. 비슷하게 남자 보조는 월급으로 500타카를 받는 반면 여자 보조는 300타카를 받는다".[44] 공장주는 성차에 따라 불공평하게 적용되는 임금에 관해 방글라데시 사회 전체에 성차에 따른 임금 차이가 존재하기 때문에 어쩔 수 없다고 변명한다. 그 결과 많은 여성 노동자가 영양 결핍 상태이며 임금은 자신의 노동력을 재생산하기에도 턱없이 부족하다.[45] 다른 곳과 마찬가지로 공장주는 여성의 임금을 최저임금 이하로 묶어 두는 데 가부장적 사고방식을 활용한다.

마지막으로 여성 노동자의 임금노동시간과 비임금노동시간을 합친 노동시간에 관한 질문을 살펴보자. 우리는 인도 서벵골의 비공식 부문에 고용된 여성 노동자와 방글라데시 공장 재봉 노동자의 필요노동시간이 상당히 다르다는 점을 알아차렸다. 서벵골 여성 노동자와는 반대로 방글라데시 노동자의 필요노동은 대개 임금노동이다.[46] 공장주가 끝도 없이 노동일과 노동주를 늘리기 때문에 여성 노동자는 집안일을 할 시간이 거의 없다. 따라서 이들은 대부분 집안일을 해주는 다른 여성 가족 구성원에게 의지할 수밖에 없다. 또한 방글라데시 여성 노동자가 받는 평균 임금(월 1,000타카)은 서벵골 가내노동자들이 받는 임금과 비교하면 상대적으

---

44) 방글라데시 의류노동자고용자연합 대표단의 발언. 1992년 10월.
45) Sultana(1989), p. 3에 따르면 "그 정도 수준의 임금으로 사람들이 생존한다는 것이 놀라울 뿐이며 생활비가 임금 수준만큼 낮지도 않다. 임금은 한 달에 한 번 단백질을 섭취하기에도 부족하며 많은 노동자가 영양 부족 상태이다. 우리는 노동자들이 인간다운 삶을 누릴 수 없을 정도로 임금이 낮다고 생각한다".
46) 이 책 5장을 볼 것.

로 높다. 그러나 이 돈으로는 생필품을 사기에도 턱없이 부족하다.[47] 간단히 말해 방글라데시 여성 의류 제조 노동자는 극도로 장시간 일하지만 그녀들 또한 소비 기금(consumption fund) 일부를 빼앗긴다.

가부장제가 여성 의류 제조 노동자의 지위에 미치는 영향

여성 의류 노동자를 억압하는 가부장적 지배를 중점적으로 살펴보기 위해 계급 착취 문제는 잠시 접어 두자. 먼저 공장주는 법으로 보장받는 여성의 권리를 공공연하게 침해하는 데 관여한다. (여성 노동자의 야간 노동 금지 위반 같은) 일부 위법 행위를 앞서 살펴보았지만, 노조 활동가와 연구자 들은 그 밖에도 수많은 위법 행위가 저질러졌다고 지적해 왔다. 예컨대 공장법의 하위 법령으로 1979년 제정된 공장 규정은 화장실 설비에 대한 구체적 조항을 담고 있다. 이 규정에 따르면 공장 내 화장실은 반드시 남녀 화장실로 분리되어야 하며 25명당 변기 하나가 있어야 한다.[48] 내가 파악한 바로는 의류 공장 화장실에 대한 구체적 수치는 없지만 이 규칙은 공공연히 제대로 지켜지지 않고 있다.

공장 규정의 다른 조항은 여성의 재생산 과업에 관한 것으로 어린 자녀를 양육하는 여성을 고용하는 데 따른 공장주의 책임을 규정하고 있다. 1965년 공장법 87조는 양육과 관련해 다음 조항을 규정하고 있다. "50인

---

47) 여성 노동자들의 저임금 상태는 예컨대 5인 가족이 한 달간 먹을 쌀을 구입하려면 2,700타카가 필요하다고 본 게인의 글에 잘 드러난다(Gain, 1990, p. 8). 의류 부문 노동조합의 요구를 포함해 방글라데시 노동조합운동의 공통된 요구는 국가의 최저임금이 월 1,400타카로 정해져야 한다는 것이다.
48) 예를 들어 Gain(1990), p. 12를 볼 것.

이상의 여성 노동자를 고용한 공장은 6세 이하 아동 보육 시설을 갖춰야 한다." 보육 시설은 교육받고 경험 많은 여성이 운영해야 하며, 넓고 청결하고 밝고 통풍이 잘되어야 한다. 장난감과 침대, 아동 의류를 세탁할 수 있는 시설을 갖추어야 한다. 공장주는 근무시간 중 보육 시설에 식사를 제공할 의무가 있다.[49] 그러나 게인은 조사 중에 보육 시설을 갖춘 공장을 한 군데도 발견하지 못했다.[50] 보육 시설 관련 규정과 다른 규정을 피하기 위해 공장주가 사용하는 전술은 미혼 여성을 고용하는 것이다.

공장주의 재생산 비용 부담 회피는 임신과 출산에 관련해 가장 극명하게 드러난다. 1939년 제정되어 지금까지 유효한 법은 여성 노동자의 모성 보호에 관해 세부 내용을 포함하고 있다. 산전 6개월 휴가와 산후 6개월 휴가를 보장하며 9개월 이상 근무한 여성 노동자는 출산 휴가 동안 기본급 임금을 보장받는다.[51] 또한 어떤 이유에서건 출산 휴가 중에 노동자를 해고하는 것을 금지하고 있다. 그러나 공장주는 여러 가지 방식으로 이 규정을 무시한다. 여성 노동자가 임신한 사실이 밝혀지거나 출산 휴가를 신청하면 해고한다.[52] 따라서 임신한 여성은 일자리를 잃을 위험에 처할 뿐 아니라 임신한 사실을 감춰야만 한다.

공장주의 논리는 그렇게 해서 출산과 양육에 따르는 비용을 회피하는 것이다. 값싼 노동력인 여성 노동자를 선호하지만 여성을 고용하는 데 따르는 양육 의무는 거부한다. 가장 싼 노동력인 아동을 착취하기를 바라면서 아동을 양육하는 책임은 회피한다. 아동이 미래의 노동력인 한 아동

---

49) *Garments*(1993)를 볼 것. Sobhan(1992)도 볼 것.
50) Gain(1990), p. 13.
51) Gain(1990), p. 25; Sobhan(1992).
52) 1992년 10월 인터뷰한 방글라데시 의류노동자고용자연합 대표단의 말.

을 양육하는 책임은 여성의 것이고 이 역할에 관해서는 노동자로서 하는 일이 아니라고 규정한다. 공장주의 이런 태도는 재생산 책임을 여성에게만 떠맡기는 가부장제 이데올로기의 맥락에 놓여 있다. 1939년 모성 보호 규정과 1965년 공장법 같은 법적 규제로 업주의 책임을 정해 놓고도 실제로 여성 인권 관련 규제가 실행되지 못하고 있다는 점에서 방글라데시 정부는 공장주 편이다.

앞 장에서 비공식 부문 의류 제조에서 취합한 증거를 바탕으로 성별 분업은 상시적으로 고정된 것이 아니고 남성 지배 구조를 확보할 '필요'에 따라 결정된다는 점을 살펴보았다. 서벵골 모혜슈톨라-산토슈푸르에서 남성 지배는 기계 독점으로 구조화되고 둠둠-파이크파라에서는 그런 식의 남성 독점 없이 여성 다수가 재봉틀을 돌린다. 둠둠-파이크파라에서는 집에서 하는 일 대 집 밖에서 하는 일이라는 분할선을 따라 분업이 결정된다. 이 점은 다시 모혜슈톨라-산토슈푸르와는 대조적인데 여기서는 의류 제조 분야에서 일하는 남성도 여성과 마찬가지로 자기 집에서 일한다. 그러나 성별 분업은 두 지역 모두 의류 제조 분야 전체에 걸쳐 존재한다.

여성의 공장 노동 역사에 관한 선행 연구는 산업혁명 시기부터 공장을 기반으로 한 생산에서 성별 분업이 있었다는 사실을 보여 준다.[53] 여성이 고용되어 기계를 만지는 것이 자본 축적에 필요하다고 여겨지면 다른 메커니즘으로 여성의 종속을 구조화한다. 대표적인 방법은 여성에게 불리하게 숙련 수준을 구분하는 것이다. 따라서 앤 필립스(Anne Phillips)와 바버라 테일러(Barbara Taylor) 등 많은 여성주의자들은 특정한 공장 일

---

53) Hall(1987), pp. 19~20. 예를 들어 방적의 기계화로 가족 경제의 잔재가 공장으로 옮겨 오게 된다. 특히 정방기(精紡機)가 발명된 후 남성 기계 조종자가 방적일을 하게 되면서 아내나 아이들을 보조로 함께 고용하는 일이 자주 있었다.

을 범주화하는 것은 특정 성이 그 일을 하는 것과 직접적으로 연결되어 있다고 강력하게 주장했다. 남성 노동자는 공장 내 성별 위계 안에서 그들이 하는 일은 '숙련'된 일이고 여성이 하는 일은 '반숙련'이나 '미숙련' 노동이라고 주장하면서 지배 구조를 유지하고자 노력해 왔다.[54]

　　선행 연구에서 인용된 사건은 의류 산업에서 있었던 일이다. 20세기 내내 영국 의류 산업에서 기계를 다루는 일은 남녀 모두 해왔다. 일반적으로 반숙련 노동자인 여성이 맡았던 기계 다루기를 남성 이주 노동자들이 하게 되면서, "기계 다루기를 숙련된 일로 재정의해 남성성을 보호하려 했다".[55] 또한 젊은 여성이 공장에서 사용하는 기술이 어머니나 여자 친척을 통해 비공식적으로 익힌 것이라는 사실 또한 간과되었다. 예를 들어 공장 재봉틀에서 옷을 재봉하려면 손재주가 있어야 한다. 다이애나 엘슨(Diana Elson)과 루스 피어슨(Ruth Pearson)이 주장한 대로 "산업용 재봉틀 재봉과 가정용 재봉틀 재봉은 크게 다르지 않기 때문에 집에서 재봉을 배운 여성은 손재주와 재봉에 필요한 공간 감각을 갖추고 있다".[56]

　　이제 방글라데시 의류 공장에서 성별 분업을 간략하게 살펴보자. 먼저 남성 지배가 존재하지 않는다는 사실이 눈에 띈다. 방글라데시 공장 노동력의 대부분은 16~20세의 젊은 여성이며 이들 대부분은 미혼이다. 일터에서 여성 노동자는 남편이나 아버지의 권위 아래 있지 않지만, 공장주와 그 대리인의 공적 권위에 따른다. 여성 재봉사가 결혼한 경우 이런 (공장주로의) 권위 이동에 불만을 품은 남편은 자주 폭력으로 대응한다. 따라

---

54) Phillips and Taylor(1976).
55) *Ibid.*, p. 82.
56) Elson and Pearson(1986), p. 74. 숙련도 정의의 이데올로기적 측면은 Barret(1980), p. 167을 볼 것.

서 수피야가 겪은 부당한 대우(뒤에 나오는 인터뷰를 볼 것)는 부분적으로 남편이 아내의 일상생활을 완전히 통제하지 못하는 데서 비롯된다. 그러나 위계는 공장에도 존재한다. 따라서 관리직이나 '숙련' 업무로 분류되는 일은 남성이 맡고, 여성 재봉 노동자가 하는 일은 '반숙련'으로 분류된다.

　방글라데시 의류 산업의 예는 가부장적 노동 분업이 어떻게 기술에 대한 정의를 통해 강화되는지 잘 보여 준다. 여성 재봉 노동자는 19세기 영국의 '숙련된' 남성 방적공처럼[57] 농촌 출신이고 수출용 셔츠와 바지를 재봉하기 위한 직업 훈련을 받아야 한다. 그럼에도 공장주는 '타고난' 손재간과 참을성을 갖춘 여성 재봉사를 더 선호한다. 그러나 여성주의자들은 이런 덕목은 타고나는 것이 아니라 사회화를 통해 얻어지는 것이라고 본다. 여성의 일을 '반숙련' 노동으로 분류해 노동력을 쉽게 통제할 뿐 아니라 여성 임금을 일반 남성 노동자보다 훨씬 낮게 유지한다. 또한 방글라데시 의류 공장 노조의 주도권은 남성이 쥐고 있기 때문에 공장주와 정부가 정한 위계적이고 성별 분업적인 임금 체계 또한 별다른 저항 없이 유지된다.[58] 노조는 임금 수준에 대해서는 질문하지만 직종 분류에 대해서는 문제제기 하지 않는다.

　여성 불평등과 관련해 특별히 논의하고 넘어가야 할 것으로 두 가지가 있는데, 그것은 여성 의류 제조 노동자뿐 아니라 방글라데시 여성 모두에게 해당된다. 첫째는 바로 성희롱과 성폭력이다. 여성 노동자들은 늘 출

---

57) Hall(1987), p. 22. "남자들은 공장에서 정방기 방적을 맡았는데 그 일이 중요한 일이기 때문이었다. 방적공이 된 사람들 중에 이전에 직물을 짜는 일을 했던 사람은 거의 없었다. 오히려 농촌 지역이나 아일랜드에서 일자리를 찾아 도시로 온 이주자들이었다."
58) 예를 들어 Gain(1990), p. 7에 인용된 방글라데시 의류노동자연합이 제안한 임금 범위를 볼 것. 방글라데시 정부가 정의한 숙련, 반숙련, 미숙련 노동의 구분을 그대로 쓰고 있다.

퇴근길에서 희롱당하거나 추행당한다. 노동시간이 길기 때문에 밤늦게 퇴근해야 하지만 공장주는 교통편을 제공하지 않는다. 따라서 여성 노동 자들은 다른 모든 방글라데시 여성과 마찬가지로 폭행과 염산 투척, 강간 같은 노상 폭력의 위험에 놓여 있다. 레하나의 사례가 전형적인 경우로, 젊은 여성 노동자인 레하나는 1993년 9월 30일 공장에서 집으로 가는 길 에 성폭력을 당했다.[59]

공장 안에서 벌어지는 성적 억압은 남성 관리자에 의한 성희롱과 더 나쁜 경우 공장주가 노동자를 성매매 대상으로 삼으려 하는 경우이다. 이 런 일은 방글라데시 의류 공장에서 흔한 일이며, 특정한 방식으로 나타난 다. 공장주는 보통 성적 착취의 장소로 공장을 사용하지는 않고, 예쁘다고 생각하는 여성을 호텔로 데리고 간다. 이 여성은 공장주 사무실로 불려 가 성매매에 합의한 대가로 돈을 받는다. 거절하는 경우 여성 노동자는 해고 된다고 한다.[60] 성매매를 거부하면 처벌받게 되고 불복종과 기강 해이로 취급된다.

또 다른 여성 문제는 결혼 지참금이다. 8장에서 방글라데시 중매결혼 에서 지참금 제도가 어떻게 변화해 왔는지 설명할 것이다. 전통적으로는 신랑 가족이 신부에 대한 보험 조로 돈이나 물건을 내놓는 신부값 제도가 있었지만, 최근 들어 딸을 결혼시킬 때 신부 가족이 엄청나게 많은 지참금 을 내는 방식으로 바뀌었다. 지참금제 때문에 딸을 둔 부모는 더 가난해지 고 땅을 빼앗기는 등 농촌 지역에 대혼란이 벌어지고 있다. 지참금을 놓고 벌어지는 "지참금 살해"를 비롯해 여성에 대한 폭력 또한 늘고 있다.

---

59) 사무국장 아미룰 하크 아민이 이끈 방글라데시 의류노동자고용자연합이 이 사건을 공론화 하는 데 앞장섰다. *Rupali*, 6 October 1993을 볼 것.
60) 1992년 10월 인터뷰한 방글라데시 의류노동자고용자연합 대표단이 밝힌 내용.

의류 산업 노동 조건에 관한 노조 간행물과 보고서는 이 점을 간과하지만 지참금제는 여러 가지로 여성 노동자의 삶에 영향을 미친다. 먼저 여성 노동자가 미혼인 것은 부모에게 남편감을 구할 만한 재산을 모을 능력이 없어서인 경우가 많다. 또한 농촌 마을에서 만난 농민들은 인터뷰에서 딸을 공장에 보내는 것은 지참금을 스스로 벌게 하기 위해서라고 말했고 일부 여성 노조원들도 이런 관행을 확인해 주었다.[61] 여성이 집 밖에서 일하지 않는다는 수백 년간 이어 온 전통을 깬 이유는 결국 가부장제 때문이다. 즉 여성을 집 안에 가두어 노예로 삼는 제도 안으로 들어가기 위해서 필요한 요구를 충족시키기 위해 지참금을 모으는 것이다.

또한 결혼한 여성이 가계에 엄청나게 기여하는데도 불구하고 지참금제에서 벗어날 수가 없다. 임금을 모두 남편에게 주고도 친정에 가서 지참금을 더 가져오라는 요구를 받기도 한다(이어지는 수피야의 이야기를 보라). 여성 의류 노동자는 명백하게 예외 없는 이중의 억압 구조에 시달린다. 자본주의적 노동 착취는 방글라데시 사회 전체에 뿌리를 내린 가부장적 억압과 맞물려 있다. 이들은 노동자로서 여성 농민이나 도시 중산층 여성과는 다른 상황에 있지만, 여성으로서 방글라데시 여성은 모두 비슷한 불평등을 겪는다.

공장 착취와 가정 폭력: 의류 노동자 수피야의 고난

수많은 방글라데시 여성 의류 노동자의 삶에서 공장에서 받는 자본주의

---

61) 1992년 10월 방글라데시 파리드푸르(Faridpur) 농민들과의 인터뷰 및 1992년 10월 방글라데시 의류노동자고용·자연합 대표단과의 인터뷰.

적 억압과 집에서 받는 가부장적 억압은 서로 연결되어 있다. 게인이 인터뷰한 노동자 수피야의 이야기는 이러한 억압의 좋은 예다.[62] 수피야는 남편이 계속해서 지참금을 더 가져오라고 요구하자 공장에 나가 일하기 시작했다. 그녀가 겨우 7살 때 부모는 트럭 운전사인 샤하부딘에게 시집보내기로 정했다. 11살이 되자 남편의 집으로 옮겼고 5년이 지난 16살에 첫 아이를 낳았다. 그때부터 남편은 형편이 어려운 친정에 가서 돈을 가져오라고 괴롭히기 시작했다. 남편이 수피야가 가져오는 돈에 만족한 적이 없었기 때문에 수피야는 일을 하기로 결심한 것이다. 1983년 미르푸르에 있는 이마쿨렛 의류 공장에 들어갔다.

공장주는 앞서 설명한 일반적 착취 수단을 사용해 노동자들을 착취했다. 수피야가 처음 맡은 일은 재봉틀을 다루는 노동자를 보조하는 일로 한 달에 260타카를 받았다. 수습 기간 3개월이 지난 후에도 '연수생' 신분으로 일해야 했다. 이마쿨렛 공장 노동자들은 수습 기간 3개월이 지나면 자동적으로 정규 직원이 되도록 법에 정해져 있다는 사실을 몰랐다. 그 외에도 공장법 위반 사항은 다양했다. 밤 10시까지 계속되는 잔업을 강요당했다. 노동자들은 한 달에 8~10일 정도 밤늦게까지 일해야 했다. 수피야가 받은 잔업수당은 시간당 1타카로 받으나 마나 한 액수였다. 재봉 기계를 다루는 노동자들은 정규 근무 시급과 같은 잔업수당을 받았다. 결과적으로 법이 정한 대로 잔업수당을 받는 사람은 아무도 없었다.

이마쿨렛 의류에서 일하면서도 수피야는 경제적으로 독립하지도 남편의 폭력에서 벗어나지도 못했다. 수피야는 새벽 4시에 일어나 남편과 아이들, 자신이 먹을 아침과 점심을 한다. 아침 6시에서 6시 30분경 집을

---

62) 이것은 게인이 요약하고 번역한 인터뷰이다. Gain(1990), pp. 57~60.

나서서 밤 10시가 넘어야 돌아온다. 자녀를 돌볼 시간도 없이 일하는데도 수피야가 버는 돈은 생계 유지에도 부족하다. 수입을 늘리기 위해 수피야는 가로등 아래 앉아 편자비에 수를 놓는다. 그러나 늘 수피야를 감시하는 남편은 이렇게 힘들게 번 돈을 가져가 버린다. 수피야가 다른 남자와 말을 나누기라도 하면 남편은 가혹하게 때린다. 차려 준 음식이 마음에 안 들어도 주먹이 날아온다.

오를 줄 모르는 저임금이 불만이었던 수피야는 사헬라 의류로 옮겨간다. 이곳의 노동 조건은 너무 가혹해서 겨우 한 달 반을 버틸 수 있었다. 사헬라 의류에서는 노동시간에 실질적 제한이 없었다. "밤낮으로 노동시간이 계속된다고 보면 된다. 노동자들이 쉴 수 있는 시간은 새벽 4시부터 아침 10시 사이였다. 식사 시간은 점심에 한 시간 저녁에 한 시간이다." 이곳 공장주는 노동자의 육체적 한계를 넘어설 때까지 노동시간을 연장하는 데 아무 거리낌이 없었다. 수피야는 병이 났고 공장을 그만두기로 결정했다. 관리자가 임금을 주지 않으려 하자 수피야는 이웃 남자들을 데려가 공장 회계 담당자를 협박하게 했다. 결국 그렇게 해서 못 받은 임금을 받아냈다.

1987년과 1988년 남편의 폭력은 참을 수 없을 정도로 심해져 수피야는 간신히 목숨을 건졌다. 1987년 남편은 자고 있던 수피야에게 등유를 끼얹어 죽이려고 시도했다. 딸이 큰 소리로 울면서 깨워 살아날 수 있었다. 다음 해 8월에는 칼에 목을 찔릴 뻔했다. 이번에는 이웃이 수피야를 살렸다. 한 달 후 남편은 시집 식구들과 함께 집에서 수피야를 때리기 시작해 대로변으로 끌고 나가 사람들이 보는 앞에서 때리려고 했다. 수피야는 경찰서로 가서 호소했지만 뇌물을 주지 않으면 아무것도 해줄 수 없다는 말을 들었다. "돈 없이는 안 움직여요." '법의 집행자'조차도 도와주려고 하지 않았다. 어느 날 남편은 수피야를 길에서 끌고 가 밧줄로 몸을 묶고 가 두었다. 남편과 살고 싶은 마음이 사그라지면서 수피야는 이혼을 생각하기 시작했다.

바빌론 의류 공장에서 일하기 시작하면서 그녀의 고난은 계속되었다. 여기서 받은 임금은 월 1,200타카로 그런대로 괜찮다고 생각했다. 그러나 바빌론 공장주도 착취율을 높이기 위해 비인간적 방법을 쓰는 것이 분명했다. 노동자가 2분 이상 화장실을 쓰지 못하도록 했다. 수피야에 따르면 잉여노동시간을 늘리는 또 다른 방법은 벌금 부과였다. 5분 지각하면 잔업수당을 삭감했다. 한편 남편의 행태는 나아지지 않았다. 수피야가 버는 돈은 모두 술값으로 날리고 계속 때렸다. 공장주의 억압과 남편의 억압에 시달리던 수피야는 공장을 그만두기로 했다. 남편은 수피야를 버리는 것으로 화답했다.

수피야의 이야기는 방글라데시 여성의 공장 생산 참여가 그 자체로 더 큰 자유를 가져다주는 것은 아님을 증명해 보인다. 여성 의류 노동자의 경험이 가부장제의 '재구성'으로 향할 뿐이라면 여성의 진정한 해방에 이르는 길은 여전히 멀고 멀다. 수피야는 1987년 스패로 어패럴에 취직해 다시 한번 자신의 운을 시험해 본다. 하지만 공장에 성과급을 도입하는 문제로 말다툼을 한 후 일자리를 잃는다.[63] 이제 수피야는 남편의 폭정에서는 벗어났지만 아이들이 전남편의 통제 아래 있는 한 마음이 편치는 않다. 유일한 위안은 이것이 그녀 혼자만의 일은 아니라는 것이다. "방글라데시의 마을에는 견딜 수 없는 억압 속에서 자유를 향한 길을 찾으려는 수천 명의

---

63) 이 성과급 적용은 시간급 임금이 대부분인 방글라데시 의류 제조 공장에서 예외적인 상황으로 보인다.

수피야가 있어요."

노동조합 운동의 진화

마지막으로 의류 산업 노동조합 운동의 진화에 대해 간략하게 살펴보자.
1990년 12월 27일 다카 외곽에 있는 사라카 공장에서 화재가 났다. 안전
규정을 지키지 않아 일어난 이 화재로 최소 25명이 넘는 여성 노동자와 아
동 노동자가 죽고 부상자 수도 상당했다. 이 소식은 들불처럼 다른 의류
공장으로 퍼져 나갔다. 며칠 지나지 않아 분노에 찬 여성 노동자 수천 명
이 사라카 사건 피해자에 대한 적절한 보상을 요구하며 거리를 행진했다.
이 즉흥적인 분노 표출은 이후 최초의 광범위한 연대 노조 설립까지 이어
졌다. 1990년까지 공장주의 협박이 노조를 설립하는 데 가장 큰 장애물이
었다. 농성을 벌이기라도 하면 노동자들을 신체적으로 위협했다. 노조에
가입한 것이 밝혀지면 집단 해고 당하기도 했다. 그러나 이번에는 경호원
을 동원해서도 여성 노동자들이 조직화되는 것을 막지 못했다.[64]

　　1991년 초반부터 노조는 노조원 가입을 확대하고 공장 단위 위원회
를 촉진하기 위해 몇 가지 전략을 시도했다. 첫째는 파업이 벌어질 때 가
능한 한 최대로 넓은 연대망을 구축하는 것이었다. 1991년 3월 19일 800
명의 노동자들이 일하는 벡심코사 소유 공장인 콤트레이드 어패럴이 사
측에 의해 직장폐쇄 되었다. 이에 노동자들은 13일간 공장 정문 앞에서 연
좌 농성을 벌이고 세간의 지지를 모으는 다른 활동을 전개했다. 사측은 공
장을 다시 열고 해고된 노조 활동가를 복직시킬 수밖에 없었다. 그러나 반

---

64) *Samachar*, March~April 1991에 실린 기사를 볼 것.

년도 채 지나지 않아 노동자 탄압이 시작됐다. 1991년 10월 21일 사측은 두번째 직장폐쇄를 선포했다. 노동자들은 교대로 의류공장주연합 사무실을 에워싸고 농성을 벌였다. 횃불 시위를 벌이고 대표 노조인 단결위원회(Unity Council)의 추산으로 다카에 있는 의류 공장의 80퍼센트가 참여한 총파업을 성사시켰다.[65]

그러나 운동은 곧 일시적 소강기를 맞게 되는데 부분적으로는 정부의 탄압 때문이었다. 무장한 경찰이 공장 정문마다 지키고 서서 시위를 막았다. 직장폐쇄가 계속되고 운동은 지지부진해지면서, 지도부가 대부분 콤트레이드 어패럴 출신인 노조는 기존 전략을 다시 생각해 보지 않을 수 없게 됐다. 두번째 단계에서 이들은 다른 산업 분야 남성 노동자와 연대 파업을 시도했다. 세계은행과 IMF가 주도한 구조조정 기금의 여파로 황마와 섬유 공장 노동자들은 대규모 인원 감축 위기에 처해 있었다. 인원 감축 정책과 공장 사유화에 반대하는 황마 섬유 노동자 연대체는 1991년과 1992년 총파업과 도로 및 철도 폐쇄 등 전국적 시위에 나섰다. 의류 분야의 노동조합들은 의류 노동자들만의 요구와 관련한 시위를 (최저임금제 같은) 공동의 요구와 관련한 시위와 결합하여 이러한 투쟁들에 '매달리려고' 했다.

최근 들어 특히 전국의류노동자연합(NGWF: National Garment Workers Federation)이 주도한 세번째 전략이 사용되었다. 1993년 전국의류노동자연합은 전체 의류 노동자의 기본 요구 사항을 담은 공개적 대중운동을 개별 공장 파업 지원과 연계했다. 연합은 의류 분야에서 노동절을 공휴일로 지정하라고 요구하는 거리 행진을 벌였다. 비슷한 방식으로

---

65) *Samachar*, Jun~July, 1991과 March~April 1992에 실린 기사를 볼 것.

다른 산업 분야 노동자들과 마찬가지로 보너스를 지급하라고 요구하기도 했다. 또한 연합은 불법 폐쇄와 임금 및 잔업수당 체불에 맞서 싸우는 공장 단위 여성 노동자들의 투쟁을 지원했다. 여러 공장 단위 투쟁에서 연합은 사측과 요구 사항의 전부 혹은 일부에 대한 합의를 이끌어 낼 수 있었다. 플린트 의류의 경우 사측이 부른 경찰이 여성 노동자들이 친 바리케이드를 부수지 못하자 사측은 임금과 수당 지급에 합의했다.[66]

지난 3년간 방글라데시 의류 부문 노조운동은 이전에는 상상할 수 없을 만큼 그리고 서벵골 여성 노동자들이 이뤄낸 것보다 훨씬 더 강력하게 성장했다.[67] 이전에는 공장주가 의류 분야 내 노조 활동을 실질적으로 금지할 수 있었다면 이제 일부 노조는 안정되어 여성 노동자의 권리를 지킬 수 있게 되었다. 더 고무적인 것은 이전에는 노조 활동에 대한 경험이 전혀 없었던 여성 노동자들이 각성하기 시작했다는 점이다. 그러나 아직까지 노조운동은 의류 분야에서 자행되는 가혹한 착취에 심각한 균열을 낼 수 있을 만큼 강력하지 못하다. 노조에 가입한 노동자 수는 소수에 불과하며, 노조운동은 효율적으로 움직이기에는 너무 작은 수많은 공장 노조로 나뉘어 있다. 또한 대부분의 노조가 남성에 의해 주도되기 때문에 이들은 노동자를 균질적으로 착취되는 계급으로 보는 경향이 있다. 여성의 재생산 역할에 대한 공장주의 책임을 거론하는 이들이 일부 있지만 가부장적 억압의 다양한 측면은 아직 구조적으로 다뤄지지 않았다.

---

66) *Clean Clothes*, February 1994, pp. 13~14에 실린 기사를 볼 것.
67) 이런 발전을 5장의 내용과 비교해 볼 것.

방글라데시 여성 공장 노동과 독일여성주의 학파 이론

여성 의류 노동자의 경험은 다시 한번 미스, 벤홀트-톰젠, 폰 베를호프가 주장한 독일여성주의 학파 이론이 적절한지 평가해 볼 기회를 제공한다. 나는 앞 장에서 콜카타 인근에서 의류를 제조하는 가내노동자의 조건은 서구 사회 가정주부의 노동과 사회학적 의미에서만 동일시될 수 있다고 주장했다. 폰 베를호프가 제시한 가정주부화설은 이런 가내노동자 착취의 경제적 메커니즘을 설명하지 못한다. 방글라데시 의류 분야 공장 노동과 관련해서도 독일여성주의 학파 이론은 감춰진 조건의 일부만을 보여 준다고 할 수 있다.

독일여성주의 학파의 맑스주의 경제 이론에 대한 핵심적 비판은 임노동과 자본 간의 모순에만 착목한 나머지 비임금노동을 보지 못했다는 것이다.[68] 독일여성주의 학파의 가설은 여성 의류 노동자가 긴 공장 노동 외에도 수행하는 비임금 필요노동의 실상을 밝히는 데 도움을 준다. (의류 노동자 중 소수인) 기혼 여성은 새벽에 집을 나서기 전에 남편과 자녀, 자신이 먹을 음식을 하고 밤늦게 돌아와서도 집안일을 해야 한다. 또한 미혼 여성의 노동력 생산과 유지도 비임금 필요노동과 연관된다.

그러나 여성 의류 노동자에 대한 착취는 '시초' 축적과 그들이 종속된 자본주의 축적을 모두 고려할 때만 완전하게 파악 가능하다. 즉 수많은 젊은 여성이 종국에는 남편 가족에게 줄 지참금을 벌기 위해서 공장에서 일자리를 찾는 상황에서 이들은 남성에 의한 초기 축적 과정에 연루된다.[69]

---

68) Mies et al.(1986).
69) 자세한 내용은 이 책 8장을 볼 것.

이는 사실이지만 동시에 공장 제도는 여성에게 사회 전반에 만연한 가부장적 관계를 활용해 잉여노동을 최대화하기 위한 노동 규정을 부과한다. 노동일과 노동주에 관한 공장법 위반을 분석하기 위해서 맑스의 잉여노동시간 전유에 관한 핵심 이론을 참조하는 것이 필수적이다.

1970년대부터 세계시장 공장(북반부의 선진국에 수출할 상품을 생산하는, 전 지구적 분업의 일부분인 공장)은 제3세계 곳곳에서 생겨났다. 전자칩 같은 최신 전자제품을 제조하든 대량 소비용 드레스를 제조하든 공장관리자들은 예외 없이 젊은 이주 여성을 고용하는 것을 선호해 왔다. 그들이 순종적이며 '민첩한 손가락'이 필요한 꼼꼼한 일에 '타고났다'고 믿기 때문이다.[70] 이러한 세계 경제의 중요한 경향을 효과적으로 분석하기 위해서는 가부장제와 성별 분업 같은 여성주의 개념과 확장된 맑스의 노동가치론이 함께 필요하다. 잉여노동시간에 대한 이해를 결여한 독일여성주의 학파의 가설은 세계시장 공장에서 일하는 여성의 조건을 설명하지 못한다.

요약: 맑스의 노동일 이론은 여전히 유효하다

이 장에서 나는 방글라데시의 의류 산업에 대한 구체적 분석을 통해 맑스의 노동일 이론이 여전히 유효하다고 설명했다. 19세기 영국 공장에서 경제적 착취를 폭로하기 위해 창안된 맑스의 이론은 자본 축적이 잉여가치 ——임노동자가 생계에 필요한 가치 외에 부가적으로 만들어 내는 가치 ——전유를 통해 가능해진다고 주장한다. 맑스가 방대한 공식 자료를

---

70) 예를 들어 Elson and Pearson(1986)를 볼 것.

종합해 설명했듯이 영국 자본가들은 거의 무제한으로 노동일을 연장해 (예컨대 맑스가 절대적 잉여가치라고 부른 가치의 전유를 통해서) 자본 축적을 이뤘다.

1970년대부터 방글라데시의 주요 도시인 다카와 치타공 인근에 세워지기 시작한 의류 공장의 소유주는 19세기 영국 공장주가 사용한 방식과 놀랍도록 유사한 방식을 이용한다. 노동자가 주중에 결근하면 벌금을 부과해 며칠간 일한 노동의 대가를 빼앗는 식으로 이윤을 확대한다. 잔업에 대한 법률을 어겨 가면서 노동자들에게 연장 근무를 시키기도 한다. 또한 무엇보다도 방글라데시 공장법이 정한 노동시간을 한결같이 어긴다. 무자비한 노동일 연장은 다시 잉여가치를 추출하는 데 가장 선호되는 방식이다. 이것은 방글라데시의 어느 산업 분야에서보다 의류 분야에서 특징적으로 나타난다.

여기에는 분명 맑스의 노동일 이론을 적용할 수 있지만 19세기 영국 산업과 동시대 방글라데시 산업 사이에 놓인 구조적 차이 또한 인식해야 한다. 19세기 영국 공장주와 달리 방글라데시의 의류 공장주는 북반부 선진국에 있는 중개사와 무역회사를 경유해 방글라데시의 공장까지 이어지는 국제 하청관계의 밑바닥에 있다. 앞서 설명했듯이 의류 제조업은 값싼 노동력을 찾아 재배치를 거듭해 왔다. 방글라데시 기업이 잉여가치의 일부를 가져가기는 하지만 그것은 극히 일부일 뿐이다. 즉 방글라데시 공장주가 뽑아낸 잉여가치의 과실은 북반부 업체들이 대부분 가져간다.

마지막으로 맑스의 노동일 이론은 경제적 착취의 메커니즘을 이해하는 데 유용하지만 왜 의류 제조 노동자 80퍼센트 이상이 여성인지를 설명하지는 못한다. 또한 공장과 가족 내에서 여성이 속박당하는 다양한 방식을 설명하지도 못한다. 예를 들어 여성이 반숙련 혹은 미숙련 업무만을 하는 공장 내 위계적 성별 구조를 파악하기 위해 우리는 성별 분업에 대한 여성주의적 분석을 참고해야 한다. 또한 지참금제에 대한 논의에서 보았듯이 여성 노동자들은 자본주의적 착취(여성 노동자들이 만들어 낸 잉여가치의 추출)에만 시달리는 것이 아니라 남성에 의한 시초 축적 과정에도 종속된다. 간단히 말해 서벵골 의류 제조 분야에서와 마찬가지로 맑스주의 개념과 여성주의 개념을 함께 적용해야만 여성 노동자의 일상적 현실을 설명할 수 있다.

7장

독일여성주의 학파와 가정주부화설

서로 다른 인간 사회들이 생산하고 교환하는 조건 그리고 시대에 따라 생산물이 분배되는 조건을 탐구하는 과학으로서 넓은 의미의 정치경제학은 아직 도래하지 않았다. 우리가 가진 경제 지식의 대부분은 자본주의적 생산양식의 진화와 발전에 관한 것일 뿐이다.[1]

독일의 여성주의자 클라우디아 폰 베를호프가 쓴 여성 노동의 새로운 개념화를 제안하는 유명한 글은 이렇게 엥겔스를 인용하면서 시작한다. 이 글에서 폰 베를호프는 여성 노동이 정치경제학 비판의 '맹점'이라고 적절하게 지적한다.

여성 노동을 이론화하고 자본주의 체제 전체를 새롭게 분석하려고 시도하던 폰 베를호프는 제3세계 농촌 여성의 노동 조건을 조사하는 데 많은 시간을 보낸 독일의 여성주의자 마리아 미스, 베로니카 벤홀트-톰젠과 의기투합한다. 폰 베를호프와 벤홀트-톰젠은 라틴아메리카 여러 나라

---

1) von Werlhof(1988), p. 13.

에서 주요 연구를 마쳤고, 미스는 인도 안드라프라데시 주에서 오랫동안 현장 연구를 진행했다. 앞서 설명한 가사노동 논쟁에서 주요 참여자들이 선언했듯이 세 여성 모두 '부르주아지'와 맑스주의 경제학에 대해 비슷한 입장을 공유했다. 또한 폰 베를호프, 미스, 벤홀트-톰젠은 구체적인 제3세계 경험을 통해 그들 스스로 가사노동 논쟁에서 나온 다른 가설들보다 더 보편적이라고 여긴 여성 노동에 대한 가설을 세웠다.

또한 슬그머니 맑스주의적 경제 분석 범주를 취하고 한 번도 정면으로 맑스주의를 반박하지 않은 (뒤에서 논의할) 발전여성주의자들과 달리, 이 세 독일여성주의자는 자신들의 이론을 맑스주의에 대한 공개적 비판으로 기획했다. 따라서 세 사람의 공저에서 각자의 관점을 요약한 서론은 여성과 식민지가 모두 '방치된 영역'이라고 주장한다. "이 방치된 영역을 포함시켜 새로운 모순과 관계를 중심에 놓는다면 기존 사회 이론의 뿌리와 가지를 바꾸게 된다."[2] 저자들은 무산 임노동을 잉여가치 창출과 경제 성장의 유일한 방법으로 본 맑스주의를 비판하면서 노동과 자본의 관계를 "훨씬 이해하기 쉬운 (비임금노동을 포함한) **인간 노동 일반과 자본** 간의 모순의 일부로 보고 임금노동과 비임금노동 간의 모순을 덧붙여 볼 것"[3]을 제안한다. 이 책에서 폰 베를호프, 미스, 벤홀트-톰젠은 공통의 주제와 학설을 공유하는 이론가라는 의미에서 자신들이 같은 학파에 속한다고 밝혔다.

이 장에서는 독일여성주의 학파의 두 학설을 검토하겠다. 먼저 '**가정주부화**'설에 대해 논의할 것이다. 가정주부화는 다양한 방식으로 해석되

---

2) 미스의 서문, Mies, Bennholdt-Thomsen and von Werlhof(1988), p. 3.

3) *Ibid*. 미스는 "따라서 교조적 맑스주의의 이론적·개념적 장치는 새로운 자본주의 비판의 요구에 걸맞지 않다"고 쓴다.

어 왔지만 기본적으로는 여성을 생산 활동을 하지 않는 주부로 보는 사회적 정의(定義)를 가리킨다. 다음으로 여성의 노동(예를 들어 여성의 부양 책임)을 생계노동과 동일시하는 독일여성주의 학파의 논지를 살펴볼 것이다. 독일여성주의 학파의 이론적 입장에 대한 최종 판단과는 관계없이 나는 그들의 작업이 여성주의 이론에서 중요한 위치를 차지한다고 생각한다. 지금까지 있었던 맑스주의 경제 이론의 가부장적 편견을 극복하려한 가장 중요한 시도 중 하나이기도 하다.

여성의 가정예속화: 여성주의 공동의 주제

첫째, 가정주부화 혹은 노동계급 여성의 가정예속화(domestication)에 관한 일반적 사항. 이 주제는 미스와 다른 독일여성주의 학파 학자들이 널리 알리고 발전시켰다. 『가부장제와 자본주의』(*Patriarchy and Accumulation on a World Scale*)에서 미스는 가정주부 이데올로기의 형성과 유럽 자본주의 발전을 연결한다.[4] 광범위한 사료 인용을 통해 미스는 "남성 부양자에게 의존적이며 '사랑'과 소비만 생각하는" 순종적이고 개인화된 여성이라는 이상이 어떤 과정을 통해 부르주아 계급 사이에 퍼지고 프티 부르주아 그리고 마지막으로 노동계급까지 전파되는지를 설명한다.[5] 또한 처음에는 '명백한 계급적 함의'를 담고 있던 핵가족 모델은 산업 노동자 ——현대의 프롤레타리아—— 까지 전파됐다.

가정예속화 주제에 대한 미스의 특정한 해석과 안드라프라데시에서

---

4) Mies(1986b), pp. 100~110[『가부장제와 자본주의』, 최재인 옮김, 갈무리, 2014, 227~245쪽].
5) *Ibid.*, p. 103[같은 책, 232쪽].

레이스 제조업 간의 연관성을 살펴보기에 앞서, 1970년대 이래 이 주제는 여성주의자들의 연구에서 많이 논의되었다는 점을 지적하고 싶다. 예컨대 몇몇 여성주의 연구자들은 19세기 미국에서 세력을 펼치기 시작해 20세기 초에 정점에 달한 '가정과학 운동'(domestic science movement)을 분석했다. 부유한 여성 명사들이 이끌고 기득권 남성들이 지원한 이 운동은 바버라 로저스(Barbara Rogers)에 따르면 "무급 가사노동에 갇힌 여성에게 '과학적' 명분을 제공하고자 했다".[6] 이 운동의 근간이 되는 생각은 여성이 가사노동을 천직으로 여겨 그 책임을 전문 직업으로 전환해야 한다는 것이다. 미국의 역사학자 줄리 마테이(Julie Matthaei)가 인용한 글 중 하나는 "살림은 과학적 관리 이론과 실천이 요구되는 다면적인 일"[7]이라고 주장한다.

마테이는 가정과학 운동이 과학적 산업 관리의 아버지인 프레더릭 테일러와 유사한 언어를 사용하는 것은 우연이 아니라고 지적한다.[8] 가정과학 운동을 지지하기 위해 보도된 기사를 살펴보면 가정주부는 공장 노동에서 확립된 합리화를 따라 해야 한다고 주장한다. 가사노동을 '혁명하기' 위한 시간과 동작 연구가 만들어져야 한다! 한편 바버라 에런라이크와 데어드르 잉글리시(Barbara Ehrenreich and Deirdre English)가 지적한 대로 '가정과학'의 과학적 근거는 취약했다. 이들에 따르면 예를 들어 광적인 청소하기와 먼지 떨기의 근거는 무척이나 의심스러운 '세균 이론'이다. 이 '세균 이론'은 모든 것에서 먼지와 세균을 제거하지 못하는 것은 살

---

6) Rogers(1980), p. 23.
7) Matthaei(1982), p. 158.
8) 테일러의 구체적인 생각은 이 책 11장을 볼 것.

인과 마찬가지라고 주장했다.[9] 가정과학의 또 다른 교리는 '모성애 결핍'(maternal deprivation)으로, 어머니가 자녀를 지속적으로 돌봐주지 못하면 자녀가 청소년 비행을 저지를 가능성이 높다고 주장한다. 여성주의자들이 지적한 대로 이 이론은 남성이 아버지로서의 책임을 회피하는 데 이용되었다. 여기서 다시 실제 사실들은 집 밖에서의 임금노동과 유리되어 가정에 예속된 가정주부 이데올로기에 끼워 맞춰져 왜곡됐다.

또한 마테이가 지적하듯 "가정과학 운동은 여성의 고유한 일로서 소비를 미화하는 것으로 이어졌다".[10] 전자본주의 경제에서 여성은 천을 짜고 치즈와 버터를 만드는 등 집 안팎에서 다양한 생산 활동에 관여했다. '과학적 살림'에 관한 기사들은 기계로 만든 물건의 품질이 훨씬 좋으니 집에서 만든 물건을 상점에서 산 상품으로 대체하라고 조언한다. 공장제 상품 생산이 점차 여성의 생계노동을 대체했다면, '가정과학' 운동은 여성에게 새로운 일을 제안하면서 이러한 경제 발전을 이데올로기적으로 지지했다. "경제적 생산 조건의 변화 때문에……여성은 소비라는 완전히 새로운 영역의 경제 활동을 하게 됐다."[11] 따라서 여성주의 연구는 여성의 역할을 살림과 소비로 제한하는 가정주부 이데올로기를 상세하게 보여주었는데, 가정주부 이데올로기는 19세기와 20세기에 걸친 서구 사회의 산업화와 함께 상류층과 중산층 여성이 의식적으로 발전시킨 것이었다.

9) Rogers(1980), p. 23.
10) Matthaei(1982), p. 165.
11) *Ibid.*, p. 164.

나르사푸르의 레이스 노동자: 제조업 부문의 역사와 진화

독일여성주의 학파가 제시한 '가정주부화'설의 강점과 오류 및 과잉 해석이 갖는 위험성을 명확히 하기 위해, 미스가 안드라프라데시의 레이스 노동자에 관해 쓴 책을 살펴보면서 논의를 전개하기로 하자. 이 책은 1970년대 후반 해안 근처의 작은 마을 나르사푸르(Narsapur)에서 진행한 현장 연구를 바탕으로 한다. 이 마을에서 빈곤층 여성들은 세계시장으로 팔려나가는 레이스 제품을 손으로 떠서 만든다. 자녀가 있는 미망인도 있고 실업자이거나 일용직 남편을 둔 기혼 여성도 있다. 미스와 동료들은 집단 토론과 인터뷰, 설문 조사를 통해 자료를 수집했다. 설문 조사 결과 대상 가족 중에서 여성의 수입이 가족의 주 수입원인 가족이 훨씬 더 많았다.[12] 레이스 노동자 대다수는 카푸(Kapu)라는 농촌 지역 카스트에 속하는데 농촌 경제가 변화하면서 최근 이들의 지위가 상승했다. 미스의 책은 레이스 생산 과정의 성격과 성별 분업을 둘러싼 역학을 체계적으로 분석한다.

현장 연구에서 발견한 사실을 바탕으로 미스가 제시한 이론적 주장을 이해하기 위해서는 먼저 역사적으로 이 지역에 어떻게 레이스 생산이 등장해서 발전해 왔는지 간단히 살펴봐야 한다. 미스는 레이스 산업의 기원은 "고다바리 델타(Godavari Delta) 지역 선교의 역사와 밀접하게 연결되어 있다"[13]고 쓴다. 19세기 침례교파 선교사들이 잠재적 개종자 확대를 기대하며 불가촉천민인 말라스(Malas) 카스트와 마디가스(Madigas) 카스트 개종자들에게 기근에도 살아남을 수 있도록 레이스 패턴 만드는 법

---

12) Mies(1982), p. 97. 가구별 설문 조사는 여성 150명을 대상으로 진행됐다. 미스는 표본 중 30가구 "또는 사례 중 20퍼센트는 일해서 돈 버는 주요 구성원이 여성이라고 결론 내렸다".
13) *Ibid.*, p. 29.

을 가르쳤다. 선교사들은 실을 대 주고 만들어진 레이스를 받아 가서 스코틀랜드, 잉글랜드, 아일랜드에 있는 친구와 관료에게 선물로 보냈다. 요컨대 초기에 나르사푸르의 레이스 생산은 상업적 목적이 아니라 선교 활동에 기부를 요청하는 비영리적 목적으로 시작됐다.

이런 상황은 20세기로 넘어오면서 변했다. 미션 스쿨 교사 요나와 요세프가 레이스 생산을 수출용으로 확대한 것이다. 미스에 따르면 이들은 인도 상인들이 16, 17세기부터 이미 알고 있었던 고전적 선대제(putting-out system)를 레이스 생산에 도입했다.[14] 주문과 디자인은 해외에서 왔는데 주로 칼라, 소매, 가장자리용 레이스 주문이 많았다. 요나와 요세프가 선발한 여성 중개인들이 주문을 나눠 주는 일을 했는데, 중개인들은 여성 레이스 노동자를 직접 찾아가 실과 디자인을 주고 코바늘로 뜬 레이스가 다 만들어지면 취합해 갔다. 일부 중개인은 수입업자의 집에서 레이스를 펴고 분류하는 일에 고용되기도 했다. 어떤 경우에나 여성은 레이스를 만드는 일만 하는 것이 아니라 생산 위계에서 다른 역할도 맡고 있었다. 요나와 요세프가 고용한 이들에게 임금을 지불한 방식은 우리가 앞 장에서 살펴본 성과급이었다.

레이스 생산이 상업화되고 확대되면서 노동력의 구성에도 변화가 생겼다. 요나와 요세프는 어민 카스트에 속하는 아그니쿨라크샤트리야(agnikulakshatriya) 여성을 고용했다. 미스는 이 새롭게 고용된 레이스 노동자와 개종한 불가촉천민 여성이 가정주부가 되어 가는 과정을 주목했다. 생선을 팔던 아그니쿨라크샤트리야 여성과 들에서 일하던 말라스, 마디가스 여성은 레이스 만들기를 시작하면서 집 밖에서 하던 일을 그만두

---

14) *Ibid.*, p. 34.

었다. 미스는 이러한 변화에 영향을 준 요인 중 하나가 선교사들이 퍼트린 이데올로기라는 가설을 제시한다. 선교사들이 세운 여학교에서 여성의 이미지는 "기본적으로 주부와 어머니의 모습"이라고 가르쳤기 때문이다.[15] 한편으로 미스는 여성이 집 안에 머무는 것은 인도에서도 전통적 신분의 상징이라는 점 또한 지적한다. 따라서 기독교 개종자들은 힌두교 사회에서 부유층의 예를 모방하고 싶었을 수도 있다.

마지막으로 세번째 부류의 여성들이 레이스 산업에 동참하게 되는데 이들은 좀더 '존중받는' 카스트 출신으로 나르사푸르 읍내가 아니라 인근 마을에 살았다. 뒤에서 좀더 자세히 설명하겠지만 이들이 본격적으로 레이스 산업에 동참한 것은 1960년대 후반으로 안드라프라데시 부근 마을에서 벌어진 계급 변화와 밀접한 연관이 있다. 특히 카푸라고 부르는 농민 카스트의 여성이 대거 레이스 노동자로 고용되었다. 카푸 여성의 예는 좀더 부유한 카스트 사이에 격리된 노동의 영역이 있다는 사실을 보여 준다. 미스가 인터뷰한 카푸 여성은 자신들은 늘 (외부와 격리되어 농사일을 면제받는) 고샤미(goshami) 상태로 있어 왔다고 말했다.[16] 따라서 가정에 예속된 아내라는 개념은 완벽하게 서구적인 개념은 아니며 남아시아의 부유한 농촌 지역에 전해 오는 오래된 전통이기도 하다.

20세기 들어서 적어도 1960년대까지 레이스 산업은 균질하게 진화하지 않았다. 양차 대전 사이 그리고 2차 대전 직후 레이스 수출량이 상당히 증가했다. 수출 대상국 수는 꾸준히 늘어났고 1953년에 이르면 레이스 제품의 시장 가치는 600만 루피를 기록한다.[17] 그러나 이 정점 이후로 레

15) Mies(1982), p. 33.
16) *Ibid.*, p. 33.
17) *Ibid.*, pp. 36~37.

이스 산업은 위기를 맞는데, 미스는 그 원인을 수입국들이 부과한 쿼터제와 해외 시장에서 기계로 만든 레이스의 성공 때문이라고 보았다. 2차 대전 직후 레이스 업자들은 단체를 결성해 수출 규제를 철폐하고 원자재인 실을 원활하게 공급할 수 있도록 압력을 행사했지만, 레이스 산업 내 격심한 경쟁을 완화하는 데는 실패해 상황은 여전히 혼란스러웠다. 레이스 업자들은 적어도 1960년까지는 레이스 산업에 대한 정부의 관심을 얻지도 못했다.

레이스 산업의 역사에서 중요한 순간은 바로 1960년으로 그해에 안드라프라데시에 공예자문위원회가 설립되었다. 위원회 산하 소위원회는 나르사푸르 레이스 산업에 대한 현장 조사를 벌였다. 현장 조사 보고서에 따르면 10만 명에 달하는 여성이 레이스 산업에 종사하고 있는데 이들은 월평균 15루피 이하를 받으며, 매년 나르사푸르에서 약 100만 루피 어치의 레이스가 수출된다고 밝혔다. 1950년대에 닥친 어려움에도 불구하고 레이스 산업은 생산량, 수출량, 종사자 수, 상업 규모 면에서 안드라프라데시 주에서 가장 큰 공예 산업으로 떠올랐다. 소위원회 보고서는 신용 보조나 판매 촉진 같은 다양한 레이스 산업 진흥 방안을 주 정부에 제안했다. 그러나 주 정부가 어떤 실용적 정책을 채택하든 정부 정책은 기본적으로 "수출업자들의 계급과 카스트 구조를 변화시키는 효과를 낳았다". 미스에 따르면 예를 들어 품질관리관 임명은 의도적으로 "수익성 높은 레이스 산업 분야에 새로운 집단이 진입할 수 있도록 해 기존 업체들의 독점 경향을 깨기 위한 것이었다".[18]

1960년대에 새롭게 레이스 수출업에 합류한 집단은 농업에서 녹색

---

18) *Ibid.*, p. 39.

혁명으로 부를 축적한 부농이었다. 농업 외에 다른 투자 대상을 찾던 이들은 레이스 산업이 간편하고 빠르게 투자 자금을 회수하기에 알맞은 투자 시장이라는 점을 알아차렸다. 주 정부의 수출 인센티브와 레이스 산업 투자자를 대상으로 한 특별 대출도 이들을 유혹했다.[19] 자본주의적 농민 계급 내 다양한 카스트 중에서 카푸 카스트가 가장 수도 많을뿐더러 레이스 산업 진출에도 성공적이었다. 카푸 카스트가 레이스 산업에 진입하면서 (이전에는 기독교도와 브라만, 바이샤로 구성된) 레이스 업자뿐 아니라 제조 노동자들의 카스트 구성도 바뀐다. 앞에서 언급했듯 현재 레이스 제조 노동자의 대부분은 카푸 여성이다. 새로 레이스 산업에 진출한 같은 카스트에 속한 상인들이 이들을 고용한 것에 의문의 여지가 없다.

레이스 산업의 세번째 급성장은 1970년대에 벌어졌다. 극단적으로 낮은 제조 비용 덕분에 레이스를 비롯한 인도산 수공예품은 유럽, 호주, 미국의 슈퍼마켓에서 팔리는 대량 소비재가 될 수 있었다. 석유로 달러를 벌어들인 아랍 국가들 역시 레이스를 사들이는 주요 고객이 됐다. 미스가 현장 연구를 시작하기 2년 전인 1976년 나르사푸르의 레이스 생산 총액은 800~900만 루피에 달했고 앞으로도 더 성장할 가능성이 있었다.[20] 인도 내에서 유통되는 레이스는 거의 없고 대부분은 직간접적으로 수출되었다. 1978년 안드라프라데시 주가 수공예품 수출로 벌어들인 전체 외화에서 레이스 제품이 차지하는 비중은 90퍼센트였다. 그러나 미스가 지적하듯 "이러한 호황으로 돈을 버는 사람이 누구인지 살펴보면 모두 다 남자라는 사실을 알 수 있다."[21]

---

19) Mies(1982), p. 42.
20) *Ibid.*, pp. 51~52.
21) *Ibid.*, p. 52.

나르사푸르 레이스 산업과 서벵골 의류 산업 비교

레이스 제조 노동자의 노동에 대한 미스의 분석을 살펴보기에 앞서, 레이스 산업의 생산 구조를 서벵골 의류 산업의 생산 구조와 비교하고 필요한 지점은 대조해 보는 작업이 도움이 될 것이다. 두 산업을 비교해 보면 넓은 의미에서 미스의 분석과 일정 정도 연관이 있을 것이다. 먼저 안드라프라데시의 레이스 산업과 서벵골의 의류 산업은 자본 축적 과정이 다르다. 레이스 산업은 세계시장과 직접적으로 연결되어 있다. 따라서 안드라프라데시가 아닌 레이스 제품이 팔리는 수입국에서 이윤 축적이 발생한다. 반면 제품이 거의 내수용인 콜카타 의류 제조로 발생하는 이윤 축적은 서벵골과 동인도 다른 주에서 집중적으로 이루어진다. 그러나 이 중요한 차이점을 제외하면 여러 가지 비슷한 점이 있다.

첫째, 양쪽 모두 선대제를 근간으로 생산한다. 즉 레이스와 의류 제조 관련 일은 복잡한 하청 그물망을 거쳐 나뉜다. 생산을 규제하는 핵심 메커니즘은 기본적으로 큰 차이가 없는데, 서벵골에서는 오스타가르, 나르사푸르에서는 중개인이 (실과 면직물 같은) 주요 원재료를 실제로 일하는 노동자들에게 나눠 준다. 일을 마치고 나면 오스타가르나 중개인이 성과급으로 임금을 치르고 완성된 제품을 받아 간다. 미스는 이런 제도가 "떠오르는 산업들이 초기 발전 단계에 있었던" 16세기와 17세기 인도에 이미 존재했다는 사실을 보여 주기 위해 R. K. 무케르지(R. K. Mukherjee)를 인용한다. 동인도에서 유럽계 회사들은 다드니(dadni) 상인들에게 선금을 주어 "유행하게 된 선대제를 따르는"[22] 직공들에게 임금을 주도록 했다.

---

22) *Ibid.*, p. 35. 다드니제에 관한 논의는 Singh(1991), pp. 21~22, 32도 볼 것. 싱(*ibid.*, p. 21)

지금의 선대제는 이 역사적 경험으로 거슬러 올라갈 수 있다.

또 살펴볼 지점은 생산 구조로 양쪽 모두 소수 상인이 생산 구조를 지배하고 있다. 앞서 살펴보았듯이 서벵골 의류 산업 위계에서 가장 위에 있는 것은 콜카타 바라바자르의 대상(大商)들이다. 이들이 자본 동원력이 천차만별인 수많은 오스타가르에게 원자재를 배분한다. 레이스 산업의 경우 필요한 원자재는 면사뿐인데 면사 공급은 사실상 독점되어 있다. 미스에 따르면 1978년 나르사푸르 지역에서 레이스를 만드는 데 쓰는 면사는 모두 케랄라에 있는 알렉산더 앤드 핀레이스(Alexander and Finlays)와 제이 앤드 피 코츠(J and P Coats) 두 회사 제품이다. 두 회사는 판매상 단 세 곳에만 면사를 공급했는데, 이 판매상들은 대규모 레이스 제품 수출업자였다.[23] 서벵골의 의류는 내수용이기 때문에 오스타가르는 자기 제품을 직접 판매할 수 있는 여지가 상당하지만, 수출에 의존하는 레이스 산업은 깔때기처럼 대규모 업자를 거칠 수밖에 없도록 작동한다. 전하는 바에 따르면 1970년대 말 30~40명의 수출업자 중 "15~20명이 은행을 통해 사업을 하는 대규모 업자"[24]였다.

양쪽 모두 생산관계 분석이 복잡해지는 것은 오스타가르와 중개인이 숙련 노동자의 역할을 동시에 하기 때문이다. 서벵골의 모헤슈톨라-산토슈푸르에서는 재봉일에 숙련된 재단사들이 소규모 오스타가르 역할을

에 따르면 다드니제 아래서 인도 수공업자들은 채무관계로 상업회사에 매여 있는 '독립적' 생산자다. 수공업자들은 선금으로 받는 현금으로 통제되었기 때문이다. "특정한 집단이나 수공업자 집단들이 한 상인이나 유럽 회사에 묶여 있는 다드니제는 17세기 말 인도에서 너무나 널리 퍼져 있어서 실질적으로 시장에서 팔리는 상품이 모두 이 제도를 통해 입수됐다." 다드니제가 노예와 동인도회사 중개인으로 대체되는 과정은 Mitra(1978), p. 45; Mukherjee(1974), p. 240; Sinha(1956), pp. 6~7에 기록되어 있다.

23) Mies(1982), p. 56.
24) *Ibid.*, p. 53.

한다. 이들은 재봉틀 앞에서만 시간을 보내는 것이 아니라, 다른 노동자들에게 일감을 나눠 주고 완성된 옷을 받아 오는 일도 한다. 선대제 생산에서 노동자와 중개인의 이중 역할을 하는 것이다. 미스는 나르사푸르의 레이스 산업에서도 비슷한 상황을 발견했다. ('꽃'이나 다른 무늬를 한데 붙이는) 아투쿠파니(athukupani) 일에는 상당한 기술이 필요하다. 이 일을 하는 많은 노동자가 시간이 지나면 소규모 중개인이 된다고 한다.

> 이 여성들은 직접 레이스를 만들기도 하고 이 사업이 어떻게 돌아가는지도 알았다. 지역 시장에서 가격을 알아내고 나서 수출업자들과 직접 거래해야 했다. 이 여성들이나 남편 중 일부는 나중에 자기 사업을 시작하려고 시도했다.[25]

모혜슈톨라-산토슈푸르에서는 남성만이 이런 이중 역할을 하지만, 나르사푸르에서는 여성도 생산자이자 중개인 역할을 한다.

여성이 중개인 역할을 하는 것은 부분적으로는 레이스 산업에서 분업의 양상이 다르기 때문이다. 예를 들어 모혜슈톨라-산토슈푸르에서 편자비를 만드는 일은 아홉 가지 단계로 나뉘고 그 중 세 가지가 여자들의 일(장식 달기, 단 만들기와 단추 달기, 손빨래)이다. 반면 레이스 만들기는 제조 단계가 더 단순하다. 미스는 레이스 만들기의 각기 다른 세 가지 과업을 설명한다. 체티파니(chetipani, 수공)는 문양이나 '꽃'을 만드는 기본 작업이고, 아투쿠파니(붙이기)는 다양한 문양을 이어 붙이는 작업, 카자카투(kazzakattu)는 레이스를 다른 천의 가장자리에 달거나 레이스를 이어

---

25) *Ibid*., p. 59.

붙여 테이블보나 베갯잇 같은 제품을 만드는 작업을 말한다.[26] 이 모든 일은 여성이 한다(즉 제조에서 여성의 역할이 가장 중요하다). 레이스 제조 과정에서 남자가 고용되는 일은 제일 마지막에 레이스를 펴서 평평하게 만드는 일뿐인데, 남녀 노인들이 수출업자의 집에서 이 일을 한다. 미스에 따르면 "생산물에 대한 실제 생산자의 통제를 빼앗아 오도록"[27] 구조화된 레이스 제조의 수평적 분업에 남성이 고용될 여지는 거의 없다.

레이스 산업에서 노동자 통제 수단은 선불제로, 둠둠-파이크파라 의류 제조업에서 쓰는 통제 수단과 비교해 볼 만하다. 미스는 "중개인과 수출업자는 선금으로 임금을 지불해서 레이스 노동자는 먼저 받은 돈을 갚기 위해 일을 해야 한다"[28]고 한다. 선금은 전체 임금의 30~50퍼센트로 나머지는 완성된 레이스를 모아 가면 준다. 둠둠-파이크파라에서 블라우스와 드레스 재봉사로 일하는 여성의 임금 지급 방식에 관해 조사하면서, 이와는 일종의 반대 방식으로 임금이 지급되는 것을 살펴보았다. 재봉 노동자가 재봉한 일감을 가져다주면 고용주는 임금 중 일부만 준다. 고용주 중 (50퍼센트에 달하는) 대다수는 반년 정도 지나야 그동안 모아 둔 나머지 임금을 준다. 이런 방식으로 고용주는 흩어져서 일하는 노동자들을 관리할 뿐 아니라, 이 '저축'에서 생긴 이자를 전유할 수도 있게 된다. 통제 방식이 다르게 나타나는 이유를 안드라프라데시의 레이스 노동자와 벵골의 재봉 노동자 간의 빈곤 수준 차로 설명할 수 있을 것이다. 미스는 선불제가 부분적으로는 레이스 노동자들이 너무 가난하기 때문에 생긴 제도라고 보았다. "노동자들의 소비 기금이 너무 푼돈이라 레이스를 다 만들

---

26) Mies(1982), p. 57.
27) *Ibid.*, p. 59.
28) *Ibid.*

때까지 버티기도 어려울 정도이다."[29] 또한 레이스 산업에서 주는 성과급이 유난히 낮기 때문에 수출업자들은 일종의 대출처럼 노동자들에게 미리 돈을 지급할 수 있는 것이다.

레이스 노동자의 빈곤화와 수출업자의 축재

이제 앞서 논의한 비공식 부문 노동에 대한 분석을 넘어선 미스의 이론적 분석을 살펴보겠다. 그러나 우리는 먼저 레이스 노동자들에게 심각한 타격을 미친 빈곤화 과정에 유념해야 한다. 미스는 현장 연구 중에 했던 개인적 인터뷰 몇 건을 저서에 실었다. 농촌 여성과의 인터뷰는 세레팔렘이라는 마을에서 진행됐는데, 토지 소외가 심각한 지역이었다. 점점 형편이 어려워지면서 빈곤층 카푸 여성들은 레이스 만드는 일을 하게 되었다. 살림이 어려워지자 보이지 않는 고용주(마을에 있는 수출업자) 밑에서 일해서 받는 임금에 기대게 됐지만, 형편이 나아진 것 같지는 않다. 레이스 만들기만 하는 이나 소규모 중개인으로도 일하면서 레이스도 만드는 이나 형편이 어렵기는 마찬가지다. 미스가 제시한 몇 가지 사례를 요약해 보면 다음과 같다.

마할락스미는 카푸 카스트에 속하는 80세의 과부다. 13살에 결혼할 때부터 아투쿠파니 일을 해왔다. 어린 시절에는 가족이 먹고살기 괜찮았던 것으로 기억한다. 아버지의 논 6에이커에서 가족이 먹기에 충분한 쌀이 났

---

29) *Ibid.*, p. 63.

다. 달걀과 기,[30] 닭고기도 주기적으로 먹었고 우유를 가공해 시장에 내다 팔아 부수입을 얻기도 했다. 논 10에이커가 있었던 남편이 살아 있을 때는 그런대로 형편이 괜찮았다. 마할락스미가 레이스를 만들어서 버는 돈은 주식을 제외한 생필품을 사기에 충분했다. 지금은 레이스 만드는 일로 거의 생계를 꾸리지만 수입과 지출을 맞추기도 어렵다. "비료를 쓰면서부터 물고기가 모두 죽어서" 물고기처럼 무상으로 구할 수 있는 먹거리도 없고, 닭고기나 기도 먹지 못한다. 레이스 만들기 임금은 수십 년째 그대로지만 옷 같은 생필품 값은 올랐다. "사리 한 벌 사려면 30루피에서 70루피가 들어요.……이제 우리는 버는 것이 없고 그들[수출업자——인용자]만 돈을 벌지요."[31]

락슈미와 벤캄마는 레이스 제조 노동자이자 소규모 중개인이다. 두 사람 모두 쿨리(자기 땅이 없는 농업 노동자)와 결혼했다. 어릴 때부터 레이스 만들기를 배워 각각 12살과 6~7살에 레이스 일을 시작했다. 두 사람 다 집 안에만 있어야 하는 카푸 카스트 출신이지만 어느덧 돌아다니며 일감을 주고 받아 오는 소규모 중개인이 되었다. 일에 대해 설명하면서 두 사람은 주문을 주는 수출업자가 주는 선금에 대해 이야기했다. 락슈미는 "수출업자는 처음에는 실만 줘요. 레이스가 반쯤 만들어지면 줄 돈의 50퍼센트를 주고, 나머지는 레이스를 전부 다 받고 나서야 주지요."[32]라고 말했다. 두 사람이 중개인으로 벌어들이는 수입은 일정하지 않다. 벤캄마는 요나와 요세프 밑에서 일할 때 마을 네 곳을 돌아다니며 실을 나눠 주

---

30) 물소 젖으로 만드는 인도식 버터.——옮긴이
31) Mies(1982), p. 77.
32) *Ibid.*, p. 86.

고 레이스를 받아 왔는데 한 달에 30그로스[33]까지 할 수 있었고 90루피를 벌었는데 그 정도가 최대치였다. 현재 벤캄마는 쿨리이자 종속된 노동자로 일하는 두 아들과 사는 과부다. 세 사람의 수입을 모두 합쳐도 가족의 생활 수준이 낮아지는 것을 막지 못한다. 생선을 구할 길도 없고, 아침밥도 포기해야 했다. "5~6년 전만 해도 아침에는 남은 밥을 먹었는데, 이제는 커피만 마셔요."[34]

마흔 살인 나감마의 남편은 남의 땅을 조금 빌려 농사를 짓기도 하지만 주업은 남의 농사일을 해주는 농업 노동자이다. 부부는 남편의 임금과 나감마가 레이스를 만들어 버는 돈으로 살아간다. 남편이 일하는 기간은 1년에 3~4개월밖에 되지 않는다. 남편은 농번기에는 하루에 5~6루피 정도 번다. 나감마는 10살 때부터 레이스 만드는 일을 시작했다고 한다. 주로 체티파니 일을 하는데, 두 딸도 같이 일해서 한 달에 여섯 묶음을 만들지만 고작 16루피밖에 받지 못한다. 미스는 이 가족의 월평균 수입을 75.33루피로 계산했는데 기본적인 식료품을 사기에도 부족한 돈이다. "해마다 돈이 없어 빚을 져요. 남편이 농번기에 일용직 노동자로 일해서 갚고요."[35] 가지고 있던 귀중품은 거의 모두 전당포에 담보로 맡겼다 잃었다. "처음에는 금귀고리와 은발찌를 맡겼어요. 그다음엔 놋쇠 그릇을 맡기고 은잔을 맡기고…… 이제 시집올 때 가져온 패물 중에 남아 있는 게 없어요." 나감마는 자신의 본업은 주부이고 자신의 수입은 남편 수입에 보태는 정도라고 생각하지만, 가족의 생계를 위해서는 두 사람의 수입

---

33) 1그로스는 12다스, 즉 144개. ─옮긴이
34) *Ibid.*, p. 87.
35) *Ibid.*, p. 81.

모두 필요하다. "돈이 있으면 남편이 돈 관리를 해요. 돈이 없을 때는 책임은 내 몫이 되고요. 빚이 1,000루피가 넘는답니다."[36]

이러한 레이스 노동자의 빈곤화 반대편에는 극소수 수출업자의 급격한 축재가 있다. 큰 성공을 거둔 사례로 1948년 설립된 수출업체인 시바지 앤드 선스(Shivaji and Sons)를 들 수 있다. 사채업자에게 빌린 초기 투자금 800루피로 시작한 이 회사는 현재는 나르사푸르에서 가장 규모가 큰 회사에 속한다. 1970년대 말 이 회사의 수출 물량은 300만 루피에 달한다고 한다.[37] 자본 축적의 가장 좋은 예는 팔라콜 시장 출신의 면사 판매업자이자 수출업자인 P. 벤칸나이다. 미스는 벤칸나의 아들을 인터뷰했다. 아들에 따르면 아버지는 5~6에이커 정도의 작은 땅을 가진 소농이었다. 레이스 중개인으로 일한 지 몇 년 지나지 않아 벤칸나는 서독 수입업자들에게 주문을 받게 되었다. 뒤이어 면사 공장에서 면사 판매권도 따냈다. 이런 독점적 지위를 이용해 벤칸나 앤드 선스는 나르사푸르에서 제일 오래된 수출업체마저 위협하는 "최대는 아닐지라도" 최대 규모 중 하나인 레이스 수출업체가 되었다. 벤칸나의 아들은 1971년 자신이 회사에 합류한 후 자본력이 확대됐다고 말한다. "면사업에서 아버지의 총매출액은 30~40만 루피였는데, 지금은 400만 루피이다. 레이스 총매출액은 40만 루피였는데 지금은 400~500만 루피에 이른다."[38] 또한 벤칸나의 아들에 따르면 레이스 산업으로 번 돈으로 땅 40~50에이커를 사서 부농으로 계급 상승을 이루는 데도 성공했다고 한다. 벤칸나의 상황은 자기 땅을 일구

---

36) Mies(1982), p. 82.
37) *Ibid.*, p. 92.
38) *Ibid.*

며 형편이 나쁘지 않은 농민이었다가 농업 노동자로 전락한 대다수의 '몰락한' 카스트 구성원들의 처지와 선명한 대조를 이룬다.

　여기서 제시된 예와 다른 사례들을 통해 미스가 내린 결론은 명백한 계급 양극화와 성차에 따른 양극화다. 중개인을 포함한 레이스 산업에서 생산관계에 연관된 여성들은 모두 사회적·경제적 지위가 낮아져 간다고 토로하며, 조금이라도 자본을 축적한 사람은 아무도 없다. 여성은 모두 "처지가 나아지기보다는 악화됐다". 반면 레이스 산업에 종사하는 남성은 무척 작은 규모로 사업을 시작했지만 금방 "급속하고 눈부신 자본 축적 과정"에 합류해 신분 상승에 성공하기도 했다. 전부 토지가 없는 빈곤층이나 중간층 농민 가족 출신인 이들은 단지 부유한 상인일 뿐 아니라 "모두 상당한 규모의 토지 소유주이자 자본주의 농민이 되었다".[39] 여성은 녹색혁명이 도입되기 이전에는 레이스 판매에 일정 부분 관여할 수 있었지만, 이제는 레이스 생산관계에서 가장 밑바닥 위치를 차지할 뿐이다. 양극화로 인해 여성 생산자와 남성 비생산자가 서로 경쟁하는 상황이 되었다. 경제적 환경만 놓고 본다면 레이스 산업 안에서 계급 지위와 성별 지위는 거의 일치한다. "모든 여성은 사실상 노동자이며 모든 남성은 사실상 혹은 잠재적인 자본가이다."[40]

---

39) *Ibid.*, p. 95.
40) *Ibid.*

노동일: 여성에게 여가는 없다

미스는 별도로 장을 할애해 여성 노동자의 노동일(勞動日)에 관해 논의한다. 여성 노동자의 노동일은 (서뱅골 여성 의류 제조 노동자들과 마찬가지로) 가사노동과 임금노동 두 가지로 이루어진다는 특징이 있다. 미스가 지적한 대로 레이스 노동자는 사용가치와 교환가치(가족이 바로 소비하는 가치와 시장에서 판매되는 가치)를 모두 생산한다. 그러므로 이 여성들이 겪는 착취를 이해하려면 맑스의 경제 이론에서처럼 임금노동시간만 볼 것이 아니라 전체 노동시간을 보아야 한다. 따라서 미스는 앞서 설명했듯이 맑스의 노동가치론은 지나치게 제한적이라는 평가를 내린다. 여성 노동에 관한 이론이라면 임금노동의 형태가 아닌 가사노동 및 기타 생산 활동 시간을 모두 포함한 전체 노동일을 고려해야 한다.

레이스 노동자의 노동일의 1부는 자녀 돌보기, 청소, 물 길어 오기, 음식 준비 같은 일련의 가사 활동으로 시작된다. 미스는 "이런 일들에는 재료를 준비하고 운반해 오는 일도 포함된다"[41]고 지적했다. 예를 들어 힌두교도 여성들은 안마당에 칼라피(kallapi, 쇠똥과 물을 섞은 것)를 뿌리는데 그러기 위해서는 쇠똥을 모으고 물도 길어 와 한데 섞어야 한다. 그다음에는 태운 석회암을 갈아 만든 랑골리(rangoli, 하얀 분필 가루)로 마당을 장식한다. 이 과정에서 사용가치 생산과 소상품 생산 사이의 경계는 불분명해진다. 노역이 굉장히 많이 필요한 말린 쇠똥 만들기가 그 좋은 예다. 여자들은 요리를 할 때 쓰는 땔감용으로 말린 쇠똥 덩어리를 만들지만 여분은 내다 팔기도 한다. 따라서 인도 농촌 마을에서 여자들이 하는 가사노동

---

41) Mies(1982), p. 119.

은 서구 주부들이 하는 가사노동과는 다르다. 인도의 맥락에서는 생산과 재생산 영역 사이에 명확한 경계가 없다.[42]

지금까지 살펴본 일은 모두 아침에 하는 일이다. 오전 10시쯤이면 노동일의 2부인 레이스 뜨기를 시작한다. 많은 경우 집안일과 레이스 만들기는 함께 진행된다. 일은 어린 딸을 포함한 집안 여자들에게 모두 골고루 나눠진다. 한 가족 안에 여자가 많다면 일부는 아침에 음식을 하고 다른 여자들은 그동안 레이스를 만든다. 집집마다 여자 가족 수가 다르고 경제 수준도 천차만별이라는 점을 고려해 보면, 여자들이 평균적으로 레이스 만들기에 쏟는 시간은 하루 6시간에서 8시간 정도이다. 이는 곧 레이스 노동자 각각의 노동시간이 엄청나게 길다는 것을 의미한다. "성인 여성과 어린 딸들이 매일 꼬박 13~16시간 동안 일하고, 그 시간의 50~75퍼센트를 레이스 만들기에 쓴다."[43] 그러나 미스는 공식 자료가 레이스 제조를 여전히 여가 활동이나 '부업'으로 분류한다고 고발한다. 실제로 레이스 노동자들에게 "실질적인 여가는 전혀 없다". 그들의 노동일은 새벽부터 밤에 잠자리에 들 때까지 끊임없이 이어진다.

마지막으로 이 정황은 다른 지역 여성 노동자들의 노동일에 관한 사실을 통해 보충되고 입증될 수 있다. 콜카타에서 드레스를 재봉하는 노동자들의 사례는 미스가 인용한 내용과 무척 유사한 점이 많다. 평균적으로 '보통' 노동일이 15시간에 이르고 그 중 8시간을 가사노동에 할애한다. 안드라프라데시에서 레이스를 만들건 서벵골에서 옷을 만들건, 하청 구조와 성과급 아래서 일하는 가내노동자의 노동일은 가사노동과 임금노동

---

42) *Ibid.*, p. 110.
43) *Ibid.*, p. 121.

으로 나뉘며 그 총시간은 엄청나게 길다. 그러나 시간급으로 일하는 방글라데시 의류 공장 여성 노동자의 노동일과 성과급으로 일하는 여성 노동자의 노동일 사이에 큰 차이가 있는 것도 아니다. 차이는 단지 방글라데시 공장 노동자의 노동일 중 임금노동이 차지하는 비중이 훨씬 크다는 점뿐이다. 또한 논의한 세 사례에서 모두 자본 소유주는 여성 노동자의 노동력을 재생산하는 데 드는 총비용을 부담하기를 거부했다.

농촌 경제에 뿌리내린 세계시장용 생산

이제 미스가 레이스 산업을 분석한 몇 가지 방식에 초점을 맞춰 보자. 미스의 분석 방식은 내가 서벵골의 가내 의류 제조업을 분석한 방식과는 뚜렷이 구별될 뿐 아니라 내 연구를 넘어서는 지점이 있다. 그 중 한 가지는 미스가 의식적으로 레이스 산업과 농업의 상관관계를 강조했다는 점이다. 미스는 앞서 밝혔듯이 레이스 생산이 처음 시작된 도시 지역인 나르사푸르와 여기서 9킬로미터 정도 떨어진 농촌 지역 양쪽에서 현장 연구를 진행했다. 기독교도와 아그니쿨라크샤트리야 레이스 노동자는 도시 지역에 살며 토지와의 관계를 잃은 지 오래되었지만, 농촌 마을에서 레이스를 만드는 카푸 여성은 빈농이나 농업 노동자의 아내 또는 딸로 농촌 관계 구조의 한 부분을 이룬다. 앞서 서벵골의 의류 산업에 관한 부분에서 비슷한 방식으로 도시 지역과 농촌 지역의 생산관계를 분석했다. 그러나 재단일이 처음 활발하게 시작된 곳이 농촌 지역인 모헤슈톨라–산토슈푸르인데도 불구하고 의류 산업과 농촌 경제 간의 상호 관계를 살펴보지는 않았다.

　　미스는 통합적 분석 작업을 무척 중요하게 생각했다. 그녀의 지적대로 일용직 노동자, 소농, 부농, 도시 고용자처럼 더 뚜렷하게 '드러나는' 농업 생산관계는 상당한 학문적 관심을 받아 왔다. 그러나 생산관계에 대한 연구는 일반적으로 다른 생산관계 특히 재생산관계나 성별관계와는 분리된 채로 진행되어 왔다.

따라서 학문적 연구가 오히려 두 영역 사이에 구조적 분리를 재생산하고 강화한다. 그러나 이제 이러한 분리가 바로 사회관계의 총체성을 혼란스럽게 만든다는 점을 분명히 해야 한다. 이러한 분리가 사라지지 않는 한 여성 노동은 언제나 '숨겨진' 채로 남을 것이다.[44]

요컨대 미스는 여성의 가사노동과 레이스 제조 노동의 관계뿐 아니라 여성 노동의 총체성이 농업 경제 안에 '내재된' 방식에 대해서도 깊은 관심을 가졌다.

앞서 말했듯이 이러한 접근 방식은 레이스 산업의 확대 및 변화와 1960년대 이래 녹색혁명의 영향으로 도입된 상업적 영농이 깊은 관련이 있다는 점을 이해하게 해준다. 많은 부농이 농업에서 얻은 이윤을 농업에 재투자하기보다는 빨리 투자금을 회수할 수 있는 레이스 산업에 투자했다. 미스는 이렇게 농촌 지역 자본이 다른 산업으로 빠져나가고 농업 자본이 상업 자본으로 전환되면서 "농촌 지역에 양극화를 가져왔다"고 보았다. "농민이 빈곤해지면서 나르사푸르의 레이스 수출업자에게 무제한에 가까운 값싼 여성 예비 노동력이 제공"[45]되었기 때문이다. 가난한 농촌 마을 여성은 남편의 부족한 수입을 보충하기 위해서 레이스를 만들 수밖에

---

44) Mies(1982), p. 73.
45) *Ibid.*, p. 173.

없게 되었다. 새로운 농업 방식 도입으로 인한 농민의 빈곤화는 수출용 레이스 산업에 투자한 부농이 더 많은 부를 쌓을 수 있는 전제 조건을 마련해 주었다.

부농 계급이 어떻게 여성 레이스 노동자를 착취하는지는 재생산관계를 다루는 부분에서 잘 설명되어 있다. 여기서 미스는 이렇게 설명한다.

> 여성은 레이스 상인이나 수출업자뿐 아니라 간접적으로 부농을 위해서도 노동자로 일한다. 레이스를 만들어서 버는 수입은 실업 상태인 임노동자나 빈농, 직공인 남성을 포함한 가족의 재생산에 모두 쓰이기 때문이다.[46]

즉 여성이 집에서 가사노동과 다른 생계 활동을 하기 때문에 남성 농업 생산자들이 생산 활동을 하는 것이 가능해진다. 그러나 남성 노동자를 고용한 지주들은 노동력 재생산 비용을 부담하지 않는다. 간단히 말해 레이스 노동자의 노동력은 수출 주도형 레이스 산업뿐 아니라 농촌 경제의 농업 분야에서도 드러나지 않는 축적의 원천이다.

앞서 살펴본 서벵골 의류 제조에 관한 논의에서 우리는 이러한 가내 경제와 농촌 경제 간의 상호 관계 그물망에 대해 살펴보지 않았다. 어느 정도는 농촌 관계의 진화 양상이 다르다는 점으로 설명이 가능하다. 모헤슈톨라-산토슈푸르 농촌 지역에서 농업은 주요 산업으로서의 지위를 잃은 지 오래되었다. 마을 전체가 바지나 편자비 같은 의류 제조 관련 일을 한다. 그러나 의류 제조를 하는 마을에서 (사부다나 일, 단춧구멍 만들기와

---

46) Mies(1982), p. 109.

단추 달기, 추카이 일을 하는 여성과 같은) 가내노동자의 지위를 주의 깊게 조사해 본다면, 그들의 노동 또한 농업 경제와 연관된다는 점을 인정할 수 밖에 없을 것이다. 그들도 농민과 농업 노동자의 아내와 딸로서 가족의 생계를 책임진다. 간단히 말해 미스의 분석 틀은 농촌을 기반으로 한 경제를 분석하는 데 폭넓게 적용될 수 있다. 드러나지 않는 착취 양식을 이해하고 남성 수혜자들이 만든 그런 산업에 대한 혼란스러운 관점을 제거하기 위해서는 농업 생산과 비농업 생산 간 관계의 총체성이 분석되어야 한다.

성별 분업의 역학: 계급관계 변화와의 상호 관계

성별 분업과 시간의 흐름에 따른 성별 분업의 변화에 대한 미스의 분석은 마찬가지로 그녀의 농업 변화 분석에 내재되어 있다. 앞서 서벵골에 관한 논의에서 나는 한 사회에서 성별 분업은 고정되지 않고 다양한 방식으로 존재한다고 주장했다. 지리적으로 떨어진 두 지역[모헤슈톨라-산토슈푸르와 둠둠-파이크파라]을 비교하면서 남성 지배를 강화하는 방식이 서로 다르게 작동하고 있다는 사실을 알 수 있었다. 변치 않고 지속되는 것은 여성 의류 제조 노동자는 모두 가내노동자이며 거의 전적으로 가사노동도 책임진다는 점이다. 이는 미스가 나르사푸르에서 발견한 내용과도 일치한다. 미스에 따르면 성별 분업은 "남성이 특정한 생산수단만을 통제하는 것이 아니라 재생산수단 즉 자신에게 속한 여성도 통제"하는 방식으로 구조화된다. 여성은 목욕물을 준비하고 남자가 집에 돌아오면 등을 닦아주는 일 같은 서비스 노동을 포함한 가사노동의 짐을 모두 떠맡는다.[47]

---

47) *Ibid.*, p. 112.

역사적 접근 방식을 통해 미스는 시간이 지남에 따라 성별 분업이 어떻게 변해 왔는지 그리고 어떻게 여성의 사회경제적 지위와 계급관계 변동이 밀접하게 연관되는지 파악하게 됐다. 예를 들어 레이스 산업에서 노동력의 대다수를 점하게 된 카푸 여성의 지위 변화를 살펴보자. 레이스 만드는 일이 처음에는 카푸 여성의 가내 격리를 철폐하는 데 부분적으로 도움이 됐다. 이전에는 집 밖에서 일하는 것이 금지된 고샤미 여성이었지만, 임노동자가 되자 바깥세상인 수출업 세계와 접촉할 수밖에 없게 된다. 중개인이나 하청 중개인으로 일하며 면사를 나눠 주고 완성된 레이스를 받아 오는 여성은 특히 그랬다. 카푸 여성은 이제 더는 집에만 갇혀 있지 않는다. 전통적 사회 규범을 깨뜨리고 일정 정도 독립성을 확보했다.

이러한 변화는 이 지역 내 계급 구조 변화와 어떻게 연관되어 있는가? 수많은 카푸 여성이 레이스 만들기에 동참하게 된 것은 녹색혁명의 과실을 공유하지 못한 수많은 농민 가족에게 영향을 끼친 '전반적 빈곤화' 과정과 연관된다. "녹색혁명으로 중간층과 부유층 농민이 등장하면서 카푸 농민 사이에 양극화 현상이 벌어졌다. 이 과정에서 어떤 농민은 부유해졌지만 어떤 농민은 땅을 잃고 이주하거나 농업 노동자로 전락했다."[48] 미스가 지적하듯이 소규모 토지를 소유한 농민 가족이 레이스 제조 및 유통 일을 하게 된 것은 독립적 농민의 지위를 잃고 계급이 낮아진 것과 연관된다. 따라서 성별 분업을 이해하기 위해서는 계급관계의 변화를 분석하는 작업이 대단히 중요하다.

더 최근에는 레이스 산업 안에서 수출업자와 중개인의 구성이 변화하면서 다시 한번 여성의 지위에 변동이 생겼다. 이 변화는 이전에 여성들

---

48) Mies(1982), p. 117.

이 얻어 낸 얼마 되지 않는 독립적 영역까지 빼앗아 갔다. 부농이 레이스 산업 자본 축적 과정에 강력한 참여자가 된 최근의 상황에 대해서 이미 앞에서 논한 바 있다. 새로운 세대의 수출업자들이 기존 여성 중개인을 거의 대부분 남성으로 교체하면서 생산 과정에서 젠더관계 변화가 나타난다. 미스에 따르면 그 이유는 레이스 중개인들에게 자전거를 타고 다니도록 했기 때문이라고 한다. 현대적 테크놀로지의 사용이 "여성 노동자를 영업 활동의 영역에서 몰아내는 핑계"[49]가 된 것이다. 거듭 말하지만 계급관계 변동은 성별관계에 영향을 미친다.

레이스 산업 내 생산관계 변동 과정의 역학은 궁극적으로 서벵골 의류 산업보다 훨씬 더 양극화된 형태로 성별 분업을 낳았다. 서벵골에서 경제적 권력을 가진 역할(오스타가르와 상인)을 하는 사람은 모두 남성이지만, 실제로 생산하는 일(재단, 마무리와 다림질)은 여성과 남성 공동의 영역이다. 남녀의 역할이 나뉘긴 하지만, 특히 모헤슈톨라-산토슈푸르의 경우를 생각해 보면 남성은 비생산자이고 여성만 생산자로 일하는 상황은 아니다. 그러나 나르사푸르 레이스 산업의 상황은 거의 완벽하게 양극화되어 있다. 미스의 주장대로 "계급적 양극화는 (레이스 생산자는 모두 여성이고 수출업자는 모두 남성인) 남성과 여성의 양극화도 불러왔다."[50] 요컨대 성별 분업을 둘러싼 역학은 따로 떼어 내어 연구할 수 있는 것이 아니라 그 영역 내의 계급관계 변동과 함께 연구해야 한다.

---

49) *Ibid.*, p. 118.
50) *Ibid.*, p. 117.

레이스 노동자의 가정주부화와 여성 노동자 의식에 미치는 영향

나르사푸르 레이스 산업에 관한 논의에서 미스는 '가정주부화' 개념을 계속해서 언급한다. 미스는 이 개념이 '프롤레타리아화'(proletarization) 및 남성을 생계 부양자로 보는 사회적 정의(定義)에 명확한 반대급부를 구성한다는 점에서 '가정예속화'(domestication)보다 '가정주부화' (housewifization)를 선호한다.[51] 미스의 글을 읽다 보면 부르주아적 이상이 그리는 가정에 예속된 여성과는 달리 현실에서 여성은 수입이 없는 가정주부가 아니라는 점을 미스가 잘 알고 있다는 점이 명백해진다. 먼저 미스의 접근법은 집에 있는 가정주부만 고려하는 폰 베를호프의 접근법과는 상당히 다르다는 점을 지적하고 싶다. 즉 미스는 외형상으로 보이는 레이스 노동자의 사회적 지위는 실제 현실과 상충한다는 점을 인식하고 있다. 미스는 레이스 노동자들이 "반가정예속화"(semi-domesticated)되었다고 표현했다. 미스에 따르면 이것은 이런 의미다. "사회적 외관상 이들은 주부이다. 그러나 현실에서 이들은 수출 주도형 생산 체계에 완전히 통합된 임금노동자이다."[52]

그러나 이는 레이스 노동자가 가정주부라는 사회적 정의에 아무런 경제적 효과가 없다는 뜻은 아니다. 오히려 레이스 상인과 수출업자가 레

---

51) 미스는 이 점을 분명히 밝혔다. Mies(1982), p. 180, 각주. "나는 **가정주부화**라는 개념을 소개하고 싶다. 이 개념이 이 경우 현재 벌어지는 여성 통제의 특정하고 현대적 형태를 **가정예속화**보다 더 구체적으로 표현해 주기 때문이다. 나는 **가정주부화**를 실제로 가정주부냐 아니냐와 상관없이 생계를 남편의 수입에 의존하는 가정주부라고 여성을 사회적으로 규정하는 **과정**이라고 정의한다. 여성을 가정주부로 사회적으로 정의하는 것은 여성의 가족 생계에 대한 실질적 기여와는 관계없이 남성을 생계 부양자로 사회적 정의를 내리는 것의 반대급부이다." 강조는 원문.

52) *Ibid.*, p. 110.

이스 노동자의 노동력을 가혹하게 착취하는 것을 가능하게 해준다. 미스는 "이윤과 착취"에 관한 장에서 레이스 노동자들의 극단적 저임금을 지적한다. 체티파니 일을 하는 노동자가 평균적으로 받는 돈은 하루에 0.56 루피를 넘지 않는다. 미스는 전체적 상황을 고려해 수출업자가 노동자 한 명에게 하루에 주는 선금을 0.60루피로 계산했다. 시간 차가 있다는 점을 고려해도(미스는 내가 서벵골에서 현장 연구를 하기 14년 전에 나르사푸르에서 현장 연구를 진행했다), 레이스 산업의 임금 수준은 서벵골에서 최저 임금을 받는 여성 노동자의 임금보다 훨씬 낮다.[53] 또한 정확한 수출 단가를 계산하는 것은 어렵지만 미스의 계산에 따르면 대략 비율이 원가의 300퍼센트에 달한다. "이는 수출업자가 노동자 한 사람의 하루 생산으로 벌어들이는 이윤이 노동자 임금으로 지급하는 금액보다 세 배 가까이 많다는 뜻이다."[54]

여성 레이스 노동자에게는 이 점이 어떻게 작동하는지 설명하기 위해 미스는 두 가지 지점을 살펴본다. 첫째로 체티파니 노동자 개개인의 하루 소비 필요량(일일 최소 생계비)을 살펴본다. 미스는 하루에 1.6루피가 필요하다고 계산했다. 그러나 당시 임금 수준으로는 레이스 만드는 일에만 하루 14시간을 쏟아붓는다고 해도 이 얼마 되지도 않는 최소 생계비를 벌 수 없었다. 이는 레이스 노동자의 저임금 정도가 얼마나 열악한지 보여준다. 미스 역시 (나와 마찬가지로) 맑스가 필요노동과 잉여노동을 나눈 것을 주목했는데, 미스도 지적하듯 여기서 필요노동시간은 하루하루의 생활을 이어 가는 데 필요한 돈을 버는 시간을 뜻한다. 여기서 이러한 상품

---

53) 예를 들어 레이스 노동자의 임금 수준을 5장에 나오는 서벵골 모헤슈톨라–산토슈푸르의 다그톨라 여성 노동자의 임금 수준과 비교해 볼 것.
54) Mies(1982), p. 148.

들을 인간이 소비하기 위한 사용가치로 전환하는 노동은 고려하지 않았다. 그러나 필요노동에 대한 맑스의 제한된 정의를 따르더라도 레이스 수출업자는 레이스 노동자에게 필요노동만큼도 지불하지 않는 것이 확실하다고 미스는 주장한다. 간단히 말해 레이스 노동자는 "매일매일의 소비 기금을 강탈당한다".[55]

둘째로 미스는 레이스 노동자들의 극단적 저임금 상태를 명확하게 보여 주기 위해 레이스 노동자와 남성 농업 노동자의 노동시간과 임금을 비교한다. 남성 농업 노동자는 보통 1년에 6개월 정도만 일하고도 1년 내내 일하는 레이스 노동자보다 몇 배나 많은 임금을 받는다. 남성 농업 노동자의 6개월간 노동시간은 1,440시간이고, 여성 레이스 노동자의 노동시간은 12개월간 레이스 만들기와 집안일을 포함하면 5,040시간에 이른다. 농업 노동자 한 명이 하루 평균 5루피를 벌어 반년 동안 600루피를 벌 때, 같은 기간 레이스를 만드는 여성은 고작 90루피를 번다. 레이스 산업에서 자본 축적이 매우 빨리 진행됨에도 불구하고 임금 격차는 크다. 미스는 이러한 남녀 간의 임금 격차를 "가부장적 제도와 이데올로기가 물질적 힘", 구조적 폭력이 되어 "여성이 정당한 보수를 강탈당하기" 때문이라고 설명한다. 여성은 마치 원할 때마다 뽑아낼 수 있는 노동력을 공급하는 '천연자원'처럼 취급된다.[56]

이와 같이 미스는 가정주부라는 이상이 자본 소유주와 여성 노동자의 남편 쪽에서 수행하는 경제적 기능을 날카롭게 인식하고 있었다. 레이스 노동자가 '주부'이자 '수입 없는 아내'로 여겨지는 한, 레이스 수출업자

---

55) Mies(1982), p. 150.
56) Ibid., p. 151.

가 이들을 거의 무제한 착취하는 것이 가능하다. 여성의 노동력은 마치 공짜로 써도 되는 천연자원처럼 여겨지기 때문이다. 또한 수출업자는 이러한 관점을 레이스 노동자의 남편과도 공유한다. 레이스 노동자를 주부의 자리에 묶어 두면 남편이 여성의 노동력에 대한 소유권을 주장할 수 있기 때문에 서로 이해가 맞아떨어진다. 간단히 말해 "여성을 주부로 정의하는 것의 정확한 기능은 남편에게도 수출업자에게도 여성의 노동력을 공짜로 써도 되는 자연처럼 여기도록 만드는 것"[57]이다. 반복해서 말하자면 나르사푸르 레이스 노동자와 서구 사회 중산층 전업 가정주부의 경제적 지위는 같을 수 없다. 그러나 가부장적 사회는 이런 여성 생산자를 가정주부로 정의하여 그들의 존엄과 지위, 최소한의 경제적 권한마저 박탈한다.

미스는 책 여러 부분에서 '가정주부화'에 대한 분석을 발전시킨다. 남성을 '생계 부양자'로 여성을 '주부'로 보는 사회적 정의(定義)는 수출업자와 정부 관료의 태도에도 영향을 미친다. 수출업자와 관료는 "레이스 만드는 여자들은 여가를 이용하거나 취미로 이 일을 하는"[58] 가정주부라는 의견을 공공연히 피력한다고 미스는 밝힌다. 또한 같은 이데올로기가 레이스 노동자에게도 영향을 미친다. 레이스 노동자들 역시 지배적 이데올로기와 자신들이 한 노동의 열매를 가져가는 자들이 자신들을 정의하는 방식에서 자유롭지 않아 보인다. 따라서 미스는 '가정주부화' 이데올로기가 레이스 산업 여성 노동자의 의식에 미치는 영향을 특히 강조한다.

첫째, 미스는 카푸 카스트에 속하는 레이스 노동자와 불가촉천민인 하리잔[59]에 속하며 농업 노동자였던 레이스 노동자 간에 나타나는 자기

---

57) *Ibid.*
58) *Ibid.*, p. 54.
59) harijan, 간디가 불가촉천민을 부른 명칭으로 '신의 아이들'이란 뜻. ─옮긴이

인식의 차이를 주목한다. 불가촉천민 출신 레이스 노동자는 "가정에 예속되지도 가정주부로 여겨지지도 않았다".[60] 불가촉천민 여성 노동자는 남성 농업 노동자보다 적은 임금을 받았지만, 레이스 노동자보다는 연간 임금을 훨씬 더 많이 받았다. "이 점과 하리잔 여성들이 집단적으로 들에서 일한다는 점이 이들을 거리낌 없고 당당하게 만들었다. 그들은 하루 종일 집에 앉아서 레이스를 만들어 몇 파이사를 버는 여자들을 경멸하기도 했다."[61] 비록 여성 농업 노동자들은 불가촉천민이지만 카스트 위계에서 한참 위인 레이스 노동자보다 열등하다고 느끼지 않았다. 반면 카푸 여성들은 계급이 낮아질까 두려워하며 자신들은 농사일을 할 수 없다고 말한다.

둘째, 레이스 노동자가 원자화되고 가내노동자로 고립된 상황이 공동의 연대를 형성하는 데 부정적으로 작용한다는 점을 발견했다. 여성 노동자들 간에 아무런 기본 단위가 없었다. 단지 한 가족 안에서 어머니와 딸들이 단위를 이뤄 함께 일할 뿐이었다. 미스는 "생산이 전반적으로 개별화되면서" 노동자들 간에 더 치열한 경쟁이 벌어지게 됐다고 보았다. "모든 여성이 개별적으로 중개인에게 더 높은 임금을 받으려고, 레이스를 직접 팔아 보려고, 더 큰 중개인이 되기 위해 다른 여성보다 나은 자리를 차지하려고 했다."[62] 미스는 레이스 노동자들 간에 존재하는 "극단적 경쟁과 질투"와 "수출업자들 간에 벌어지는 극심한 생존 경쟁" 간의 관계를 분석기도 했다.

이러한 미스의 발견은 이후 우리가 서벵골 의류 산업에서 발견한 내용에 의해 충분히 뒷받침되지는 않는다. 콜카타의 둠둠-파이크파라에서

---

60) Mies(1982), p. 111.
61) *Ibid.*
62) *Ibid.*, p. 60.

는 재봉 노동자 다수가 공동의 노동조합이 필요하다는 점을 인식하고 있었는데 이는 이들이 집단의식을 가지고 있다는 점을 보여 준다. 특히 드레스 재봉 노동자 일부는 중요한 시기에 집단 파업을 일으켜 성과급을 올리는 데 동참하기도 했다. 여성 노동자들이 자신들을 임금노동자로 여기지 않았다면 그러한 움직임은 생각할 수도 없는 일이었을 것이다. 그러나 여성은 단지 '주부'일 뿐이라는 이데올로기가 집단의식을 발전시키는 데 장애물이 된다는 점이 타당해 보이기는 한다. 가내노동자들이 임금노동을 하는 다른 여성과 같은 처지에 있다는 점을 인식하지 않는 한, 자생적 조직의 등장이 지연되는 것이 당연하다. '가정주부화' 이데올로기는 여성 노동자 자신도 자기 존재를 혼란스럽게 여기도록 기능한다.

가정주부화설의 제한적 적용 가능성

'가정주부화' 개념으로 현실이 잘못 해석되는 위험성, 특히 미스의 동료 [폰 베를호프]가 이 개념을 활용하는 방식의 위험성에 대해 설명하고자 한다. 그에 앞서 미스가 제시한 내용을 포함한 가정주부화설이 어째서 이미 과잉 해석의 위험성이 있는지 살펴보자. 가정주부화설은 동시대 여성주의자들이 제안한 다른 개념들에 비해 전반적으로 유효하지 못하다고 할 수 있다. 먼저 미스는 다른 여성주의자들처럼 남성 '부양자'와 여성 '가정주부' 개념이 '생산'과 '재생산'의 두 영역을 분리하는 데 밀접한 관련이 있다고 주장한다. 전자본주의 시대에 두 영역은 나뉘어 있지 않았다. 미스가 안드라프라데시 현장 연구에서 보여 주었듯이 제3세계 농촌 지역 대부분에서 여성은 여전히 사용가치와 교환가치를 모두 만들어 내는 생산 활동을 하고 있다. 상품 생산이 보편적이지 않은 한, 분리된 두 영역을 만들려는 자본주의의 시도는 불완전한 채로 남을 것이다.

　이제 미스의 가설은 안드라프라데시의 가내노동자라는 특정한 사례를 중심으로 전개된다. 이 사례는 그녀도 지적하듯이 '가정주부화' 개념의 어떤 한계 지점을 보여 준다. 가정주부 이데올로기가 가혹한 노동 착취를 가능하게 한 것은 사실이지만, 어떤 측면에서는 이 이데올로기에 들어맞는 여성 집단이 존재했기 때문에 뿌리를 내릴 수 있었던 것이다. 앞서 지적했고 미스도 지적한 대로 현재 레이스 노동자 대다수는 카푸 카스트에 속하는 여성으로 레이스 산업이 등장하기 훨씬 전부터 이미 가정에 예속된 상태였다. 고샤미 여성이라는 과거의 지위가 이들이 가내노동자로 협력하는 것을 가능케 했다. 농사일로 임금을 받으며 비교적 능동적인 불가촉천민(하리잔) 여성 같은 다른 여성의 노동과는 비슷하다고 할 수 없다.

　그렇다면 나르사푸르 레이스 노동자 사례 외에 다른 사례에서 '가정주부화' 가설은 얼마나 유효한가? 레이스 제조 외에도 남반구 발전도상국과 북반구 선진국을 막론하고 여성이 집에서 성과급으로 일하는 산업 분야는 수없이 많다. 인도의 비디[63]나 서구의 의류 제조처럼 노동자가 상업적 하청 형태에 속한 경우가 있다. 다른 경우는 자동차 제조업에서처럼 여성 가내노동자가 산업적 하청 구조의 일부인 경우이다.[64] 그러나 많은 경우에 여성을 '주부'로 보는 사회적 정의는 적용되지 않는다. 따라서 인도나 방글라데시의 차밭 같은 플랜테이션에서 상업적 농산물을 생산하는 여성은 '프롤레타리아화'했다고 해야 한다. 이들은 집 밖의 임금노동에 포섭되어 집단으로 노동한다. 이런 경우 여성의 지위는 가정에 예속된 아내

---

63) beedi, 손으로 말아 피우는 잎담배로 인도 서민들이 많이 피운다. ——옮긴이
64) 예를 들어 Mitter(1986)를 볼 것.

라기보다는 집단 노동자에 더 가깝다. 때때로 이들의 지위는 남편들보다 더 전형적으로 프롤레타리아적이다.

역사 발전이 선형적이지 않다는 점 또한 기억해야 한다. 어떤 시기에는 산업 기업이 남성 중심적 노동조합과 결탁해 가사 의무를 들먹이며 여성을 공장에서 몰아낸다. 그러나 그 반대의 일이 벌어지기도 한다. 여성주의 역사가들이 지적하듯이 예를 들어 전시에는 전선에 나간 남성을 대체하기 위해 무기와 탄약을 제조하는 군수 공장 등의 공장에 여성을 내보내기도 한다.[65] 따라서 가사노동이 거의 보편적으로 여성의 과업인 반면, 공장, 작업장과 서비스 분야에서 임금노동은 지속적으로 남성이 독점하지는 않아 왔다. 북반부 선진국의 많은 국가에서는 여성이 집 밖에서 임금노동을 하는 비중이 점차 높아지고 있다.

따라서 '가정주부화'설은 2세대 여성주의 물결 이후 다른 여성주의 이론가들이 내놓은 개념들보다 적용 범위가 좁아 보인다. 자본주의 축적을 분석하기 위해서는 가부장제 개념과 성별 분업 모두 중요하게 다루어야 한다. 이 두 개념은 지금까지 경제 이론에서 간과되어 온 지배와 종속의 전반적 구조를 밝히는 데 중요한 역할을 한다. '가정주부화' 개념은 맑스주의-여성주의 이론에서 그 두 개념만큼 중요하지는 않을 것이다. 여성을 가정주부로 정의하는 것은 자본주의 기업가가 자신의 이해와 맞을 때 동원할 수 있는 손쉬운 도구이기는 하지만, 실제로 가정예속화가 사회의 부를 생산하는 계급에 속한 여성 전체의 운명인 적은 없었기 때문이다.

---

65) 예를 들어 Braybon(1982)를 볼 것.

오역된 '가정주부화'설: 폰 베를호프의 분석

이 장을 결론짓기 전에 앞서 설명한 과잉 해석 외에도 '가정주부화'설을 사용하는 위험성을 지적하고자 한다. 지난 10년간 특히 1987년 10월 국제 증시 폭락 이후 세계적 독점 기업들이 거대한 규모의 재구조화와 재조직화를 시작했다. 이 기업들이 이윤율을 유지하기 위해 사용하는 방법 한 가지는 탈중심화다(즉 자동차, 전자제품이나 다른 상품의 생산지를 이전보다 작은 공장, 작업장, 심지어 가정으로 분산한다). 일본 기업들이 오래전부터 고안해 발전시켜 왔고 이제는 남반구나 산업화된 북반구나 할 것 없이 사용되는 이 방법은 '비공식화'(informalization)라고도 알려져 있다.[66]

또 다른 경향은 특히 1980년대 말부터 많은 산업 기업이 도입한 정규 노동을 유연한 노동으로 대체하는 것으로 이제는 널리 알려져 있다. 장기간 안정적 일자리와 (연금과 건강보험 같은) 부가적 복리 후생을 누리는 남녀 노동자의 수는 지난 20년간 줄어들었다. 기업들은 인력 업체와 인력 풀을 통해 단기나 계절 단위로 고용해서 언제든 해고하고 싶을 때 해고하는 것을 선호한다. 노동조합이 독점 기업의 명령에 따르면서 노동관계 유연화로 착취 강도가 더 심해질 것은 분명하다. 비공식화와 유연화 모두 기업의 이윤을 강화하는 데 도움을 주는데 이는 노동계급 남녀 노동자의 희생을 대가로 한 것이다.[67]

방금 요약한 과정을 어떻게 분석할 것인가? 비공식화·유연화 과정이 막 탄력을 받던 시기에 폰 베를호프는 도발적인 글에서 이 질문을 던졌다.

---

66) 자세한 내용은 이 책 11장을 볼 것.
67) '유연화'(flexibilization) 주제는 예를 들어 Mitter(1986)를 볼 것.

폰 베를호프는 철학적으로 서구 가정주부의 관점을 취했다. "가사노동은 제일 이해하기 어려운 현상이다. 우리가 가사노동을 이해한다면 이해 못할 것이란 없다." 더 나아가 "여성의 문제는 (모든 사회적 문제 가운데) 가장 '특수한' 것이 아니라 가장 보편적인 것이다. 왜냐하면 그 문제는 다른 모든 문제와 달리 다른 문제들을 포함하기 때문이다. 이 문제와 관련 없는 사람은 없다". 따라서 여성의 입장에서만 "오직 아래 ── 밑바닥 ── 에서만 전체로서의 전체를 볼 수 있다".[68]

폰 베를호프가 가정주부의 입장을 취해 그 관점에서 바라볼 때 자유로운 임금노동은 이내 사라질 것만 같다. 폰 베를호프에게 이러한 '자유임금노동자'는 누구인가? 폰 베를호프는 19세기부터 자본에 착취당하는 피해자로서 노동자의 '전형적' 모습을 다음과 같이 그린다.

동등한 것으로 간주되는 성인이자 기업과의 계약 당사자. 법에 따라 임의행동이나 폭력으로부터 보호받고, 사회 보장을 누리며, 공장이나 사무실의 정규직 노동자로, 자유롭게 조직된 노동조합에 속하며, 자신과 가족이 평균적 생활 수준을 유지하기에 충분한 임금을 받는 시민, '인간', 사회 구성원, 자유로운 개인.[69]

폰 베를호프가 주장하는 이러한 자유 임금노동자는 역사 속으로 영원히 사라질 것이다. 그녀가 확신에 차서 묘사한 프롤레타리아 임금노동자는 자본주의에서 특정한 시기에 나타난 부차적 현상이다. 또한 그런 임

---

68) von Werlhof(1988), p. 168.
69) *Ibid.*, p. 170.

금노동자가 다수인 곳은 지구 상에 몇 군데 되지 않는다. 여하간 맑스와 그 후계자들이 예견한 것과는 반대로 인류의 미래를 결정하는 것은 임금노동자 조직화의 원칙이 아니라 가사노동 조직화의 원칙이다. 폰 베를호프는 문자 그대로 "임금은 없어질 것"이며 자본주의 아래서 진정한 노동 모델은 임금노동이 아니라 가사노동이라고 주장한다.[70] 그녀는 자유 임금노동자와 가정주부를 자본주의적 노동 조건과 생산관계라는 "연속체의 두 축"으로 묘사한다. 발전이 일방향적이지는 않지만 전반적으로는 가정주부를 향해 그 방향을 바꿔 가게 된다. 평생토록 자유 임금노동자를 돌보는 개별화된 무급노동자의 모델 가정주부 말이다. 집 안에 갇혀 노동 조건에 대한 어떤 권리도 갖지 못한 가정주부가 인류의 미래를 결정할 모델이다. 자본을 위해 프롤레타리아는 사라질 것이다. 가정주부 만세!

폰 베를호프의 현대 자본주의 생산관계 재구조화 과정 분석을 어떻게 이해할 것인가? 언뜻 보기에 그녀의 관점은 매우 타당하고 매력적이다. 정의를 위해 싸우는 누구나 그 관점을 방어하게 만든다. 결국 가장 밑바닥에 있는 이들과 자신을 동일시하는 것보다 더 고결한 것이 무엇이겠는가? 그러나 폰 베를호프의 가정주부화에 관한 구체적인 제시 방식은 몇 가지 결함을 안고 있다. 첫째, 폰 베를호프는 서로 다른 개념인 자유 임금노동과 정규 임금노동을 한데 묶어 버리면서 언어의 혼란을 일으킨다. 맑스는 역사적 관점에서 토지에 종속된 중세 유럽 농노와 달리 토지에 종속되지 않은 노동자의 지위를 설명하기 위해 자유 임금노동이라는 개념을 사용했다. 따라서 '자유 노동자'를 2차 대전 이후 산업화된 서구 국가에서 나타난 특권적 노동계급과 혼동해서는 안 된다.

---

70) von Werlhof(1988), p. 171.

세계 경제의 중심지인 미국, 서유럽, 일본의 주요 분야 산업 노동계급이 지금 누리고 있는 권리는 산업혁명 초기부터 주어진 것이 아니라 오랜 역사적 과정에서 얻어 낸 성과다. 맑스가 『자본』에서 설명했듯이 초기에 자본가들은 법정 노동일을 무제한으로 연장하려 했고 19세기 노동자 보호법은 그 수도 극히 적었다.[71] 그것은 산업 노동자들이 자본가에게서 복리 후생을 얻어 내기 위한 오랜 싸움의 결과이다. (앞서 논의했듯이) 정규 임금노동자들이 법적 보장을 얻어 내는 과정에서 중요한 이정표는 1차 대전 직후 미국의 자동차회사 소유주 포드가 주창한 정책이다. 그후로 귀족 임금노동자들은 광범위한 복리 후생을 누려 왔다. 따라서 자본주의 역사에서 예외적인 정규 임금노동자에게만 해당되는 이야기일 뿐이다.

둘째, 여러 가지 특권을 누려 온 정규 임금노동자의 지위가 서서히 약화되고 있는 것은 사실이지만, 그 대신 주어지는 새로운 유연한 노동 계약도 여전히 임금노동 계약이다. 개별화된 비공식 부문 노동자의 노동이건 고립된 가내노동자가 노동을 강요받건 간에 이들이 제조업자 계급과 맺는 관계는 여전히 임금노동자로서의 관계다. 예를 들어 비공식 부문에서 일반적으로 사용되는 성과급은 시간급과 구별되지만 어쨌거나 자본주의적 착취 형식이다.[72] 노동이 개별화된다고 해서 임금 지급과 정규 임금이 사라지는 것은 아니다. 네덜란드에서는 집에서 서비스 분야 컴퓨터 업무를 하던 여성 노동자들이 회사를 상대로 싸워 복리 후생을 얻어 내기도 했다.[73] 따라서 폰 베를호프가 주장한 임금폐지설은 확실히 잘못된 것이다.

---

71) Marx(1977a), p. 252[같은 책, 391~392쪽].
72) 이 책의 5장 참조. 성과급에 대한 논의는 Marx(1977a), p. 516[『자본 I-1』, 강신준 옮김, 길, 2008, 756쪽]을 볼 것.
73) 예컨대 그런 계약은 집에서 컴퓨터를 두고 사무를 보던 네덜란드의 재택 노동자들이 얻어

마지막으로 가사노동을 고립되고 눈에 띄지 않는 데다 임금도 받지 못하는 가장 밑바닥 노동으로 묘사하는 것이 맞는다 하더라도 일반적 가정주부를 사회의 가장 밑바닥이라고 볼 수는 없다. 따라서 폰 베를호프의 관점에 대한 내 비판은 그녀의 현실 해석뿐 아니라 그 철학적 출발점까지 해당된다. 전 세계적 자본주의 가부장제에서 가장 억압받는 여성은 가사노동과 임금노동이라는 이중의 짐을 진 여성이다. 이들 여성의 일 중 한쪽을 부각하기 위해 한쪽을 무시하는 것은 여성 노동자에 대한 불의일 뿐 아니라 다시 한번 그들의 노역 일부를 보이지 않게 만드는 일이다. 미스가 안드라프라데시 레이스 노동자에 대한 현장 연구로 보여 주었듯이 비공식 부문 여성 노동자는 이중 노동의 짐을 떠맡고 있으며 그 결과 하루 15시간의 노동에 시달린다. 서구 가정주부의 시점이 아니라 이러한 이중 고역의 시점에서만 우리는 '전체로서의 전체'를 이해할 수 있다.

요약

이 장은 미스, 벤홀트-톰젠, 폰 베를호프가 제시한 두 가지 중심 학설 중 한 가지인 '가정주부화'설에 초점을 맞췄다. 2세대 여성주의에서 벌어진 논쟁을 시작으로 이들은 제3세계 여성의 노동 조건에 관한 방대한 연구를 진행했다. 세 여성학자는 모두 맑스주의 경제 이론이 너무 편협하다고 주장했다. 독일여성주의 학파는 경제적 잉여가치의 창출을 자본과 임노동 간의 모순으로만 보지 않고 임금노동과 비임금노동을 모두 착취한 결과라고 보았다. 더 확장된 개념화 작업 없이는 정치경제학에 내재한 남성 중

낸 바 있다.

심성은 극복될 수 없다.

　독일여성주의 학파에서 가장 각광받는 학자인 미스는 안드라프라데시 주 나르사푸르 지역 레이스 산업의 사회적 생산관계를 파헤쳤다. 레이스 부문에서 볼 수 있는 위계적 생산관계는 서벵골 의류 산업의 생산관계와 많은 점에서 비슷하다. 양쪽 경우 모두 공장에서 상품을 생산하지 않고 선대제를 통해 생산한다. 양쪽 모두 여성은 가내노동자로 일한다. 만든 상품의 수량에 따라 성과급으로 임금을 받는다. 여성의 노동일은 가사노동과 임금노동으로 이루어지며 임금 수준은 여성 노동자의 노동력 가치에 비해 터무니없이 낮게 책정되어 있다. 미스는 현장 연구에서 농촌 관계를 포함시켜 분석 범위를 넓혔다. 따라서 레이스 노동자에 대한 미스의 연구는 상업적 하청 구조라는 조건에서 성별 분업을 분석하는 데 도움이 된다. 이 문제는 앞 장의 서벵골 의류 제조업에 관한 논의에서도 제기되었다.

　미스는 자신의 저서에서 '가정주부화'라는 주제에 대해 많은 분량을 할애한다. 산업국가의 노동계급에 속한 여성처럼 나르사푸르 여성 레이스 노동자들도 사회적으로는 가정주부로 분류된다. 그들은 가족의 생계를 책임지는 '부양자'가 아니며 고용주들은 그들의 노동이 '시간 때우기용'이라고 말한다. 이런 이데올로기는 고강도의 착취를 가능하게 한다. 레이스 산업의 이윤율은 높지만 여성 가내노동자는 매일 장시간 일하고도 최저 생계 수준의 임금도 받지 못한다. 심지어 선대제를 통해 노동자들을 통제하는 수출업자와 중개인이 노동자들의 소비 기금 일부를 빼앗아 가는 일도 벌어진다고 미스는 주장한다. 또한 이들을 사회적으로 가정주부라고 분류하는 것과 이들이 원자화되어 있다는 점은 이들의 의식에도 부정적 영향을 미친다.

　미스의 레이스 산업 분석이 '가정주부화'설을 탄탄하게 뒷받침해 주기는 하지만, 이 개념은 신중하게 다루지 않으면 오늘날 경제 현실을 오도할 수 있다. 나는 폰 베를호프가 최근의 생산관계 재구조화 과정을 해석한 예를 통해 이런 위험성을 설명하고자 했다. 일본, 미국, 유럽 기업들은 소규모 기업이나 여성 가내노동자에게 부품을 하청 주고 경쟁력을 강화하고자 한다. 여기에 노동관계의 '유연화'가 뒤따르는데 이는 정규 임금노동자가 누리던 복리 후생이 사라진다는 뜻이다. 그러나 이런 과정을 '자유' 임금노동자가 사라지는 것으로 해석하고 점차 더 많은 노동자가 가정주부 같은 경제적 지위에 놓일 것이라고 예측하는 것은 오류이다. '가정주부화'는 기본적으로 여성에 대한 착취를 은폐하는 이데올로기적 장치이다.

3부

농업 생산자로서 여성의 역할

8장

발전여성주의와 방글라데시 여성 농민의 노동

발전여성주의는 남성 중심적 국제기구들이 제3세계 '발전' 계획을 원조하면서 여성을 배제하거나 경제 생산에서 여성의 역할을 간과하고 있다는 사실을 각성하는 가운데 탄생했다. 1970년 에스테르 보세루프(Ester Boserup)는 농업 특히 아프리카 지역 농업 생산에서 여성이 주도적 역할을 하고 있다고 강조했다.[1] 그후 제3세계 국가 여성의 생산 활동에 관한 연구가 활발해진다. 그리고 서구에서 막대한 규모의 원조 기금을 지원받아 "여성을 발전에 통합하는" 방안을 연구하는 발전여성주의 학파가 등장하게 되었다.[2]

　　그러한 발전여성주의 연구가 활발하게 진행되어 여성 노동에 관한 연구가 쏟아져 나온 제3세계 국가 중 한 곳이 방글라데시이다. 지난 15~20년 동안 여성의 농업 노동 특히 추수 후 벼 가공 노동에 대한 연구

---

1) Boserup(1970).
2) 발전여성주의에 관한 전반적 비판은 Simmons(1992), p. 16을 볼 것. 미스는 제3세계 여성 착취에 다국적 기업의 연관성이 늘어난 것과 국제기구들이 '여성을 발전에 통합하는' 일에 관심을 기울이는 일이 동시에 벌어지고 있다고 지적한다. Mies(1986b), pp. 117~118.

가 상당수 발표되었다.[3] 피임법을 개발하고 제3세계에 가족계획을 보급하는 미국의 사설 재단인 인구자문회의(Population Council)가 연구비를 지원한 한 연구가 이런 분위기를 형성했다. 이 연구는 방글라데시를 계급 분리적이고 가부장적인 사회라고 보고 다음과 같이 가부장제의 유물론적 정의를 내렸다. "가부장제의 물질적 기반은 재산, 수입 그리고 여성 노동에 대한 남성의 통제이다."[4]

이 장에서는 서구 원조기구에게 연구비를 지원받아 방글라데시에서 진행된 한 농촌 여성 관련 연구의 긍정적 측면과 한계를 평가하고자 한다. 먼저 발전여성주의에 맑스주의 경제학을 '넘어서는' 지점이 있다는 점을 보여 줄 것이다. 이 연구는 맑스주의처럼 농촌 경제관계에 대한 계급적 분석이 필요하다고 인정하면서 전통적으로 맑스주의자들이 간과해 온 다양한 가내 생산 노동——키질, 낟알 말리기와 데치기, 발로 움직이는 도구인 덴키(dhenki)로 데친 낟알 탈곡하기 등——을 주목한다. 발전여성주의 학파에 속하는 학자 중 적어도 한 명, 마티 첸(Marty Chen)은 농촌 여성의 노동을 고유하게 개념화했다.[5]

다른 한편으로는 여성 농민이 빈곤해질 수밖에 없는 근본적 원인에 대해 질문하지 못하는 연구는 어째서 한계에 봉착할 수밖에 없는지 설명할 것이다. 방글라데시에서 현재 벌어지는 '발전'과 '근대화'의 결과로 수

---

3) 특히 Abdullah and Zeidenstein(1982); Cain et al.(1979); Chen(1977, 1986a, 1986b); Feldman(1979); Sahela and Greeley(1983); von Harder(1975, 1978); Westergaard(1983a; 1983b).

4) Cain et al.(1979), p. 406. 저자들은 여성주의자 하이디 하트만(Heidi Hartmann)을 인용하면서 자신들이 내린 정의는 "남성의 여성 지배의 물질적 토대를 강조한" 하트만의 정의를 수정한 버전이라고 주장했다.

5) Chen(1968a).

자원과 어자원 같은 [마을의] 공유재는 사라지고 소자작농은 몰락하고 있다. 이는 방글라데시의 상업 지배층이 농업에서 얻는 잉여만을 '걷어 가기' 때문인데 바로 이 과정을 '시초 축적'이라고 할 수 있다. 이 장에서 살펴볼 여성 농민의 빈곤화와 발전여성주의 연구는 동시대 방글라데시에서 벌어지는 시초 또는 '원시' 축적을 배경으로 한다.

제방 건설과 공유 자원의 전유

수많은 삼각주로 이루어진 사철이 푸른 나라 방글라데시가 농업으로 얻는 풍요는 기본적으로 구석구석을 흐르는 강 덕분이다. 230개에 이르는 이 강들은 거대한 브라마푸트라(자무나) 강과 갠지스(파드마) 강 그리고 그 지류이다. 식민지 이전 벵골 지배층과 농민들은 '범람하는 관개 체계'(overflow system of irrigation)라고 할 수 있는 독특한 관개 체계를 만들었다.[6] 농민들은 몬순 초반에 범람하는 진흙 강물과 몬순 때 내리는 큰비를 이용해 땅을 비옥하게 만들었다. 유기물을 다량 함유한 토사가 농민들이 만들어서 관리하는 폭넓고 얕은 기나긴 수로를 따라 삼각주 지역 전체로 퍼져 나갔다. 이 수로는 몬순 후반에는 빗물이 다시 큰 강으로 돌아갈 수 있도록 하는 역할도 했다(지도 8-1을 볼 것). 영국의 엔지니어 윌리엄 윌콕스는 이 관개 체계가 "수백 년 동안 벵골의 건강과 부를 보장해 주었다"[7]고 평하기도 했다.

수백 년간 벵골 농민들은 고유한 농업 지식을 축적해 왔다. 이러한

---

6) Willcocks(1988).
7) *Ibid.*, p. 4.

지도 8-1 방글라데시의 강 체계

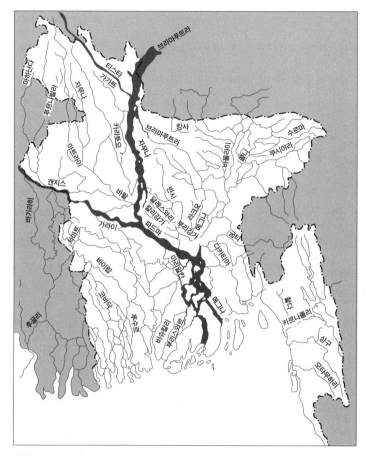

출처: Johnson(1982), p.190.

벵골 농민들의 주요 활동은 농민 지도자 압두스 사타르 칸(Abdus Sattar Khan)이 1993년 유럽 의회에서 브리핑한 내용에 잘 요약되어 있다.[8] 큰 강과 지류, 수로 주변을 따라 '자연 제방'이라고 할 수 있는 지면보다 높은

---

8) Khan(1993), p.121.

부분이 있다. 이 부분은 인접한 논밭보다는 약간 높았다. 그 경사면에는 겨울 곡식과 채소를 심었고 그 아래쪽은 벼를 기르는 데 적합한 땅이었다. 농민들은 겨울이 지난 후 논밭에 댈 물을 가둬 두는 방법도 고안해 냈다. 아만(aman) 벼[9]를 수확하고 나면 농민들은 협동해서 작은 댐을 만들어 수로를 막아 버렸다. 바이샤크(baishakh) 달(4~5월)이 지나면 이 댐을 부수어 강에서 새로 범람한 물이 퇴적물과 함께 가능한 한 넓은 범위로 퍼져 나갈 수 있게 했다. 한마디로 고대 벵골의 관개 체계는 수많은 얕은 수로, 그리고 건기와 봄여름을 대비해 물을 가둬두는 댐이 합쳐진 것이었다.

영국 식민 지배가 시작되면서 이 같은 전통적 농업과 관개 체계는 철저히 파괴되었다. 영국 식민주의자들은 종합적 수로 체계[고대부터 이어온 관개 체계]를 제대로 관리하지 못하고, 갠지스 강 등에 '물이 넘치지 않는' 제방을 쌓기 시작했다. 그러나 식민 정부의 고위 관리였던 몇몇 엔지니어가 예견했던 대로, 제방을 축조하자 그들이 해결할 수 있는 수준을 넘어선 문제가 발생했다.[10] 새로 쌓은 제방으로 인해 물이 자연스럽게 범람하지 못해 땅이 비옥해지지도 못하고 강에서 나는 물고기 어획량도 급속하게 줄었다(아래 설명을 볼 것). 또한 물의 흐름을 막지 않았던 이전의 관개 체계가 말라리아 예방에 도움이 됐다면, 반대로 제방은 물을 가두어 말라리아모기가 창궐하게 만들었다. 영국 식민 정부가 건설한 도로와 철도망 역시 범람한 물과 빗물의 자유로운 흐름을 막아 전통적 관개 체계를 파괴하는 데 일조했다.

그러나 영국인들이 떠나고 나서도 제방 건설은 멈춰지지 않았다. 오

---

9) 방글라데시에서 주작으로 재배하는 벼의 한 종류로 7~8월에 파종해 11~12월에 수확한다.—옮긴이
10) Willcocks(1988); Williams(1966).

히려 1960년대 파키스탄 시절 토목 공사를 책임진 독립적 정부기구 수자원전력개발공사(WAPDA: Water and Power Development Authority)가 설립되면서 제방과 간척지 건설은 새로운 전기를 맞는다. 더군다나 1971년 방글라데시가 정식으로 독립한 후 20년 동안 해외 원조를 받아 진행된 홍수 조절 체계 건설 계획은 수없이 많았다.[11] 라즈샤히(Rajshahi) 디스트릭트 찰란 못 간척지 D 등 일부 지역에서는 심각한 배수 문제로 지역 농민들이 제방을 무너뜨리는 일이 벌어지기도 했다. 그럼에도 1989년부터 해외 원조국들은 방글라데시 주요 강을 따라 거대한 제방을 건설하고 간척지를 개발하는 목적으로 수억 달러가 소요되는 홍수 조절 계획(FAP: Flood Action Plan)을 세웠다. 이 계획은 아직 사전 준비 단계로 지금은 주로 사전 연구와 예비 테스트 진행에 예산을 쓰고 있지만, 방글라데시뿐 아니라 해외에서도 첨예한 논란의 대상이 되고 있다.[12]

한편 오래된 제방과 새로운 제방으로 인한 문제는 심각해지고 있다. 한 예는 네트라코나(Netrakona)에서 멀지 않은 캉사(Kangsa) 강의 서쪽 기슭을 따라 지어진 20킬로미터짜리 제방이다. 신문 보도에 따르면 제방 뒤편의 인공 침수로 논 약 2,023헥타르의 작물이 망가졌다.[13] 불만이 쏟아지자 (WAPDA의 후신인) 방글라데시수자원개발기구(Bangladesh Water Development Board)는 대체 배수 시설로 조절해 보려고 했지만, 여전히

---

11) 홍수 조절 계획 소위원회 12는 이 중 17건에 대해 비판적 평가를 내리고 홍수 조절 프로젝트 5건을 심도 있게 연구했다. FAP 12. FCD/I Agricultural Study, Huntington Technical Services Limited, January 1992를 볼 것.

12) 예를 들어 다음을 볼 것. Adnan(1991); Adnan et al.(1992); Bangladesh agricultural Research Council(1989); Custers(1991c, 1992b); Dalal-Calyton(1990); Faaland et al.(1995); Pearce(1991).

13) "The Flood Control Embankment along the Kangsa River is Another Beel Dakatia", *Sangram*, 27 October 1993을 볼 것.

침수 피해는 계속됐고 벼 경작 또한 어려웠다. 두 강이 경계를 이루는 사일헤트(Sylhet) 지역의 자키간즈(Zakiganj)에서도 제방이 건설되면서 수로를 통해 진흙 강물이 구석구석 퍼져 나가던 전통적 관개 체계가 파괴되었다. 해마다 내리는 몬순 빗물이 빠져나가지 못하면서 지역 전체가 완전히 물에 잠겨 버렸다. 결국 1993년 7월 농민 수천 명이 수로 입구를 막는 제방 중 하나를 무너뜨리려고 했다.[14] (물이 넘지 못하는 제방이나 간척지 같은) 외래적 구조물은 물 관리에 문제가 많은 방법임이 분명하다. 그러나 그 어떤 피해에도 굴하지 않고 제방을 건설하려는 강력한 힘이 존재한다. 그 이유는 무엇인가?

이 질문에 답하기 전에 먼저 제방과 간척지 건설이 어획량에 미친 영향을 살펴봐야 한다. 스티브 민킨(Steve Minkin)은 "방글라데시만큼 먹을거리와 생계를 야생 어자원에 의존하는 나라는 없을 것"[15]이라고 지적했다. 방글라데시 식생활에서 동물성 단백질의 80퍼센트가량은 어류에서 얻는다. 방글라데시 경제에서 어업은 농업에 이어 중요도에서 2위를 차지한다. 대략 500만 명 정도가 직업 어민에 속한다. 그뿐 아니라 가난한 농민 가족 다수에게 고기잡이는 먹을거리로나 부수입원으로도 중요하다. 가난한 농민 가족은 강이나 지류, 수로에서 물고기를 잡아 반찬으로 먹기도 하고 동네 시장에 내다 팔아 부수입을 조금씩 얻기도 한다.

또한 민물고기가 잡히는 장소 중에서 범람원[16]은 특히 중요하다. 방글라데시에서 연간 전체 어획량 중 4분의 1이 바다에서, 나머지 4분의 3

---

14) "BDR Fires on Mob in Zakiganj: 3 Killed", *The Telegraph*(Dhaka), 23 July 1993; *Ittefaq*, 28 July 1993도 볼 것.
15) Boyce(1990), p. 423에 인용.
16) 강이 범람하면 잠기는 강가의 평지. ─옮긴이

은 내륙의 민물에서 잡힌다. 어획량 면에서 범람원은 강만큼이나 중요해서 전체 내륙 어획량의 50퍼센트까지 차지한다. 이제는 널리 알려진 상식대로 매년 범람하는 강은 어류의 이동과 산란을 촉진하는 역할을 한다. 유명한 어종인 일리샤(illisha)가 바로 그런 경우이다. 윌콕스가 이미 1930년대에 지적했듯이 범람하는 관개 체계 덕분에 벵골 농민들이 먹을 물고기는 풍부했다.[17] 그러나 전통적 관개 체계가 파괴되면서 어획량은 급격하게 줄어들었다. 제방이 쌓이면서 다양하던 수자원 종류는 급속하게 줄어들고, 홍수 조절 계획으로 고기잡이 마을은 몰락했다. FAP 연구진이 취합한 수치 자료는 이런 경향을 생생하게 보여 준다. FAP 소위원회 12가 검토한 바에 따르면 홍수 조절 계획이 진행되는 동안 어획량은 75퍼센트가량 줄어들었다.[18]

제방과 간척지 건설 지지자들도 수문이 설치된 구조물이 있는 곳에서는 물고기의 이동과 산란이 어렵다는 점을 잘 안다. 네덜란드의 환경 전문가 판 비르선(van Vierssen)은 소위 '수중 제방'조차도 산란기를 불안정하게 만드는 부정적 결과를 낳는다고 주장한다.[19] FAP 지지자들은 연못에 물고기 양식을 장려해서 어업에 미치는 부정적 영향을 '완화'하자고 제안한다. 그러나 네덜란드 정부 발전협력부 보고서가 지적하듯이 연못 양식은 심각한 사회경제적 결과를 수반한 변화를 가져왔다.

전통적으로는 농민, 토지가 없는 사람, 소농이 누구나 자유롭게 접근 가능한 물가에서 고기를 잡았다. 반면 양어장은 사유 재산이며 이를 소유한

---

17) Willcocks(1998).
18) FAP 12를 볼 것. Faaland et al.(1995), p. 18도 볼 것.
19) van Vierssen(1991), p. 5. Faaland et al.(1995), p. 19도 볼 것.

가족은 비교적 부유한 이들이다. 이전에는 물고기가 대개 가난한 이들을 위한 공유 자원이었다면 이제는 부농들의 사적 자원이 되었다.[20]

간단히 말해 하천 민물 고기잡이에서 양어장 고기잡이로 옮겨 가면서 부정적 효과가 다양하게 나타났다. 어획량이 급격하게 줄어들었을 뿐 아니라 농촌에 사는 빈민의 영양 상태와 수입에도 부정적으로 작용했다. 제방과 간척지를 건설한다는 것은 전통적으로 토지가 없는 가족들이 살아남을 수 있도록 도움이 된 공유 자원이 전유되는 것을 뜻하기 때문이다.

역사적으로 공유 자원의 사유화 즉 인클로저(enclosure)는 자본주의적 생산양식의 근간이 되는 핵심 과정 중 하나로 여겨져 왔다.[21] 영국에서 인클로저는 14~16세기에 진행되어 영국 양모 산업에 필요한 원자재와 노동력을 제공하는 역할을 했다. 그 이전의 '공유지' 체계에서 사람들 대부분은 그 땅을 자유롭게 사용할 수 있었다. 농촌 빈민은 토지 소유주를 위해 일하고 나서는 공유지에 자기 밭을 만들기도 했다. 또한 추수를 마치고 나서 매년 일정 기간 마을 사람들은 가축이 풀을 뜯는 목초지로 공유지를 이용하기도 했다. 산업혁명이 일어나기까지 몇백 년에 걸쳐 서곡을 펼친 시초 축적 또는 '원시' 축적[22]은 최초이자 가장 중요한 대규모 소작농 몰락 과정이었다. 소작농은 자기 땅에서 쫓겨나거나 목양업자가 공유지에 울타리를 치는 광경을 목격했다. 이 과정은 극도로 폭력적이었으나 (4,000건에 달하는) 인클로저 법을 비롯한 수많은 국가의 법령은 인클로저

---

20) Operations Review Unit(1993), p. 76.
21) *The Ecologist*(1992); Marx(1977a), p. 671[『자본 I-2』, 강신준 옮김, 길, 2008, 967쪽].
22) '시초 축적/원시 축적'(primitive accumulation)은 맑스의 용어이다. Marx(1977a), Part VIII, p. 667[같은 책, 961쪽].

편이었다. 이 순연한 학살 과정을 거쳐 영국 농업은 완전히 탈바꿈해 산업 프롤레타리아를 형성할 기반을 마련하게 된다.

방글라데시에서 범람하는 강물은 어떤 면에서는 몰락하기 전 영국 소농들의 '공유지'와 공동 목초지 같은 기능을 한다. 전통적으로 방글라데시의 가난한 농민들에게 물은 가장 중요한 형태의 공유재였다. 큰 강에서 넘친 진흙 강물이 자유롭게 땅 구석구석으로 흐르는 한 그리고 물과 거름을 구하는 데 돈이 들지 않는 한, 농민의 땅은 다시 비옥해질 것이며 관개에도 어려움이 없다. 물에 잠긴 들판은 또 다른 중요한 기능이 있었는데 그것은 바로 무토지 농민들이 몬순 시기에 범람원에서 자유롭게 물고기를 잡을 수 있다는 점이었다. 산업화 이전 영국 농민들처럼 벵골 농민들도 공유 자원에 자유롭게 접근할 수 있었기 때문에 생존할 수 있었다.[23]

따라서 우리는 이러한 사회적 관점 즉 농민 인구의 몰락이라는 더 큰 과정의 일부로 방글라데시의 제방 및 간척지 건설 프로그램을 이해해야 한다. 어자원 관리는 공공 영역에서 사적 영역으로 옮겨 갔으며, 그후로는

---

23) 이는 현대적 관개 방법의 맥락에서 관찰되기도 했다. White(1992), p. 50. "극빈층 가구는 수입으로 생계를 이어 가기 위해 불균형적으로 공유 자원에 의존한다. 따라서 환경적 변화에 가장 타격을 받는 것은 극빈층 가구다. 지금까지 공짜였던 자원을 구매할 방법이 없기 때문이다." 또한 Maal and Ali(1990), p. 5는 디나즈푸르 내륙 수역에 관한 조사의 맥락에서 공유 자원의 중요성에 대해 이렇게 논평한다. "연못이 범람원 안에 있는 한 누구나 고기를 잡을 수 있다. 그러나 물이 빠지면 주인만 연못에 접근할 수 있다." '독자적 평가 목적'으로 유엔개발계획(UNDP)이 의뢰한 FAP에 관한 한 보고서는 공유재로서 수자원의 중요성을 설명한다. "상당수 방글라데시인들은 시장 지향형 전업 혹은 부업형 어업이 아닌 생계 유지형 어업을 한다. 가족 구성원의 생계 유지형 어업은 보통 자유롭게 접근할 수 있는 공유 자원을 기반으로 그들이 섭취하는 동물성 단백질의 대부분을 공급하기 위한 것이다. 생계 유지형 어업을 하는 이들은 가난해서 시장에서 생선을 사 먹을 형편이 안 돼 직접 고기를 잡아서 먹을 것을 생산하는 비임금노동 체계 안으로 들어간 사람들이다. 전업이나 부업으로 일하는 어부와 달리 FCD와 FCDI 계획으로 인한 어업 파괴로 가장 고통받는 것은 이들이다. 그런 빈곤하고 주변화된 가족들이 필요한 영양을 섭취하기가 더욱더 어려워질 것이다." Faaland et al.(1995), p. 19를 볼 것.

양식장을 소유한 부농과 대금업자가 독점하게 됐다. 이러한 양식장은 인클로저와 동의어로 이전에는 어자원에 자유롭게 접근하던 무토지 어민과 여성을 몰아낸다는 의미다. 동시에 농촌 지역 부유층에게는 물을 자신들만 사적으로 이용하거나 판매하는 상품으로 전환할 수 있는 매우 현실적인 가능성이 생긴다. 예전에는 누구도 논에 대는 물에 돈을 내지 않았고 범람한 물은 공유재였지만 이제는 부농이 소농에게 물값을 내게 할 수 있다. 자유롭게 범람하는 물과 달리 수문을 통해 간척지로 들어오는 물은 사적으로 관리하고 통제할 수 있다. 이런 맥락에서 표면적으로는 폭풍 해일과 태풍을 막기 위해 건설했다는 벵골 만 해안 주변 간척지조차도 사실은 농촌 빈민의 희생을 대가로 농촌 부유층이 자본과 권력의 기반을 강화해가는 인클로저이다.

따라서 제방과 간척지를 계획하고 건설하고 관리하는 데 내세우는 '발전'과 '인민의 참여'라는 수사가 무엇이든 이 구조물들은 방글라데시에서 시초 축적이 일어나는 과정의 한 부분으로 이해해야 한다. 산업화 이전 영국에서 인클로저가 국법으로 불문에 부쳐졌듯이 제방과 간척지 건설도 국가에 의해 법으로 보호받는다. 1989년 공포된 법에 따르면 농민들은 발전 계획에 관해 법정에서 이의를 제기할 수 없으며, 만약 그에 반발하는 집단행동이 벌어지면 (1993년 7월 자키간즈에서 그랬듯이) 무장한 군대가 진압할 수도 있다. 따라서 공유 자원인 수자원과 어자원에 대한 접근권의 전유는 소자작농을 토지에서 유리하는 것만큼이나 자본주의 축적으로 향하는 중요한 일이었다. '발전' 기구들이 알려주지 않고 '발전' 수사의 세례 속에 가린 채 방글라데시에서 시초 축적의 역사는 반복된다.

소농의 몰락: 토지 소외와 농촌 부채의 구조

이제 [수자원과 어자원의 전유와] 상호 보완적인 과정 즉 소자작농이 자신의 땅에서 축출되는 과정을 살펴보자. 방글라데시의 농촌 토지 소유 구조에 관한 연구를 살펴보면 절대적으로나 상대적으로나 모두 지난 30년간 자기 땅이 없는 농민의 수가 경이로울 정도로 늘어났다는 데 대체로 동의한다. 1960년대 초반 무토지 농민의 비율이 25퍼센트 정도였다면 현재는 50퍼센트가 넘을 것으로 추산된다. "실질적으로 토지를 소유하지 못한" 농민의 비율은 70퍼센트에 달할 것이라고 보는 자료도 있다.[24] 즉 생산수단을 갖지 못한 농민의 수는 계속해서 늘어난다. 이들은 품삯을 받으며 노동력을 팔아 먹고살거나 배고픔과 죽음을 피하기 위해 도시 지역이나 가까운 인도 등지로 이주할 수밖에 없다.[25]

둘째, 농민의 토지 이탈 증가 현상은 방글라데시 농촌 지배층이 토지와 다른 농업 자원을 축적하는 과정과 함께 벌어진 것이 분명하다. 이는 미국국제개발처(USAID) 산하 방글라데시 통계국이 1970년대 후반 실시한 토지 소유 현황 조사에 의해 뒷받침된다. 1978년 조사에 따르면 하위 75퍼센트 가구가 소유한 토지는 전체 토지의 20퍼센트에 불과한 반면 상위 8.5퍼센트 가구는 각기 5에이커 이상을 소유해 전체 농지의 48퍼센트

---

24) 무토지 농민 비율에 관한 자료는 Alamgir(1981), p. 198; de Vyler(1982), pp. 9~10; Hartmann and Boyce(1983), p. 20; Hashemi(1991), p. 61을 볼 것.
25) 늘어나는 농업 노동자 비중에 관한 자료는 Atiur Rahman(1986), p. 175를 볼 것. 방글라데시에서는 자작농의 몰락과 집중적 이주 과정 간의 관계가 중요하며 이주는 세 가지 양상을 포함한다. 1) 해안을 따라 있는 불안정한 차르(char) 토지로 이주한 사람들, 2) 잡역 일을 찾아 수도 다카와 다른 도시로 이주한 사람들, 3) 인도로 이주해 살길을 찾으려는 사람들. 이러한 이주 전체를 포괄하는 통계 자료는 없지만, 방글라데시 언론은 도시 지역 슬럼에 정착하게 된 이주민이 2000만에 달한다고 한 바 있다.

를 차지한다.[26] 아티우르 라만(Atiur Rahman)이 1981~1985년 진행한 두 마을의 농민 분화에 관한 설문 조사도 비슷하게 "양쪽 마을 모두 하위 60 퍼센트에 속하는 가구가 소유한 토지는 줄어들고 상위 10퍼센트에 속하는 가구가 소유한 토지는 극적으로 증가했다"[27]고 밝히고 있다.

이러한 수치들은 방글라데시 농촌 인구 대부분이 주변화된 주원인이 인구 증가와 상속으로 인한 토지 분할 때문이 아니라는 점을 보여 준다. 실제로 라만의 연구와 그 외 다른 농촌 연구들은 중간층과 빈민층 농민 가구가 자신들의 생산량으로는 소비 필요량을 감당하지 못하면서 땅을 잃는 경우가 많다는 사실을 확인해 준다. 에이리크 옌센(Eirik Jansen)은 자무나 강과 파드마 강이 만나는 지점에서 멀지 않은 바이마라 마을의 경제 관계를 치밀하게 분석한 연구에서 농민 가구의 적자와 토지 소유권 이전 과정 간의 상관관계를 주목했다. 옌센에 따르면 "바이마라의 62가구 중 50가구가 만성적인 적자 상태로 생계를 유지하기 위해 빚을 져야 한다".[28] 이들이 빚을 얻는 가장 일반적인 방식은 농지를 담보로 한 대출이다. 가난한 농민들은 마을 부자에게 돈을 빌리거나 땅의 일부를 담보로 잡히는 등 적자 상태를 면해 보려고 애쓰지만 결국에는 땅을 포기하게 된다.

또한 농촌 신용 거래 구조를 간략하게 살펴보면 부채가 바로 오늘날 대다수 방글라데시 농민 가구를 괴롭히는 문제라는 점을 알 수 있다. 여기서 우리는 사적 대출과 기관 대출을 구별해야 한다. 농민 대다수는 사적

---

26) Atiur Rahman(1986), p. 115. 토지 집중에 관한 비교 수치는 Almagir(1981), p. 197에 나와 있다.
27) Atiur Rahman(1986), p. 110. Ashabur Rahman(1986), p. 137에 따르면 방글라데시 무토지 가구 수 증가율은 3.1퍼센트로 연간 인구 증가율 2.5퍼센트보다 높다.
28) Jansen(1987), p. 111.

고리대금업자나 부농에게 빚을 지고 땅을 빼앗기는 처지가 된다. 그러나 방글라데시의 농촌 부채를 이해하기 위해서는 (은행 같은) 기관 대출 체계를 살펴보는 편이 도움이 된다. 은행 시스템은 전적으로 무토지 농민의 편이 아니다. 은행 대출을 받으려면 땅이 있어야 할뿐더러 글을 읽고 쓸 줄알아야 필요한 양식을 써넣을 수 있기 때문에 무토지 농민 가족은 기관 대출에서 구조적으로 배제된다. 1977년 지아우르 라만 군사 정부는 공식적으로 농촌 빈민을 위한 대출 프로그램을 내놓았다. 그러나 USAID 연구가 이 대출 프로그램으로 혜택을 본 것은 상위 20퍼센트뿐이며 빈민층이나 중간층 농민에게 간 몫은 무시해도 될 정도로 작다는 점을 지적하자 이 프로그램은 중단됐다.[29]

1980년대 후반 농민 단체들이 진행한 연구 결과에 따르면 농촌 은행이 빌려준 금액의 70퍼센트가 부농이나 농촌 지배층에게 간다. (작은 땅이나 기구, 노동력 등 자신이 가진 자원으로 근근이 생계를 이어 가는) 중간층 농민이 그다음 수혜자로 은행 대출자 중 대략 5분의 1정도에 달했다.[30] 그러나 대다수 중간층 농민 대출자는 적자 상태를 벗어나지 못했다. 농사를 짓기 위해 돈을 빌린 농민 대다수가 대출금을 갚지 못했다. 1990년에 이르면 (채무 불이행이 계속될 경우 고소하겠다고 협박하는 통지인) '최고(催告)사례'가 말 그대로 수십만 건에 달했다. 체포되거나 구금될까 두려웠던 농민들은 동산이나 부동산을 팔거나 살던 마을에서 도망쳤다. 당시 신문에

---

29) de Vylder(1982), p. 113. 기관 대출의 역사는 Hashemi(1991), pp. 62~63을 볼 것.
30) 1988년 11월 9일 열린 기자 회견에서 라셰드 칸 메논(Rashed Khan Menon)의 발언을 볼 것. 농민자유연대(Krishok Mukti Samity)와 농업노동자조합(Khet Majur Union)이 공동으로 펴낸 소책자 「대출중재위원회는 무엇이며 왜 필요한가」(What is and Why a Loan Arbitration Board?)에 수록되었다.

는 최고장을 받고 머릿속이 복잡해진 중간층 혹은 중하층 농민들의 이야기가 넘쳐났다. 여기서 벗어날 길을 찾지 못한 농민은 자살하기도 했다.[31]

따라서 농민들이 토지에서 이탈되는 과정에서 핵심적 연결 고리는 바로 신용 대출이다. 최고장을 받은 농민의 선택지는 두 가지뿐이다. 첫째는 소나 땅을 파는 것으로 지난 10년간 빈번하게 벌어진 일이다. 다른 길은 마하잔[32]이나 대금업자에게 고리로 돈을 빌려 은행 대출을 갚는 것이다. 그러나 이렇게 돈을 빌려 봐야 겨우 '집행을 연기'할 수 있을 뿐이다. 마하잔은 350퍼센트에서 400퍼센트에 달하는 극도로 높은 이자를 받는다. 따라서 돈을 빌린 농민은 곧 땅을 잃고 농촌 프롤레타리아가 될 수밖에 없다. 은행에서 통상적인 이율로 돈을 빌렸건(12퍼센트에 수수료) 마하잔에게 빌렸건 상관없이 농민에게는 현존하는 농촌 위기의 결과를 벗어날 길이 없다. 뒤에서 설명하겠지만 이러한 농촌 위기는 적어도 부분적으로 상업 지배층의 시장 착취 때문에 벌어졌다.

토지에서 쫓겨나는 농민과 상업 지배층의 역할

방글라데시 농업관계에 시장가격이 미친 영향에 대한 연구는 상대적으로 많지 않은 편이다. 서구 학자들과 방글라데시 학자들은 무토지 농민의 증가, 농민의 분화, 소작 생산 제도의 역할 등에 대해서는 조직적으로 문제 제기 했지만,[33] 방글라데시의 도시와 농촌에서 부가 농민으로부터 교역

---

31) 최고 사례 건수에 관한 수치는 방글라데시농민연대(Bangladesh Krishok Federation) 회보 『키산 키사니』(*Kisan-Kisani*) 1990년 5월호에 실린 기사를 볼 것. pp. 18~20.

32) Mahajan. 대대로 대금업을 하는 카스트. —옮긴이

33) 방글라데시 소작 제도에 관해서는 다음을 볼 것. Arens and van Beurden(1977), p. 120;

중심지의 상인이나 다른 중개인에게로 옮겨 가는 현실을 분석하는 데는 별다른 관심을 보이지 않았다. 스테판 데 뷜데르(Stefan de Vylder)는 독립 이후 계속해서 국내 교역 조건이 농업 생산물에 불리한 방향으로 변해 갔다는 점을 발견했다.[34] 그러나 전반적으로 상업 지배층이 농촌에서 발생한 잉여를 '걷어 간' 데 대한 통계가 부족하다.

그럼에도 불구하고 1991~1992년 신문 보도나 개인 인터뷰를 살펴보면 농민은 농산물을 사들이는 상인에게 휘둘려서, 곡물을 팔고 받는 돈으로는 생산비도 감당하지 못하는 경우가 많다는 사실을 파악하기에 충분하다. 예를 들어 1993년 8월 일간지들은 방글라데시 국내 시장에서 쌀이 "터무니없이 싸기" 때문에 인도로 밀수된다고 경고하는 기사를 실었다.[35] 같은 시기 신문들은 생산비가 몬드[36]당 300타카인 황마가 지역 상인, 즉 파리야(fariya)에게는 몬드당 100~200타카에 팔린다고 보도했다.[37] 1992년 파리드푸르(Faridpur) 지역 현장 연구에서 수집한 자료 역시 양파와 라비(rabi, 겨울) 곡물을 경작하는 농민이 받는 가격은 생산비 이하인 반면, 도시 지역 소비자가 지불하는 가격은 농민이 받는 금액의 네다섯 배에 달한다고 밝혔다.

서로 다른 계급에 속하는 농민들이 곡물의 시장가격 변동에 똑같이 영향받지 않는다는 데는 의심의 여지가 없다. 예를 들자면 옌센은 부유한 농민은 시장가격이 오를 때까지 쌀과 다른 곡물을 저장해 두는 식으로 투

Jannuzi and Peach(1980); Jansen(1987), p. 156.

34) de Vylder(1982), p. 36.

35) "Smuggling of Paddy", *Ittefaq*, 25 August 1993을 볼 것.

36) maund, 남아시아에서 사용하는 무게 단위로 약 37킬로그램 정도.—옮긴이

37) 황마 거래에 관한 기사는 *Ittefaq*, 3 September 1993; *Sangbad*, 23 and 31 August 1993.

기해 시장가격 변동에 따라 이윤을 얻을 수 있다고 지적했다.[38] 그러나 이렇게 시장가격 변동을 유리하게 이용할 수 있는 농민은 자작농 중에서도 융통할 수 있는 자본이 상당한 극히 일부일 뿐이라는 점은 분명해 보인다. (무토지 농민, 토지는 있으나 가난한 농민, 중하층, 중간층 농민 등) 농촌 인구의 절대다수는 '시장 압력'에 불리한 영향을 받는다. 빌린 돈을 갚을 충분한 금융 자본을 마련할 수 없기 때문에 농민들은 언제나 작은 토지와 사는 집까지도 잃을 위험에 놓여 있다.

방글라데시 경제에서 상업 지배층이 차지하는 절대적 역할은 1980년대 방글라데시 산업 분야의 진화를 살펴보면 더 잘 파악할 수 있다. 다음 장에서 살펴보겠지만 방글라데시는 1970년대 말부터 의류 제조 분야의 급속한 성장을 목격하지만, 결코 전체적인 산업 성장을 뜻하는 것은 아니었다. 오히려 국내총생산(GDP)에서 제조업 생산량이 차지하는 비율은 "지난 20년간 실질적으로 변하지 않았다".[39] 1969~1970년에 7.8퍼센트였던 제조업 생산량은 1988~1989년 8.4퍼센트였다. 제조업 생산량은 1976~1981년 상당히 성장했지만 바로 이어지는 1982~1989년에는 성장률이 떨어졌다. 경제학자 레만 소반(Rehman Sobhan)에 따르면 1982~1983년과 1985~1986년, 1988~1989년 이렇게 세 시기는 불경기 혹은 마이너스 성장기였다.[40]

발전 금융 기구와 국영 은행이 '산업 프로젝트'에 어마어마한 규모로 대출을 주고 있기 때문에, 이러한 산업 불경기는 투자 자원의 부족 때문이 아니다. 소반은 이들 기관의 100억 타카에 이르는 악성 부채를 언급하며

---

38) Jansen(1987), p. 146.
39) Sobhan(1991), p. 86.
40) *Ibid.*, p. 85.

"만성적인 금융 기강 해이"[41]를 지적한다. 당시 과도 정부 대통령 샤하부딘도 1991년 의회 연설에서 같은 문제를 지적했다.

> '산업 발전'이라는 미명하에 각종 국영 은행이 제공한 대출의 10퍼센트도 회수되지 않았다.……수많은 사람들이 다양한 이름을 사용해 가며 산업 발전에 기여하겠다는 명목으로 산업 은행, 산업 대출 기관, 국영 은행에서 엄청난 돈을 빼내 갔다. 그러나 이들은 산업 발전에 기여하지도 그 돈을 갚지도 않고 있다. 그 결과 1천억 타카에 이르는 산업 대출금이 회수되어야 하는 상황이다.[42]

즉 1980년대 금융 기관에서 대출을 받은 대규모 채무자들은 생산적 투자에 별로 관심이 없었다는 점(이들은 상업 지배층에 속한다)이 이 자료로 입증된다. 상업 지배층은 농산물을 농촌에서 도시로 이전하는 핵심 역할 외에도 수출·수입업에 종사하고 국제 원조 명목으로 방글라데시에 들어오는 막대한 금융 자원을 독식하는 역할도 한다. 상업 지배층은 비싼 가격에 수입되는 사치품을 소비하고 방글라데시와 해외 부동산 투기에 자신들이 가진 자본을 사용한다. 소반이 밝히고 있듯 "상거래, 투기, 부동산 투자, (대개) 공적 자원을 이용한 자본의 국외 수출이 방글라데시 신흥 금융 지배층이 선택할 수 있는 투자 방식이다".[43]

---

41) *Ibid.*, p. 3.
42) Custers(1991), p. 19.
43) Sobhan(1991), p. 7. 산업 부르주아의 역할에 관해서는 Umar(1986)를 볼 것. 은행 제도를 이용해 상업 지배층이 부를 쌓는 수많은 예는 Rahman and Hoque(1987)에 언급된다. 깊게 파는 관우물 유통 계약으로 돈을 모으기 시작한 자룰 이슬람(Jahrul Islam)의 사례는 주목할 만하다. *Ibid.*, p. 11.

발전여성주의와 여성의 벼 가공 노동 분석

그렇다면 현재 진행 중인 방글라데시 농촌 인구의 빈곤화 및 축출, 인클로 저 성립 과정은 농촌 빈민 여성에게 구체적으로 어떤 영향을 미치는가? 먼저 적어도 두 가지 경향을 언급할 수 있을 듯하다. 여성의 농업 노동 참 여도가 높아지고 있으며, 결혼할 때 [신랑 가족이 내던] 신부 값이 [신부 가 족이 내는] 지참금제로 바뀌었다는 점이다. 전통적 성별 분업에서는 여성 은 집 안에서만 일해야 한다고 엄격하게 규정했다. 남성 농민은 쟁기질, 모내기, 추수 같은 논밭에서 하는 농사일 전부를 책임지고, 여성은 집안일 전체와 집안에서 하는 농사일(모내기 전 일과 추수한 후 작물 처리 등)을 맡 았다. 여성은 씨앗 관리와 키질, 낟알 말리기, 탈곡하기 같은 고되고 노동 집약적인 일을 했다. 새벽부터 저녁까지 집 안에서만 일하다 보면 여성의 사회생활은 매우 제한적일 수밖에 없었다.[44]

이제 빈곤화의 영향으로 1970년대부터 여성은 집 밖에서 일할 수 없 다는 오래된 규제의 장벽을 허물게 되었다. 일부 여성주의자들의 지적대 로 1974년 방글라데시에 닥친 기근으로 무토지 여성들은 집 밖에서 일자 리를 찾을 수밖에 없었다. 이들은 자신의 생존과 가족의 부양을 위해 격리 의 규율인 푸르다를 어기기 시작했다. 초두리와 아흐메드(Chaudhury and Ahmed)는 1974년 기근 직후 해외 원조로 진행된 식량 지원 노무 프로그 램[45] 참여자의 30퍼센트가 여성이라는 점을 주목했다.

---

44) 전통적 성별 분업에 관해서는 Chen(1986b), pp. 47~49를 볼 것.
45) food-for-work scheme, 노동의 대가로 식품을 제공하는 구호 프로그램.—옮긴이

공식 홍보가 없었는데도 여성들이 이러한 농촌 일자리를 얻기 위해 제 발로 찾아왔다. 이들은 땅파기, 배수와 관개용 수로 파기, 도로와 홍수 방지 제방 건설같이 고된 육체노동을 하고 밀가루를 받아 갈 수 있었다.[46]

인클로저 건설에 관련된 식량 지원 노무 프로그램에 참여하는 여성이 있는가 하면, 논밭에서 농사일을 해서 살아남고자 하는 여성도 있었다. 쟁기질은 여전히 예전처럼 남성의 일로 남아 있지만 무토지 여성들은 씨 뿌리기, 잡초 뽑기, 벼 베기 같은 일을 한다. 남성의 일과 여성의 일 사이의 경계가 점차 불분명해져 갔다. 그러나 이러한 변화가 여성에게 평등도 선사한 것은 아니어서 여성이 한 농사일의 가치는 남성에 비해 극도로 낮았다. 여성농민연합(키산 사바 Kisan Sabha) 의장 샴순 나하르 칸에 따르면 남성 노동자는 일당 30타카에 식사도 제공받지만, 여성 노동자는 그 절반인 15타카를 받고 식사도 제공받지 못한다고 한다.[47] 그럼에도 불구하고 집 밖의 일자리에 여성들이 몰려들었고 이는 긍정적 변화였다.

1970년대부터 시작된 또 다른 변화——중매결혼에서 지불 제도의 변화는 여성의 사회적 지위 하락을 보여 주는 지표이다. 이전에 무슬림들은 결혼할 때 신랑과 신랑 가족이 마흐르(mahr)라고 부르는 신부 값을 결혼 선물 겸 이혼에 대비한 보험금으로 신부에게 주었다. 마흐르 제도는 신랑 가족에게 새로운 여성 노동력이 필요하다는 점이 반영된 결과다. 여성의 지위는 낮았지만 여성의 노동력은 중요하다는 점이 암묵적으로 인정되었

---

46) Chaudhury and Ahmed(1980), p. 68. Chen and Ghaznavi(1977)도 볼 것.
47) 1991년 4월 27일 오슬로에서 방글라데시인민연대센터가 연 세미나에서 방글라데시 여성 농민연합 의장 샴순 나하르 칸이 한 연설. Jansen(1987), p. 185에 따르면 남성이 임금제로 고용된다면 같은 일을 하는 여성보다 35~50퍼센트 정도 더 높은 임금을 받는다.

던 것이다. 그러나 빈곤화가 지속되면서 마흐르제는 급격하게 지참금제로 바뀌고 있다. 힌두교도 사이에 널리 퍼져 있던 지참금제는 신부 가족이 딸과 결혼하겠다는 의사에 대한 대가로 신랑 가족에게 돈과 물건을 내는 제도이다.

세라 화이트(Sarah White)가 라즈샤히의 한 마을에서 진행한 연구에서 미시적 변화에 관한 수치를 얻을 수 있다. 영국 식민지 시기 이슬람교도의 결혼 가운데 90퍼센트 이상에서 [신랑 측이] 신부 값을 냈지만, 1980년대에 이르면 마을의 무슬림들은 "거의 절반 정도가 지참금을 내고 나머지 절반은 지참금 없이 결혼한다".[48] 지참금 결혼의 확산은 몇몇 마을에서만 벌어지는 일이 아니라 방글라데시 전체로 퍼져 가는 전반적 현상으로 이 또한 농민의 빈곤화에 일조했다. 화이트가 밝히듯이 농민은 저축으로 지참금을 마련하는 것이 아니라 결혼에 임박해 '자산을 처분'해서 마련하기 때문이다. 지참금제로 변하면서 여성은 과거보다 더 큰 부담거리로 여겨지게 되었고 여성에 대한 폭력도 함께 증가했다. 새로 결혼한 여성은 지참금을 더 가져오라는 압력에 시달렸고 그러지 못하면 시집 식구에게 살해되는 일도 벌어졌다.

이제 농업 생산에서 여성의 역할을 살펴보면서 발전여성주의자들이 어떻게 남성 경제학자들 특히 맑스주의 경제학자들에게 도전했는지 설명하고자 한다. 발전여성주의자들은 방글라데시 정부의 공식 통계가 일하는 여성 — '경제 활동 중'인 여성의 수를 크게 낮춰 잡고 있다고 비판해 왔다. 물론 통계 자료의 이러한 남성 중심적 편향은 방글라데시만의 일은 아니다. 예를 들어 미스는 인도의 인구 통계 자료는 농업의 상업화 이후

---

48) White(1992), p. 105.

농촌 여성을 수입이 없는 주부로 분류한다고 비판했다. 미스가 현장 연구에서 얻은 자료에 따르면 농촌 여성은 사실 일을 계속해야만 하는 상황에 놓여 있었다. 다만 통계 전문가와 정책 입안자가 농촌 여성의 노동이 존재하지 않는 것처럼 만들 뿐이다.[49]

챈은 방글라데시 정부가 내놓은 통계를 분석했다. 챈은 해외 재정 지원을 받는 비정부기구(NGO)의 틀에서 여성 노동을 연구하기 위한 중요한 시도를 했다. 챈에 따르면 "미시 연구들은 거의 모든 농촌 여성이 일하고 있다는 점을 보여 주기 시작했지만, 거시 자료는 이 단순한 사실을 혼란스럽게 만든다". 방글라데시 인구 조사는 총 1550만 명의 여성이 '주부'이며 350만 이상의 여성이 '무직'이라고 발표했다. 챈은 거의 모든 농촌 여성이 농업이나 축산업 전업 노동자로 일하고 있는 현실을 반영하지 못하는 이러한 수치는 기만이라고 보았다. 챈에 따르면 주부 1550만 명은 모두 '전업 노동자'라고 해야 한다. 챈은 "명백하게 방글라데시에서의 노동과 농촌 생산 체계의 정의를 재정립해야 한다"[50]고 적확하게 덧붙였다.

미드 카인 등(Cain et al.)도 여성 노동이 폄하되는 기원에 대한 연구에서 챈의 이러한 비판에 동조했다. 방글라데시 인구 조사는 '노동력 접근법'(labour force approach) 방식을 택하고 있는데 이 방식은 임금이나 급여를 받는 일자리에만 치중해 [다른 형태의] 노동에 참여하는 항목을 제대로 반영하지 못한다.

49) Mies(1982), p. 3. 인도 정부가 펴낸 인구 조사 결과에 나타난 '정의상의 편향'에 대한 광범위한 비판으로는 Agarwal(1985), p. A155를 볼 것. 영국에서 양차 대전 사이 고용에 나타난 변화에 대한 통계 자료의 비판적 분석으로는 Glucksmann(1990), p. 38을 볼 것.
50) Chen(1986b), pp. 52~53.

노동력 접근법은 1930년대 미국 대공황기에 더 정확한 고용 상태를 측정하기 위해 개발되었다. 이 접근법은 주된 경제 활동 형태가 안정적인 임금 고용인 경제에 알맞도록 고안되었다.[51]

산업국가의 통계 역시 (가사노동 같은) 여성 노동을 제대로 반영하지 못한다는 점에서 위의 논평은 여전히 다소 정확하지 않다. 그러나 저자들은 가족 단위로 경제 활동을 하고 쌀 같은 주곡의 40~60퍼센트가 가족이 소비하기 위해 생산되는 방글라데시 경제를 분석하는 데 '노동력 접근법'이 적절한지에 대해서는 올바르게 문제제기 하고 있다. 카인 등이 살펴본 대로 노동력 접근법은 "경제 활동의 본질과 규모의 극히 일부분밖에 보여 주지 못하는 범주와 지표를 내놓는다".[52]

발전여성주의자들 역시 농촌 여성이 하는 농업과 관련한 생산 과업의 범위를 세밀하게 기술했다. 그들이 다룬 주요 주제는 추수 후 여성의 노동으로, 가족이 소비하기 위해서 혹은 시장에 팔기 위해서 추수한 벼를 가공하는 일이다. 발전여성주의자들의 기술은 경험적인 데서 그치는 경향이 있어 남녀 간의 성별 분업에 대한 국제적 여성주의 이론화 작업에는 크게 기여하지 못했다. 그럼에도 전통적으로 남성 경제학자들이 간과해 온 여성 노동을 보여 준다는 측면에서 이 기술 작업은 중요하다.[53]

예를 들어 구드룬 폰 하르더(Gudrun Martius von Harder)는 추수 후

---

51) Cain et al. (1979), p. 412.
52) *Ibid*.
53) 혁명 이전 러시아의 계급 분화에 대한 레닌의 분석에서 자신의 관점을 가져온 아티 우르 라만의 연구(1986)에 맑스주의 경제학에서 전통적인 남성 중심적 편견이 전형적으로 반영되어 있다.

290 3부_농업 생산자로서 여성의 역할

에 해야 하는 일곱 가지 주요 가공 작업을 나열했다. 이 중에서 소를 이용하거나 페달로 밟는 탈곡기로 탈곡하기와 다 가공된 벼를 저장하는 두 가지 일은 주로 남자가 한다. 벼를 말리는 장소까지 가져다 놓는 일은 남성이 하지만 벼를 말릴 바닥을 청소하고 벼를 말리는 내내 뒤집어 주고 지키는 일은 여성이 한다. 그 외에도 벼 가공 작업은 거의 전적으로 여성의 일이다. 키질을 여러 번 해주고 낟알을 물에 담가 두었다가 쪄서 덴키를 이용해 겉껍질을 벗긴다. 마지막으로 쇠똥과 진흙으로 봉인한 바구니에 쌀을 담는 것도 여성이다.[54]

연구의 목적인 농촌 여성의 착취 정도를 밝히지는 않지만 발전여성주의자들이 연구 결과 얻어 낸 수치 자료 중에는 이 문제에 관심 있는 이들에게 도움이 될 만한 내용이 있다. 많은 논문에서 농촌 여성의 노동시간이 남성에 비해 훨씬 길다(남성의 노동시간은 10~11시간, 여성의 노동시간은 14시간까지)는 사실이 언급된다. 또한 여성은 농업 노동과 가사노동에 거의 동일한 시간을 할애한다. 마틴 그릴리(Martin Greeley)는 추수 후 벼 가공에 들어가는 노동으로 쌀의 가치가 25퍼센트 정도 높아진다고 추산했다.[55] 따라서 농촌 여성의 노동이 쌀을 비롯한 곡물의 가치에 직접적이고 필수적으로 기여한다고 결론 내릴 수 있다.

또한 발전여성주의자들은 임금노동자로 일하는 여성의 벼 가공일 또한 연구했다. 그 결과로 수많은 무토지 여성과 그 가족에게는 부농의 집에서 탈곡하는 일이 주요 수입원이라는 점을 주목했다. 쌀 생산으로 발생하는 고용에서 추수 후 벼 가공이 차지하는 비율이 25퍼센트에 이른다고 본

---

54) 쌀 생산에서 여성의 추수 후 활동에 관한 기술적 설명은 von Harder(1975), p. 66을 볼 것.
55) Greeley(1980), p. 8. 농촌 여성이 집안일과 농업 관련 일을 하는 시간 비율에 관한 수치는 von Harder(1978), p. 169를 볼 것.

연구도 있다.[56] 그러나 여성이 도맡아 하는 다른 곡물의 추수 후 가공처럼 모든 벼 가공 노동은 집 안에서만 이루어지기 때문에 드러나지 않으며 '사회적 생산'으로 여겨지지 않기 때문에, 농촌 지역 노동 착취에 관한 전통적 맑스주의 경제 분석에서는 누락된다. 그런 연구가 여성의 임금노동을 다룰 때는 집 밖에서 벌어지는 임금노동만을 언급할 뿐이다.[57]

발전여성주의 연구자들이 제기한 또 다른 의제는 농촌 여성 간의 계급 차이다. 이 측면에서 발전여성주의 연구자들은 경제 분석의 측면에서 생태여성주의자 반다나 시바보다 더 크게 기여했다. 예를 들어 어떤 연구자들은 여성 농민의 계급적 지위에 따라 작업량이나 노동관계의 종류가 다르다는 사실을 밝혀냈다. 한 연구는 가족이 먹을 만큼의 쌀도 수확하지 못하는 무토지 계층의 여성 농민에 비해 생계를 이어 가는 중간층 농민에 속하는 여성 농민이 해야 하는 벼 가공일이 훨씬 많고 번잡하다는 점을 보여 준다. 역설적이게도 여기서 극도의 빈곤과 농업 생산 노동으로부터의 '해방'이 동시에 일어난다.[58]

첸은 여성의 노동과 수입에 따라 농촌 계급을 재정의했다. 첸은 무급 가족노동과 유급 마을노동, 마을 밖 임금고용을 구분한다. 첸의 정의에서 마을 밖 임금고용 또한 농업 노동이다. 첸은 여성이 놓인 노동관계 유형에 따라 마을 가구를 초과(surplus), 생계(subsistence), 생계 이하(below subsistence) 가구의 세 범주로 다시 나누었다.

---

56) Greeley(1980).
57) 예를 들어 1986년 2월 13일 농업노동자조합 2차 전국 회의에 무자히둘 이슬람 셀림(Mujahidul Islam Selim)이 제출한 보고서, 특히 20쪽을 볼 것.
58) Begum and Greenley(1983), pp. 2~3에 정미(精米)가 다양한 농민 계급 여성에게 미치는 영향이 설명되어 있다.

1. 생계 이하 수준 가구는 여성의 유급 마을노동으로 생계를 유지할 수 없어 모든 가족 구성원이 임금노동 기회를 찾아 나서야 한다.
2. 생계 수준 가구는 여성의 무급 가족노동과 유급 마을노동으로 근근이 먹고산다.
3. 초과 수준 가구는 사회적 지위 때문에 여성이 유급 마을노동이나 때로는 무급 가족노동을 하지 않아도 되는 가구다.[59]

첸의 방글라데시 농촌 지역 농민 계급 분류는 농민 계급에 대한 전통적 맑스주의 경제 분석과 거울상을 이룬다. 맑스주의 경제 분석이 가구를 기본 단위로 남성 농민 가장과 남자 가족이 놓여 있는 경제적 착취를 기준으로 가구를 구분한다면,[60] 첸은 농민 가족에서 부차적인 여자 가족의 지위에서 분석을 시작한다. 첸은 "가구들이 속한 다양한 계급은 …… 여성의 노동 그리고/또는 수입이 그 가구에 필요한 생계 수준을 충족시키는 정도에 따라 구분될 수 있다"[61]고 분명히 밝히고 있다. 그 당시 첸의 재정의는 맑스주의 경제 이론의 남성적 편견에 대한 수정으로 환영받았다.

첸의 분석과 분류는 빈곤화의 특정한 효과, 즉 무토지 계층의 여성이 생존을 위해 전통적으로 허용되지 않던 임금노동을 찾아 나서게 된 과정을 설명해 주기는 하지만 여전히 미진하다. 맑스주의 농민 분류의 거울상[맑스주의 분석에서 남자 가족 구성원의 자리를 여자 가족 구성원으로 바꾸어 놓았음]인 첸의 개념화 작업은 대다수 농촌 여성과 남성이 놓인 착취 상황을 더 포괄적으로 포착하지 못한다. 방글라데시 농촌 지역의 생산관

---

59) Chen(1986a), pp. 219~220.
60) Atiur Rahman(1986); Lenin(1977a); Patnaik(1976).
61) Chen(1986a), p. 220.

계에 대한 전체적 분석은 농촌 남녀 모두의 경제적 지위를 보다 면밀하게 살펴볼 때만 가능하다. 또한 첸의 분류는 노동계급에만 한정되어 있다. 앞에서 살펴보았듯이 전체 농민의 희생을 대가로 자본을 축적하는 대금업자와 시장 상인 계층처럼 농업 생산을 생업으로 하지 않는 계급은 고려하지 않았다.

발전여성주의식 접근의 주요 문제점을 논의하기 전에 발전여성주의자들의 연구가 기여한 지점을 지적하고자 한다. 제대로 주목받지는 못했지만 발전여성주의자들의 방글라데시 농촌 연구에 자주 등장하는 내용에 정미기가 도입되면서 여성 노동력이 대체되었다는 사실이 있다. 앞서 말했듯 전통적으로 무토지 여성이나 빈곤한 여성은 부농의 집에서 덴키로 낟알 껍질을 벗기는 일에 고용되었다. 이 일은 고되고 계절적이면서도 돈은 조금밖에 받지 못하는 일이다. 농촌 빈민 여성은 농업 잉여를 전유한 자들에게 쉽게 착취당했다. 그럼에도 덴키 일은 이들 농촌 빈민에게는 없어서는 안 되는 수입원이다.

지난 20년간 부농, 지주, 상인이 정미기를 사들이기 시작하면서 덴키 일을 하던 수많은 여성이 일자리를 잃었다. 기계를 사용하면 수동 정미보다 비용도 적게 들고 속도도 빠르기 때문에 부농에게는 분명 이득이었다. 부농의 아내들 중에는 자신이 해야 하는 고된 노동을 덜어 준다는 점에서 기계화의 덕을 본 이들도 있을 것이다. 그러나 빈농 여성에게는 기계화는 증오할 만한 일로 계급 차를 고려한 분석이 없다면 이 점은 간과되기 쉽다. 자동 정미기와 반(半)정미기는 낟알 껍질 벗기는 일을 하던 문자 그대로 수백만 여성의 일자리를 빼앗았다.

농업 기술 변화가 여성에게 미친 영향을 연구해 온 킬레다 살라후딘(Khaleda Salahuddin)은 반정미기 한 대가 농촌 빈민 여성 약 300명의 일자리를 빼앗아 간다고 계산했다. 살라후딘에 따르면 "자동 정미기를 쓰면 건조, 데치기, 키질 같은 사전 준비 단계가 필요 없기 때문에" 상황은 더 심각해진다. 살라후딘은 자동 정미기 한 대가 사전 준비 단계 일을 하는 파트타임 여성 900명과 풀타임 여성 64명(혹은 파트타임 180명)을 대체할 수 있다고 계산했다.[62] 살라후딘은 "추수 후 벼 가공 과정에 기계가 도입되면서 농촌 지역 여성 임금 고용에 엄청나게 부정적 효과를 낳았다"[63]고 결론짓는다. 일부 남성 숙련 노동자들이 정미기를 다루는 데 고용되었지만 그것은 수많은 여성이 일자리를 잃은 대가였다.

발전여성주의 연구자들은 한목소리로 이러한 남성 중심적 근대화를 비판해 왔다. 그들은 모두 "여성을 발전 의제 안으로 통합"하고 여성의 "생산물과 생산성"을 강화하는 것을 중시하고 이를 위해 가장 바람직한 국가 정책을 제안하면서, 정미기 도입에는 이의를 제기한다. 발전여성주의자들은 현대적 정미기가 빈곤을 줄이는 데 도움이 되는 것이 아니라 빈자와 부자 사이의 격차를 벌려 놓는다는 점을 비난한다.

발전여성주의 담론의 한계: 시초 축적과 여성

이 장의 앞부분에서 방글라데시 농민 대다수를 비참한 삶으로 몰아낸 빈곤화 과정을 요약해 보았다. 산업혁명이 일어나기 수 세기 전 영국에서 그랬던 것처럼 방글라데시에서도 소자작농의 대규모 축출로 '근대화'의 기반이 마련되고 있다.

---

62) Salahuddin(1986), p. 11. 같은 주제에 관해서는 Cain et al.(1979); Chaudhury and Ahmed(1980), pp. 77~78; Chen(1977), p. 32를 볼 것.
63) Salahuddin(1986), p. 22.

농촌 인구에서 축출되는 대상은 기본적으로 남성이다. 무슬림 여성은 법적으로 토지 소유권이 있긴 하지만——딸은 남자 형제가 받는 상속분의 절반을 상속받을 수 있다——실제로 이 권리를 누리는 여성은 거의 없다. '살아 있는 법'(living law)은 '변호사들의 법'과는 분명 다른 것이다.[64] 따라서 방글라데시에서 토지를 소유하고 농업 생산수단 대부분을 통제하는 것은 남성이며 여성이 토지를 소유하는 일은 흔치 않다. 그리고 토지와 쟁기, 소, 낫 같은 농업 생산수단을 소유한 덕분에 남성은 여성을 지배할 수 있다. 불공평한 재산 소유관계는 가부장제라는 뿌리로부터 비롯된다. 그 결과 남성은 토지 소외 과정의 영향을 직접적으로 받는다. 자작농의 지위를 박탈당하는 것은 바로 남성이다.

동시에 농민 가구의 여성 구성원도 시초 축적 과정의 영향을 받는 것이 사실이다. 여성 농민 역시 생계노동 기회를 잃고 살던 곳에서 떠나 이주해야 했다. 남성처럼 여성도 제한적이나마 삶의 안정성을 잃었는데, 이는 발전여성주의자들이 충분히 제기하지 않은 주제이기도 하다. 발전여성주의자들은 (여성들이 푸르다 관습을 깨고 새로운 형태의 고용을 찾아 나서게 된 사실 같은) 방글라데시 빈곤화의 중요한 측면을 다루지만, 이런 변화를 전체적 시초 축적 과정과 연결하지 않는다.

그러므로 이 점은 발전여성주의 분석의 심각한 한계다. 첸의 연구에서 '계급'과 '계급 위계'라는 문제가 제기되기는 하지만, 농민 여성과 남성을 짓누르는 가장 큰 짐인 계급에 대해서는 거의 논의되지 않는다. 발전여성주의자들은 정미기가 농촌 여성에게 가져온 부정적 결과를 주목한다. 그러나 발전여성주의자들은 남녀 농민 생산자들이 마주한 가장 심각한

---

64) Rahman and van Schendel(1994).

장애물에 대해서는 관심을 갖지 않는다. 그들은 정부와 원조 기관에 정책 입안을 위한 방안을 제시하는 것이 목적이기 때문에 방글라데시 상업 지 배층의 착취는 중요하게 여기지 않는다.

　여성에 관한 또 다른 문제는 공유재의 전유로 앞서 이것이 방글라데 시 농촌 전역을 휩쓴 시초 축적의 주요 형태라고 밝힌 바 있다. 대부분이 세계은행과 아시아개발은행 같은 '원조' 기관의 재정 지원을 받는 제방 계 획, 홍수 조절 계획과 관개 계획 대부분은 예전에는 누구나 이용하던 수자 원과 어자원의 사유화와 연관되어 있다. 동시에 이러한 계획들은 여성의 노동 활동과 실질적 생존 조건에 직접 영향을 미친다. 직업적 어민이 아니 더라도, 토지가 없거나 토지가 있더라도 가난한 여성들도 문화적 제약에 도 불구하고[65] 강이나 수로, 빌[66]처럼 누구나 접근할 수 있는 물가에서 민 물고기를 잡는다. 예를 들어 쿨나 같은 지역에서는 이른 아침이면 셀 수 없이 많은 여성이 어망과 그물을 들고 고기를 잡으러 강으로 가는 모습을 볼 수 있다. 1992년 1월 파투아칼리 지역에서 8천여 무토지 가족이 새로 드러난 토지(char) 네 곳을 차지했을 때, 테틀리아 강에서 맨손으로 물고 기를 잡아 가족을 먹여 살린 것은 바로 여성이었다.

　수자원 관리 계획의 형태로 진행되는 공유재의 전유는 이런 여성의 생존 전략에 치명적으로 부정적인 영향을 미친다. (앞서 설명한 이유로) 제 방 축조와 홍수 조절 계획의 결과 어획량이 줄면 직업적 어민의 가족인 여 성은 먹을거리 확보에 손실이 크다. 또한 물고기를 잡던 여성들은 사용가 치와 교환가치를 생산할 기회를 잃게 된다. 따라서 방글라데시 공유재의

---

65) 문화적 제약에 관한 논의는 Maal and Ali(1990)를 볼 것.
66) beel, 갠지스/브라마푸트라 강 유역 범람원에 있는 연못. ─옮긴이

인클로저는 여성 농민에게 직간접적으로 영향을 미치며, 이러한 결과에 대한 평가 없이 해외 원조 발전 계획의 영향을 제대로 이해할 수 없다.

그러나 불행하게도 이 의제는 방글라데시 여성의 노동 활동을 분석해 온 발전여성주의자들의 연구에서 아직 중요하게 다루어지지 않고 있다. 해외 재정 원조를 받는 디나즈푸르(Dinajpur) 어업문화발전계획 같은 곳에서 마을 연못에서 어류를 양식하는 여성의 역할에 대해 연구하기도 했다.[67] 그러나 그런 계획은 강이나 범람원에서 물고기를 잡는 것과는 같을 수 없다. 방글라데시 원조 경제 전략의 대차 대조표를 그려 보기 위해서 인클로저가 야기한 사회적 결과에 대한 분석이 마찬가지로 필요하다. 인클로저가 가난한 여성 농민에게 미친 영향에 대한 현장 연구가 부족하다는 점은 심각한 결함이다.

마지막으로 방글라데시 여성 노동에 관한 발전여성주의 담론에서 시초 축적이라는 주제가 빠져 있다는 것은 여성에 대한 가부장적 폭력이 증가하는 현실에 대한 논의에서도 뒷받침된다. 다른 지역과 마찬가지로 방글라데시에서 근대화 과정은 여성에 대한 잔혹 행위의 급격한 증가와 함께 진행되고 있다. 남성의 폭력은 피해자 여성의 남은 인생을 파멸로 이끄는 염산 투척, 아내를 때리거나 육체적으로 고문하기, 아내를 살해하는 형태 등으로 나타난다. 아내 살해는 지참금으로 더 많은 돈을 가져오라는 요구에 응하지 못했을 때 남편이나 시집 식구에 의해 가장 자주 발생한다. 1994년 1월 21일 직전 8주간 젊은 여성이 잔인하게 살해된 사례 48건을 분석한 잘 알려진 조사 결과에 따르면 25건이 지참금 문제로 벌어진 사건

---

67) Maal and Ali(1990).

이었다.[68] 1994년 초에 보도된 다른 다카 지역 신문 기사는 기혼 여성 살해의 80퍼센트가 지참금 때문이라고 주장했다.[69]

발전여성주의자들은 결혼 제도가 역사적으로 마흐르제에서 지참금제로 바뀐 점은 주목했지만, 이를 토지 소유가 분산되고 벼 가공일에 여성 노동의 필요성이 줄어들었기 때문이라고 설명한다. 이들은 이런 경향이 근대화 과정과 내재적으로 연결되어 있다는 점을 강조하지 않는다. 지참금제를 먼저 받아들인 것은 아들을 도시에서 교육시킬 수 있었던 지주와 부농 집안이었다. 그후 지참금제는 토지가 없거나 토지가 있어도 가난한 가족을 포함한 농촌 지역 전체로 퍼져 나갔다. 또한 시간이 흐르면서 지참금 요구액은 급등했다. 현재 지참금 액수는 (무토지 농민이 딸을 결혼시킬 때) 2,000~3,000타카부터 부농은 5만~6만 타카까지 다양하다.[70] 신랑 가족이 도시 지역 상인 계급에 속한다면 지참금은 몇십만 타카에 냉장고나 자동차 같은 사치품까지 해 가야 한다.

이러한 지참금 액수의 증가와 함께 나타나는 가부장적 폭력의 증가는 시초 축적의 한 표현이다. 부를 쌓을 수 있는 다른 방법이 없는 곳에서, 끊임없이 땅에서 쫓겨날 위협에 시달리는 곳에서, 채무가 일상인 곳에서 농민은 많은 지참금을 요구해 자원을 확보하고 약자에게 폭력을 휘둘러 농업 생산자로서 살아남을 길을 찾게 된다. 비극적인 것은 지참금 요구액이 많아지면서 재산을 모두 잃는 농민 가족이 늘고 있다는 점이다. 딸을 결혼시키기 위해 고리대금업자에게 돈을 빌리고 나중에는 농지와 집까지

---

68) Kazi Montu, "Crimes Against Women Increasing Alarmingly", *Holiday*, 28 January 1994를 볼 것.

69) Ranjit Das, "Ten Fatwas", *Khabarer Kagaz*, 25 January 1994, p. 17을 볼 것.

70) 1992년 10월 농촌 여성들과 개인적으로 진행한 인터뷰에서 얻은 결과다.

팔 수밖에 없는 상황에 이르기 때문이다. 따라서 이슬람교도가 많은 방글라데시에서 지참금제의 채택은 다른 곳에서와 마찬가지로 방글라데시 사회 체제 변화와 연결된다. 미스가 인도의 맥락에서 썼듯이 "지참금제의 경제적 이유"는 지참금이 남성에 의한 "원시 축적의 한 형태라는 점"이다.[71]

요약: 대체된 맑스주의 이론?

방글라데시 농촌 빈민 여성의 노동 활동을 분석한 발전여성주의자들은 맑스주의 경제 이론에 이데올로기적으로 도전했다. 앞서 논의했듯이 고전적 맑스주의가 농민 사회를 분석하는 입장은 거의 모든 여성 노동을 배제하는데 이는 농촌 계급이 남성 가장의 지위로 판가름 나기 때문이다.[72] 이 접근 방식은 남성 농민의 농업 노동에 선행하는 여성의 노동과 다양한 추수 후 가공일 모두를 배제한다. 이는 농업 생산물을 시장에 내놓고 팔거나 소비하기 전에 얼마나 많은 노동이 필요한지에 대해서 전반적으로 과소평가하는 결과를 낳는다.

그러나 방글라데시 여성에 관한 발전여성주의 연구가 맑스주의 이론을 대체하지는 못한다. 여성의 노동량을 계산하려는 시도가 일부 있었으며 여성 농민 간의 계급 차가 지적되기도 했지만, 발전여성주의자들은 농촌 여성에게 영향을 미치는 계급 착취의 전반적 과정(상인들의 시장 착취)을 간과한다. 발전여성주의자들은 농촌 여성 대부분의 빈곤화와 농업 잉여가 전유되는 지배적 양식을 연결 짓지 않는다. 홍수 조절 계획을 통한

---

71) Mies(1986a), p. 125.
72) Lenin(1977a); Patnaik(1976); Atiur Rahman(1986).

공유 자원 전유에 대해서도 의문을 제기하지 않는다. 발전여성주의 연구의 바탕에 있는 이런 편향 때문에 이들은 여성 노동이 변화한 내용의 상당 부분을 호도한다. 농촌 여성의 생계노동과 시장 지향 노동에 부정적 영향을 미친 홍수 조절 계획이라는 이름으로 자행된 인클로저는 발전여성주의의 분석 작업에서 중요한 부분이 아니다.

궁극적으로 방글라데시 여성 농민의 노동은 여성주의의 가부장제, 성별 분업, 여성의 이중 노동 개념과 맑스의 통찰이 한데 합쳐졌을 때 더 잘 이해되며 여성 농민의 권리 또한 보호할 수 있다. 『자본』 1권에서 맑스는 "자본관계는 노동의 실현 조건의 소유와 노동자 사이의 분리를 전제로 한다"[73]고 주장했다. 방글라데시 독립 이후 10년 동안 자작농이 대규모로 토지에서 쫓겨나고 공유재였던 수자원과 어자원이 전유되면서 시초 축적 과정이 진행됐다. 발전여성주의는 근대화에 대한 비판적 조사에 나서지 않기 때문에 진정으로 포괄적인 분석을 내놓을 수 없다. 화이트가 발전여성주의에 대해 언급했듯이 "방글라데시 여성에 관한 지금까지의 논의 대부분의 지속 불가능성과 분석적 허약함의 밑바탕에는 발전여성주의의 지극히 모순적인 기원에 대한 신비화가 있다."[74]

---

73) Marx(1977a), p. 668[『자본 I-2』, 강신준 옮김, 길, 2008, 963쪽].
74) White(1992), p. 21.

9장

인도의 생태여성주의 담론

앞 장에서 살펴본 발전여성주의처럼 생태여성주의(Ecofeminism)도 비교적 최근인 1970년대에 와서야 뚜렷한 흐름으로 나타나기 시작했다. 생태여성주의라는 표현이 처음 사용된 것은 1974년 프랑스 여성학자 프랑수아즈 도본(Françoise d'Eaubonne)이 지구를 보호하기 위한 생태혁명을 이끌 것을 여성에게 호소하면서였다.[1] 그후로 북반구와 제3세계 여러 나라에서 활동하는 여성주의자들이 점차 생태여성주의 개념을 발전시켜 나갔다. 현재 가장 주목받는 생태여성주의의 대변자인 인도의 과학자 반다나 시바는 서구 과학의 가부장성을 비판하는 동시에 녹색혁명 테크놀로지가 인도 농업에 가져온 환경 재앙을 고발해 왔다.

생태여성주의는 발전여성주의와는 달리 여성의 투쟁 경험에 기초해 있다. 생태여성주의는 여성주의 사상을 환경 문제에 적용하고자 하며 "활

---

1) Merchant(1992), p. 184[『래디컬 에콜로지』, 허남혁 옮김, 이후, 2001, 249쪽]. Baker(1993), p. 4 도 볼 것. 밸 플럼우드의 요약에 따르면 처음으로 쓰인 생태여성주의 저작은 로즈마리 루터(Rosemary Reuther)가 1976년 출판한 책이라고 한다. Plumwood(1992), p. 10.

동가 중심의 실천 운동"[2]을 자처한다. 서구에서 생태여성주의 이론은 평화와 반핵 운동, 건강과 환경 오염 관련 의제와 연관되어 발전해 왔다.[3] 제3세계에서 생태여성주의 사상을 발전시켜 온 원천은 풍요로운 자연환경과 농업의 생태 순환을 유지하는 것에 대한 농촌 여성의 관심과 역할이었다. 널리 인용되는 사례는 1970년대 인도에서 일어난 칩코[4] 운동이다. 북부 인도에서 여성들이 삼림 파괴를 막기 위해 수백 년간 내려온 저항의 전통을 따라 나무를 끌어안고 시위를 벌여 삼림 벌목을 막아 냈다.[5]

생태여성주의자들은 모두 여성 억압과 환경 파괴의 연관성을 비교하고 17세기 이래 서구 과학이 성립하는 데 바탕이 된 철학적 관점을 분석한다. 그러나 생태여성주의는 단일한 흐름이 아니며 다양한 입장을 포괄한다는 점을 잊지 말아야 한다. 이와 관련해 특히 문화적 생태여성주의와 사회적 생태여성주의의 입장 차이가 자주 언급된다.[6] 문화적 생태여성주의는 여성과 자연에 대한 착취는 남성 지배의 결과이며 여성이 자연과 더 긴밀하게 연결되어 있다고 보고, 인간과 자연의 새로운 영성적 관계를 만들어 가자고 요청한다. 반면 사회적 생태여성주의는 여기에 동의하지 않고

---

2) Plumwood(1992), p. 10. 수전 베이커(Baker, 1993)에 따르면 "생태여성주의는……철학적 비판인 동시에 정치적 개입이다"(p. 5). 생태여성주의는 "정치적 실천으로 시작되었으며 20세기 후반에 떠오른 '새로운' 사회운동 부분이다"(p. 14).

3) Merchant(1992), p. 183[『래디컬 에콜로지』, 250쪽]. Mellon(1992), p. 1. 1983년 영국 그리넘 공유지에 있는 미국 공군 기지 인근에서 열린 여성평화캠프에서 겪은 개인적 경험이 책을 쓰게 된 동기라고 밝힌다.

4) Chipko, 힌디어로 '끌어안기'라는 뜻.——옮긴이

5) 인도의 가르왈 히말라야(Garhwal Himalaya) 지역에서 일어난 칩코 운동에 관해서는 시바가 집중적으로 논의하고 있다. Shiva(1988), pp. 66~77[『살아남기』, 강수영 옮김, 솔, 1998, 125~140쪽]. 시바에 따르면 1977년 칩코 운동은 "명백히 생태적인 동시에 여성 해방의 운동이 되었다"(p. 76)[같은 책, 138쪽].

6) Plumwood(1992), p. 10. Merchant(1992), p. 190[『래디컬 에콜로지』, 253쪽]에서 더 많은 생태여성주의 흐름을 구분하고 있다.

여성과 자연에 대한 착취는 가부장적 자본주의 구조 때문에 발생한다고 본다. 밸 플럼우드(Val Plumwood)에 따르면 "두 입장의 핵심적인 정치적 차이는 사회적 생태여성주의가 문화적 생태여성주의와는 달리 모든 형태의 억압을 여성 억압으로 환원하지 않는다는 점일 것이다".[7]

플럼우드는 생태여성주의가 [1세대와 2세대 여성주의에 이은] 3세대 여성주의가 될 수 있다고 보았다. 그녀는 생태여성주의가 여성주의 이론 안에 있는 기존의 분열상을 극복하고 이원론에 대한 질문을 고민한다면 더 완결된 이론을 발전시킬 수 있을 것이라고 생각했다. 이원론은 자연 대 인간, 이성 대 감정, 문명 대 원시처럼 서로 상반되는 개념이 위계적이고 배타적으로 구조화되는 과정이다. 이런 이원론적 개념은 서구 문화의 도처에 스며 있으며 여성주의자들은 다양한 각도에서 이 지점에 대해 문제를 제기해 왔다. 플럼우드는 완전한 여성주의라면 "남성성과 여성성이라는 이원적 구조"에 대해서 질문해야 한다고 주장했다.[8] 플럼우드는 그런 관점에서 3세대 여성주의[생태여성주의]는 여성주의와 다른 사회운동을 연계해 가며 성공할 수 있을 것이라고 본다.

이 장에서는 생태여성주의가 경제 이론과 철학에 공헌한 바의 일부를 살펴본다. 먼저 내가 생각하기에 기본적이면서도 대다수의 생태여성주의자들이 공유하며 생태여성주의와 발전여성주의를 뚜렷하게 구분 짓는 지점인 동시에 인류의 사상에 공헌한 두 가지, 즉 서구 과학 비판과 공

---

7) Plumwood(1992), p. 10. 머천트에게 사회적 생태여성주의의 특징은 "가부장적 재생산관계가 남성의 여성 지배를 어떻게 드러내며, 자본주의 생산관계가 남성의 자연 지배를 어떻게 드러내는가"를 묻는다는 점이다. Merchant(1992), p. 184[『래디컬 에콜로지』, 250쪽].

8) Plumwood(1992), p. 12. 저자는 1960년대와 1970년대에 등장한 2세대 여성주의를 "남성 우월적 인간형과 문화에 여성을 일정 정도 무비판적으로 끼워 맞추려고 했다"는 점에서 비판한다. Ibid., p. 11.

유 자원 사유화 비판을 소개하고자 한다. 이어서 짧은 시간 안에 세계적으로 영향력 있는 사상가로 떠오른 인도의 생태여성주의자 시바의 지적 작업을 살펴볼 것이다. 인도의 먹이 사슬(food chain) 안에서 가족과 자연을 유지 지속하기 위한 여성의 역할에 대한 시바의 분석은 앞 장에서 살펴본 발전여성주의와 비교해 보기에 매우 유용한 통찰을 제공한다. 이 장은 시바의 이론적 작업에 대한 헌사이자 비판의 성격을 동시에 담고 있다.

서구 과학 비판

생태여성주의가 이뤄낸 가장 중요한 공헌은 철학의 영역에 있다. 많은 생태여성주의자들은 근대 서구 과학이 가부장적이며 자연에 대한 편견에 사로잡혀 있다고 비판했다. 이러한 서구 과학에 대한 비판적 입장은 생태여성주의자들만의 것이 아니며, 생태주의 운동 안에서 적어도 다른 한 흐름, 즉 '심층 생태주의'(deep ecology)도 공유하는 입장이었다.[9] 그러나 서구 과학 비판은 발전여성주의 담론에서는 분명 부재하는 내용이다. 먼저 생태여성주의의 핵심 주제 세 가지를 설명하면서 생태여성주의의 입장을 간단하게 요약해 보고자 한다. 그 세 가지 핵심 주제는 다음과 같다. 1) 17세기 과학혁명 이후 유기체적 세계관을 대체한 기계론적 세계관, 2) 서구 과학의 실험 방법을 형성한 가부장적 편향, 3) 이 특정한 형식의 과학이 지닌 환원주의적 속성.

상업 자본주의가 확산되던 시기에 성립된 서구 과학이 환원주의적이

---

9) Jone(1987~1988)을 볼 것. 그러나 존은 시바와 마찬가지로 서구 과학의 '환원주의적' 접근법을 비판하면서도 (양자 이론 같은) 서구 자연과학의 최신 패러다임은 "생태운동의 메시지를 보완하고 강화한다"고 본다.

라는 고발은 시바가 정교하게 다듬고 대중화했으며 캐롤린 머천트를 비롯한 다른 여성주의자들이 동참했다. 시바와 여성주의자들은 왜 환원주의를 말하는가? 시바에 따르면 서구 과학은 인류가 지식을 발전시키는 데 심각한 장애물을 만들고 자연의 자기 재생 능력을 파괴했다. 서구 과학은 [자신과] "다른 지식 담지자들 그리고 다른 방식의 앎을 배척함으로써" 그 전통으로 자연을 이해하는 인간의 능력을 축소했다. 실험실과 연구 기관에서 "무기력하고 파편화된 물질로" 자연을 조작하면서 서구 과학은 "자연이 창조적으로 재생하고 부활하는 능력"[10] 또한 파괴했다. 따라서 시바는 스스로 보편적이라고 주장하는 서구 과학에 도전하고 그 객관성과 사회적 중립성에 이의를 제기했다.

둘째로 시바는 환원주의 과학이 특정한 형태의 정치적·경제적 조직의 필요를 대변한다고 주장했다. 자본주의적 생산 요구와 긴밀하게 연결된 서구 과학은 착취와 억압으로 이윤을 창출하는 자원 체계의 소유물만을 고려한다. 환원주의는 "복잡한 생태계를 하나의 요소로, 하나의 요소를 다시 하나의 기능으로 환원한다"고 시바는 말한다. 자신의 주장을 뒷받침하기 위해 시바가 제시한 예 중 하나는 영국 식민 시기에 벌어진 열대림 목재 자원 착취다. "환원주의 패러다임에서 숲은 상업적 목재로 환원되고 나무는 펄프와 제지업을 위한 셀룰로오스 섬유로 환원된다."[11] 숲에 의존해 살아온 인도 사람들과는 달리 영국 식민주의자들은 숲을 다양한 기능과 요구를 충족시키는 생태 시스템으로 보지 않았다. 살아 있는 다채로운 숲은 "이렇게 '과학적 삼림 관리'에 의해 침범당하고 파괴된다".

---

10) Shiva(1988), p. 22[『살아남기』, 61쪽].
11) *Ibid.*, p. 24[같은 책, 63쪽].

셋째, 시바는 환원주의 과학이 강력한 정치적 지원 덕분에 선험적으로 우월성을 선언할 수 있었다고 주장했다. 시바에 따르면 환원주의 과학은 인식적 경쟁을 통해서가 아니라 서구 국가들이 발전 기구에 제공한 정치적·재정적 지원을 통해 비환원주의적 형태의 지식을 밀어냈다. 그 예가 바로 녹색혁명의 '과학' 즉 작물과 벼 품종 개량, 비료와 제초제 같은 화학 물질 사용과 관련된 지식이다. 이런 방식의 농업이 유기농법을 밀어낸 것은 인식적 경쟁을 통해서가 아니다. 인도에 자생하는 품종으로 농업 체계를 개발해야 한다는 생각은, 인도 연구 기관을 견제하기 위한 록펠러 재단이나 포드 재단 같은 미국 연구 재단의 극성스러운 재정적·정치적 경쟁에 밀려났다. 1971년 당시 맥나마라 세계은행 총재가 주도해 연구 기관들의 국제 네트워크를 재정적으로 지원하기 위한 국제농업연구자문단(CGIAR: Consultative Group on International Agricultural Research)을 조직하면서 녹색혁명의 농업 전략은 강력한 지원을 받게 됐다.[12]

넷째이자 '궁극적'인 서구 과학의 특성은 서구 과학과 자본의 세계의 긴밀한 관계에서 직접적으로 비롯된다. 시바가 말한 대로 돈은 "생명과 살림에 대해 비대칭적 관계를 맺고 있다". 돈은 자연을 착취하고 파괴하는 데 이용될 수 있지만, 이윤을 얻고자 하는 동기가 자연의 생명과 생명 유지 능력의 원천이 될 수는 없다. 따라서 시바는 '환원주의'는 중대한 죄를 낳는다고 설명한다. 시바의 시각에서는 이러한 비대칭이 심화되는 지구 생태 위기를 설명해 주기 때문에 "생명을 생산하는 자연의 잠재력이 줄어드는 것"과 지난 몇 세기 동안 벌어진 자본 축적 과정은 필연적으로 함께

---

12) Shiva(1991a), p. 43.

진행될 수밖에 없었다.[13] 간단히 말해 환원주의적 서구 과학은 폭력을 낳는다. 농민과 여성의 지역 공동체가 만들어 온 지식 체계를 파괴하고, '전문가/비전문가 구분'으로 인민들을 알지 못하는 사람(non-knower)으로 만들어버리며, 언제나 인간 사회를 지속 가능하게 해준 자연과의 합일성 또한 무너뜨린다. 시바에게 서구 과학은 신성불가침이 아니라 위험천만한 기업체일 뿐이다.

근대 서구 과학은 실험 방법이 개발된(즉 자연 과정에 대한 연구가 연구기관 안에서만 이루어지는) 17세기에서 기원한다. 이 실험법을 적용하기 위해서 새로운 세계관이 고안됐다. '과학의 아버지'로 추앙받는 프랜시스 베이컨[1561~1626]은 엘리자베스 1세 밑에서 일하던 중간 관리의 아들로 태어나 처음으로 근대적 연구실을 고안한 사람이다. 베이컨은 국왕의 대법관으로 일하는 한편 저술 작업을 통해 새롭고 억압적인 자연 개념을 고안했는데 바로 그 자연 개념이 지금까지도 서구 과학의 지배적 관점을 이루고 있다. 베이컨 사상의 영향력을 감안한 생태여성주의자를 포함한 서구 과학의 비판자들은 서구 과학의 사회적 성격을 폭로할 목적으로 베이컨의 저작을 분석하기 시작했다.

17세기 '과학혁명' 이전에는 자연을 경외해야 한다는 게 일반적 관점이었다면, 베이컨은 자연을 종속시켜 노예로 만들어야 한다고 생각했다. 그는 자연은 "그냥 내버려둘 때보다 (기계 장치) 기술로 괴롭혀야 자신을 더 잘 드러낸다"[14]고 주장하며 실험실에서 통제된 조작을 통한 가혹한 실험을 정당화했다. 과학혁명 이전의 문화적 가치가 천연자원의 사용을 규

---

13) Shiva(1988), p. 25[『살아남기』, 65~66쪽]. 환원주의 과학에 대한 시바의 관점의 종합적 비판은 Nanda(1991)를 볼 것.
14) Merchant(1980), p. 169[『자연의 죽음』, 전규찬 외 옮김, 미토, 2005, 262쪽].

제했다면, 베이컨은 과학적 지식이라는 규율을 가지고 자연을 정복하고 굴복시켜야 한다고 대 놓고 주장했다. 베이컨 철학의 의의는 과학자뿐 아니라 인류 전체가 자연환경을 대하는 태도를 완벽하게 바꿨다는 점이다.

또한 베이컨의 자연에 대한 태도는 가부장적 관점이라는 색채를 지닌다. 베이컨 철학의 배경은 17세기 초반 유럽 전역에서 벌어진 마녀사냥이다. 마녀사냥의 목적은 독립적 지식을 가진 여성을 말살하기 위한 것이었다. 머천트가 지적한 대로 베이컨이 자신의 과학적 방식을 설명하기 위해 사용한 이미지의 상당 부분은 법정이나 종교 재판에서 가져온 것이다. [베이컨은] "자연을 기계 장치에 고문당하는 여성처럼 다루었다."[15] 머천트가 베이컨의 저작에서 인용한 다음 구절은 마녀 박해를 강력하게 시사한다. "자연 즉 방황하는 그녀를 사냥개처럼 추적하기만 하면 원하는 대로 같은 장소로 끌고 오거나 몰아낼 수 있다." 베이컨은 심지어 자연은 강간당해야 한다고 주장하기도 했다(즉 그는 남성이 여성과 맺을 수 있는 가장 폭력적인 관계를 비유로 사용하고 있다).[16]

서구 과학의 아버지가 보여 준 세계관이 결코 성 중립적이지 않다는 점은 그가 죽기 직전에 쓴 유토피아에 관한 책, 『새로운 아틀란티스』(New Atlantis)에서도 잘 드러난다. 베이컨이 그린 이상적 미래 사회에서 정치는 과학 행정으로 대체된다. 전체의 행복을 위해 모든 결정은 과학자들이 내리는데 과학자들만이 자연의 비밀을 알고 있기 때문에 그 결정은 절대적으로 신뢰받는다. 머천트에 따르면 베이컨이 그린 새로운 사회 벤살렘(Bensalem)의 사회 구조는 남자가 다른 구성원 위에 군림하고 아내는 남

---

15) *Ibid.*, p. 168[같은 책, 261쪽].
16) Shiva(1988), p. 16[『살아남기』, 53쪽] 또한 볼 것.

편에게 복종하는 근대 초기의 가부장제 가족으로 구성된다. "『새로운 아틀란티스』에 나오는 베이컨의 벤살렘은 '아버지'가 친족에게 권위를 행사하며 여자의 역할은 거의 눈에 보이지 않는 가부장적 가족 구조다."[17] 간단히 말해 베이컨의 예는 서구 과학 아래서 여성과 자연에 대한 억압은 함께 진행된다는 생태여성주의자들의 시각을 잘 보여 준다.

앞서 말했듯 17세기 과학혁명은 전례 없이 완전한 지배적 세계관의 변화를 가져왔다. 과학혁명 이전 사람들은 우주가 살아 있는 유기체와 같다고 생각했다. 흙, 공기, 불, 물, 하늘 다섯 가지 요소가 우주의 물질적 육체이며 영혼이 우주를 움직이게 하는 근원이었다. 머천트가 지적한 대로 세계가 살아 있는 유기체라는 것은 별과 행성이 살아 있다는 것뿐 아니라, "대지도 그 위에서 살아가는 존재들에게 생명과 운동을 불어넣어 주는 힘으로 충만하다"[18]는 것을 의미한다. 대지는 그 숨을 불어넣는 능력으로 포용하고 양육하는 여성으로 여겨졌다. 대지의 샘은 인간의 혈액과 비슷하다. "지표면의 물이 들고 나면서 구름으로 증발하고, 다시 이슬, 비, 눈으로 내리면서 대지의 피는 정화되고 회복되었다." 나무들은 어머니 대지의 풍성한 머리칼이었다. 우주와 대지에 관한 이런 세계관은 인간에게 자연을 경외하라고 가르쳤다. 대지가 살아 있다고 믿었기 때문에 대지를 파괴하는 모든 행동에 대해 강한 거부감을 느꼈다.

과학혁명이 진행되면서 이런 유기체적 세계관은 이전과는 완전히 다른 세계관인 기계론적 세계관으로 대체되었다. 그후로 우주와 대지의 이미지는 자연물리학자들의 철학적 추론에 전적으로 영향받게 되었다. 그

---

17) Merchant(1980), p. 173[『자연의 죽음』, 269쪽].
18) Merchant(1992), p. 42[같은 책, 72쪽].

때부터 자연은 자체의 힘이 아니라 외부의 힘에 의해 움직이는, 생명이 없고 무기력한 체계로 여겨졌다. 1세대 기계론적 사상가들은 세계를 원자와 일직선 상의 진로에서 벗어나 있는 다른 물체로부터 힘이 작용하지 않는 한 일정한 속도로 움직이는 비활성 물질로 이루어졌다고 보았다. 아이작 뉴턴의 『자연철학의 수학적 원리』(*Mathematic Principles of Natural Philosophy*)[『프린키피아』]는 새로운 기계론적 철학의 가장 강력한 종합이었다. 사상적 진화를 거치면서 뉴턴은 "기계론의 두드러진 특징인 물질의 수동성과 힘의 외부성이라는 이분법에 집요하게 매달렸다".[19] 이 새로운 자연관은 모든 지식의 모델이 되었으며 그후로 자본주의 아래서 살아가는 사람들이 주변 세계를 이해하는 일상적 개념으로 스며들었다.[20]

더 나아가 이러한 세계관의 변화는 기술 발명과 함께 벌어진 유럽 경제의 변화와 궤를 같이했다. 소작농의 생계와 중세 영주의 사치스러운 생활양식을 뒷받침하기 위한 생산이 점차 시장 지향적 특화 생산으로 대체되면서, 중세적 생산관계는 급격하게 자본주의적 생산관계로 대체되었다. 16세기에는 금속류 교역이 확대되면서 광산 채굴이 급격하게 늘었다. 동시에 수차와 풍차 같은 기계 장치도 더 보편적으로 사용하게 된다. 이런 기계 장치들은 "새로운 형태의 일상생활이 조직화되고 제도화되는 데 중

---

19) *Ibid.*, p. 56[같은 책, 90쪽]. Einstein and Infeld(1938), 1장도 볼 것. 저자들에 따르면 "힘과 속도 변화의 관계는—직관에 따라 힘과 속도 그 자체라고 생각해서는 안 된다—뉴턴이 체계화한 대로 고전 역학의 기본이다".

20) 기계론적 세계관을 공유한 맑스주의자는 코드웰(Caudwell, 1989)이다. 코드웰에 따르면 "우리는 부르주아 철학을 비판한다. 부르주아 철학의 자연에 대한 관점은 '기계주의' (mechanism)이기 때문이다. 이는 우리가 자연법칙이 기계법칙과 본질적으로 다르다고 생각한다는 뜻이 아니다. 사실 이것은 어리석은 제안이다. 기계는 자연의 일부에서 만들어지기 때문에 자연법칙에 따르면 기계법칙은 자연법칙과 완전히 다를 수가 없다". Caudwell(1989), p. 23.

심이 되었"으며, 인간 생활과 자연환경을 질서 짓는 힘의 상징이었다. 특히 유럽의 도시에서 시민의 삶을 지배하기 시작한 시계는 천체의 질서 정연한 운동을 내재화한 모델로 "우주적 질서"의 상징이 되었다.[21] 이러한 기술적 발전으로 세계관의 변화는 가속화했다. 머천트가 지적한 대로 "일상생활에서 기계와 연관된 이미지와 상징이 인식적 틀 사이의 전환을 중재하는 데 도움을 주었다".[22] 근대 과학의 관점에서 자연은 살아 있는 유기체가 아니라 기계적 힘과 연결된 질서와 힘의 세계였다.

또한 머천트에 따르면 자연에 대한 기계론적 접근법은 17세기 이후 제대로 문제시된 적이 없으며, 20세기 말까지 물리학에서 계속 지배적인 관점이다. 자연물리학이 위기를 겪고 일부 과학철학자들이 좀더 유기적인 자연관으로 돌아가고자 시도했을 뿐 아니라 아인슈타인을 비롯한 과학자들이 뉴턴의 이론적 틀을 낡은 것으로 만들었음에도 불구하고, 20세기 물리학은 여전히 전자, 양자, 중성자 같은 "근원적 입자들의 관점에서 세계를 바라본다"[23]고 머천트는 말한다. 이런 머천트의 분석은 논쟁적이지만, 오늘날 많은 제3세계 과학자들이 자연은 통제되고 지배되어야 한다는 서구의 관점을 공유한다는 점에는 논란의 여지가 없다. 예를 들어 인도의 수산학자 움메르쿳티(Ummerkutty)는 최근 "끝없고 셀 수 없이 많은 바닷속 생명체"를 설명하면서 "해양 영역의 비밀을 파헤치는" 것에서 인간의 최종 목표는 "바다를 정복하고 식량과 광물이 풍부한 수중 지역을

---

21) Merchant(1980), p. 217[『자연의 죽음』, 330쪽].
22) *Ibid.*, p. 227[같은 책, 343쪽].
23) Merchant(1992), p. 58[『래디컬 에콜로지』, 91쪽]. 머천트는 2005년 출간한 개정판에서는 이 내용을 삭제했다.—옮긴이

식민화해 계속 증가하는 육지의 자원 수요를 덜어 주는 것"[24]이라고 했다.

공유재의 전유

생태여성주의 연구에서 또 다른 주요 주제는 공유 자원의 파괴와 자본주의적 이윤을 위한 공유 자원의 전유다. 우리는 앞 장에서 영국에서 어떻게 공유지 인클로저가 시초 축적의 본질적 부분이 되었으며, 방글라데시 홍수 조절 계획이 예전에는 공동 소유이던 수자원과 어자원을 사유화한 방식이 어떻게 인클로저와 유사하게 해석될 수 있는지 살펴보았다. 이런 시초 축적 과정은 '무상으로' 접근할 수 있는 공유 자원에 의존해 살아가는 가난한 여성 농민의 삶에 치명적이었지만, 발전여성주의자들은 대체로 이 과정을 간과해 왔다. 그뿐 아니라 이 문제는 지금까지 말한 것보다 훨씬 넓은 연관성을 가지고 있다. 즉 공유재의 사유화는 지배층의 이해를 증대하기 위한 전 세계적 전략이라는 점이다. 다시 말해 머천트와 시바의 저작은 이 점을 뒷받침하는 사실에 근거한 풍부한 세부 내용을 담고 있다.

머천트는 공유 자원 분석에서 먼저 중세부터 자본주의적 농업의 성립까지의 변화 과정에서 유럽 농업의 오랜 경험을 살펴본다. 『자연의 죽음』에서 머천트는 곡물 재배와 유기 비료를 얻기 위한 가축 재배를 통합해서 생태계를 보존한 유럽의 사례를 설명하고 있다.[25] 농민들은 숲과 목초지, 물 같은 공유 자원을 사용하는 데 엄격한 규제를 두어 자연의 균형을 무너뜨리지 않는 데 성공했다. 이 일은 농민 공동체 구성원들이 선출하

---

24) Ummerkutty(1991), p. 96.
25) Merchant(1980)를 볼 것.

거나 임명한 임원들이 맡았다. 일반적으로 동물을 방목하는 목초지를 줄여 경작지를 늘리자는 압력은 인구 증가로 인한 압박 때문에 나타난다. 그러나 농민들은 긴밀히 협력함으로써 생태계를 지켜낼 수 있었다.

"궁극적으로 중세 농경 경제와 생태계가 붕괴한 것은" 인구 증가와 지주의 소작료 인상이 함께 작동한 결과였다.[26] 처음에 농민들이 중세 영주의 가중되는 요구에 대응하기 위해 취한 방법은 농민들 간의 협력을 강화하는 것이었다. 점점 더 많은 목초지와 황무지가 경작지로 개발되자 독일과 폴란드 농민들은 지력을 회복하기 위해 휴경지 제도(경작지를 세 가지로 나누는 제도)를 도입했다. 이런 개방 농지제(the open-field system)로 집중 경작이 가능해지고 곡물 생산량이 증대되었을 뿐 아니라, 농민들 사이에는 "더 강화된 협동과 물 사용, 방목, 땔감 수거, 밭을 갈기 위한 황소와 말의 공유에 관한 단체 규약이 필요해졌다".[27] 머천트에 따르면 이러한 천연자원 사용에 관한 단체 규약이 생태 위기가 벌어질 위험을 사전에 차단했다.

머천트는 1525년 독일에서 벌어진 폭력 사건을 설명하면서 공유 자원에 대한 권리를 언급하기도 한다. 그해 동프로이센 농민들은 봉건 영주의 권력에 반발하는 반란을 일으켰는데 후일 엥겔스가 이 농민전쟁을 자세하게 분석한 글을 쓰기도 했다. 엥겔스가 보기에 반란이 일어난 원인 중 하나는 영주 계급이 농민들을 비인간적으로 대했기 때문이었다. "농민의 재산을 자기 마음대로 다루었듯이, 영주는 그의 인격도, 그의 아내와 딸들의 인격도 마음대로 다루었다. 영주에게는 초야권이 있었다. 영주는 자기

---

26) Merchant(1980), p. 47[『자연의 죽음』, 89쪽].
27) *Ibid*[같은 책].

마음대로 농민을 감옥에 처넣었는데……제멋대로 농민을 때려죽이거나 목을 쳤다."[28] 그러나 엥겔스도 설명하듯이 농민들은 지주가 침해한 숲과 목초지에 대한 권리를 되찾고자 했다. 반란이 절정에 이르렀을 때 만들어진 '12개조 요구안' 중 하나는 공유 자원의 복원이었다.[29] 독일에서 일어난 이 유명한 농민전쟁에서 농민들은 영주의 탐욕 때문에 자신들이 살아가는 생태계가 무너지는 것을 막아내고자 했던 것이다.

머천트가 든 공유재 전유에 관한 또 다른 예는 잉글랜드 동부의 소택지(300년에 걸쳐 네덜란드 배수 기술로 물을 빼낸 늪지대)이다. 잉글랜드의 소택지는 17세기까지는 "런던과 캠브리지 북쪽 피터버러와 엘리, 베드퍼드의 광범위한 지역"으로 중세에는 "개방 수로들로 연결되어 겨울에는 거의 물이 가득 차지만 건조한 여름에는 그 가장자리에서 목초지를 얻을 수 있는 늪과 못, 초원의 지대였다".[30] 늪지대의 물을 빼고 간척을 시작하기 전에 늪에는 "그 지역에 사는 사람들에게 먹을거리인 어류와 조류가 풍부했다". 다른 생태계처럼[31] 늪지도 '다양한 기능'을 가지고 있었다. 17세기에 배수를 반대하던 이들이 주장했듯이 늪지에는 겨울철 소에게 먹일 풀이 자랐다. 그리고 소의 배설물은 거름으로 만들어져 농민들의 땅을 비옥하게 하는 데 사용됐다.

이런 섬세한 생태적 균형은 네덜란드에서 개발된 풍차와 수문 기술을 들여와 늪지의 물을 빼고 간척하면서 무너진다. 머천트가 지적하듯이

---

28) Engels(1969), p. 39[『칼 맑스 프리드리히 엥겔스 저작선집 2』, 이관형 옮김, 박종철출판사, 1991, 141쪽].
29) *Ibid.*, p. 90.
30) Merchant(1980), p. 57[『자연의 죽음』, 102~103쪽].
31) 바다의 다양한 기능에 관해서는 Ummerkutty(1991), p. 960을 볼 것.

풍차는 1406년 배수용 에너지원으로 처음 설치되었고 17세기 초에 이르면 유럽 여러 나라에서 내륙 호수에서 물을 펌프질해 퍼내는 용도로 폭넓게 사용됐다. 그런 내륙 호수에서 물을 빼내는 일은 필연적으로 공유재의 사유화와 함께 진행되었다. 따라서 소택지 배수 사례는 공유 자원의 상실이 어떻게 때때로 신기술 도입과 얽혀 있는지 보여 준다. 또한 잉글랜드의 늪지에서 새와 물고기를 잡아먹으며 살던 거주민과 늪지에 있는 목초지에 자유롭게 접근하던 농민에게 배수 작업은 삶의 침해일 수밖에 없었다. 머천트에 따르면 배수로 이익을 본 것은 물을 뺀 후 땅을 빌려줄 수 있었던 지주들과 배수 작업에 자본을 투자한 이들뿐이었다. 이전에 늪지를 이용하던 사용자들 대부분이 쫓겨난 반면 "부유한 농민만이 새로 배수된 목초지를 임대할 수 있었다."[32]

잉글랜드의 소택지 사례는 사회적 이해와 환경적 이해가 어떻게 긴밀하게 얽히는지도 잘 보여 준다. 머천트에 따르면 배수 작업의 결과로 가난한 사람들과 자연의 균형 모두 고난을 겪었다. "향상된 토지 생산성은 가난한 사람들과도 늪지대의 본래 거주자들 ── 수천 년 동안 복잡한 생태적 상호 의존 체계를 발전시켜 온 물고기, 조류, 늪지 식물 ──과도 공유되지 않았다."[33] 마지막으로 배수 작업은 시장관계를 농촌 지역에 퍼뜨리고 초기 영국 산업에 양모 생산의 기반을 마련해 주는 역할을 했다. 이전에 늪지였던 땅의 상당수는 양을 방목하는 자본주의 농민의 목초지로 바뀌었다. 즉 배수 역시 앞 장에서 이야기한 시초 축적 과정과 연결된다. 그리고 독일 농민들이 벌였던 농민전쟁보다는 훨씬 작은 규모였지만 영국

---

32) Merchant(1980), p. 58[『자연의 죽음』, 105쪽].
33) *Ibid.*, p. 61[같은 책, 108쪽].

소택지 거주자들도 저항했다. 1631년 늪지 사람들은 배수업자들에 반대하는 봉기를 일으키고 무기를 들어 수문을 부수고 새로 만든 목초지 주변의 울타리를 무너뜨렸다.[34] 이 반란은 영국 정부의 개입으로 진압되었다.

머천트처럼 공유재의 중요성을 날카롭게 인식한 또 다른 생태여성주의자는 시바이다.[35] 시바가 인용한 자료에 따르면 19세기 말까지 그리고 그 이전 역사를 통틀어 인도 천연자원의 최소 80퍼센트는 공유재였고 20퍼센트만이 사적으로 사용되었다. 시바의 관점에서 "무상 공유지는 인도 농촌의 역사적 생존 기반이었으며 여성의 생산성의 영역이었다".[36] 그 실례가 전통적으로 사람들이 다양한 용도로 이용해 온 인도의 숲이다. 인도인들에게 숲은 먹을거리, 가축의 먹이, 유기 비료, 물의 보고였다. 영국은 인도를 식민지로 만들자마자 제일 먼저 숲을 식민화하고 삼림 지역의 풍요로운 생물 다양성에 관한 지역민의 지식을 배척했다.

인도에서 벌어진 삼림 파괴는 시기별로 뚜렷하게 구분된다. 처음에는 군사적 목적과 철도 건설을 위해 영국인들이 숲을 파괴했다. 말라바르의 티크는 영국 해군이 벌목해 갔고, 중부 인도의 티크와 히말라야의 침엽수는 철로용으로 잘라 냈다.[37] 영국 정부가 인도 아대륙 전체에 통치 권한을 행사하기 전까지 티크 벌목권은 동인도회사에 있었다. 뒤이어 삼림 벌목을 관장하는 특별 관리가 임명되고 해군이 배를 만드는 데 쓸 티크목을 공급하는 책임이 맡겨졌다. 숲 속과 숲 주변에서 살면서 다양한 용도로 숲을 이용하던 인도인들과 달리 영국인들은 '환원주의적' 접근법을 따라 숲

---

34) *Ibid.*, p. 59[같은 책, 105쪽].
35) Shiva(1988).
36) *Ibid.*, p. 83[『살아남기』, 148쪽].
37) *Ibid.*, p. 61[같은 책, 117쪽].

을 오직 상업적 가치가 있는 목재로만 보았다. 그들은 숲을 목재 광산으로 환원했다.

1865년 식민 정부는 숲과 황무지를 보호 구역으로 정하는 인도 삼림법을 제정하면서 숲 착취의 새로운 장을 예고한다. 이제 삼림청 관리는 경찰권과 사법권을 가지고 숲에 거주하는 사람을 영장 없이 체포하고 벌금을 부과할 수 있었다.[38] 시바가 썼듯이 삼림법의 도입은 인도에서 소위 '과학적 삼림 관리'의 시작이었다. 영국 식민 정부는 숲, 농업, 축산업 간의 복잡한 상관관계를 무시하고 숲을 산업용 시장가치를 지닌 자원으로만 환원했다. 1865년 삼림법은 1878년과 1925년에 개정되는데 숲 파괴와 지역민이 숲에서 나는 생산물을 사용할 권리를 침해하기 쉽게 하기 위한 것이었다. 그러나 이런 공유재 침해가 인도인들의 저항 없이 순조롭게 진행되지는 않았다. 지난 200년간 숲에 대한 인민의 권리를 지키기 위해 수많은 숲 사티야그라하[39]와 부족 반란이 일어났다. 고빈드 켈카르와 데브 나탄 (Kellkar and Nathan)에 따르면 그런 부족 폭동이 일어나면 일시적으로나마 마을의 숲 소유권 일부가 유지되기도 했다고 한다.[40]

시바는 최근 인도에서 벌어지는 '황무지(wasteland) 개발 계획'은 인민의 공유재에 대한 권리 전유라는 맥락에서 이해해야 한다고 한다. 세계은행이 주도한 1984년 인도 전국 삼림 보호 계획의 목표는 황무지의 사유화였다. 1985년에 제안된 세계은행의 인도 열대 삼림 계획 역시 근본 논리는 같다. 명목상으로 '재식림'(reforestation)은 영국 식민지 시기부터 진

---

38) Kelkar and Nathan(1991), p. 125.
39) satyagraha, 간디가 주창한 비폭력 저항 운동으로 여기서는 숲을 지키기 위한 비폭력 저항 운동을 뜻함.—옮긴이
40) Ibid., p. 126.

행된 삼림 파괴 과정을 역전시켜 숲을 되살리기 위한 것이다. 그러나 이 계획들은 생물 다양성을 복원하기 위한 내용은 전혀 담고 있지 않다. 예를 들어 '황무지 개발 계획'은, 성장 속도가 빠르고 공업용으로 팔 수 있지만 토양을 심각하게 파괴한다고 알려진 유칼립투스를 심는다고 한다. 시바는 황무지 개발로 마을 공유 자원을 빼앗기자 황무지에 새로 심은 수많은 묘목을 뽑아 버리며 저항한 카르나타카 사람들의 경험을 예로 든다.[41]

'황무지'라는 개념은 그 시작부터 인도의 가난한 농민의 이해와는 별개로 지배층 자본가의 이해만을 반영한다는 점에서 명백하게 한쪽으로 치우쳐 있다. 시바는 역사적으로 살펴보면 영국 식민지 시기에 '황무지' 개념은 생물학적 생산성을 평가하는 개념이 아니었다는 점을 독자들에게 일깨운다. "황무지는 농사를 짓지 않기 때문에 아무 세금도 내지 않는 땅이다." 그러나 시바가 지적하듯이 그런 황무지는 대개 가축을 방목하는 용도로 사용됐다. 소규모 소작농과 토지가 없는 농업 노동자들은 공유지가 있기 때문에 가축을 키울 수 있는 경우가 많았다. 이런 식으로 "사료와 연료를 얻기 위한 빈민층의 최후 자원이 사유화를 통해 이제 사라져 가"[42]기 때문에 황무지 개발 계획은 가난한 이들의 생존을 위협한다. 간단히 말해 영국 식민지 시절의 '과학적 삼림 관리'에 이은 '황무지 개발 계획'은 공유재에 대한 '두번째 강탈'이다.

마지막으로 시바나 머천트 같은 학자들은 공유 자원의 존재가 비극일 뿐이라는 생각에 반기를 든다. 목초지와 늪지, 숲을 이용하는 개개인은 자신의 이해를 위해 그런 공유지를 이용하기 때문이다. 실제로 인용된 유

---

41) Shiva(1988), p. 87[『살아남기』, 153쪽].
42) *Ibid.*, p. 86[같은 책, 152쪽].

럽과 인도의 역사적 사례는 공동 소유인 천연자원에 의존하는 지역 공동체가 생태계 파괴를 방지하기 위해 자율적으로 규제해 왔다는 사실을 보여 준다. 메리 멜런(Mary Mellon)이 주장한 대로 '공유'(common) 개념은 그 자체로 사회적이며, 공동 규약을 통해 지켜진 "유한하고 제한된 자원으로 이해되었다".[43] 그리고 지역 생산자 공동체는 생태계를 파괴하기보다는 생태계를 지키는 파수꾼인 경우가 더 많았다.

인도 여성의 유기 농업 생산 활동

이제 인도 농촌 여성의 생산 활동을 더 구체적으로 살펴보려고 한다. 유기 농법에서 다수확 품종 종자를 도입하는 것을 기반으로 한 '현대' 농법으로 전환되는 과정의 몇 가지 측면을 살펴보는 가운데 여성 노동에 관한 시바의 견해를 중점적으로 살펴보겠다. 하지만 먼저 과학에 대한 시바의 평가로 돌아가야 할 것이다. 우리는 앞서 시바가 서구 과학이 다른 형태의 지식 체계를 '원시적'이라고 일축하기 때문에 '환원주의'적이라고 본다는 점을 살펴보았다. 녹색혁명 테크놀로지의 도입, 다수확 품종 벼와 화학 비료 사용 등은 시바의 관점을 잘 설명해 준다. 시바에 따르면 이는 "한 줌의 백인 남성 과학자들이 20년도 채 안 되는 사이에" 인류가 사오천 년 동안 발전시켜 온 지식 체계를 파괴하는 것을 뜻한다.[44]

　첫째, 시바는 자신 이전에도 인도 농업을 '원시적'이라고 보는 영국 식민주의자들의 관점에 반기를 든 다른 이들의 글을 제시한다. 시바는 인

---

43) Mellon(1992), p. 233을 볼 것.
44) Shiva(1991a), p. 61.

도의 토착 농업 체계가 얼마나 균형적이었는지 설명하는 여러 가지 중요한 지점들을 보여 준다. 예를 들어 인도 농민들은 유기 비료를 사용했고 지력을 보호하기 위해 콩과(科) 작물을 함께 경작하는 혼합 농법과 윤작제로 농사를 지었다.[45] 전자본주의 시기 유럽의 농업 체계에서처럼 인도 농업에서도 가축은 핵심적 역할을 맡았다. 또한 인도 농민들은 땅의 표면만 건드리는 얕은 쟁기질을 개발했다. 시바는 얕은 쟁기질은 대지를 착취해서는 안 된다는 인식에서 비롯된 것이라고 본다. "이는 일종의 상호주의가 분명하다." 농민들은 "땅을 너무 많이 갈거나 깊이 쟁기질을 하게 되면 토양에 있는 유기 물질이 산화되고 토양의 균형 잡힌 비옥도가 얼마 안 가서 파괴"[46]된다는 점을 알고 있었다.

혼합 순환 농법 또한 마찬가지로 자연의 균형을 유지해야 하는 필요에 따른 것이었다. 혼합 경작은 기장, 밀, 보리, 옥수수 같은 곡물이 콩과 뒤섞여 자라는 자연의 방식을 경작에 도입한 것으로 서로 다른 작물이 서로에게 영양을 공급해 줄 뿐 아니라 인간에게도 균형 잡힌 식단을 제공한다. 시바에 따르면 1888년 30년을 질질 끈 논쟁 끝에 서구 과학은 콩과(科) 작물이 토양을 비옥하게 하는 데 중요한 역할을 한다는 점을 결국 인정했다고 한다.[47] 앞서 인용된 벵골 지역 갠지스 강 삼각주에서 발달한 경작 양식은 남아시아 농민들이 고유한 지식 체계를 이용해 비료와 제초제를 쓰지 않고도 자연의 균형을 깨뜨리지 않는 토착 농법을 발전시켜 왔다는 시바의 견해를 확실하게 입증해 준다.

시바는 인도의 녹색혁명을 분석하면서 현대적 종자와 화학 물질 사

---

45) Shiva(1988), p. 106[『살아남기』, 178쪽].
46) Ibid., p. 107[같은 책, 180쪽].
47) Ibid.

용이 눈에 보이지 않는 방식으로 여러 가지 부정적 효과를 낳았다는 점을 보여 준다. 펀자브 주에서는 녹색혁명 초기 곡물 생산량이 극적으로 늘었는데, 여기에는 경작 면적이 절대적으로 늘어난 점, 곡물과 콩을 함께 심던 혼합 재배에서 밀과 벼의 단일 재배(monoculture)로의 전환, 곡물 순환 경작에서 밀과 벼의 복합 경작으로 변화 등 여러 가지 상황이 연관되어 있다.[48] 시바의 분석은 시장에 팔 수 있는 특정 작물의 수확량을 '생산성'이라고 편협하게 규정한 서구 환원주의 과학이 '자연의 먹이 사슬'을 파괴했다고 설명한다.[49] 그리고 자신이 가진 농업 지식으로 농사를 짓던 농민들이 이제는 외부의 '전문가들'에 의존하게 된다. 간단히 말해 서구 과학자들의 인도 농업 개입이 수천 년 동안 쌓아 온 전통적 지식 체계를 파괴해 버린 것이다.[50]

이쯤에서 지난 15년 사이 인도 농업에서 여성의 노동에 관해 서술하고 분석하는 여성주의 연구가 부쩍 늘어난 데 대한 논평이 있어야 할 것이다. 이 연구들은 1970년대 인도 농업에 관한 학자들의 논쟁을 주도한 계급관계 변동과 (반봉건인가 자본주의인가에 관한) '생산양식' 의제에 집중된 관심을 여성 농업 노동으로 끌어 왔다. 여성주의자들은 여성 농민을

---

48) Shiva(1991a), p. 109.
49) Shiva(1988), p. 120[『살아남기』, 197쪽]. 최근 국제연합 식량농업기구(FAO) 부국장 A. Z. M. 오바이둘라 칸이 녹색혁명의 '단일 재배법'에 대해 이와 비슷한 비판을 했다. Martin Khor(1994), p. 14에 따르면 1994년 인터뷰 당시 칸 부국장은 거리낌이 없었다. "칸 부국장은 단일 재배 경작[녹색혁명 방식대로 한 가지 작물만 재배하는 것 ─ 인용자]의 장점은 과대평가되고 전통적 혼합 경작은 평가 절하되었다고 말했다. 두 경작법을 비교할 때는 한 가지 곡물의 수확량만 가지고 비교했다. 칸 부국장은 이는 단일 경작 체계에는 없는 전통 경작 체계에서 같은 경작지 안에서 벌어지는 활동과 다른 작물의 가치를 계산에 넣지 않는 것이라고 했다." Khan(1994)도 볼 것.
50) 토착 지식 파괴에 관한 시바의 주장이 자본주의가 전통 지식 체계를 다룬 보편적이며 유일한 방식은 아니었다는 점에 유념해야 한다. 11장에서 볼 수 있듯이 자본주의 기업들은 실제 생산자들이 가진 지식을 포섭하고 독점하는 방법을 발전시키기도 했다.

'주부'라고 부정확하게 분류한 공식 통계 비판에서 시작해[51] 인도의 각기 다른 주에서 농촌 여성의 노동에 관한 기본적 사실을 드러냈다. 이들 또한 녹색혁명과 연관된 기술 도입이 약속한 긍정적 영향에 의문을 제기했다.

이들 연구의 중심 주제 중 하나는 남녀 성별 분업이다. 앞 장에서 논의한 대로 분업이 구조화되는 방식은 각기 다르게 진행된다. 이슬람교도가 많은 방글라데시와는 달리 인도에서는 여성이 농사일을 하는 것이 보편적이다. 예를 들어 멘처와 사라다모니(Mencher and Saradamoni)는 모내기 일에서 여성 노동을 주목했는데 방글라데시에서 전통적으로 모내기는 남자들이 하는 일이다. 멘처와 사라다모니는 모내기를 숙련된 기술을 요하는 위험한 일로 보았다. [이 일을 하는] 여성 농민들은 기생충에 감염되거나 발꿈치 피부가 갈라지고 관절염에 걸리는 등 다양한 질환을 얻기도 한다. 탄자부르[52]의 한 마을 여성은 모내기를 하고 나면 통증 때문에 매일 밤 자녀에게 등을 주무르게 한다고 인터뷰 진행자에게 털어놓았다. 40~50년 동안 모내기를 한 노년 여성 중에는 허리가 완전히 굽어 똑바로 설 수 없는 사람도 있었다.[53]

이런 여성 노동에 관한 서술은 쟁기질처럼 남자들이 하는 일만 힘든 일이라는 시각을 반박하는 좋은 예다. 멘처와 사라다모니가 제시하는 두 번째 특성 또한 숙련 노동은 남자들만 한다는 널리 알려진 가부장적 편견을 반박한다. 전통적으로 모내기에 관한 지식은 어머니에게서 어린 딸에게 전해지지만 저자들은 모내기를 '고도의 기술을 요하는' 노동으로 정의한다. 이 일은 엄청난 주의를 요하는 일이다. 모를 심는 사람은 모를 심고

---

51) 예를 들어 Nayyar(1989), p. 234를 볼 것.
52) Thanjavur, 인도 남부 타밀나두 주의 디스트릭트.―옮긴이
53) Mencher and Saradamoni(1982), p. A-149.

나서 흙을 조심스럽게 돋워 주어야 한다. 또한 뿌리가 상하지 않도록 적당한 공간을 확보해 주어야 한다. "적당한 거리에 맞춰 제대로 깊이 심지 않거나 심고 나서 흙을 제대로 돋워 주지 않으면 모는 제대로 자라지 못한다."[54] 따라서 인도 농업에서 성별 분업을 분석할 때 여성의 농업 노동은 무시할 수 없는 비중을 차지한다.

여성주의 연구자들은 녹색혁명의 노동 대체 효과에 대해서도 지적했다. 그러나 노동 대체 과정은 단선적으로 이해되지는 않았다. 하리아나 주와 편자브 주의 경우를 살펴보면 경작 지역이 넓어지고 관개가 확대되면서 적어도 처음에는 여성 노동을 포함한 노동에 대한 수요가 늘었다.[55] 즉 벼를 추수하는 데 더 많은 노동력이 필요해졌다. 그러나 (탈곡기와 복합 수확기 같은 기계를 사용해) 농사일이 기계화되면서 노동자들을 대체했다. [비료와 제초제 같은] 화학 물질의 사용으로 이전에 사람이 하던 일이 아예 없어졌다. 예를 들면 화학 비료는 거름을 대체하고 제초제는 김매기를 없애 버렸다.[56] 따라서 인도 농업 안에서 여성의 지위에 영향을 미친 녹색혁명의 다양한 후과는 학계에서 떠오르는 논쟁 주제가 되었다.

시바는 어떤 관점에서 여성 노동을 분석하는가? 시바는 "먹이 그물 속의 여성들"이라는 장에서 전통적 인도 농업에서 생태적 균형을 유지해 가는 여성의 노동을 살펴본다. 여성은 오랜 시간 일할 뿐 아니라 "적확하게 자연과의 동반 관계 속에 있고 먹이 그물을 유지하는 데 필수적인 농업 작업의 연결들 속에서, 즉 토양과 지역의 식량 경제 속에서" 생산적이다.[57]

---

54) Mencher and Saradamoni(1982), p. A-150.
55) Nayyar(1989), pp. 238, 243.
56) 가령 Mencher and Saradamoni(1982), p. A-150을 볼 것. Nayyar(1989), p. 243도 볼 것.
57) Shiva(1988), p. 114[『살아남기』, 190쪽].

시바가 보기에 여성은 전통적으로 토양을 비옥하게 유지하는 데 공헌해왔지만, 시장에 내놓는 생산량으로만 '생산성'을 사고하는 서구 과학의 패러다임은 여성의 기여를 비가시적으로 만들었다.

시바는 여성들이 유기 농업에서 해온 일들을 양적 측면과 자연을 보존하는 측면에서 살펴본다. 가르왈 히말라야의 산간 지대 여성들이 노동하는 시간에 관한 수치가 인용되는데, 여성은 1헥타르[1만 평방미터]의 농사일에 640시간 동안 김매기 같은 혼재(interculture) 노동을 하고 384시간 동안 관개 노동, 650시간 동안 거름을 옮겨 농작물에 주는 노동을 한다.[58] 또한 히마찰프라데시(Himachal Pradesh) 주의 농업 연구에서 얻은 양적 데이터에 따르면 여성은 가축 기르기와 관련한 노동 3분의 2(약 69퍼센트)를 떠맡는다. 이 일은 전통 농업 경제에서 땅을 비옥하게 만드는 데 핵심적인 거름주기와 연결된다.

땅을 비옥하게 유지하는 데 여성이 기여하는 다양한 내용을 설명하면서 시바는 여성의 이러한 비가시적 노동을 마찬가지로 오랫동안 농업 경제에서 무시받아 온 지렁이의 노동과 비교한다. 앞서 말했듯 여성이 하는 일 중 핵심적인 일은 가축에서 나온 유기 비료로 논밭을 비옥하게 만드는 일이다. 시바는 이 일이 "흙에 사는 분해자이자 토양을 만드는 자[지렁이]"를 돕는 것이라고 한다. 농가에서 만든 유기 비료가 지렁이 먹이가 되기 때문에 거름을 준 땅에는 거름을 주지 않은 땅보다 2배에서 2.5배가량 많은 지렁이가 산다. 지렁이가 하는 일은 여러 가지 의미를 갖는다. 지렁이가 많은 땅은 지렁이가 없는 땅보다 내수성이 좋고 물 빠짐이 좋다. 유기 탄소와 질소 또한 훨씬 더 많이 함유한다. 그러나 서구의 '과학적' 농업

---

58) *Ibid.*, p. 109[같은 책, 183쪽].

에서는 토양을 비옥하게 만드는 지렁이의 활동이나 지렁이의 활동을 돕는 여성 농민의 일 모두 '생산적'인 일로 여겨지지 않는다.[59]

시바는 생태 순환을 유지하는 일이 핵심적이라고 보기 때문에 농사가 시작되기 **전에** 여성 농민이 하는 일(종자를 고르고 보관하는 일, 거름주기)을 특히 중요하게 본다. 이 점에서 시바의 접근 방식은 앞 장에서 살펴본 발전여성주의자들의 방식과는 확연히 다르다. 발전여성주의자들도 이런 노동에 대해 언급하긴 하지만 주된 관심은 어디까지나 (논에서 추수를 하고 난 **후** 진행하는) 농촌 여성의 벼 가공일이다. 시바의 주된 목적은 여성 노동에 담긴 생태주의적 의미를 강조하는 것이다. 하지만 이는 서구 과학에서는 무시되고 발전여성주의 담론에서는 눈여겨보지 않는 주제다.

시바가 강조한 또 다른 여성 농민의 역할은 곡물의 종자를 고르고 보관하고 지켜 나가는 "공동의 유전적 유산 관리인" 역할이다.[60] 시바가 지적한 대로 1만 년에 걸친 농업의 역사는 유전자 다양성을 보존하고 개발해 가는 전략을 근간으로 한다. 전 세계 수백만 농민이 이 실험에 참여한다. 농민들은 제일 좋은 종자를 골라 보관하고 다시 심는다. 그 실험의 결과가 개인의 자산으로 여겨진 적은 없다. 녹색혁명이 도입되기 전에 농사용 종자에 관한 지식은 언제나 공동의 유산으로 여겨졌다. 종자에 관한 지식은 땅의 생산자인 모든 농민의 공동 자산이었다.[61]

그뿐 아니라 이 유전적 유산을 지키는 여성 농민의 역할은 무엇보다도 중요했다. 방글라데시를 포함한 남아시아 전체에서 추수가 끝난 후 종

---

59) Shiva(1988), p. 108[『살아남기』, 182쪽].

60) *Ibid.*, p. 121[같은 책, 198쪽].

61) Shiva(1991a).

자를 보관하는 일은 언제나 여성의 책임이었다.[62] 거기에다 종자를 골라 내는 데 여성은 남성보다 훨씬 더 큰 역할을 했다. 시바는 종자 선별이 기 본적으로 여성의 책임인 네팔의 농촌 여성 연구를 인용한다. 사례 중 60.4 퍼센트에서 여성이 어떤 종류의 종자를 쓸 것인지 결정하고 겨우 20.7퍼 센트의 사례에서만 남성이 이를 결정했다. 가족이 가지고 있는 종자를 쓰 기로 결정할 때 여성의 역할은 더욱 두드러졌다. "이 일을 여성만 하는 경 우가 가구 중 81.2퍼센트, 남성과 여성이 함께 하는 경우는 8퍼센트, 남성 만 하는 경우는 10.8퍼센트에 그친다." 마찬가지로 인도에서도 "수천 년 간 식량 생산의 유전적 기본을 꼼꼼하게 지켜 온 이들은" 여성이었다.[63]

녹색혁명과 함께 다수확 품종이 도입되면서 공동의 유전 자원은 제 일 먼저 상품으로 전환됐다. 이전에는 농민 가족이 직접 씨앗을 고르고 저 장했는데 이제는 시장에서 사야 하는 중앙 집중적으로 생산된 종자에 의 존한다. 종자 기업과 농업 연구소가 실질적 생산자들에게서 종자 관리를 전유한 것이다. 동시에 농업의 변화는 작물의 유전적 다양성을 말살하는 결과를 낳는다. 시바가 지적하듯 "획일성은 중앙 집중화된 종자 생산에 본 질적"이다.[64] 따라서 생태여성주의 담론의 핵심 주제인 공유재의 전유와 생물 다양성 파괴는 함께 벌어진다.

토종 종자가 대체되면서 씨앗 관리자로서 여성의 역할 또한 쓸모없 어졌다. 녹색혁명이 '눈에 보이지 않게' 농업에서 여성의 생산자 역할을 훼손한 것이다. 시바가 지적한 대로 이 과정은 단선적이지 않다. 녹색혁명 이 여성 노동에 미친 영향에 관한 조사들은 다양한 영향에 대해 말한다.

---

62) 방글라데시의 경우 Chen(1986a), p. 219; (1986b), p. 48을 볼 것.
63) Shiva(1998), p. 121[『살아남기』, 199쪽].
64) *Ibid.*, p. 122[같은 책, 201쪽].

인도네시아의 자바에서는 예전에 칼로 토종 벼를 베었지만 다수확 품종 도입 후 낫으로 벼를 베게 되면서 추수 노동자로 일하던 여성이 남성으로 대체되었다.[65] 한편으로는 농업이 변화하면서 모내기나 잡초 뽑기 같은 일에 여성 가족의 노동력이 더 많이 동원되기도 했다.[66] 그러나 생태 순환의 유지자로서 여성의 역할이 무너지고 있다는 시바의 주장은 여전히 진행 중이다. 땅을 비옥하게 유지하는 파수꾼 역할이나 씨앗을 고르고 저장하는 역할 모두 폐기되었다.

시바의 생태여성주의가 갖는 한계

앞에서 살펴본 여러 장에서 우리는 성별 분업이 여성 억압과 가부장적 구조를 분석하는 데 핵심 주제라는 점을 살펴보았다. 사회주의 여성주의든 발전여성주의 학파든 여성주의 흐름은 각기 (전자본주의와 자본주의 생산양식에서) 남성과 여성의 노동이 구조화되는 방식과 여성이 종속적 지위에 놓이는 방식에 지대한 관심을 가졌다. 어떤 경우 남성 지배는 남성만 기계를 사용할 수 있다는 데서 보장되기도 하고, 어떤 경우에는 여성이 모든 가사노동을 책임지는 것과 이중 노동의 짐이 여성의 종속적 지위를 강화하는 방식이자 '조직하는 원리'로 작동하기도 한다. 어느 경우이건 서로

---

65) Wahyana(1994), p. WS-19, "다수확 품종인 짧은 쌀이 도입되면서 추수할 때 쓰던 아니아니(ani-ani) 칼은 무용지물이 됐다. 신품종 벼를 벨 때는 낫을 사용했다. 낫은 '크고' '무겁고' '위험'하기 때문에 남자들이 쓰는 도구로 여겨졌고 그 결과 남자들이 벼베기 일을 독차지했다. 게다가 낫을 쓰게 되면서 1헥타르를 추수하는 데 필요한 노동일이 200일에서 75일로 줄었다. 이와 함께 예전에 추수꾼으로 일하던 농촌 여성 임금노동자들이 대거 일자리를 잃었다." Wahyana(ibid.)는 여성들이 점차 추수일에서 자기 일자리를 되찾아가는 과정에 대해서도 언급한다.

66) Ibid., p. WS-32.

다른 흐름에 속하는 여성주의자들은 성별 분업 분석이 가부장제 구조를 이해하는 데 핵심 지점이라는 점에 동의한다.

그렇다면 시바가 인도 농촌에서 여성 노동을 분석하면서 남녀 농민 간의 성별 분업에 관해서는 거의 다루지 않는 점은 놀랄 만하다. 시바는 생태 순환을 유지하는 여성의 역할을 강조하면서 농촌 여성이 하는 다양한 생산 과업에 관해 이야기한다. 서구 '발전' 기구들이 인도에 서구산 젖소를 우유 생산 기계로 도입하려 한 '백색혁명'(white revolution)의 불합리성을 비판하면서, 시바는 인도에서 "가축과 농업의 통합은 지속 가능한 농업의 비밀"이었다고 강조한다. 여성이 쇠똥으로 연료와 거름을 만들고 우유를 가족이 먹을 유제품으로 가공하면서 어떻게 소를 기르는 데 핵심적 역할을 하는지 지적한다.[67] 즉 시바의 분석은 여성을 자연 보전의 으뜸가는 파수꾼이자 사회에서 주된 생계노동자로 제시하고자 한다.

시바의 작업은 특히 "작물과 소 사이를 순환하는 지속 가능한 흐름을 유지하는" 여성의 역할을 묘사하면서 그 중요성이 거의 드러나지 않는 여성의 생산 노동을 부각한다. 다른 여성주의자들도 인도 여성 노동의 대부분이 남성 중심적 농업 과정 분석에서 오랫동안 무시되었다는 점을 인정할 것이다. 전체 가구 중 80퍼센트 이상이 소를 키우는 인도 농촌에서 고바르(gobar)라고 부르는 쇠똥은 생활의 중심이다. 남성이 소의 주인이라면 거름용으로 쇠똥 덩어리를 만드는 일을 포함해 다양한 용도로 쇠똥을 준비하는 것은 여성이다. 이 일은 농업 과정에서 필수적인 만큼 등골 빠지는 고된 일이다.[68] 그러나 여성만이 토양을 비옥하게 유지하는 일을 하는

---

67) Shiva(1988)[『살아남기』, 253쪽].
68) Jeffery, Jeffery and Lion(1989).

것은 아니다. 논밭으로 쇠똥을 가져가 거름을 주는 것은 남성 농민이기 때문이다. 시바는 남녀 농민 간의 성별 분업에 관해 의식적으로 서술하거나 분석하지 않기 때문에 시바의 묘사에서는 여성만이 생태 지속 가능성을 유지하는 유일한 행위자처럼 보인다.

마찬가지로 시바는 물의 순환을 유지하는 여성의 역할에 대해 언급할 때도 한쪽으로 치우친다. 그녀가 옳게 지적했듯이 수백 년간 남아시아의 벼 문화가 지속될 수 있었던 것은 수자원을 세심하게 관개에 이용한 덕분이었다. 녹색혁명은 심각한 물 부족을 야기해 인도에서는 주들 간에 심각한 물 분쟁이 벌어지기도 했다.[69] 이는 외부 '전문가들'이 인도의 생계형 농업을 시장 지향적 상품 작물 생산으로 전환하면서 토착적 지식 체계를 무시했기 때문이다. 물 부족 위기의 원인은 "환원주의 과학과 악개발이 물의 순환 논리를 거스르기" 때문이라고 한다. 발전 전문가들이 "살아 있는 모든 것처럼 인간도 물의 순환에 참여하며 이런 참여를 통해서만 지속 가능하게 생존할 수 있다는 것을 인식하지 못하기" 때문이다.[70]

그러나 시바는 여성을 '비가시적 수자원 전문가'이자 관리자로 내세우면서 사실에 근거해 세심하게 분석하지는 않았다. 시바처럼 다른 인도 여성주의자들도 여성의 노동량만 늘려 놓았다는 점에서 '발전 계획'을 비판해 왔다. 마시고 음식을 만들 물을 길어 오는 것은 여성의 일이기 때문에 물이 부족하면 여성은 가족이 필요한 물을 긷기 위해 더 먼 거리를 다녀와야 한다.[71] 그러나 논농사를 위해 물 순환을 관리하는 것은 여성만의 일이 아니라 공동의 일이다. 안드라프라데시의 마을에서 여성 농민이 진

---

69) 마지막에 언급한 개발은 특히 Shiva(1991a), p. 150을 볼 것.
70) Shiva(1988), pp. 182~183[『살아남기』, 278쪽].
71) 예를 들어 Kishwar and Vanita(1984), p. 3을 볼 것.

흙과 돌을 옮겨 오면 남성 농민은 논 사이에 작은 관개 수로를 파고 논 주변으로 작은 분드(bund, 댐)를 만든다. 남성은 모내기 전과 후 모두 논에 물을 대는 일도 책임진다.[72]

　간단히 말해 시바는 성별 분업에 관해서는 언급하지 않은 채 여성을 생태 순환의 주된 관리자로 단언하기 때문에 우리는 남성과 자연의 관계나 가부장제가 작동하는 방식을 이해할 수 없다. 여성을 토양의 생산자이자 축산의 전문가로 그린 시바의 묘사는 여성 농민에 대한 그간의 부당한 평가를 수정한다. 전통 농업에서 여성의 수많은 생산 과업은 오랫동안 경제 이론에서 무시되어 왔다. 그러나 시바가 제시하는 실제에 근거한 자료는 불완전하다. 성별 분업을 무시함으로서 시바는 전통 농업의 노동관계도, 전통 농업의 노동관계가 녹색혁명 테크놀로지의 영향 아래서 어떻게 변화했는지도 이해할 수 없게 만든다. 여성주의 관점에서 시바의 분석에는 결함이 있다.[73]

　생태여성주의 사상 일반과 특히 시바가 핵심적으로 기여한 내용 중 하나는 생물 다양성이 자연의 특성이며 여성이 자연의 생물 다양성을 유지하는 데 결정적 역할을 한다는 인식이다. 자연은 숲과 바다, 동식물을 막론하고 무한히 다양한 생명체로 이루어져 있다. 세계 경제 체제에 아직 편입되지 않았거나 일부만 편입된 제3세계 사회에서 "생물 다양성은 생

---

72) Mies(1986a), p. 61.

73) 히마찰프라데시 주의 히말라야 고산 지대에서 진행한 현장 연구를 바탕으로 골은 "'인도 여성과 환경'에 대해 널리 알려진 추론"에 도전한다. Gaul(1994), p. 28. 골 역시 남성과 여성 사이에 노동을 공유하는 양식이 존재한다는 점을 인정한다. "남녀 어린이와 어른은 가축 몰이, 풀, 사료 베기, 땔감 구하기와 나르기 같은 일과 숲에서 (차로 쓸 약초나 먹을 식물이나 과일 같은) 재료를 채집하는 일을 함께 한다." *Ibid.*, p. 25.

산의 수단인 동시에 소비의 대상이다".[74] 시바는 [모든 것을] 동질화하는 경향을 띤 자본주의가 이러한 생물 다양성을 파괴하고 있으므로 우리는 자본주의를 근본적으로 재고해야 한다고 주장한다.

그러나 시바는 자신의 저작에서 자연의 생물 다양성에 대해 인식하는 만큼 현대 계급 사회에 존재하는 사회적 지위의 다양성은 의식적으로 인식하지 않는다. 역사적으로 자본주의는 봉건 지주의 권력과 농민 공동체의 생계 생산을 동시에 흔들어 놓으면서 농민 사이에 좀더 세분화된 계급 분화를 가져왔다. 농업 노동자가 한편에, 잉여를 생산하는 부농이 다른 한편에 있는 관계처럼 농민과 생산수단(토지, 가축, 노동 도구)의 관계는 점점 다양해진다. 이러한 계급 분화 과정에 관심을 가진 것으로 알려진 맑스주의자는 레닌이다.[75] 이제 여성주의자들이 지적한 대로 여성 농민의 다양한 계급 지위를 보지 않기 때문에 농민 분화에 대한 맑스주의적 분석에는 결함이 있다. 그러나 다양한 신조를 따르는 여성주의자들은 계급 분석 그 자체가 적절한지에 대해서는 질문하지 않았다.

시바의 접근법은 놀라운 대조로 점철된다. 그녀는 "다양성에 근거한 생산 체계는 생산성이 낮은 체계라는 잘못된 인식이 널리 퍼져 있"으며, 더 나아가 "획일적이고 동질적인 체계의 높은 생산성은 문맥상의 범주이

---

74) Mies and Shiva(1993), p. 164[『에코페미니즘』, 손덕수·이난아 옮김, 창비, 2000, 208쪽].

75) Lenin(1977a), p. 70[『러시아에 있어서 자본주의의 발전 1』, 김진수 옮김, 태백, 1988, 58쪽]. 레닌은 이 분화 과정을 농촌 지역에서 자본주의적 관계의 발전과 연결한다. "농민층 사이의 모든 경제적 모순의 총합체는 우리가 농민층 분화라고 부르는 것을 구성한다. 농민층 자신도 이 과정을 매우 적절하고도 명확하게 탈농민화라는 용어로 특징짓는다. 이 과정은 낡고 가부장적인 농민층의 완전한 해체와 **새로운 유형의** 농촌 거주자가 나타났다는 것을 뜻한다." *Ibid.*, p. 173[같은 책, 162~163쪽]. 강조는 원문. 녹색혁명이 인도의 계급 분화에 미친 영향은 Atiur Rahman(1986), p. 12를 볼 것. Huizer(1980), p. 202; Sharma(1973), p. 77도 볼 것.

고 이론적으로 구성된 범주로서, 일차원적인 수확량과 산출량만을 놓고 보는 것"[76]이라고 주장한다. 그러나 시바는 다양성에 대한 인식을 사회적 현실을 분석하는 데까지 확장하지는 않는다. "다양성은 여성의 노동과 지식의 원리"이며 여성의 노동과 지식은 "생물 다양성의 보존과 이용에 핵심적"이라고 말하면서, 시바는 생물 다양성을 유지하고 농산물을 생산해 온 남성 농민의 공헌을 지워 버린다. 동시에 시바는 여성의 지위 또한 봉건적 생산 체계에 기반을 두거나 현대 자본주의하에 있는 식으로 다양하며 단일하지 않다는 점을 간과한다. 시바가 자연을 분석하는 방식은 지배적 서구 철학에 대한 심각한 도전을 담고 있지만, 사회관계를 분석하는 방식은 '동질화'다. 시바의 분석 방식은 맑스주의 경제 이론의 품질 보증 마크인 계급관계 분석에서는 물러서 버린다.

이 장에서 나는 생태여성주의자들의 서구 과학 비판에 대해 논하면서 시바가 서구 과학을 '환원주의'라고 비판하며 반기를 들었다고 했다. 지배적인 경제적 이해의 연장선에서 '환원주의적' 서구 과학은 상품으로 팔 수 있는 활동과 가치만을 생산적이라고 여기며, 자본주의 축적에 가시적으로 기여하지 않는 자연과 여성의 생산 활동을 무시한다. 나는 여기서 시바가 제시한 여성과 자연의 특정한 유사성에 대해 논의하고자 한다. 나는 이 유사성이 새로운 '환원주의'로 발전할 우려가 있다고 본다. 여성과 자연의 생산적 역할을 강조하면서 시바는 이전에 마리아 미스가 제안한 주제를 발전시킨다. 미스에 따르면 여성과 자연의 관계는 남성과 자연의 관계와는 다른데, 여성도 자연을 전유하기는 하나 "여성의 전유는 지배관계나 소유관계를 구성하지 않기" 때문이다. 미스에게 여성의 노동은 넓은

---

76) Mies and Shiva(1993), p. 165[『에코페미니즘』, 208쪽].

의미에서 삶의 생산이다.[77]

시바는 자연과 여성이 보이지 않는 부의 창조자라고 설명한다. 즉 '의미 없는' 식물이 생명을 위한 생태적 평형을 바꾸는 의미 있는 변화를 만든다. 이와 비슷하게 여성의 보이지 않는 노동이 자양분을 만들고 기본적 요구를 충족시켜 줄 부를 생산한다. 산업 사회에서 자연의 노동과 생산성에 대한 평가 절하와 인식 절하가 생태 위기를 불러왔다. 마찬가지로 여성의 노동에 대한 평가 절하와 인식 절하가 남녀 차별, 성적 불평등과 여성 폭력을 불러왔다. 이는 모두 자본 축적의 요구에 복무하는 경제 이론에서 '생산성'을 재정의하면서 벌어졌다. "천연자원과 여성 노동을 원재료로 삼고 나머지는 쓰레기로 처분하면서 상품을 생산하는 '생산적' 남성이 유일하게 정당한 노동, 부, 생산의 범주가 된다. 자연과 여성이 함께 삶을 생산하고 재생산하는 노동은 '비생산적'으로 여겨진다."[78]

자본주의 제도와 18세기 이래로 구성된 서구 경제 이론이 자본 축적에 직접적으로 연관되지 않는 생산 활동 특히 자연과 여성의 생명을 주는 활동을 축출하는 방향으로 '생산성'을 재정의한 것은 사실이다. 이러한 환원주의적 편향을 인식하는 것은 여성 해방과 자연의 재생을 위해 필수적인 전제 조건이다. 그러나 그러한 인식이 경제적 잉여를 생산하는 자로서 여성에 관한 사실들을 간과하는 결과를 낳아서는 안 된다. 자연과 여성의 '유지자'(sustainer)로서 비슷한 점만 보여 주면서 시바는 전자본주의나 자본주의 사회에서 모두 여성이 '생계노동'으로만 정의될 수 없는 형태의 노동에 참여한다는 점을 간과하는 경향을 보인다. 여성은 부 또는 잉여를

---

77) Mies(1986b), pp. 49~61; Shiva(1988), pp. 42~48[『살아남기』, 90~99쪽].
78) Shiva(1988), p. 43[같은 책, 91쪽].

스스로 생산하지 않는 계급으로 이전하는 데도 관여한다.

　요컨대 시바가 깔끔하게 구조화한 공식에서는 소유주 계급으로 생산물이 이전되는 것과 관련된 모든 형태의 노동——노예노동, 봉건 영주를 위한 남녀 소작농의 노동, 자본주의하 임금노동——이 '간과된다'. 시바의 분석이 '생존'이나 '생계 유지'를 위한 생산으로만 부를 수 없는 여성의 모든 노동(이후에 내가 이론적 차원에서 질문하게 될 지점)을 인지하지 않는 새로운 '환원주의'를 낳을 위험성이 있지 않은지 의문을 갖게 된다. 시바의 분석이 보여 주는 결정적이고 새로운 통찰에도 불구하고 미스의 분석과 마찬가지로 이는 결국 이론적 차원에서 비판적인 의문을 제기한다.

생태여성주의와 발전여성주의: 비교와 요약

결론에 앞서 시바의 생태여성주의를 한편에, 발전여성주의를 다른 한편에 놓고 둘을 간략하게 비교해 보고자 한다. 앞에서 살펴본 대로 발전여성주의와 생태여성주의 모두 우리가 남아시아 농업 현실에서 여성의 역할을 이해하는 데 기여했다. 발전여성주의자들은 서로 다른 계급에 속하는 여성들이 해온 생산 활동에 중점을 두었다. 특히 다양한 계급의 여성들이 벼를 추수한 후 가공하는 일에 초점을 맞췄다. 시바도 비슷하게 농촌 여성의 생산 활동을 중요하게 여겼다. 시바는 종자 고르기와 거름주기 같은 생태 순환과 전통 농업의 생산 잠재력을 유지하는 일을 주목했다.

　그러나 발전여성주의와 생태여성주의 흐름 모두 농촌 여성의 노동을 이해하는 데 기여했음에도 불구하고 두 여성주의 흐름이 갖는 관점의 차이는 어마어마하다. 그 격차를 파악하기 위해서는 다음 두 가지 차이점을 살펴보는 것으로 충분하다. 첫째, 서구 과학의 방법론을 통한 남아시아 농업의 현대화에 대한 입장이 다르다. 발전여성주의자들은 탈곡의 기계화 같은 현대화의 어떤 부분들이 가난한 농촌 여성의 삶을 위협한다는 점을 알지만, '발전'이라는 이름 아래 강요된 다수확 품종과 화학 비료의 녹색 혁명 패키지가 가져온 엄청난 생태적 영향에 대해서는 말하지 않는다. 반면 생태여성주의자 시바에게 가장 큰 우려는 녹색혁명과 다른 형태의 현대화가 가져온 환경 파괴이다.

둘째, 앞에서 보았듯이 발전여성주의자들은 노골적으로 '여성을 발전에 통합'하도록 돕는 것을 목표로 하면서 소작농의 빈곤화와 경제적 착취의 지배적 과정 간의 상관관계(작물 마케팅을 통한 시초 축적과 국제 금융 자본이 촉진한 상인 계층의 축재)를 비판적이고 면밀하게 살펴보지 못했다. 반면 생태여성주의자 시바는 착취의 주요 방식과 그것이 여성의 노동 활동에 미친 영향을 주요하게 다룬다. 시바에게 지속 가능한 농업 안에서 여성이 차지했던 발군의 지위를 상실하게 만드는 동력은 바로 자본 축적이며 이는 자주 '가부장적 기획'과 동일시된다. 시바는 농업 잉여 전유의 지배적 양식에 분명히 이의를 제기한다. 그녀는 "악개발을 지배와 파괴의 가부장적 기획"[79]이라고 비판하고자 한다.

마지막으로 발전여성주의와 생태여성주의 둘 다 경제 이론에 의문을 제기하지만, 생태여성주의만이 서구 과학이 추동한 발전 과정이 지구의 생존을 위협하는 시점에서 경제 이론에 근본적으로 문제를 제기한다. 이것은 오늘날 자본 축적으로 인한 생태 위기가 전 세계적 차원에 달했으며[80] 환경 파괴는 그 과정이 완전히 드러날 때만 되돌릴 수 있기 때문이다.

---

79) Shiva(1988), p. 14[『살아남기』, 50쪽].

80) 켈카르와 나탄이 주장하듯이 생태 위기의 전 지구적 성격은 자본주의 체제의 특성이다. 이전에 생태 위기는 지역적이었다. 시바의 관점에 대한 이들의 비판은 Kellkar and Nathan(1991),

또한 발전여성주의자들의 농촌 여성 노동에 대한 관심이 여성주의 선행 연구 안에서 그다지 특별한 위치를 점하지 않는다면, 생태여성주의자들이 자연과 여성에 대한 가부장적 과학의 공격의 유사점을 지적한 것은 오늘날 세계에 관한 우리의 지식에 결정적으로 공헌한다. 간단히 말해 생태여성주의의 인식론적 중요성은 발전여성주의의 그것을 능가한다.

이 장에서 나는 생태여성주의가 비판적 경제 이론에 기여한 바를 평가했다. 가장 중요한 기여는 서구 과학의 내재적·철학적 모순과 사회적 근원 모두를 드러내 서구 과학의 신성성에 도전했다는 것이다. 서구 과학은 자신이 '객관적'이라고 주장하지만 서구 과학의 우월함은 인식적 경쟁을 통한 것이 아니라 서구 중심적 국제기구들의 재정적·정치적 지원을 기반으로 한 것이다. 생태여성주의 학자들은 서구 과학의 아버지가 쓴 텍스트를 꼼꼼하게 다시 읽으며 서구 과학이 자연과 여성에 대한 뿌리 깊은 편견에 사로잡혀 있음을 밝혀낸다. 서구 과학 특히 베이컨의 실험 방법을 중심으로 발전한 자연과학은 사실상 자본주의 축적과 가부장적 남성의 이해에 복무해 왔다.

가장 주목받는 생태여성주의 대변인인 인도의 과학자 시바는 서구 (특히 미국의) 연구 기관과 녹색혁명 기술의 전파, 인도 농업에 미친 영향 간의 관계를 조사했다. 소위 '기적의 종자'와 동반된 화학 물질 사용 이전에 인도 농업은 생태적으로 균형 잡힌 상태였다. 이러한 지속 가능성은 자생적 지식 체계, 무엇보다도 복합 농법과 순환 농법으로 가능했다. 시바는 이런 지식의 많은 부분을 전통 농업의 파수꾼인 여성이 가지고 있다고 생각했다. 녹색혁명으로 외부에서 강요된 '과학적' 방법론이 시행된 일부 지

---

pp. 110~119, 136~138을 볼 것.

역에는 단기간에 지력과 수자원을 고갈시키는 단일 재배가 시작됐다.

시바와 다른 생태여성주의자들이 취한 철학적·사회적 입장은 발전 여성주의자들의 입장과는 분명하게 구별되는 것이다. 발전여성주의자들이 '발전'을 가져올 것이라 여겨지는 자본주의화 과정에 여성을 통합하려 한다면, 생태여성주의자들은 그런 과정이 '악개발'이라고 폭로한다. 인간(과 자연)을 착취하는 지배적 과정을 간과하는 경향을 지닌 발전여성주의자들과는 반대로, 생태여성주의자들은 정확히 바로 그 과정을 주목한다. 세계은행과 서구 과학자들처럼 국제 금융 기구의 목적을 당연하게 이야기하는 것이 아니라 생태여성주의자들은 그들의 근본 목적과 그들이 야기한 생태적·사회적 결과(자연에서 생물 다양성의 파괴, 제3세계 특히 여성 농민의 생계 기반 파괴)를 폭로한다.

그러나 나는 시바가 인도 농촌 여성의 노동 활동을 서술하는 방식에서 이론적 입장이 협소하다고 이의를 제기했다. 시바의 서구 과학 비판과 생태적 통찰력은 경제 이론이 환영할 만한 공헌이며 자연의 지배라는 서구 과학의 목표를 받아들여 온 맑스주의에 대한 비판이기도 하다.[81] 그럼에도 시바의 이론적 입장은 또 다른 '환원주의'가 될 여지가 있다. 2세대 여성주의 물결 이래 여성주의 사상의 주춧돌로 발전해 온 여성 내부의 계급 지위 차이와 성별 분업 문제에 대해 설명하지 않고 넘어가기 때문에 시바의 이론은 조건부로 받아들여질 수밖에 없다. 여성 노동에 관한 구체적 이론이 없는 한 시바의 분석적 기여는 제한적으로 남는다.[82]

---

81) Mies and Shiva(1993), p. 157[『에코페미니즘』, 200쪽]. "특히 좌파는 생산력의 발전이 곧 자연에 대한 인간의 지배가 낡은 생산관계로부터의 정치적·경제적 해방의 전제 조건이라 보는 헤겔주의적·맑스주의적 역사철학을 고수하고 있다."
82) 시바와 미스의 생태여성주의에 대한 또 다른 비판은 다음을 볼 것. Jackson(1995), p. 24.

10장

독일여성주의 학파와 생계노동설

앞에서 우리는 독일여성주의 학파의 '가정주부화'설에 대해 살펴보았다. 그러나 마리아 미스, 베로니카 벤홀트-톰젠, 클라우디아 폰 베를호프 이 세 학자가 공유한 학설이 가정주부화설만은 아니다. 이 장에서는 넓은 의미에서 삶/생명의 생산으로 정의되기도 하는 전 세계 여성의 노동을 '생계노동'(subsistence labour)으로 이해해야 한다[1]는 이들의 두번째 주요 제안을 검토하고자 한다. 우리는 생계노동설이 함축하는 내용이, 앞서 살펴본 가정주부화설보다 그 범주가 훨씬 크고 넓다는 점을 발견하게 될 것이다. 생계노동설은 사실 이들 독일여성주의자들의 자본주의적 재생산과 축적에 관한 관점을 근본적으로 구성한다. 따라서 생계노동설을 검토하는 것은 독일여성주의 학파가 경제 이론에 기여한 바를 평가하는 데 결정적으로 중요하기도 하다.

　논의를 시작하기 위해 미스가 1970년대 중후반 동안 당시 서독의 빌

---

1) Mies(1986a), p. 5. '삶의 생산'에 관한 미스의 논의는 다음도 볼 것. Mies, Bennholdt-Thomsen and von Werlhof(1988), p. 27.

레펠트 대학에서 열렸던 세미나 시리즈를 기록한 대로[2] 생계노동설이 발전해 온 과정을 간략하게 되돌아보고자 한다. 빌레펠트 대학에서 열린 세미나에서는 제3세계 국가들의 산업화된 세계에 대한 의존이 지속되는 문제에 대한 논쟁이 재점화되었고 이 논쟁은 가사노동 논쟁과도 연결되었다. 독일여성주의 학파 구성원들은 여성의 질문은 식민의 질문과 연결되어 있다고 단호하게 주장했다. 즉 여성과 식민지는 "산업주의 전체 체제의 보이지 않는 기반"으로 복무하고 있으며 현존하는 세계 자본주의 체제 이론에서 여성과 식민지 둘 다 '체계적으로' 배제된 현실 영역이다. 여성과 식민지 모두 직접 폭력으로 전유되었으며 둘 다 강탈당한 채 삶의 기반을 파괴당했다.[3]

둘째, 미스, 벤홀트-톰젠, 폰 베를호프는 제3세계 농민과 여성의 지위 사이의 유사성을 주목하고 생계노동설에서 이를 분명히 보여 주었다. 여성 일반과 제3세계 농민은 그들의 노동이 자본 축적의 감춰진 원천인 '생계 생산자'(subsistence producers)라는 거대한 대중을 구성한다. 농민과 여성은 "그들의 최소 임금노동으로는 살아남을 수 없기 때문에 임금 지불 없이 직접 소비할 재화를 생산하도록 강요받는다"는 공통점을 갖는다. 여성과 농민은 추가로 임금을 벌 수도 있지만, 독일여성주의 학파에 따르면 그들은 본질적으로 비자본주의적 생산자이자 소비자이다. 따라서 여성과 농민은 계속되는 시초 또는 '원시' 축적의 과정에 종속된다.[4]

셋째, 우리는 '생계노동'이라는 용어에 주어진 폭넓은 정의를 주목해야 할 것이다. 여기에는 "인간의 역사 전체에 전제된" 두 가지 종류의 활

---

2) Mies(1988), p. 29, p. 30을 볼 것.
3) *Ibid.*, pp. 1~10을 볼 것.
4) von Werlhof(1988), p. 16을 볼 것.

동, 즉 생계 수단의 생산과 새로운 생명의 생산 곧 생식이 언급된다.[5] 즉 미스는 두 가지 인간 활동을 '생산'이라고 부르는 데서 엥겔스를 따른다. 미스는 인간 생명의 생산과 살아가고 노동하는 능력의 생산을 합친 "생계 생산과 재생산" 사이의 연속체에 대해 말한다. 생계 생산은 이제 "임신과 출산부터 의식주와 청소 같은 생산, 감정적·성적 요구 충족" 같은 다양한 인간 활동을 포함한다. 미스에 따르면 "이 모든 인간 활동에서 인간의 에너지는 '자연'을 인간 생활로 변환하는 데 쓰인다. 따라서 나는 이 활동을 생계노동이라고 부르겠다. 이런 노동의 대부분은 여성이 한다".[6]

그러나 현실에서는 생계 활동의 두 가지 형식(출산과 노동 능력의 생산) 사이의 상호 관계가 자세하게 설명되지는 않는다. 내 생각에 이 점은 이론화 과정에서 독일여성주의 학파만이 겪는 한계가 아니라 (여성학에서 여성 노동을 다루는 것을 포함해) 여성 노동에 관한 여성주의 담론 대부분이 가진 한계이다.[7] 실제로 독일여성주의 학파 구성원들이 사용한 생계노동의 정의는 어떤 측면에서는 맑스의 정의보다 협소하다. 미스, 벤홀트-톰젠, 폰 베를호프가 쓴 글을 검토하면서 나는 이들의 공통된 견해는 다음과 같다고 결론지었다. 생계노동은 매일매일의 생계 유지를 위한 사용가치의 생산이다.[8] 이 장에서는 생계노동설의 이론적 결과를 살펴보고 이를 인도의 여성 노동에 적용해 보겠다.

---

5) Mies(1988), pp. 27~28을 볼 것.
6) *Ibid.*
7) 더 최근의 저작에서 미스는 여성을 위한 최신 생식 테크놀로지가 초래하는 결과에 시선을 돌렸다. Mies and Shiva(1993), pp. 174, 277[『에코페미니즘』, 손덕수·이난아 옮김, 219, 341쪽]을 볼 것.
8) 미스의 동료들이 인용한 정의 중 폰 베를호프의 정의는 Mies, Bennholdt-Thomsen and von Werlhof(1988), pp. 9, 151~161을 볼 것. 벤홀트-톰젠의 정의는 Bennholdt-Thomsen(1981), pp. 16~29.

독일여성주의 학파가 본 룩셈부르크의 제국주의 이론

생계노동설을 발전시키면서 세 독일여성주의자는 모두 로자 룩셈부르크의 제국주의 이론을 공통의 참고 지점으로 삼았다. 1차 대전 이전부터 전쟁 시기 맑스주의 이론가들 사이에서는 아시아, 아프리카, 라틴아메리카 대륙에 대한 유럽 지배의 속성과 원인이라는 주제를 놓고 뜨거운 논쟁이 벌어졌다. 폴란드 태생의 이론가이자 혁명가인 룩셈부르크도 이 논쟁에 참여한 이들 중 하나였다. 『자본의 축적』(*Die Akkumulation des Kapitals*)에서 룩셈부르크는 "제국주의와 그 모순에 관한 엄밀하고 과학적인 설명"[9]을 찾고자 했다. 룩셈부르크는 자신이 비자본주의적 지역을 지배해야만 하는 자본주의의 체제 내적 원인을 찾아냈다고 생각했다.

　룩셈부르크의 설명은 무엇이었으며 그 이론은 맑스가 앞서 제안한 내용과 어떻게 달랐는가? 『자본』에서 맑스는 '사회적 재생산'(social reproduction) 과정(즉 자본과 임노동 관계의 재생산이 계속해서 확대되는 과정)을 분석한다. 맑스가 보기에 지속적인 자기 확대의 조건이 존재하지 않는 한 자본주의 체제가 살아남을 수 없다는 것은 명백했다. 이러한 조건은 개별 기업가가 보장할 수 있는 것이 아니라 자본주의 체제 전체가 만들어 낸 메커니즘으로 보장해야 하는 것이다. 자신이 내건 질문에 답하기 위해 맑스는 생산의 두 부문——생산수단의 I부문과 소비수단의 II부문——및 그 상호 관계를 면밀하게 관찰했다.[10] 맑스는 자본주의 체제를 자족적 체제라고 보았다. 룩셈부르크는 바로 이 점이 맑스가 궁극적으로

---

9) Nettle(1969), p. 165에서 재인용.
10) Marx(1967), p. 399[『자본 II』, 강신준 옮김, 길, 2010, 491쪽].

생산 규모가 확대되는 과정인 '확대 재생산'이 어떻게 '실현'되는지를 (즉 어떻게 계속해서 더 많은 양의 상품이 팔리는지를) 설명하지 못한 이유라고 생각했다.

룩셈부르크는 이 확대 재생산이라는 문제에 다른 해결책을 찾는 동시에 제국주의에 관해 자신의 방식으로 경제학적 설명을 내놓았다. 그녀는 자본주의 체계가 기본적으로 두 부문으로 이루어진다는 맑스의 견해에는 동의했지만, 두 부문에서 생산된 잉여가치는 외부에 상품을 팔 수 있는 가능성이 있을 때만 실현된다고 생각했다.[11] 따라서 룩셈부르크는 "맑스의 확대 재생산 공식은 축적이 현실에서 어떻게 진행되며 역사적으로 관철되는지를 우리에게 설명하지 못한다"고 주장했다. 더 나아가 "맑스의 공식은 자본가와 노동자가 사회적 소비의 유일한 대리인이라는 가정에서 축적 과정을 묘사하기 시작한다." 그러나 현실에서는 "자본주의적 생산이 유일하게 지배하는, 그 자체로 충족되는 자본주의 사회는 과거에도 존재하지 않았으며, 현재도 존재하지 않는다".[12]

"잉여가치의 실현은 실제로 자본주의 축적에서 사활이 달린 문제"[13]라는 데 동의하면서 룩셈부르크는 이윤을 실현할 수 있는 가능성은 비자본주의적 계층과 사회가 새로운 상품을 소비하는 것이라고 본다. "결정적인 사실은 잉여가치가 노동자나 자본가에 의해서 실현될 수 없으며, 스스로 자본주의적으로 생산하지 않는 사회 계층들이나 사회들에 의해 실현될 수 있다는 것이다."[14] 즉 확대 재생산 문제의 해결책은 자본주의 바

---

11) Luxemburg(1981a), p. 107[『자본의 축적 I』, 황선길 옮김, 지만지, 2013, 181쪽].
12) *Ibid.*, pp. 296~297[같은 책, 563쪽].
13) *Ibid.*, p. 300[같은 책, 569쪽].
14) *Ibid.*, p. 301[같은 책, 570쪽].

끝에 있다. "맑스 이론 안에서 해결책은, 자본주의 축적이 진행되려면 비자본주의적 사회 형태들이 필요하다는 변증법적 모순에 놓여 있다. 자본주의 축적은 이러한 사회 형태들과 지속적인 물적 교류(Stoffwechsel)를 하는 가운데 진행되며, 이러한 사회적 환경이 가능할 때만 존재할 수 있다."[15] 룩셈부르크는 자본주의는 주변 여건이나 모체로 기능하는 다른 경제 형태 없이는 독자적으로 존재할 수 없다고 결론짓는다.[16]

룩셈부르크의 이론은 어떻게 되살아나 여성 노동에 적용되었는가? 정확히 어떤 지점이 미스, 벤홀트-톰젠, 폰 베를호프의 생계노동설과 연관되는가? 세 독일여성주의 학자 모두 그들의 저작에서 룩셈부르크의 제국주의 이론이 그들의 비임금노동 형식을 예측했다고 주장한다. 예를 들어 미스는 1970년대 동료들과 벌인 토론에 대해 이렇게 언급한다. "다양한 형태의 비임금노동 관계와 세계적인 자본 축적 체제에서 이들의 지위를 놓고 폰 베를호프와 벤홀트-톰젠, 그리고 내가 최근 몇 년간 진행한 토론에서 룩셈부르크의 제국주의에 대한 저작이 결정적 역할을 했다."[17]

미스, 벤홀트-톰젠, 폰 베를호프는 룩셈부르크가 맑스의 확대 재생산 공식의 한계 지점에 관한 중요한 논쟁을 시작했다고 확신한다. 룩셈부르크의 재개념화는 소련이 중심이 된 1920년대 국제 공산주의 운동에서 신랄하게 비판받았지만, 당대의 세 여성주의 학자는 맑스의 전제가 틀렸고 그가 생계노동을 무시했다고 지적한 룩셈부르크의 "예지력"[18]은 찬사받

15) Luxemburg(1981a), p. 315[『자본의 축적 II』, 황선길, 지만지, 2013, 594쪽].
16) *Ibid.*, p. 411[같은 책, 766쪽]. 룩셈부르크의 실현 이론에 관한 맑스주의적 비판은 Sweezy(1972), p. 239[『자본주의 발전의 이론』, 이주명 옮김, 필맥, 2009, 284쪽]를 볼 것.
17) Mies(1986b), p. 36[『가부장제와 자본주의』, 최재인 옮김, 갈무리, 2014, 102쪽].
18) Bennholdt-Thomsen(1981), p. 23을 볼 것. "맑스의 확대 재생산 공식을 재공식화하면서 룩셈부르크는 정확하게 이 지점 ─맑스의 확대 재생산 이론에서 생계 생산에 대한 완전한

아 마땅하다고 생각한다. 따라서 독일여성주의 학파 구성원들은 자본주의 체제가 살아남기 위해서는 비자본주의적 생산 지역에 접근해야 한다는 데 동의한다. 그들은 자본주의는 한 번도 닫힌 체제가 아니었으며 역사적 진화 과정 전체를 통해 비자본주의 계층과 사회를 착취해야 했다고 보는 룩셈부르크에게 동의한다.

그러나 독일여성주의 학자들은 두 가지 지점에서 룩셈부르크의 세계 경제 체제에 대한 개념화 작업을 넘어서려고 시도했다. 이들은 1차 대전 수십 년 전 독일 여성 노동자의 대중운동에 관해 논한 3장에서 내가 한 것처럼 가사노동에 대한 룩셈부르크의 반여성주의적 관점에 대해 직접적으로 질문하지 않았다. 그들은 룩셈부르크의 이론화 작업이 독일 여성 노동자 대중운동에서 얻은 견고한 경험과 사실에 기초하지 못했다고 비판하지도 않았다. 그러나 그들은 룩셈부르크가 여성 노동에 관해 특별히 고려하지 않았다는 점을 잘 알고 있었다. 따라서 그들은 자본주의 재생산의 2단계 구조에 관한 룩셈부르크의 이론은 지금까지 간과되어 온 생산과 착취의 영역을 포함시킬 수 있도록 돕는 광범위한 이론적 틀로서만 이용할 수 있을 뿐이라고 주장했다.

둘째로 독일여성주의 학파 구성원들은 룩셈부르크의 소위 '자기파괴설'을 공유하지 않는 듯하다. 룩셈부르크에 따르면 특히 상품 판매를 위해 비자본주의적 생산 지역 없이는 자본 축적 과정이 불가능하다. 그러나 자본주의의 역사적 경향이 모든 비자본주의 관계를 임금 관계로 바꾸어 놓으면서 자본주의는 결과적으로 실현을 위한 자신의 기반을 파괴한다. 벤홀트-톰젠은 룩셈부르크의 '임금노동자가 무한하게 일반화될 것이라는

무시에 집중했다."

관점'에 반대한다. 그녀는 "이제 우리는 모든 노동이 임금노동으로 전환되는 경향이 실현되지 않을 것이라는 역사적 증거를 보지 않을 수 없다"고 쓴다. 벤홀트-톰젠은 "제국주의 국가에서나 종속적인 국가에서나 자본 그 자체는 자신의 '비자본주의적' 환경을 재생산한다"[19]고 룩셈부르크의 주장을 반박한다.

그럼에도 기본적으로 독일여성주의 학파 학자들은 동시대 여성주의 이론에서 룩셈부르크의 중요성을 옹호한다. 미스는 룩셈부르크의 공헌에 대한 자신들의 평가를 이렇게 요약했다.

> 그녀[룩셈부르크]의 저작은 전 세계적인 여성 노동에 대한 여성주의 분석에서 새로운 장을 열어, 산업 사회와 산업 사회 가정주부의 제한된 시야를 극복할 수 있는 전망을 제공했다. 룩셈부르크는 자본이 만들어 낸 다양한 인위적인 노동 구분, 특히 성별 분업과 국제적 차원의 분업을 넘어설 수 있도록 도움을 주었다. 이런 노동 분업을 통해 무상노동 관계에서 이루어지는 착취가 보이지 않게 되고, 임금노동을 지배하는 법칙과 규제가 동요하게 된다. 오늘날 자본이 룩셈부르크가 언급한 단계에 이미 도달해 있다는 점은 의심할 여지가 없기 때문에, 자본주의 아래 여성 노동을 분석할 때 이 모든 관계들을 포괄해 낸 것을 우리는 여성주의의 가장 중요한 업적이라고 생각한다.[20]

---

19) Bennholdt-Thomsen(1981), p. 24를 볼 것.
20) Mies(1986b), p. 34[『가부장제와 자본주의』, 103쪽].

인도의 '생계노동' : 미스가 본 여성 농업 노동자

앞으로 생계노동설을 평가하면서 미스가 인도에서 진행한 현장 연구를 다시 한번 시작점으로 삼고자 한다. 1978년 미스는 연구 보조원 두 명과 안드라프라데시 주 날곤다(Nalgonda) 지역의 탈룩(taluk, 자치구) 안에 있는 세 마을에서 생산관계를 검토하며 여러 달을 보냈다. 레이스 제조에 대한 현장 연구 때처럼 여성 개개인을 인터뷰하거나 집단 토론을 벌이고 선별된 가구를 대상으로 설문을 하는 등 여러 가지 방법으로 자료를 모았다. 마을 조사에서는 생계를 위해 노동력을 팔아야 하는 여성이 가장 중요한 관심사였다. 미스의 자료에 따르면 "1971년 탈룩의 여성 노동자 54.7퍼센트는 농업 노동자였으며 전체 농업 노동자의 58퍼센트가 여성이었다".[21]

미스가 날카롭게 지적한 내용 중 하나는 전반적으로 여성이 생산수단을 통제하지 못하는 상황이었는데 이는 남성의 상황과는 분명히 반대되는 일이었다. 세 마을에 사는 여성 대부분은 가장 중요한 생산수단인 토지에 아무런 통제권이 없을뿐더러 우물, 쟁기, 가축처럼 농사일을 하는 데 필수적인 수단 또한 갖지 못했다. 여성이 가진 도구와 기구라고는 "전 세계적인 여성의 도구"[22]인 낫과 바구니, 키가 전부였다. "인력이 아닌 에너지원을 이용하는"[23] 남성의 도구와는 반대로 여성의 도구는 대개 직접 힘을 써야 한다. 오두막과 주택은 가장(남성)의 소유이고 여성의 소유물은 음식을 하는 데 쓰는 조리 도구뿐이다. 즉 여성은 "교환가치와 잉여가치를 생산하는 데 필요한 모든 수단에서 실질적으로 배제되었다". 그들이 소유

---

21) Mies(1986a), p. 29.
22) *Ibid.*, p. 55.
23) *Ibid.*

**지도 10-1 여성 농업 노동자 수가 남성 농업 노동자 수와 같거나
더 많은 인도의 디스트릭트, 1961년**

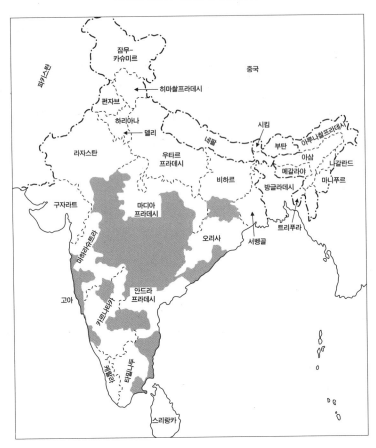

잠무-
카슈미르

파키스탄

중국

히마찰프라데시

펀자브

하리아나

델리

시킴

부탄

아루나찰프라데시

라자스탄

네팔

우타르
프라데시

아삼

메갈라야

나갈란드

비하르

방글라데시

마니푸르

구자라트

마디아
프라데시

마하라슈트라

오리사

서벵골

트리푸라

고아

카르나타카

안드라
프라데시

케랄라

타밀나두

스리랑카

출처: Jose(1989), pp.104~105.

한 것은 보통 '생계노동'에 필요한 수단이었다.[24]

이후 학술 연구에서 큰 관심사가 된 인도의 여성 노동자라는 범주를

---

24) Mies(1986a), p. 57.

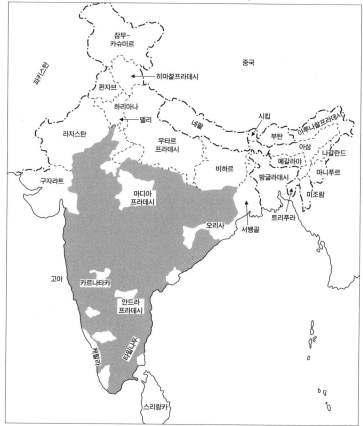

지도 10-2 여성 농업 노동자 수가 남성 농업 노동자 수와 같거나
더 많은 인도의 디스트릭트, 1981년

잠무-
카슈미르

중국

파키스탄

히마찰프라데시

펀자브

하리아나

델리

네팔

시킴

아루나찰프라데시

라자스탄

우타르
프라데시

부탄

아삼

나갈란드

구자라트

비하르

메갈라야

마니푸르

방글라데시

마디아
프라데시

미조람

오리사

서벵골

트리푸라

고아

카르나타카

안드라
프라데시

타밀나두

케랄라

스리랑카

출처: Jose(1989), pp.104~105.

다뤘다는 점에서 미스의 연구는 선구적이었다고 할 수 있다. 1981년 인도
인구 조사는 농촌 지역 전체 여성 노동자 중 농업 노동자가 점점 더 많은
비중을 차지해 간다는 사실을 확인해 주었다. 인구 조사의 '직업 분포'는
농업 노동자 50퍼센트, 경작자 37퍼센트, 여성 가내 공업 노동자 4퍼센트,

기타 9퍼센트의 수치를 보여 준다.[25] 그뿐 아니라 인도 전체 여성 노동자 중 농업 노동자의 수는 1961년 인구 조사 수치에 비하면 거의 두 배로 늘었다. 인구 조사 통계 수치가 정확한지 논란이 있지만, 인도 농촌에서 여성 경작자의 수가 줄고 여성 임노동자의 비중이 극적으로 늘어났다는 점에 대해서는 의심의 여지가 없어 보인다.[26]

1978년 미스가 현장 연구를 진행한 안드라프라데시의 마을에서 여성 농업 노동자가 차지하는 비중은 다른 비교 지점에서 살펴봐도 놀랍다. 여성이 남성보다 훨씬 많은 농사일을 떠맡고 있으며 전체 노동자의 대다수를 차지했다. 미스의 계산에 따르면 전체 농사일의 70~80퍼센트를 여성이 하며, 더 개괄적으로 살펴본다면 모든 농업 관련 활동의 80퍼센트를 여성이 떠맡고 있었다.[27] 그뿐 아니라 미스는 날품팔이 일꾼 또는 일용직 노동자로 농업에 고용되는 전체 인원의 자그마치 3분의 2가 여성이라는 점을 발견했다.[28] 이런 상황을 어떻게 설명할 수 있을 것인가? 여성이 하는 노동의 속성은 무엇인가? 그리고 미스의 연구는 여성 노동을 생계노동과 동일시하는 독일여성주의 학파의 생계노동설에 어떤 의미가 있는가?

여성 농업 노동자들의 노동 과정이 어떻게 조직되는지 논의하면서 미스는 여성의 노동 과정과 남성의 노동 과정이 결정적으로 구별되는 지점을 언급한다. (쟁기질, 써레질, 관개 같은) 남성의 일이 개별적이라면 여

---

25) Nayyar(1987), p. 2212.
26) Jose(1989). 호세는 나야르와는 약간 다른 수치를 제시하지만 수치가 나타내는 경향은 비슷하다. "여성 농업 노동자 대 경작자의 비율은 1961년에 0.42였고 1981년에는 1.19로 증가했다." *Ibid.*, p. 74. Chhachhi(1989), p. 571도 볼 것. "농업 노동자 수가 극적으로 증가했으며 여성 농업 노동자가 남성 농업 노동자보다 증가율이 높고 그 속도도 빠르다."
27) Mies(1986a), p. 57.
28) *Ibid.*, p. 52.

성의 일은 더 집단적으로 조직된다. 미스가 지적한 예 중 하나는 모내기로 앞서 언급했듯이 인도 농업에서 여성이 하는 핵심적인 일이다.

> 모내기를 할 때는 20~30명 정도가 한 팀이 되어 동시에 진흙을 헤치고 모를 심는 식으로 일해야 한다. 여성 노동자들은 모두 한 줄로 몸을 구부린 채 일하는 속도에 따라 앞으로 나간다.……모든 노동자는 같은 동작을 한다. 한 손에는 모를 쥐고 다른 손으로 모를 심는다. 모두 똑같은 작업 리듬을 따른다.[29]

미스가 서술하는 쟁의 사례에서 볼 수 있듯이 이런 노동 과정의 속성은 집단의식을 낳았다. 이 쟁의는 땅 주인들이 여성 일용직 노동자들에게 주는 임금이 너무 낮아 벌어졌다. 이 지역 지주들에게는 대수롭지 않은 일이었으나, 인근에서 여성 조직이 결성된 후 쿠누르 마을 여성들은 반발하게 되었다. "1978년 8월 어느 날 모든 노동자가 매일 일하러 가기 전에 팀별로 모이던 장소에 모였다."[30] 여성들은 여성 농업 노동 임금을 일단 2루피에서 2.5루피로 인상하지 않으면 부유한 지주의 논밭에서는 일하지 않기로 한다. 여성들이 농사일에 중요한 시기에 파업을 하겠다고 위협했기 때문에 지주들은 요구 사항을 받아들일 수밖에 없었다. 이들은 이후에 노동 강도가 높아지는 것으로 보복당했지만, 여성 농업 노동자들은 이 행동으로 자신들의 집단의식을 효과적으로 보여 주었다.

미스는 나르사푸르 레이스 산업에 관한 연구에서 임금을 받으며 집

---

29) *Ibid.*, p. 88.
30) *Ibid.*, p. 87.

에서 레이스를 뜨는 여성들이 일반적으로 자신을 노동자가 아니라 가정주부로 여긴다는 점을 밝혀냈다. 이는 미스가 안드라프라데시의 봉기르(Bhongir) 지역 여성 농업 노동자들에게서 발견한 바와는 질적으로 다르다. 경제적 지위의 측면에서 일용직 노동자들과 나르사푸르 지역 레이스 노동자는 공통점이 많다. 두 집단 모두 [가사노동과 임금노동의] 이중 노동에 시달리며 최저 생계 수준 이하의 임금을 받는다. 그러나 레이스 노동자가 개별적으로 일하는 반면 여성 일용직 노동자는 집단적으로 일하기 때문에 사회적 존재의 측면에서 두 집단은 상당히 다르다. 미스는 이 사실이 "그들의 의식, 자기인식, 사회관계를 해석하는 방식에 근본적으로 영향을 미친다"[31]는 점을 주목했다. 다른 말로 하면 여성 일용직 노동자들은 경제적 지위에서나 사회적 지위에서나 (서구) 가정주부와 비슷한 점이 없다.

나아가 생태여성주의자 반다나 시바와 달리 미스는 남성 농민과 여성 농민의 성별 노동 분업에 대해 상당한 관심을 기울인다. 여성 노동에 관한 저작에서 미스가 계속해서 이야기한 주제이기도 하다. 따라서 안드라프라데시 농촌 여성에 관한 책에서 미스는 기장, 쌀, 담배 세 가지 작물을 재배하는 논밭에서 남성의 일과 여성의 일을 검토한다. 가족이 먹기 위해 기르는(아래 설명을 볼 것) 자와르(jawar)라고 부르는 기장을 재배할 때는 쟁기질과 써레질은 남자가 하고 씨 뿌리기는 여자가 하거나 남녀가 같이 한다. 아직 원시적인 형태의 파종기(수소가 대나무 세 개를 끄는 도구)를 쓰는 경우 남자는 소를 몰면서 대나무를 잡고 여자는 씨앗을 대나무 통에 넣는다.[32] 기장을 수확하는 일은 여성의 일로 여긴다(표 10-1을 볼 것).

---

31) Mies(1986a), p. 91.
32) *Ibid.*, p. 62.

표 10-1 쿠누르, 라이기르, 시칸다르나가르에서 3대 주요 작물 경작의 성별 분업

작물	작업	노동 여	노동 남	기간(월)	작물	노동 여	노동 남	기간(월)	작물	노동 여	노동 남	기간(월)
쌀					기장				담배(버지니아종)			
경작지 준비												
	경작지 정리	○	–	5		○	–	5		○	–	5
	쟁기질	–	○	3~4		–	○	3~4		○	○	3~4
	써레질	–	○	5		–	○	5		–	○	5
	땅 고르기	○	○	6~7		–	–	–		–	○	6~7
	둑 쌓기	○	○	6~7		–	–	–		–	–	–
	수로 파기	○	○	6~7		–	–	–		○	○	6~7
	거름 주기	○	–	7		○	–	6~7		○	–	9~10
	비료 주기	–	○	8		–	–	–		○	–	9~10
묘판/모종 준비												
	땅 고르기	○	–	6~7		–	–	–		○	–	6~7
	거름 주기	○	–	6~7		–	–	–		○	–	6~7
	파종	○	–	6~7		○	–	6~7		–	○	6~7
	김매기	○	–	7~8		–	–	–		○	–	8~10
	물 주기	–	○	6~7		–	–	–		–	○	8~9
경작지에 물 대기		–	○	8~9		–	–	–		–	○	9~10
모내기		○	–	8~9		–	–	–		○	–	9~10
김매기		○	–	9		–	–	–		○	–	10
추수		○	○	10~11		○	–	10		○	–	1~2
타작		○	○	10~11		○	–	10		–	–	–
운반		○	○	10~11		○	–	10		○	–	1~2
낟알 가공		○	–	11~12		○	–	10~11		–	–	–
		15	11			7	2			11	7	

총 작업 수	53
여성의 작업	33
남성의 작업	20

출처: Mies(1986a), p. 65.

주: 출전에는 담배 경작 노동 중 여성이 하는 작업이 12가지이므로 여성이 하는 작업은 33가지가 아니라 출전에 나온 대로 총 34가지다.

부분적으로 상업화된 벼를 경작할 때는 남성이 소를 부려 흙을 고르는 일을 포함해 논을 준비하는 일을 책임진다. 논에 물을 대는 일도 남성의 책임으로 "우물이 있는 곳에서 소의 힘을 빌려서 물을 퍼 올려 작은 관개 수로로 보내 주는 가죽 호스가 달린 금속 통 도구 모타(mota)로 일한다."[33] 여성의 일은 앞서 말했듯이 생태 순환에 관한 것으로 땅을 비옥하게 유지하는 일이다. 여성은 모판과 논밭에 쇠똥을 뿌린다. 모내기에서 "완전히 손으로만 해야 하고 아무 도구도 쓰지 않는" 여성의 역할은 앞에서 언급했다. 추수는 남녀가 같이 하는데 남성이 논 위로 가축을 몰아 탈곡을 한다.

셋째로 순전히 상품 작물인 담배의 경우 벼농사와 크게 다를 바가 없다. 벼처럼 담배 재배에도 관개와 모종 옮겨심기가 필요하며 성별 분업도 비슷한 방식으로 이루어진다. 마찬가지로 남성이 하는 일은 대부분 도구나 짐승을 이용하는 것이고 손으로 하는 일에는 여성 노동자를 고용한다. 거름주기, 김매기, 담뱃잎 따기 등이 여성 노동자가 하는 일이다. 미스는 아동 성별 분업에 관해서도 한 단락을 할애해 벼농사에서 남자아이와 여자아이가 하는 일에 대해 언급한다. 소년들은 아버지가 쟁기질을 하거나 논밭에 물을 주는 일을 돕거나 가축에게 풀을 먹이고, 소녀들은 어머니가 하는 모든 일을 돕는다. 소녀들은 아주 어릴 때부터 모내기에 동참한다.[34]

성별 분업에 관한 미스의 상세한 서술은 왜 농업이 상업화되면서 여성의 일이 아니라 남성의 일이 대체되었는지 그리고 왜 여성 농업 노동자보다 남성 농업 노동자 수가 적은지를 설명해 준다. 앞서 언급한 내용이

---

33) Mies(1986a), p. 61.
34) *Ibid.*, p. 67.

보여 주듯이 "여성의 일은 대개 아무런 도구나 연장 없이 하는 일인 반면 남성이 하는 일은 농기구나 짐승의 도움을 빌려서 하는 일이다." 미스는 "어떤 생산수단도 투자할 필요가 없기 때문"에 여성의 일이 유지되기 쉽다고 주장했다.[35] 부유한 농민들이 판매용 쌀 경작으로 얻은 이윤을 재투자하면서 남성의 일이 대체되는 상황을 설명하기 위해 미스는 모터 펌프의 사례를 든다. 물 대기가 기계화되면서 이전에 금속 통과 소를 이용해서 논에 물을 대던 수많은 남성이 일자리를 잃었다.[36]

기계화는 전통적으로 여성의 영역인 농사일에도 영향을 미쳤기 때문에 위의 설명만으로 여성 농업 노동자가 훨씬 많은 이유를 설명하기에는 불충분하다. 나는 [8장에서] 정미기가 생기면서 추수한 벼의 껍질을 벗기는 일을 하던 여성 노동이 대체되었다고 지적했다. 미스는 그런 정미기가 안드라프라데시의 봉기르 지역에도 나타나기 시작했다고 한다. 남성 노동의 대체에 대해 미스가 든 또 다른 예는 농사일이 기계화되어 벌어진 결과와는 다르다. 구두 수선공 같은 수공업자가 일자리를 잃는 것은 도시 지역 시장에서 값싼 신발을 구할 수 있기 때문이다.[37] 따라서 남성이 도구나 기계를 독점하는 현실로 오늘날 인도 농업에서 여성 일용직 노동자가 수적으로 훨씬 많은 이유를 설명하기에는 충분해 보이지 않는다.

그렇다면 여성 농업 노동이 널리 행해지는 이유를 찾기 위해서는 다른 두 가지 요인을 검토해야 하는데, 두 요인 모두 미스와 동료들의 생계

---

35) *Ibid.*, p. 64.
36) *Ibid.*, p. 66. 쿠누르에서 집단 토론에 참여한 참여자의 말을 인용한 p. 114도 볼 것. "예전에는 우리 남자들이 우물에서 물을 끌어와 논에 물을 대고 작은 수로를 만들었다. 지금은 도라(Dora, 지주)들이 모터를 가지고 있다." 미스에 따르면 라이구르(Raigur) 마을에서도 모터 펌프 때문에 남성 노동력이 일정 정도 대체되었다. *Ibid.*, p. 117.
37) *Ibid.*, p. 66.

노동설이 유효한지 논의하는 데 연관되기도 한다. 한 요인은 수요 측면에 있다(즉 지주들이 고용하는 데 영향을 주는 요인이다). 전 세계적인 가부장적 관행에 따라 인도 농촌 어느 곳에서나 남녀 간에 상당한 임금 격차가 있다. 정부 통계는 파종, 모내기, 추수 등 모든 주요 농사일에서 여성의 평균 일급(日給)이 남성보다 훨씬 낮다는 점을 확인해 준다.[38] 미스가 현장 연구한 안드라프라데시의 마을에서도 사정은 다르지 않았다. 모든 종류의 노동에서 남성이 하루 3~5루피를 받는 반면 여성은 단지 1.5~2루피를 받는다고 한다.[39] 성차의 경계선을 따른 차별을 고려하면 지주들이 남성보다 여성을 농업 노동자로 선호하는 것이 놀랄 일은 아니다.

또 다른 요인은 공급 측면의 요인으로 방글라데시와 안드라프라데시의 다른 지역에서 전개된 과정과 굉장히 비슷하다. 이 책에서 나는 농업이 '현대화'하면서 그 영향으로 빈곤화가 진행되었다고 했다. 빈곤화(궁핍화와 물려받은 땅을 잃는 것)[40]는 이전에는 '자작농'과 수공업자였던 사람들이 임금노동자 일자리를 찾아 나서게 만들었다. 그러나 빈곤화가 남녀에게 비친 영향은 다르게 나타났다. 남성은 농업 이외의 일을 찾아 나섰지만 여성은 농촌 프롤레타리아에 합류했다. 따라서 여성 농업 노동자 수의 폭발적 증가에 관한 연구들은 이런 증가가 인도 자작농의 빈곤화와 관련된다고 뒷받침해 주는 듯하다.[41] 미스는 특히 쿠누르 마을의 경험을 서술한다. 대장장이, 토디태퍼,[42] 목수 같은 전직 남성 수공업자는 가까운 읍내로

---

38) 노동부 도표를 볼 것. Nayyar(1987), p. 2213.
39) Mies(1986a), p. 84.
40) 미스는 빈곤화를 같은 방식으로 정의한다. Mies(1986a), p. 113을 볼 것.
41) 예를 들어 Jose(1989), p. 77을 볼 것. 나야르에 따르면 "여성 참여 비율은 인도 농촌의 가난과 토지 이탈과 상당한 관련이 있다". Nayyar(1987), p. 2214.
42) toddy-tapper, 야자를 따서 가공하는 일을 하는 사람.—옮긴이

이주해 가지만 모든 수공업자 집안의 여성은 "농업 노동자 부대에 가담해 농번기에 하리잔 여성과 일자리를 놓고 경쟁했다".[43]

사용가치의 생산: 여성의 비임금 생계 활동

이제 '생계노동'(직접 소비하기 위한 사용가치의 생산)에 대해 논의해 보자. 물론 비임금노동의 형태에 관한 가설을 설명하기 위한 연구가 실제로는 임금노동을 중요한 위치에 놓는다는 점은 역설적이다. 그럼에도 비임금노동은 미스가 연구한 날곤다 마을 여성의 삶에 매우 중요한 역할을 차지한다. 그들의 다양한 형태의 노동에 대해서는 이후에 검토할 것이다. 사용가치 생산의 한 전형적인 예는 기장을 재배하고 가공하는 사례다. 미스에 따르면 쿠누르 마을 여성들은 주곡인 쌀을 시장에서 사 먹지만, 시칸다나가르 마을 농민 가족들은 기장을 직접 재배해 먹는다. 이 상황을 설명해 주는 것은 시칸다나가르 마을 농민들이 모두 여전히 땅과 가축을 가진 소규모 자작농이라는 사실이다.[44] 농사의 중심은 상품 작물 재배지만 자급 작물(주로 기장)을 기르는 용도로 작은 땅을 남겨 두었다. 따라서 전통적 식생활을 유지할 수 있었다.

미스는 기장을 추수하고 난 후 해야 하는 가공일을 설명하는 데 초점을 맞춘다. 이 일은 벼를 추수한 후 어디서나 하는 가공일과 비슷하다. 추수한 기장을 이삭째로 집으로 가져와 말린 후, 여자들이 낱알이 다 떨어질 때까지 막대기로 말린 기장을 친다. 떨어진 낱알을 키질한 후, 남편이

---

43) Mies(1986a), p. 116.
44) *Ibid.*, p. 73.

나 다른 여자와 함께 커다란 금속 통에 기장을 넣고 세게 치고 서너 번 씻어 걸껍질이 떨어져 나오게 한다. 이 지역에서 쌀의 추수 후 가공 중 일부는 기계화되었지만 시칸다나가르 마을의 추수 후 기장 가공은 여전히 아무런 품을 덜어 주는 기술 없이 모두 손으로 이루어진다.

또한 기장의 예는 전통적 농업 사회에서는 '생산'과 '재생산'을 나누는 명확한 기준이 없다는 미스의 지적을 뒷받침해 준다. 기장을 재배해서 가공하고 먹기 위해 준비하는 과정은 하나의 연속체다. 농민들은 기장을 산카티(Sankati)라고 부르는 빡빡한 죽으로 만들어 먹는다. 따라서 기장을 씻은 후 대부분 가루로 만든다. 이 가루와 반으로 쪼개 살짝 익힌 기장을 섞어서 한 덩어리가 될 때까지 익힌다. 미스의 계산에 따르면 기장을 가공하고 산카티로 만들려면 적어도 네 사람 아니면 적어도 두 사람이 다섯 시간 반을 일해야 한다. 이 과정은 엄청나게 많은 노동력을 잡아먹는 끝이 없는 일과로 매일매일 반복된다.

미스에게는 이것이 바로 "온전히 생계를 위한 생산 과정"[45]의 한 예로 농업의 상업화가 증가하는 가운데서도 직접적 소비를 위한 생산은 계속된다는 점을 뒷받침해 준다. 그러나 자본주의적 농업이 더 확산되면 어떤 일이 벌어질지는 모른다. 미스의 연구가 보여 주듯이 농민 가족이 먹을 기장을 생산하는 것은 자기 땅을 가지고 있기 때문이다. 아직까지는 전통적 삶의 방식이 무너지지 않았지만 오래된 관습을 얼마나 더 유지할 수 있을까? 농업의 상업화와 함께 벌어지는 계급 분화 과정과 빈곤화에 이들의 생산이 결국 영향을 받지 않을까? 다른 말로 하자면 기장의 사례는 결과적으로 사용가치의 생산이 영원할 것이며 미래에도 자본 축적 과정에 영

---

45) Mies(1986a), p. 74.

향받지 않고 남을 것이라고 확증해 주지는 못한다.

산카티를 만드는 과정은 농업 노동자 가족에게서는 관찰되지 않는 행동이다. 미스는 불가촉천민 하리잔 여성과 일용직 노동자 계급에 속하는 여성이 하는 비임금 '생계' 활동 전체도 서술한다. 이러한 일 중 일부는 산업 사회의 가정주부가 하는 집안일과 비슷하다. 미스가 "인류 발달에서 채집 시대의 잔여물"[46]이라고 부른 일과 "소규모 상품 생산"[47] 형태를 띤 일도 있다. 어떤 경우라도 이런 일들이 농한기 여성의 노동일 중 많은 시간을 잡아먹었다. 농번기에는 논밭에서 일하기 전후에 있는 시간을 모두 할애해야 했다.

쿠누르 마을의 농업 노동자 소미라의 하루 일과를 살펴보면 집안일과 관련된 일이 어느 정도 되는지 보여 준다. 자녀 양육, 요리와 청소 같은 범주의 일은 서구 사회 여성이 하는 일과 비슷하지만 그 외 대부분의 일은 훨씬 더 힘든 일이다. 예컨대 소미라는 요리하기 위해 휴경지의 가시 많은 관목 덤불에서 잔가지와 가지를 모아 와야 한다. 가족이 마시고 요리하고 씻고 소가 마실 물도 길어 와야 한다. 소미라는 우물에 갈 때마다 커다란 통 14개에 물을 채워 집으로 돌아온다.[48] 농업이 상업화되면서 물 부족이 심해지고 공유 자원이 사유화되면서 인도의 가난한 마을 여성들은 물과 땔감을 구하러 예전보다 훨씬 더 멀리 가야 했다.[49]

미스는 "채집 활동"이라는 제목 아래 "현대적인 노동 분류에 맞지 않

---

46) *Ibid.*, p. 76.
47) *Ibid.*, p. 79.
48) *Ibid.*, p. 71~72.
49) 예컨대 다음을 볼 것. "정부가 삼림 전체를 국유림으로 전유하자 해가 갈수록 여성이 땔감과 사료를 구하는 일은 힘들어졌다." Kishwar and Vanita (1984), p. 3.

는" 일련의 활동을 열거한다. 땔감을 모으는 일 외에도 여성 농업 노동자와 마을 여성은 소에게 먹일 꼴을 구하러 넓게 펼쳐진 불모지로 가야 한다. 여름에는 숲에 가서 나뭇잎을 모은다. 미스에 따르면 여자들은 이 나뭇잎을 "말린 후 작은 나뭇가지로 이어 접시로 만든다. 나뭇잎 접시는 100장당 2~3루피를 주는 중개상에게 판다".[50] 달리 말하면 이 활동은 선사 시대 채집 방식의 생산과 관련이 있지만 적절한 '사용가치의 생산'이라고는 부를 수 없다. 나뭇잎을 모으는 것 그리고 어떤 측면에서는 땔감을 모으고 꼴을 베는 것 같은 채집 활동 중 일부는 시장 지향적이기 때문이다(즉 교환가치의 생산이다).

도시 지역에 우유를 공급하기 위한 안드라프라데시 주 정부의 낙농 정책에 관여하는 여성의 생산 활동은 명백히 시장 지향적이다. 이 정책과 지역 NGO의 노력으로 쿠누르 마을 여성연합 회원 10명은 각각 잡종 소한 마리씩을 살 수 있도록 대출을 받게 됐다. 소에게 먹이기 위해 여성들은 하루에 두 번씩 논밭 주위와 휴경지에서 꼴을 베고 물과 볏짚을 섞어 여물을 만들어야 한다. 다른 채집 활동에서 언급되었듯이 마을 공유지는 이제 없고 땅 주인이 자기 땅에 난 풀의 소유권까지 주장하기 때문에 꼴을 베기는 어렵다. "땅 주인의 계속되는 성화를 피하려면 여성은 관목과 덤불로 뒤덮여 농사짓기 어려운 지역까지 수 마일을 걸어가야 한다."[51]

미스는 낙농 정책 도입은 여성 농업 노동자에게는 해야 할 노동이 늘어난다는 뜻이라고 지적한다. 소젖을 짜는 일을 포함해 우유 생산과 관련된 모든 일은 온전히 여성의 몫이다. 미스의 논의를 따른다면 낙농 정책

---

50) Mies(1986a), p. 77.

51) *Ibid.*, p. 81.

이 여성 참여자들의 생활 조건을 개선했는지 무척이나 의심스럽다. 낙농 정책에 참여한 여성 중 한 명인 아밤마가 소를 길러서 번 돈을 시간당으로 계산하면 농업 노동자로 일할 때 받는 돈의 3분의 1밖에 되지 않는다.[52] 그리고 우유 생산자 여성은 임금을 받지도 않으며 그들의 노동이 직접적 소비를 위한 사용가치를 생산한 것도 아니다. 우유는 도시로 실려 가 상품으로 팔린다. 미스에 따르면 여성 생산자의 남편이 우유 값을 받아 가는 일이 자주 있다고 한다.[53]

앞서 미스가 '생계노동'이라고 나열한 활동의 목록은 여성 농업 노동자의 일이 결코 임금노동에만 국한되지 않는다는 사실을 보여 준다. 나르사푸르의 레이스 노동자처럼 여성 농업 노동자들도 자신과 가족의 생존을 위해 많은 일을 해야 하는 것은 분명하다. 그러나 앞서 나열된 일 중 상당 부분은 사용가치 생산과 교환가치 생산 양쪽에 걸쳐 있다. 사실 여성 농업 노동자들이 낙농 정책에 참여하는 것은 전적으로 시장 지향적이다. 간단히 말해 미스가 여성 쿨리(일용직 노동자)의 비임금노동을 주목한 것은 옳지만, 독일여성주의 학파의 생계노동 개념화는 비임금노동의 경제적 속성을 이해하는 데 만족할 만한 틀을 제공하지 못한다.

자본주의의 2단계 구조: 미스의 개념적 모순

미스의 책은 종속 노동자와 농가 머슴이라는 문제에 관해 짧지만 중요한 논의를 담고 있다. 이런 형태의 노동자는 지역에서는 지타갈루(jitagallu)

---

52) *Ibid.*, p. 122.
53) *Ibid.*, p. 120.

라고 부르며 미스가 파악한 바에 따르면 남성에게만 해당된다. 지타갈루와 일당을 받는 임금노동자 로주쿨리스(rojukulis)는 분명히 다르다. 일용직 노동자는 한 주인에게 매이지 않고 원하는 사람 누구에게나 '자유'롭게 자신의 노동력을 팔지만, 종속 노동자는 한 주인에게 매여 있다. 지타갈루 계약을 받아들이는 것 말고는 빚을 탕감할 길이 없을 때 농민은 이런 종속 관계를 받아들일 수밖에 없다. 미스에 따르면 지타갈루는 보통 현금이 아닌 현물을 받는다고 한다.[54]

언뜻 보기에 종속 노동 문제는 여성의 생계노동 주제와는 그다지 관련 없어 보인다. 종속에 관해 논하면서 미스가 꼽은 분할선은 자본주의적 착취와 '봉건'적 착취 사이에 있으며 이는 거의 성차를 기준으로 구성된다. 모든 마을에서 특히 담배와 고추 같은 상품 작물을 생산하는 일급(日給) 임금노동은 대부분 여성이 한다. 반면 현물을 받는 비임금노동을 하는 것은 대부분 남성이다. 어느 경우건 양쪽 형태의 노동 중 어느 것도 농민의 직접 생계를 위한 독립적 생산이라고 할 수 없다. 양쪽에서 모두 지주 계급이 전유하는 잉여가치의 생산이 벌어진다.

미스의 작업은 자본주의 축적의 2단계 구조 개념화에 관한 논쟁에 여전히 유효하다. 따라서 미스는 경제적 노예 상태라는 형태의 지속에 내재하는 모순을 이렇게 지적한다.

자본주의적 발전이 이러한 '봉건적' 잔재를 몰아낼 것이라는 일반적 생각과는 달리 이 지역의 진보적인 자본주의적 농민들은 오히려 이런 형태

---

54) Mies(1986a), p. 59. 미스의 분석을 구자라트 지역 농가 농노에 관한 브레멘의 논의와 비교해 볼 것. Bremen(1985), p. 263.

의 노동을 강화한다. 현대적 농업 기술 특히 기름 펌프와 전기 펌프가 도입되면서 현금으로 임금을 지급해야 하는 남성 일용직 노동자의 수를 줄일 수 있었다.[55]

다른 말로 하면 시장 판매를 위한 상품 생산이 확장되고 있음에도 불구하고 비자본주의적 형태의 착취는 분명히 지속되고 있다.

이 점은 독일여성주의 학파 구성원들이 감지한 대로 자본주의 축적의 2단계 구조가 유효함을 보여 준다. 방글라데시에서 벌어진 일이 보충 사례로 추가될 수도 있겠다. 즉 관개를 위한 동력 펌프가 들어오면서 방글라데시에는 농민에게 펌프를 빌려주고 소작 계약을 맺는 '물지주' 계급이 탄생했다. 여기서 다시 현대적 기술의 도입과 함께 임금 형태가 아닌 착취가 강화되었다. 그러나 미스가 든 예는 생산관계의 II부문이 단지 자신들의 생활 유지를 위한 노동을 하는 사람들로만 구성되지 않는다는 사실 또한 보여 준다. II부문은 토지와 물 같은 주요 생산수단을 소유한 자들이 소비하고 재투자하는 잉여를 생산하는 임금노동자도 포함한다.

미스에 대한 비판은 좀더 나아갈 수 있다. 『인도 여성과 생계·농업 노동』(Indian Women in Subsistence and Agriculture Labour)은 기본적으로 지주에게 고용되어 농사일을 하는 여성 임금노동자의 지위에 관한 책이다. 이 책에 나오는 마을들은 각기 다른 상업화 단계에 도달해 있다. 하지만 여성 농업 노동자는 기본적으로 쌀과 담배 같은 상품 작물을 생산하며 이들이 임금노동자의 대부분을 구성한다. 이것은 이 여성들이 교환가치(시장에서 팔리는 상품)를 생산하는 일을 하고 있다는 뜻이다. 즉 여성

---

55) Mies(1986a).

농업 노동자들의 자급적 역할은 사용가치의 생산자에서(즉 독일여성주의 세 학자가 처음에 생계 생산자로 정의한 데서) 벗어나 있다.

여전히 여성 농업 노동자의 임금노동이 가족이 생존하는 데 필수적이라는 데는 의심의 여지가 없다. 로히니 나이야르(Rohini Nayyar)가 여성 농업 노동자의 높은 비중을 보여 준 1981년 인도 인구 조사 자료를 인용해 주장한 대로, 여성의 높은 농업 임금노동 참여율은 "인도 농촌 지역의 빈곤과 무토지" 그리고 "남성의 수입을 보충하기 위한 빈곤 가구 여성과 밀접한 관련이 있다".[56] 미스 역시 여성의 임금노동을 생존 요구와 연결했다. 미스는 여성 농업 노동자 가구의 경우 "의심할 나위 없이 수입의 대부분은 (남편과 아내의) 임금"이며 여성은 "그날 일당으로 그날 먹을 음식을 사는 식으로 자신의 수입 대부분을 가족의 직접적 소비에 쓴다"[57]고 주장했다. 달리 말하면 임금노동의 결과로 교환을 위한 농업 생산물을 생산하고 그 결과 잉여가 발생하지만, 그 노동은 농촌 여성과 그 가족의 생존에는 절대적이다.

이러한 개념적 모순은 미스가 사용한 생계 생산의 정의에도 나타난다. 한편으로 미스는 "이 글에서 이해된 바대로 생계 생산은 가장 넓은 의미에서는 삶/생명의 생산, 매일의 생계를 위한 **사용가치**의 생산이자 새로운 삶/생명의 생산"[58]이라고 쓴다. 그러나 다른 한편으로는 생계노동자의 정의에 교환가치의 생산을 포함시킨다. 예를 들어 미스는 여성의 "생계노동은 임금노동뿐 아니라 가사노동과 성적 서비스를 포함한 기타 서비스

---

56) Nayyar(1987), pp. 2212~2213을 볼 것.
57) Mies(1986a), pp. 98, 109.
58) *Ibid.*, p. 5, 강조 추가.

의 형태로 나타나는 다양한 비임금노동을 포함한다"[59]고 주장한다. 한마디로 미스의 정의는 일관되지 않는다.

　이런 미스의 일관되지 않은 입장은 역설적이지만 부분적으로라도 맑스의 개념화로 되돌아가면 해결될 수 있다. 맑스의 견해는 제한적이었다. 맑스는 성별 분업과 전자본주의와 자본주의 사회에서 여성이 수행하는 수많은 생산 활동을 간과했다. 그러나 맑스는 노예 고용주건 지주건 상업화된 농부건 상관없이, 생산된 가치에서 어느 정도 비율을 떼어 노동자들의 생활비로 지급한다는 점을 잘 이해했다. 미스의 모순은 맑스 또한 '필요노동'이라고 부른 이 노동을 생계노동의 정의에 다시 포함시켜야만 완전하게 해결될 수 있다. 그러지 않는다면 분석의 범위를 넓히려고 시도했음에도 불구하고 여성의 고된 노동의 대가로 경제 분석이 새로운 방식으로 좁아지는 일이 벌어질 것이다.

생계노동의 속성: 벤홀트-톰젠과 맑스

이제 벤홀트-톰젠의 '생계노동'설에 나타나는 문제점을 지적하려고 한다. 룩셈부르크의 이론에 관한 벤홀트-톰젠의 입장은 앞에서 간략하게 언급했다. 여기서는 벤홀트-톰젠이 이끌어 낸 확대 재생산(자본 축적)과 생계노동의 구별을 먼저 다루겠다.[60] 자본주의 체제가 확대됨에 따라 벤홀트-톰젠이 주장한 대로 두 영역 간에 분명한 '분리'가 일어난다고 보는 것이 올바른가? 두 영역에 관한 그녀의 주장에서 모든 생계 재생산(임신과 출산

---

59) *Ibid.*, p. 6.
60) Bennholdt-Thomsen(1981).

에 관한 모든 일, 음식과 의복의 생산/변형과 기타 여성 노동)은 비자본주의적 생산관계에서 벌어진다고 한다. 이것은 사실인가? 정말 벤홀트-톰젠의 방식대로 분할선이 그어질 수 있는가?

다시 한번 맑스로 돌아가 그가 자본주의적 착취를 설명한 방식을 우리 논의의 시작점으로 삼아 보자. 노동일(勞動日) 이론을 설명한『자본』의 핵심적 부분에서 맑스는 독자들에게 자본이 잉여노동을 발명해 낸 것은 아니라는 점을 상기시킨다.

> 사회의 일부 사람들이 생산수단을 독점하고 있는 곳에서는 어디에서나 노동자는—자유롭든 자유롭지 않든—자신을 유지하는 데 필요한 노동시간을 초과하는 노동시간을 부가적으로 제공하여, 생산수단의 소유자를 위한 생활 수단을 생산하지 않으면 안 된다.[61]

[이 생산수단의] 소유자가 노예 소유주이든 봉건 영주이든 근대적 지주이든 자본주의 기업가이든 상관없이 노동자의 생산 활동은 두 부분으로 나뉜다. 그 중 하나는 생산수단의 소유자에게 축적되는 잉여 생산이다.

맑스는 자본주의 착취와 이전 생산양식 아래서 벌어진 착취의 정확한 차이점을 설명하는 데로 나아간다. 맑스는 그가 책을 쓰던 시점에 루마니아에 편입된 도나우 공국들에서 농노들이 겪은 착취에 대해 상세하게 설명하며 논의한다. 1831년 제정된 법령에 따르면 도나우 공국의 농노는 영주를 위해 농사일, 목재 나르기와 다른 강제 노역으로 이루어진 부역노동을 연간 56일 해야 한다. 맑스는 필요노동 혹은 생계노동(맑스가 계산하

---

61) Marx(1977a), pp. 226~227[『자본 I-1』, 강신준 옮김, 길, 2008, 334~335쪽].

기로 84일)에 대한 잉여노동[부역노동]의 비율이 66.67퍼센트라고 계산한다. 그러나 법 조항은 영주의 책임을 모면해 주기 위한 방식으로 움직였기 때문에 실제로 농노가 영주를 위해 일한 날짜는 규정보다 훨씬 길었다.

여기서 맑스의 핵심적 지적은 봉건제하에서 잉여노동시간과 필요노동시간 사이에 분명하게 경계가 그어져 있었다는 점이다. 맑스는 "왈라키아(도나우)의 농민이 자신을 유지하기 위하여 행하는 필요노동"은 말 그대로 "보야르[Boyard, 대지주—인용자]를 위하여 행하는 잉여노동과 공간적으로 분리되어 있다"고 쓴다. "전자를 자신의 경작지에서 행하고 후자를 영주의 농장에서 행한다. 그러므로 노동시간의 두 부분은 자립적으로 나란히 존재한다." 달리 말하면 "부역노동의 형태에서는 잉여노동이 필요노동과 명확히 구분된다."[62] 즉 맑스의 관점에서는 (그에게는 생계노동과 같은 말인) 필요노동이 분리된 활동의 영역으로 남는 것은 자본주의 이전의 생산양식에서이다.

이 모든 것은 자본주의 생산양식과 함께 변화했고 맑스는 자신의 논지를 설명하기 위해 영국의 공장에서 일하는 산업 노동자의 노동을 예로 든다. 이 책에서 맑스의 노동일 이론에 관해서는 여러 번 다루었으므로 다시 반복하지 않겠다. 노동일은 필요노동과 잉여노동으로 구성되며 각각 6시간씩이 될 수 있다. 여기서 논의를 위해 중요한 것은 맑스가 자본주의와 전자본주의 생산양식의 착취의 차이점을 어떻게 설명하는가이다. 자본주의 이전의 생산양식에서 착취는 공간과 시간으로 경계가 그려지기 때문에 쉽게 구별되지만 자본주의 생산에서는 그렇지가 않다. "잉여노동과 필

---

62) *Ibid.*, p. 227[같은 책, 336쪽]. Lenin(1977a), pp. 191~192[『러시아에 있어서 자본주의의 발전 1』, 김진수 옮김, 177~179쪽]도 볼 것.

요노동[또는 생계노동]은 서로 융합되어 있기"[63] 때문에 산업 노동자가 기업가를 위해서 정확히 얼마만큼 일하는지는 표면적으로 불분명하다. 자본주의에서 필요 또는 생계 생산은 분리되거나 구별되는 영역이 아니다.

이제 맑스의 견해와 독일여성주의 학파 벤홀트-톰젠의 견해를 비교해 보자. 벤홀트-톰젠은 자본주의 생산양식 안의 '기본 모순'이 "사회적 생산과 생계 생산의 분리"라고 보았다. 이 주장은 그녀가 "남성 중심적 맑스주의"라고 부른 지점을 수정하는 것이 아니다. 이는 맑스가 발전시킨 노동가치론을 확장한 것이 아니라 맑스의 이론과 판이하게 다른 지점에 서 있다. 맑스와 벤홀트-톰젠 두 이론가는 자본주의에서 생계노동에 관한 질적으로 전혀 다른 가설을 내세운다. 누구의 가설을 지지해야 할 것인가? 혹은 누구의 관점이 현재 세계 경제 체제의 모순된 현실에 더 가까이 다가가는가?

먼저 아무런 조건 없이 맑스의 이론으로 돌아가 지지하는 데는 이견이 없을 것이다. 벤홀트-톰젠은 노동가치론에 깔린 가부장적 편견에 대한 비판을 특정한 방향으로 발전시켰으나 그 비판은 여전히 유효하다. 2세대 여성주의 논쟁에 참여한 이들이 웅변한 내용을 다시 반복해 보면 다음과 같다. 맑스는 가사노동을 무시했다, 노동력의 재생산이 노동과 관련된다는 점을 설명하지 않았다, 이 무급노동은 집에서 여성이 하는 필요노동이다. 경제 이론이 임신과 출산, 자녀 양육 그리고 여성이 보편적으로 하는 재생산 노동 전체를 감안해야만, 자본주의에서 착취의 전체적인 범위를 속속들이 이해할 수 있을 것이다. 벤홀트-톰젠이 적절하게 주장했듯이 자본주의 체제에 대한 이론의 한가운데는 '생계 재생산'의 자리가 되어야 한

---

63) Lenin(1977a); Marx(1977a)[『자본 I-1』, 336쪽].

다. 그렇지 않고서 정치경제학은 포괄적일 수 없으며 인류의 완전한 해방을 이루지도 못한다.

그러나 자본주의와 전자본주의하에서 착취 구분에 관한 맑스의 설명을 다시 읽어 보면, 벤홀트-톰젠의 관점이 어떤 편견에 사로잡혀 있다는 점이 명백해진다. 그녀의 가설은 생계 생산과 재생산은 자본주의에 포괄되지만 그 형식은 비자본주의적으로 남는다는 것이다. 임금 형태를 취하는 모든 생산이 생계노동 또는 필요노동으로 정의될 수 없다는 뜻이다. 따라서 벤홀트-톰젠은 단지 맑스의 노동가치론을 보충하고 교정하는 것이 아니라, 사실 맑스 이론의 기본에 도전하는 것이다. 벤홀트-톰젠의 가설은 자본주의하에서 생계 생산을 잉여 생산에서 '미끄러지는' 영역이 아니라 구분되는 영역이라고 규정하다가 생계 생산의 일부를 보이지 않게 만들어 버린다. 두 영역이 합쳐진다는 '비분리'에 대한 맑스의 가설을 확대재생산과 생계 재생산의 '분리'로 대체하다가 벤홀트-톰젠은 맑스의 혁신적 발견을 제거해 버린다.

요컨대 내 입장은 벤홀트-톰젠의 견해와는 다르다. 지금의 자본주의 체제에서 노동관계에 대한 포괄적 관점은 맑스의 노동가치론에 대한 안티테제를 만드는 것이 아니라 맑스의 필요 생산과 잉여 생산 간의 '비분리'에 대한 입장과 벤홀트-톰젠의 '분리'를 종합해서 얻어지는 것이다. 나는 현실에서 생계 생산과 재생산은 한쪽이 (임금노동처럼) 자본주의 소유권 아래서 벌어지고 다른 한쪽이 (비임금노동으로) 가족관계나 집에서 행해지는 것이 당연하게 여겨지면서 연속체를 이루고 있다고 본다. 부르주아 경제 이론은 두 부분을 모두 보이지 않게 만들며 자본주의 생산양식이 살아남기 위해서는 두 부분 모두 필요하다. 더 나아가 여성은 양쪽으로 종속되어 있다.

공유재의 세계적 잠식 과정

독일여성주의 학파의 생계노동설의 또 다른 문제점은 발전여성주의와 생태여성주의에 관한 앞 장에서 논의한 공유재의 전유 문제에서 시작된다. 여성이 직접적 소비를 위한 사용가치 생산을 지속하려면 (시장 체계 바깥에 있고 자원에 접근할 수 있는) 비자본주의적 환경이 필요하다. 독일여성주의 학파가 생계노동이라는 용어를 채택한 관점에서 생계노동을 지속하기 위한 기초 중 하나는 공유재의 존재다. 공유재가 사적 자원으로 전환되지 않는 한 지역 공동체는 숲과 휴경지, 습지를 생계를 위해 이용할 수 있다. 여성은 식물과 나무, 새와 어류에 직접 접근해 가족을 먹일 음식을 마련할 수 있다.

역사적으로 사람들이 공유해 온 자원은 전 세계적으로 엄청났다. 시바는 인도의 연구자 차트라파티 싱(Chattrapati Singh)이 인도 역사에서 공유재의 중요성을 설명한 내용을 인용한다.

> 19세기 말까지 그리고 그보다 앞선 모든 역사적 기간에 인도 천연자원의 최소한 80퍼센트 이상이 공유재였고 고작 20퍼센트만이 사적으로 사용되었다.……이렇게 막대한 공유재는 현금과 비시장경제를 위한 자원의 토대를 제공했다. 필요 자원의 전 범위에 걸쳐 사람들은 자유롭게 사용할 수 있었다.[64]

싱은 그 중에서도 요리와 난방을 위한 나무, 싸리, 쇠똥과 가축 사료

---

64) Shiva(1988), p. 83[『살아남기』, 강수영 옮김, 솔, 1998, 148쪽].

로 쓰는 들풀에 대해 언급한다. 오랜 세월 동안 농민들은 이런 것들을 시장에서 사서 구할 필요 없이 자급용으로 이용해 왔다.

역사적으로 지배 계급이 공유재를 전유하는 일은 다양한 방식으로 벌어졌고 그 과정은 산업자본주의가 출현하기 훨씬 전에 시작되었다. 생태여성주의자 캐롤린 머천트는 유럽 봉건 지주들이 중세에서 상업 자본주의로 넘어가던 시기에 어떻게 세금과 폭력을 이용해 인민의 공유재를 사유화했는지 보여 주었다. 공유재를 놓고 벌어진 갈등이 이 시기 계급갈등에서 핵심적인 자리를 차지했다. 맑스는 루마니아 지방에서 농민들에 대한 착취를 서술하면서 같은 지점을 지적했다. 맑스에 따르면 원시적 생산양식은 흙의 공동체에 기반을 두었다. 일부 토지는 자유로운 사적 소유로 일부는 공동으로 경작되었다. "시간이 흐름에 따라 군사 부문과 교회 부문의 고위직들은 공유 재산과 함께 그 공유 재산을 위해 바쳐진 갖가지 공납을 횡령했다. 자유로운 농민들이 자신들의 공유지에서 행하던 노동이 공유지 횡령자들을 위한 부역으로 변했다."[65]

인도에서 공유재에 대한 권리가 인도 지주 계급과 상인들에게 넘어가는 데는 영국 식민 정부가 결정적 역할을 했다. 1793년 영구 정착 선언을 통해 영국 식민 정부는 이전에 세금을 걷는 일을 맡았던 봉건 지주 계급인 자민다르(zamindar)에게 토지 소유권을 주었다.[66] 삼림 자원 전유와 관련하여 앞서 언급했듯이 '과학적 임업'을 도입하고 인도 삼림 관리와 사용에 관한 법률을 제정해 지역 공동체의 권리를 침해하는 데 중요한 역할을 한 것은 영국 식민 정부였다. 영국의 공유지 인클로저와 마찬가지로 국

---

65) Marx(1977a), p. 228[『자본 I-1』, 337~338쪽].
66) Sen(1979), p. 1. 영국 점령 이전 인도의 마을 공동체 체계에 관해서는 Umar(1978), p. 20
    도 볼 것. Mukherjee(1974), p. 140; Ray(1990), p. 161도 볼 것.

가는 농민을 몰아내고 공동체 자원을 상업적 이해로 전환하는 과정에 협력했다.

독일여성주의 학파의 생계노동설의 맥락에서 강조되어야 하는 것은 이러한 공유재에 대한 권리가 여전히 완전하고도 철저하게 잠식되고 있을 뿐 아니라 오늘날 다국적 기업과 북반구 산업국의 이해를 대변하는 국제기구들이 그 과정을 지원하고 있다는 점이다. 앞서 이미 세계은행이 조직한 방글라데시의 주요 강을 따라 제방과 간척지를 건설하는 홍수 조절 계획과 세계은행이 원조하는 인도의 황무지 개발 계획의 예를 거론했다. 세계적 차원에서 가장 힘 있는 경제기구들이 공유재 잠식 과정에 핵심적 참여자라는 사실을 강조하기 위해 또 다른 예를 덧붙이겠다. 그것은 바로 관세 및 무역에 관한 일반협정(GATT) 아래 규제를 통해 농민들의 종자에 대한 권리가 전유되는 현실이다.

다시 한번 종자에 관한 문제를 매우 명확하게 정리한 사람은 시바이다. 시바가 주장했듯이 1만 년 동안 농민들은 종자를 생산하고 제일 좋은 종자를 골라 저장했다가 다시 심어 "자연이 스스로 생명을 재생하고 풍요롭게 만들도록 두었다."[67] 예컨대 인도 농민들은 볍씨를 시장에서 살 필요가 없었다. 즉 전통적인 종자 생산은 농민이 직접적 생계 유지를 위한 사용가치를 생산하는 예이며, 앞 장에서 보았듯이 과거에 그 일은 주로 여성의 영역이었다. 녹색혁명은 이런 사용가치 생산에 대한 전면 공격이었다. 농민은 이제 유전적 유산 일반을 지키는 파수꾼이 아니라 "지구의 유전학적 부를 지키는 파수꾼"으로 대체되어 다국적 기업의 이윤과 "제3세계의

---

67) Shiva(1991a), p. 63.

유전적 자원에 대한 제1세계의 통제"를 강화한다.[68]

제3세계 농민의 종자권에 대한 의제는 GATT 체제 아래서 1993년 12월에 마무리된 무역 협상인 우루과이 라운드에서 논의되었다. 무역 관련 지적 재산권(TRIP) 체제 아래서는 동식물의 일부에 대한 저작권이 인정되며 북반구의 기업들이 유전자 조작으로 만들어 낸 동식물에 대한 권리를 지키기 위해 제3세계 국가 정부는 이 법을 승인하도록 압력을 받았다. 시바와 홀라-바(Holla-Bhar)가 말한 대로 GATT 의정서는 "모든 나라를 특허받은 생명 형태라는 미끄럼틀로 내려 보낼 것이다".[69] 인도 농민들은 GATT 개정에 반대해 대규모 시위를 벌였다. 개정 내용이 농민들의 전통적 권리를 침해하는 동시에 "주변 환경에 대한 말살이자 자신들의 삶의 방식에 대한 공격"[70]이라고 생각했기 때문이다. 세계은행과 마찬가지로 GATT도 제3세계 남녀 농민의 생존 기반을 파괴하는 당사자이다.

세계적으로 반복해서 벌어지는 이러한 공유재의 잠식은 독일여성주의 학파의 생계노동설에 대한 우리의 평가와 관련해 어떤 의미를 갖는가? 땅, 물, 숲 같은 공유재에 대한 인민의 공동 관리와 종자 같은 공동 유산에 대한 접근이 미스, 폰 베를호프, 벤홀트-톰젠이 정의한 대로 인민의 생계노동을 가능하게 한다. 그런 자원이 시장을 위한 생산에 관심 있는 부유층에게 넘어가지 않는 한 공유재는 사용가치 생산에 활용된다. 인류 역사에서 공유재가 가진 절대적으로 중요한 역할을 감안하면 '자본주의하에서 생계 생산의 종속화'에 관한 논의에서 공유재의 운명을 빼놓을 수 없다. 사실 그것이 바로 생계 생산과 재생산에 관한 가설의 유효성을 시험해 보

---

68) *Ibid.*

69) Shiva and Holla-Bhar(1993), p. 227.

70) *Ibid.*

는 한 가지 방식이기도 하다.

'확대 재생산'과 '생계 재생산'의 관계를 논하면서 벤홀트-톰젠은 룩셈부르크와는 반대로 생계를 위한 생산 또는 '농민의 소규모 생산'은 "부르주아 농업 개혁으로 강화되거나 심지어 재도입되고 결국 세계은행 자체의 지원을 받게 된다"[71]고 주장했다. 룩셈부르크는 자본주의는 자신의 생존을 위해서 비자본주의적 사회를 필요로 하지만 자신의 재생산을 위해 세계적 차원의 확장 과정을 통해 비자본주의적 사회를 파괴한다고 주장했다. 벤홀트-톰젠은 자본주의는 비자본주의적 생계 생산의 II부문을 필요로 한다는 점에는 동의하지만, 이 영역은 자본주의 자체에 의해 재생산된다고 여긴다. 벤홀트-톰젠은 "제국주의 국가에서나 종속 국가에서나 자본 자체는 자신의 '비자본주의적' 환경을 생산한다"[72]고 결론 내린다.

이런 결론은 근본적으로는 임금노동이 당대 세계 경제 체제에서 일반화되지 않았다는 사실에 근거한다. 벤홀트-톰젠은 제3세계와 산업화된 북반구에서 모두 주변화된 대중에 관해 "자신의 재생산을 맡아" "노동예비군으로의 통합이 증가"[73]되고 있다고 말한다. 그녀의 기본 전제는 어떤 경우에도 자본주의는 사용가치 생산을 위한 공간을 내버려 두며 임금노동자로 흡수되지 않은 사람들은 독립적으로 자신의 생계 수단을 생산할 수 있다는 것이다. 그 전제는 자본주의가 상업화되지 않은 영역, 자본주의 제도가 손대지 않은 상품 생산 너머의 영역을 유지하도록 돕는다는 것이다. 따라서 벤홀트-톰젠은 "확대 재생산과 생계 재생산이 포함된 새로운

---

71) Bennholdt-Thomsen(1981), p. 25를 볼 것.
72) *Ibid.*, p. 24.
73) *Ibid.*, pp. 26~27.

재생산 공식"[74]을 내놓는다.

공유재가 잠식당하는 과정에서 나타나는 증거를 가지고 벤홀트-톰젠의 2단계 구조에 대해 이의를 제기할 수 있다. 세계은행이 수자원을 지배층의 사적 이해에 따라 통제되는 자원으로 전환하는 계획을 추진하면서, 야생 어종이 생산되는 공간이 느리지만 지속적으로 줄어들면서, 사람들이 삼림 자원에 자유롭게 접근할 권리를 빼앗기면서, 상품 생산의 영역이 확대되는 동시에 사용가치 생산을 위한 기반은 축소된다. 달리 말해 벤홀트-톰젠은 "상품 사회가 전 세계적으로 강요되었다"[75]고 인정한다. 그러나 그녀의 2단계 구조로 공유 자원의 몰수를 설명하기는 어려운 일이다. 세계은행과 GATT, 기타 국제기구의 제3세계 공유재 영역에 대한 지속인 공격이 실질적으로 사용가치 생산 영역을 제한하기 때문이다.

맑스의 자본주의 체제 분석은 그가 19세기 영국에서 성립되었다고 본 일반화된 상품 생산에 대한 관찰에서 시작한다.[76] 상품 생산의 영역이 계속해서 확장되는 방식 중 하나(이자 세계은행과 GATT의 관점에서 볼 때 결정적인 방식)는 공유재의 수용을 통해서이다. 여러 예에서 설명했듯이 공유재를 잠식하는 과정은 중세 유럽부터 오늘날 제3세계까지 여러 세기에 걸쳐 진행되어 왔다. 나는 독일여성주의 학파의 가설은 공유재의 파괴와 관련한 증거를 기반으로 검토되어야 한다고 생각한다. 공유재 파괴 과정이 '확대 재생산' 즉 세계 자본주의가 움직이는 지배적 양식의 이해에 따라 사용가치 생산의 범위를 극심하게 제한하기 때문이다.

---

74) *Ibid.*, p. 28.
75) *Ibid.*, p. 24.
76) 맑스의 상품 생산에 관한 논의는 구체적으로 다음을 볼 것. Marx(1977a), Part I, p. 43[『자본 I-1』, 87쪽].

생계 생산과 상품 창출

마지막으로 이 책이 인용한 독일여성주의 학파의 생계 생산과 재생산에 대한 정의로 돌아가 보자. 반복하자면 "생명의 생산과 살고 일하는 능력의 생산"을 뜻한다. 생계노동은 다양한 활동으로 이루어지는데, 다음 세 가지 범주로 자본주의하에서 여성이 하는 노동을 크게 나눌 수 있다. 1) 임신과 새로운 생명을 출산하는 생식. 2) 인간이 사회적 생산에 참여할 수 있는 능력을 회복하기 위한 모든 활동인 재생산 노동. 3) 임금 고용에서 행해지는 필요노동으로, 노동계급 가족에게는 생존하기 위해 필요한 노동.

이제 질문은 이러한 생산 활동 전체가 아니면 그 중 어느 정도 범위까지가 독일여성주의 학파가 말하는 생계노동의 좁은 정의대로 사용가치의 창출에만 관련되는가이다. 우선 북반구 국가의 동시대 자본주의 관계에서도 사용가치 생산은 계속해서 필요하다는 점에는 반박의 여지가 없다. 예컨대 (가족이 먹기 위한 주곡과 야채, 고기나 생선을 준비하는) 요리는 사용가치 창출, 적어도 슈퍼마켓에서 산 상품을 따뜻한 식사로 전환하는 데 여전히 관련된다. 그러나 더 주목해야 할 것은 지금은 각각의 생계노동 범주도 상품 생산으로 이루어진다는 점이다. 생계노동과 사용가치 생산을 동일시하는 것을 반박하는 추가 근거는 다음과 같다.

논의를 선명하게 하기 위해 생계노동의 세 가지 범주를 각각 따로 떼어 나의 논지를 설명하겠다. 남녀가 임금노동자로 수행하는 '필요 노동'은 시장에서 필요한 물건을 구입할 수 있도록 하는 임금 지급과 시장에서 팔 수 있는 다양한 상품의 창출이라는 결과를 낳는다. 이러한 산업 상품이 어떤 성질이건, 그 상품이 (비누, 의약품, 자동차 같은) 소비재이건 (탈곡기나 인쇄기계 같은) 생산수단이건 이 상품은 자본 소유주나 다른 사회 구성원이 구매함으로써 '실현'되어야 한다. 따라서 임금 고용자의 생존을 담보하기 위한 이 노동은 사용가치뿐 아니라 교환가치도 발산한다. 독일여성주의 학파가 제시한 것과 같은 [생계노동과 사용가치 생산의] 동일시는 없다.

'재생산 노동'(남녀 노동자의 신체 에너지를 회복하기 위한 노동)이라고 이름 붙인 두번째 범주의 생계노동 역시 상품 생산이라는 결과를 낳는다. 이는 가사노동 논쟁에 참여한 달라 코스타가 지적한 내용이다.[77] 판매하기 위해 내놓은 상품인 '노동력'이 바로 그것이다. 맑스가 강조했듯이 노동력은 매우 특수한 상품이지만 그럼에도 역시 노동력은 상품이다. 다른 상품처럼 노동력도 자본 소유주가 살 수 있는 인간의 육체적·정신적 에너지의 교환가치를 뜻하는 가격표(임금)를 달고 있다. 여기서 다시 우리는 생계 재생산은 사용가치 생산과 같을 수 없다는 것을 확인하게 된다. 만약 둘이 동일하다면 우리는 자본주의 관계 체제 아래 현실에서 벌어지는 일의 일부를 부인하는 것이 되기 때문이다.

생식과 출산은 오랫동안 자본주의적 개입이 가장 제한된 분야였다. 그러나 생식 테크놀로지가 급격하게 발달하면서 생명 생산도 상품 생산의 법칙에 지배받게 되었다. 이 부분은 미스가 잘 설명하고 있다.[78] 미스는 미국의 여성주의자 로리 앤드루스(Lori Andrews)가 대리모 계약법에 대해 갖는 관점이 초래할 수 있는 결과에 대해 논의한다. 대리모 출산의 경우 여성의 재생산 기관은 출산 후에 대리모 여성과 계약한 부부에게 보낼 아기를 기르는 데 사용된다. 대리모의 자궁은 상당한 액수의 화폐와 교환

---

77) 사회적 재생산, 노동력의 재생산, 생물학적 재생산(생식) 간의 분석적 차이는 에드홀름, 헤리스, 영(Edholm, Harris and Young)이 참여한 바렛의 논의를 볼 것. Barrett(1980), p. 21.
78) Mies and Shiva(1993), p. 198[『에코페미니즘』, 246쪽].

되어 이용된다.[79] 달리 말하자면 대리모는 출산 능력을 파는 것이다.

미스는 독일여성주의 학파의 '생계노동'을 개념화하면서 말한 내용의 결과에 대해서는 논의하지 않지만 그 결과가 존재한다. 미스가 보기에 대리모의 법률적 측면에 관한 앤드루스의 견해는, 대리모 여성들은 "그들이 생산한 물건이 그들의 것이 아니라 **상품**이며 그들이 하는 일이 소외된 노동이란 점을 받아들여야 한다"[80]는 뜻이다. 미스는 생식 자율성(reproductive autonomy) 같은 여성주의 개념이 이제 이윤과 명성을 좇는 산업과 "첨단 의사들"(technodocs)이 관리하는 완전한 상업화에 여성의 생식력과 신체를 무방비로 열어 놓는 데 이용되고 있다고 주장한다.[81] 간단히 말해 새로운 생식 테크놀로지가 보급되면서 출산하는 여성의 노동 또한 합일적이고 자연적인 활동에서 상품 생산으로 전환되었다. 오랫동안 시장의 법칙을 피해 온 생산 노동의 영역이 새로운 생식 테크놀로지가 사회적으로 용인받기 시작하면서 점차 시장의 영역으로 통합되고 있다. 이 세번째 생계 생산의 형태마저 점점 상품화되고 있다.

요약

생계노동으로서 여성 노동에 관한 가설을 세우면서 미스와 벤홀트-톰젠, 폰 베를호프는 맑스의 확대 재생산 공식에 의문을 품은 룩셈부르크에게서 영감을 얻었다. 룩셈부르크처럼 이 세 여성주의자도 자본 소유주와 노동력을 파는 임금노동자의 관계만을 봐서는 자본주의 축적 과정을 이해

---

79) Corea(1988), p. 250도 볼 것.
80) Mies and Shiva(1993), p. 205[『에코페미니즘』, 254쪽], 강조 추가.
81) *Ibid*.

할 수 없다고 생각한다. 독일여성주의 학파 구성원들이 보기에 자본주의가 추동하는 비임금노동 형태의 착취는 '생계노동'이라고 할 수 있으며, 산업화된 세계나 제3세계나 사용가치 생산과 관련해 이 노동을 하고 있는 것은 여성이다.

이 장에서 나는 생계노동설이 유효한지 의문을 제기했다. 예를 들어 생계노동설의 틀 안에 공유재의 파괴 문제는 들어설 여지가 없다고 생각한다. 자본주의의 탄생 이후 유산 계급과 국가는 자신들의 이해에 따라 인민의 땅과 물, 삼림 자원 소유권을 침해해 왔다. 지금은 세계은행처럼 세계적 차원의 강력한 기관이 다국적 기업과 제3세계 부유층의 명령에 따라 천연자원을 사적 축적을 위한 자원으로 탈바꿈시키는 데 적극적인 역할을 한다. 공유재의 사유화는 사용가치 생산의 범위를 심각하게 제한한다. 그 효과는 오히려 비자본주의 생산관계를 대가로 이러한 공유 자원을 확대 재생산 과정으로 편입하는 것이 된다.

다른 한편으로 독일여성주의 학파의 세 사람이 주장하듯이 생계노동과 사용가치 생산이 같다고 보는 것은 올바른가? 내가 보기에 이 동일화는 이론적 명확성에 도움이 되기보다는 심각한 혼동을 가져온다. 계급 사회가 시작된 이래로 처음에는 노예 소유주, 그다음에는 봉건 영주, 이제는 다국적 기업의 직접적 통제 아래 생존을 위한 생산인 생계노동의 일부가 이루어졌다. 오늘날 사람들의 직접적 삶의 재생산 일부는 자본주의 농업 기업과 산업의 지배하에 있다(즉 임금 체계를 거친다). 이 책에 나오는 인도와 방글라데시의 사례가 보여 주듯이 수백만의 여성이 농업과 산업 양쪽에서 이러한 체제 안으로 흡수되었다. 여성 노동을 사용가치 생산과 동일시하는 개념화 작업은 결과적으로 여성이 겪는 경제적 착취의 일부를 보이지 않게 만드는 난제와 부딪힌다.

그럼에도 불구하고 나는 미스, 벤홀트-톰젠, 폰 베를호프가 발전시킨 생각이 자본주의하 노동에 관한 여성주의적 개념화를 발전시키는 데 중요한 단계라고 본다. 이들이 결정적인 출발점, 교조적 맑스주의와의 결별을 이끌어 냈다. 1970년대 서구 여성운동을 둘러싼 수많은 논의는 가사노동이 '생산적'인가, '가치 창출'에 기여하는가 같은 질문 주변에서 맴돌았다. 독일여성주의 학파 구성원들은 주부가 가치를 생산한다고 주장한 논쟁 참여자들의 생각을 계속 발전시켜 제3세계 (농민) 여성의 노동을 포함한 논쟁으로 확장하려고 했다. 경제학자들이 임금 형태가 아닌 다양한 당대의 생산관계를 검토해야만,──미스, 벤홀트-톰젠, 폰 베를호프가 주장했듯이──맑스가 정교화한 개념보다 더 근본적인 노동과 착취에 관한 개념화 작업을 이루어 낼 수 있을 것이다.

4부

일본화와 여성 노동

11장

일본식 경영과 포드주의 비교

포드주의는 "산업적 생산에 직접적인 기초를 둔 금융 자본의 축적과 분배를 위한 새로운 메커니즘인가?" 미국주의는 자본주의적 생산의 역사에서 특징적인 한 단계, 새로운 한 시대를 구성하는가? 이탈리아의 혁명적 사상가 안토니오 그람시는 파시즘하에서 오랜 수감 생활을 하며 써 내려간 『옥중 수고』에서 이 같은 문제를 제기했다. 당시 새로운 미국적 생산 방식—조립 라인에 속박된 노동자들 그리고 그들의 움직임을 엄밀하게 조절하기 위한 수단으로 활용된 스톱워치—은 빠르게 확산되어 가고 있었다. 감옥 밖에서는 이러한 방식들이 다양한 사상적 흐름에 속한 학자들 사이에 격렬한 논쟁의 대상이 되고 있었다. 예를 들어 이탈리아의 극우파 지식인들은 포드주의가 이탈리아 상황에 맞게 어떻게 조정될 수 있을 것인지를 논의하고 미국식의 조직화된 대량 생산과 조합주의적 국가의 결합을 주창했다.

그람시가 적막한 감옥에서 발전시킨 사상은 그의 지성이 얼마나 날카로운지를 보여 주는 명백한 증거다. 그러한 관점을 통해 우리는 그가 단순히 당시의 사회적 조류를 예리한 눈으로 바라본 관찰자에 그치지 않음을 알 수 있다. 그의 관점 중 어떤 것들은 60년이 지난 오늘날까지도 여전히 중요하며, 어째서 지금은 포드주의적 방식이 대체되기 시작했는지도 이해할 수 있게 한다. 예를 들어 그람시는 컨베이어 벨트의 도입이 자본가에게 던져 준 딜레마에 대해 깊이 생각했다. 그는 자본가는 노동자의 물리적 움직임을 기계화할 수 있지만 이것이 노동자의 사고까지 멈추게 하지는 못했다고 주장한다. "우리는 자동적으로 걸으면서 동시에 걷는 것과는 상관없는, 아무거나 하고 싶은 생각을 한다."[1] 그람시에 의하면 미국 산업자본가들은 기계화된 생산양식과 그 결과의 기초를 이루는 '변증법'에 대해 의식하고 있었다. 포드주의의 확산에도 불구하고 미국과 서유럽에서 조립 라인 노동자들은 공장 시스템의 전제주의에 맞서 왔다. 따라서 다국적 기업은 공장 노동자의 사고 과정에 대한 통제를 극대화할 수 있는 방법을 고심해야 했다.

미국의 기업가 헨리 포드가 컨베이어 벨트 시스템과 그에 수반되는 관리 기법들(프레더릭 테일러가 고안한)을 자동차 공장에 도입한 지 거의 80년이 지났다. 이러한 방식들을 통해 포드와 미국 자본가들은 잠시나마 세계 경제에서 헤게모니를 획득할 수 있었다. 오늘날 새로운 생산 방식이 대두되고 있고 이 생산 방식은 그 핵심 개념으로 '품질관리조'와 '하청'을 내세운다. 이 모델은 포드처럼 자동차 산업에 속한 일본의 대기업 도요타에 딱 맞아떨어진다. 북반구 산업국가는 물론이고 인도 같은 제3세계 국가에서,[2] 다국적 기업은 물론 그보다 훨씬 작은 지역 기업까지도 일본식

---

1) Gramsci, p. 309[『그람시의 옥중수고 1: 정치편』, 이상훈 옮김, 거름, 1999, 373쪽].
2) 일본식 하청 모델을 적용한 놀라운 사례가 바로 인도의 힌두스탄 레버이다. 이 회사는 영국/네덜란드 유니레버사의 통제를 받고 있다. 최근 몇 년간 힌두스탄 레버는 하청 비중을 높이고 있는데 부분적으로 이는 공장 노동자들의 저항에 대한 대응이기도 하다. Fransen(1991)

모델을 공부하는 데 여념이 없다. 전 세계적으로 이 기업들은 엄청난 이윤을 벌어들이기 위해 회사의 조직 구조를 손봐야만 할 것 같은 압박을 느끼고 있다.[3]

세계 자본주의의 이전 단계에 대해 그람시가 제시한 초기 개념화를 대입해 보면 일본화(Japanization)는 자본주의 역사의 새로운 단계로 이해될 수 있다. 현 단계는 포드나 테일러의 관점이 지배적이던 시기와는 구별되기 때문이다. 특히 일본식 경영 기법의 등장은 자본주의 시스템에 대한 근본적 비판을 재검토하게 만들었다. 오늘날의 발전은 자본주의에 대한 가장 강력한 비판자 맑스가 제시한 관점의 적절함을 비판적으로 재평가하게 한다. 국제적으로 일본화 경향이 생겨난 이유를 파악하기 위해 우리는 맑스주의적 접근 방식을 창의적으로 적용할 필요가 있다.

도요타주의의 특징: 내적/외적 탈중심화

우선 일본 산업화의 역사에서 중요한 측면을 간단히 밝혀 두고 싶다. 일본에서 상업적 하청(commercial subcontracting)에서 수직적으로 조직된 산업적 하청(industrial subcontracting)으로의 다소 직접적인 변화는 파시즘에 의해 강제된 것이었다. 잘 알려져 있다시피 19세기 중반 일본 사회

이 수행한 학술 조사의 결과를 볼 것.

3) 일본식 관리 기법의 세계화는 Transnational Information Exchange(1991) p. 2에 간략히 묘사되어 있다. "국제 시장에서 북미와 유럽의 다국적 기업들이 이 같은 조직 원리를 사용하고 있는 일본과 여타 국가로부터 압박을 느끼기 시작했다. 1980년대 초반 일본 기업들은 '현지 법인'과 함께 도요타주의를 미국에 끌고 왔다. 당시에 미국 기업들은 일본의 효율성과 경쟁력에 감화되어 도요타주의적 요소들을 도입하기 시작했다. 1980년대 끝 무렵, 도요타주의는 전 세계에서 지배적인 새로운 관리 철학이 되었다."

는 상당 부분 봉건적 관계에 의해 특징지어졌다. 돈야(問屋)라는 중개상을 중심으로 한 상업 자본가들이 대두하고 있었는데 이들은 장인 생산을 통제하기 시작하면서 점차 기업가처럼 영업하기 시작했다. 돈야는 독립적으로 일하는 장인이나 가내노동자에게 원자재를 분배했고 가끔은 장비도 나누어 주었으며 완제품도 시장에 내놓았다. 이러한 초기 자본주의 상황에서 1868년 메이지 유신이 시작되었다. 전통적 지배층인 사무라이의 일원들이 근대화에 우호적이었기 때문에 일본 사회의 근대화 과정은 더욱 빨라졌다. '외국으로부터 배우기 위해' 유럽과 미국으로 사절단이 파견되었다. 견사 방적 공장과 섬유 공장의 최초 건립을 준비하기 위해 기계와 전문 지식이 수입되었다. 그 결과 돈야에 의해 지배되던 장인 생산은 19세기 말부터 공장식 생산 시스템으로 빠르게 대체되어 갔다.[4]

그렇다고 메이지 유신이 가내 기반 산업이나 전통적 중개상 역할을 완전히 끝내버렸다고 봐서는 안 된다. 공장 시스템은 오직 부분적으로만 그들을 대신했다. 작업장에 전기 전동기를 설치하고──장인들의 제도실까지 기계화가 진행되었다──전구, 고무 제품, 서양 우산 같은 근대식 재화를 생산하면서 많은 소규모 생산자도 새로운 환경에 적응했다. 사무라이가 그랬듯 돈야 역시 스스로 변화했다. 장인과 시장 사이의 연결 고리로서만 계속 기능하지 않고 반제품 공급자가 되었다. 그 이후 그들은 산업자본가들을 위해 하청일을 하기로 했고 가내노동자와 공장 사이에서 중간자 역할을 했다. 그들의 역할이 심각한 위협에 시달렸던 것은 1930년대 파시스트 정권이 생산 '합리화'를 강제했을 때뿐이었다. 파시스트 정권과

---

4) 안나바지훌라는 일본에서 일어난 상업적 하청으로부터 산업적 하청으로의 역사적 이행에 관해 훌륭한 설명을 내놓고 있다. Annavajhula(1989), p. M-23.

독점 기업의 공동 압력 아래서 소생산자에게 기술적 지도를 제공하지 못한 돈야는 제거되었다.

이후 전 세계 자본가들 사이에서 일본의 명성을 강화한 하청 구조는 1935년에서 1945년 사이에 형성되었다. 참혹한 전쟁의 결과로 당시 일본은 심각한 원료 부족에 시달리고 있기도 했다. 정부는 산업 원료의 배급 시스템을 도입하고 중개인들에게 가격 통제를 가했다. 그 중 가장 큰 영향을 미친 것은 수평적 결합(horizontal cooperation)을 통해 하청업체를 통합하려고 한 정부의 시도였다. 정부는 소기의 목적을 이루지 못했지만 기업들이 스스로 하청 구조를 합리화했다. 그들은 가장 효율적인 클라이언트를 선택해 기업의 통제하에 두었다. 소규모 납품업체들은 품질 개선을 위한 기술 지도나 설비를 제공받는 방식으로 후원을 받았다. 이에 더해 하청회사들 간의 상호 분업이 장려되었다. 그 결과 전형적인 일본식 피라미드형 생산 구조가 등장하게 되었다.

하청업체 통제 방법은 2차 대전이 끝난 후에야 정교해지기 시작했다. 재무 회계와 관리 기법 등에 관한 기술 이전이 통제 메커니즘 중의 하나로 추가되었다. 최근 수십 년 동안 하청 생산의 비중이 훨씬 증가했다. 이는 하청으로 이루어지는 생산의 비중이 최소 70퍼센트가 넘는 자동차 산업에서 특히 심했다. 요컨대 맑스의 기대와 달리 공장제 생산 시스템은 소규모 생산자의 네트워크를 완전히 대체하지 않았다. 그보다는 그들을 종속시켜 기업형 자본의 필요에 맞도록 네트워크를 변형했다.

이 정교한 하청 체계가 노동에 미친 효과에 대해 논하기에 앞서 일본식 기업 관리의 또 다른 핵심적 특징이라 할 수 있는 '노동집단'(labour group)과 '품질관리조'에 대해 언급하고자 한다. 몇백 년 동안 일본 기업들이 생산성을 높이기 위해서 노동집단을 활용해 왔으므로 역사적 관점은 여전히 도움이 된다. 여성들이 일본 산업화의 토대를 닦은 한 세기 이전의 방적 공장과 방직 공장의 노동 조건에 관한 보고서에서 여러 사례를 찾을 수 있다. 20세기 초 섬유회사에 고용된 여성들은 출신 지역별로 조직된 집단의 일원으로서 사측이 주최한 운동회에 참여했다. 이 집단들은 약간의 포상을 제공받으면서 생산 경쟁에 임하도록 독려되기도 했다. 일찍이 19세기 말 자본가들은 노동자 가운데 압도적으로 많은 수를 차지한 여성 노동자의 사상에 영향을 미치기 위한 영악한 방법들을 고안하는 데 노력을 기울였다.

이제는 '품질관리조'로 불리게 된 노동집단 체계는 오늘날 거의 모든 일본 공장에서 가장 보편적인 현상이 되었다. 품질관리조는 자동차 산업과 전자 산업 같은 주요 산업에 속한 대기업에서 발견되지만 규모가 작은 하청업체라고 해서 예외는 아니다. 1990년 내가 일본을 방문했을 때, 도요타 트럭의 온도 조절 장치를 생산하는 회사에서 일하던 한 여성은 어떻게 여성 노동자들이 쉬는 시간에 모여 생산성 향상을 위한 여러 가지 대안을 애써 고민하게 되는지 설명해 주었다. 개인으로서 여성에게는 탈출구가 없다. 임금노동자의 노동시간뿐 아니라 '자유 시간'도 회사 관리자의 것이다. 또 전자 칩을 생산하는 다국적 기업 후지쓰 전자를 방문했을 때 파란 유니폼을 입은 관리자들은 공장의 노동집단은 불량 없는 생산을 보증한다고 자신 있게 말했다. 품질관리조 덕분에 노동자들은 완벽하게 규율화되어 있었다. 다시 말해 미국 기업들이 이전에 스톱워치를 이용해 추구한 '훈련된 원숭이'가 오늘날 일본에서는 무서울 정도로 현실화되었다.

포드주의의 역사와 중요성에 관한 뱅자맹 코리아(Benjamin Coriat)의 책 후기에 잘 나타나듯 서구에서 노동집단에 관한 논쟁이 완전히 새로운 것은 아니다. '노동의 인간화'라는 이름으로 많은 기업에서 1970년대 그리고 1980년대 초반에 그러한 집단이 도입되었다. 노동집단 시스템의 중요성은 다음과 같다.

남자 혹은 이주 노동자나 여성 노동자를 생산 속도와 업무 리듬을 스스로 결정하는 팀 혹은 '집단'에 배치하라. 스톱워치를 주머니에 항상 넣고 다니는 '시간 동작' 전문가는 이제 필요하지 않으며 뒤에서 당신(노동자)을 감시하는 감독도 필요 없다. 당신은 스스로 업무량과 업무 속도를 결정할 수 있다.[5]

다시 말해 노동집단의 형성은 세밀한 감시의 필요성을 없애 버렸다. 포드주의나 테일러주의적 접근과 다르게 개인은 이제 노동 과정의 기초가 아니다. 집단이 노동 과정의 기초가 되었기 때문이다. 더군다나 "팀의 수입, 그러니까 개별 팀원 전체의 소득은 구성원 개개인의 생산성에 달려 있기 때문에 집단이 '게으른' 노동자에 대해 관용을 보여 줄 가능성은 매우 낮다". 즉 품질관리조라는 구조에 의해 착취받는 노동자들 중 일부는 엄격한 자기 규율을 확실히 지키게 된다.

그러나 일본 기업들이 그 경쟁자들에게 전파하고 있는 새로운 방법은 도식적으로 '내적 탈중심화'(internal decentralization)라 할 수 있는 지금껏 언급한 흐름 이상을 포함한다. 문제는 내적 탈중심화와 외적 탈중심화의 경계에서 일어나는 현상이다. 여러 가지 권한이 공장 단지 내의 더 작은 생산 단위로 이전되는 것이다. 이 단위들은 대개 사실상 독립적 지위를 부여받는다. 책임은 위임되고 유연성은 증진되는 반면 이윤은 계속해

---

5) Hugo Klijne, Grahame Locke and Hans Venema의 후기에서 인용. Coriat(1980), p. 115.

서 기업으로 흐른다. 이 모델이 쌓아 온 영향력이 얼마나 큰지는 네덜란드의 철강 주조 기업 호고번스(Hoogovens)의 사례를 보면 설명이 된다. 이 복잡한 주조 공장——최근까지도 공장의 생산 구조는 하나로 통합되어 있었다——의 부지 규모는 소도시 전체에 맞먹는다. 호고번스 사측이 몇 년 전에 내놓은 마스터플랜에 따르면 일본 기업 니폰 스틸(Nippon Steel)을 모델로 삼아 공장 단지는 재구조화될 것이다. 이것이 의미하는 바는 다양한 분야와 부서에 폭넓은 자율성을 보장해 주고 철강 제품의 마케팅과 판매에 관한 업무의 권한을 이양한다는 것이다.

　물론 이러한 탈중심화가 진짜로 노동관계의 '인간화'를 이끌 수 있을지는 여전히 중요한 문제로 남아 있다. 1990년 노동조합 연구자들을 상대로 지금까지 설명된 흐름에 대해 인터뷰한 바로는, 많은 네덜란드 회사들이 열망하듯 더 작은 단위로 생산이 분할되면서 노동조합은 한편으로 밀려나게 되었다. 노동 조건에 대한 협상이 어떤 수준에서 논의되어야 할 것인지, 특정 노동자 집단이 어떤 노동조합에 가입해야 하는지 등에 대해 노동조합 간부들의 판단이 어려워지면서 사측과 노동조합의 관계는 점점 더 모호해졌다. 요약하자면, 가장 큰 위험은 노동자들의 결속력이 약화되고 나아가서는 조직력도 약화되는 것이다.

　내적 탈중심화처럼 외적 탈중심화 또한 노동자들에게 부정적 영향을 미친다. 오늘날 소규모 납품업체와 기업의 관계는 무엇보다도 간반(看板)이라고 하는 생산 부품 등의 적기 납품 원칙에 따라서 조절된다. 뒤에 다시 설명하겠지만 이 원리는 고전적 맑스주의 경제 이론의 틀에서 이해될 수 있다. 먼저 내가 자세히 살펴보고 싶은 것은 조직된 하청이 일본식 생산 라인에 가져온 사회경제적 결과다. 우선 간반 시스템이 낳은 엄청난 종속성에 대해서 알아야 한다. 전형적인 일본식 기업인 게이레쓰(系列)에서는 모기업이 1차 하청업체만 직접 소유한다. 반면 더 작은 납품업체들은 형식적으로는 독립 회사이다. 그러나 실질적으로 이 회사들은 특정 회사의 주문에 거의 100퍼센트 가까이 의존하기 때문에 소규모 납품업체들은 특정 회사의 독단적 규칙에 거의 종속되어 있다.

본질적으로 생산 부품을 하청으로 돌린다는 것은 일본 자동차회사와 전자회사가 국내외 시장의 변동에서 자유로워진다는 것을 의미한다. 소규모 하청회사는 독립되어 있어 기업이 시장의 위험을 떠넘길 수 있는 위치에 있다. 위기시 자동차회사나 전자회사가 아닌 더 작은 하청회사가 대가를 지불해야 한다는 것이다. 1970년대 석유 파동 시기에 일본의 많은 산업 자본은 수령한 부품에 대한 지불을 연기하는 방식으로 납품업체에 외상 거래(delivery-on-credit)을 강제했다. 갑자기 엔화 가치가 상승해서 자동차나 전자제품 같은 일본의 핵심 수출품 가격이 오르게 되면 종속적이고 힘없는 부품 공급 회사에 가격 인하의 부담을 지웠다. 도쿄 지역에만 45퍼센트의 기업이 '엔화 소용돌이'(yen spiral)의 영향을 받은 것으로 알려진다.[6]

그러나 궁극적으로 가장 큰 타격을 받았던 희생자는 하청회사에 고용된 남녀 노동자들이었다. 그들은 많은 시간 초과 근무를 해야 했고 위기시에는 정리해고 대상 일순위였다. 일본 노동자 다수가 놓인 부차적 지위는 일본의 파트타임 노동자의 노동 조건을 보면 잘 드러난다. 일본의 여성 노동자들을 대상으로 진행한 인터뷰를 통해 100명 남짓의 노동자를 고용하고 있는 많은 하청회사가 '파트타임 노동자'를 광범위하게 사용하고 있음이 드러났다. 인터뷰를 한 여성들은 하루 7시간 반 정도 일을 하고 시급

---

6) Annavajhula(1989), p. M-19를 볼 것.

으로 돈을 받는데 이는 정규직 남성 노동자가 받는 돈의 절반에도 미치지 못한다. 여성 파트타임 노동자의 임금은 많아 봐야 시간당 500~600엔이다. 특히 상당수 중년 여성이 이 대규모 노동예비군에 속해 있다. 언제라도 해고될 수 있기 때문에 일본 언론은 일본 소비자들이 식사 때 사용하는 일회용 젓가락에 비유하여 이들을 '일회용품'이라고 부른다.

일본 정부, 주요 기업 그리고 우파 성향의 노동조합 모두 하청기업의 한숨 나는 노동 조건을 유지하는 데 열심이다. 그들은 노동자들에게 위험을 전가하는 방식이 확고하게 자리 잡을 수 있도록 서로 힘을 합치고 있다. 기업 스스로 품질관리조에 대한 지식을 전달하면서도 '독립적인' 납품업체에게 어떠한 종류의 노동조합 활동도 금지하도록 압력을 행사한다. 정부는 파트타임 노동을 옹호하는 법률을 발표함으로써 그리고 '인력 중개소' 시스템의 성장을 독려함으로써 도움을 준다. 마찬가지로 강력한 노동조합 연합인 렌고[7]는 소규모 납품업체의 노동조합 활동 금지를 묵인했다. 이는 렌고를 대표하는 고위 간부들을 보면 확실해진다. 하청회사에서 노동조합이 조직되면 하청회사의 주문이 줄어들 것이라는 주장을 인용하여 한 지역 서기는 렌고가 오직 상대적 특권 계층인 정규직의 이해만을 보호하고 있다는 것에 대해 변명했다. 달리 말하면 생산의 탈중심화와 우리 사회에서 가장 심하게 착취당하는 집단을 침묵시키는 것이 바로 우리가 아는 일본식 '모델'의 단면인 것이다.[8]

---

7) 連合, 일본 노동조합총연합회.—옮긴이
8) 일본의 성공 이야기에 대한 나의 해석은 폴 스위지(1980)가 일본식 관리 기법의 세계화가 막 시작되던 때 내놓은 분석과는 매우 다르다는 점을 지적할 필요가 있다. 스위지는 한국전쟁(1950~1953)이 일본 경제의 회복에 미친 영향이나 제1부문(생산수단 생산)과 제2부문(소비재 생산)에서 모두 괄목할 만한 성장을 한 것과 같은 요인들에 대해 논했다. 그러나 구체적으로 산업적 착취를 위한 일본식 방법론에 대해서는 다루지 않았다.

미국주의에서 일본화로: 노동자의 독립적 지식을 전유

1960~1970년대에 진보적 성향의 저자들이 테일러주의와 포드주의 시스템을 연구하고 분석했다. 테일러주의와 포드주의 시스템은 앞서 설명한 것처럼 상품의 대량 생산을 촉진하기 위해 20세기 초반에 도입된 관리 기법을 일컫는다. 대표적으로 프랑스의 연구자 코리아는 포드주의와 테일러주의 시스템의 특성을 생생히 묘사하고 그것이 자본에 주는 이점을 상세하게 서술해 왔다. 코리아는 "훈련된 장인이 생산 과정에 대해 가지고 있던 독립적 지식을 해체"한 것이야말로 조립 라인과 스톱워치 덕분에 얻게 된 핵심적 이점이라고 본다. 자본주의의 성장기에 자본가는 노동자가 생산에 대해 가지고 있는 독립적 지식이 그들에게 상당한 권력을 준다는 것을 깨닫게 되었다. 코리아에 의하면 노동자의 이러한 권력은 자본가가 자본주의적 생산의 역사적 첫 단계에서 행사할 수 있는 통제력을 제한했다. 이로 인해 자본가는 기업체가 있는 지역에 자신의 업계에 대해 속속들이 알고 있는 사람들이 실제로 있는지 여부에 의존하게 되었다.

장인의 지식에 이렇게 의존해야 한다는 것은 19세기 영국에서 이주 금지의 해제(제안)를 놓고 벌어진 투쟁의 배경이 된다. 19세기 후반 랭커셔 지역에 있던 많은 면직물 숙련 노동자들은 일시적 실업 상태로 굶주려 있던 터라 그 지역을 떠나고 싶어 했다. 이들의 이탈이 임박해지자 공장주들은 격렬하게 저항했고 이는 영국 하원의 논쟁으로 이어졌다. 영국 섬유 공장의 소유주에게는 숙련 노동력이 없어서는 안 되었기 때문에 그 논쟁은 이주 금지를 유지하는 쪽의 승리로 끝났다. 공장주들은 이렇게 말했다. "최고의 노동자들을 외부로 유출함으로써 국가가 약해지는 것만큼 우리 국민에게 참담한 계획이 있을 수 있겠는가?" 반면 미국에는 수많은 미숙런 노동자가 있었고 이는 테일러와 포드가 선전한 방법, 바로 시간 측정기와 조립 라인의 도입을 앞당겼다. 1885년과 1915년 사이에만 1500만 명이 미국으로 이주했고 그들 중 대다수는 반숙련 혹은 미숙련 노동자였다. 따라서 배타적 작업장('클로즈드 숍'closed shop)의 원리와 상품의 질을 인증해 주는 상표('블루 레이블')에 의존함으로써 잠시나마 일자리를 지키고자 한 숙련 노동자들에게 맞서 미국의 기업가들은 쉽게 공세를 펼 수 있었다.[9]

테일러주의적 대량 생산의 단계는 생산 업무의 분절화와 숙련의 해체처럼 전체 생산 과정에 대한 자본가의 권한을 강화하는 변화가 있었기에 가능했다. 코리아에 의하면 노동력을 규율하기 위해 사용된 전문가들의 시간 동작 연구는 분명 미숙련 이주자의 산업적 생산 과정으로의 대대적 통합을 목표로 했다. 장인 노동자를 불필요하게 만들고자 했던 것이다. 그러나 이 시스템에도 문제는 있었다. 노동자들이 가진 지식들 중 창의성까지 완벽하게 최적으로 활용할 수 없다는 것이 가장 큰 단점이었다. '일본화'란 포드주의의 이러한 약점을 해결할 수 있는 방법을 찾았음을 의미한다. 대기업과 하청기업에서 모두 노동집단으로 조직된 남녀 노동자는 생산의 문제에 집중하도록 강제된다. 그들은 생산 효율성을 높일 수 있는 방안을 계속 고민하게 되어 있다. 일본에서는 도요타 노동자들은 생산에 대해 하루 24시간 내내 생각한다는 말이 회자되곤 한다. 결국 일본화란 노동자들에게 남아 있는 지식과 통찰을 효과적으로 전유하게 된 것을 의미한다. '그들의 지식은 계속해서 이용된다.'

---

9) 노동자들의 장인 지식의 파괴와 포드주의 등장에 대해 자세한 것은 Coriat(1980), pp. 18~32를 볼 것.

테일러주의/포드주의 그리고 일본화는 인간의 지식과 행동을 효율적으로 사용하고 통제하는 데 가장 큰 관심을 두고 있으므로 이 주제를 더 깊이 있게 살펴보는 것은 중요하다. 독점 자본하에서의 노동 과정에 대한 고전적 연구를 수행한 미국의 해리 브레이버먼은 1970년대까지 자본주의 기업이 활용한 기술적 지식과 그것의 적용이 어떻게 진화했는지 상세하게 분석했다. 코리아처럼 브레이버먼도 초기 자본주의 시대에 숙련 노동자는 각 분야의 노동 과정에 필요한 인간의 기술을 담지한 사람이었음을 강조했다. 도공, 무두장이, 대장장이 같은 장인들은 "그 분야에 관계되는 지식과 육체적 기능"을 머리와 몸으로 결합했으며 그들의 기술은 "과학의 선구자요 선조"였다.[10]

자본가가 숙련 노동자에게서 기술적 지식을 침탈하고 전유해 온 역사는 근대 과학에 의해 오랫동안 묻혀 있었다. 그러나 이러한 침탈의 목적과 그것을 달성하기 위해 사용된 방법들은 테일러에 의해 아주 명백하게 기록되어 있다. 테일러의 운동은 노동 과정의 매 단계와 실행 양식을 통제하기 위해 지식을 완전히 '독점'해야 한다고 그 당시 미국 자본가들을 설득하는 데 초점이 맞추어져 있었다. 그는 먼저 관리자가 "과거에 노동자가 소유하고 있던 모든 전통적 지식을 모아 분류하고 도식화하여 규칙, 법칙,

---

10) Braverman(1974), p. 109[『노동과 독점 자본: 20세기에서의 노동의 쇠퇴』, 이한주, 강남훈 옮김, 까치, 1987, 102쪽]. 노동자들의 지식을 전유하는 것에 대해 맑스는 생산수단 즉 기계 속으로 이러한 지식이 흡수된다고 주장했다는 점을 언급할 필요가 있다. "노동 수단의 기계류로의 발전은 우연히 자본을 위한 것이 아니라, 전통적으로 내려온 노동 도구를 자본에 적합하게 변화된 것으로 역사적으로 개조하는 것이다. 그리하여 **지식과 숙련의 축적**, 사회적 두뇌의 일반적 생산력의 축적은 노동에 맞서서 자본에 흡수되어 있고, 따라서 자본의 속성, 보다 정확하게는—자본이 본래적인 생산수단으로서의 생산 과정에 들어오는 한에 있어서—고정 자본의 속성으로 나타난다." Marx(1973b), p. 694[『정치경제학 비판 요강 II』, 김호균 옮김, 그린비, 2007, 372쪽], 강조 추가.

공식으로 만드는 일"을 맡아야 한다고 권고했다. 다음으로 "두뇌 작업은 가능한 한 공장과 분리되어 기획부나 설계부에 집중되어야 한다".[11] 실로 그람시의 해석은 아주 정확했다. 미국주의의 목적은 전문성이 인정된 노동에서 정신과 육체의 오래된 연결을 끊어 내는 것이었다.[12]

테일러가 자본주의적 통제의 핵심 원리로 주창한 구상과 실행의 분리는 역사적으로 새로운 직종을 창조했다. 바로 기술 엔지니어이다. 브레이버먼의 기록에 의하면 1816년 미국에는 30명 정도의 극소수 엔지니어나 그에 준하는 인력이 존재할 뿐이었다. 직업을 명시적으로 밝히도록 한 최초의 인구 조사 때만 해도 엔지니어가 2,000명 정도 있었다. 그들 중 일부만이 학교 교육을 받고 엔지니어 자격을 획득했으며 대부분은 운하나 철로를 건설하는 곳에서 일하고 있었다. 엔지니어의 수는 19세기 말이 되어서야 급격히 증가했고, 그들 직업이 대규모 직군이 된 것은 20세기에 이르러서였다. 1970년이 되자 생산의 구상과 계획에 대한 책임을 맡은 기술 엔지니어의 수는 약 120만 명이 되었다.[13]

이런 배경을 놓고 볼 때, 1970년대 무렵 기업들이 구상과 실행의 엄격한 분리, 노동의 비인간화를 공개적으로 지지한 테일러의 주장을 폐기했다는 점은 매우 역설적이다. 컴퓨터 기술의 발전과 엔지니어처럼 구상과 계획 업무를 하는 자료 관리직의 증가로 엔지니어 직업은 부분적으로

---

11) Braverman(1974), pp. 112~113[『노동과 독점 자본: 20세기에서의 노동의 쇠퇴』, 105쪽].
12) "테일러는 사실상 미국 사회의 목적을 노골적인 냉소주의로써 표현하는 것이다. 그 목적이란, 노동자 속에 자동적·기계적인 태도를 최대한 조장하고, 노동자 쪽의 지성·상상력·창의력의 적극적 참여를 일정하게 요구하는 기능적·전문적 작업의 구래의 심리, 신체적 연관을 파괴하여 생산 활동은 오직 기계적·신체적인 측면으로만 환원하는 것이다." Gramsci(n. d.), p. 302[『그람시의 옥중수고 1: 정치편』, 364쪽].
13) Braverman(1974), p. 241[『노동과 독점 자본: 20세기에서의 노동의 쇠퇴』, p. 210].

약화된 반면, 일본 기업 대부분은 작업장 노동자의 '품질관리조'를 도입했다. 품질관리조에서 노동자들은 노동 과정과 일하는 방식의 개선에 관한 학습에 참여한다. 그러나 독점 자본이 바라는 바대로 결론을 내리기 전에, 일본 품질관리조의 기능에 대해 면밀히 들여다볼 필요가 있다.

품질관리조——일본의 자동차회사 업체와 그 외 다국적 기업이 유럽이나 미국의 경쟁자들보다 우위에 서는 데 크게 기여한 시스템——의 확산은 다소 최근의 발전이다. 앞에서 언급했듯 생산 경쟁에 참여하는 '노동 집단'은 일본 산업화의 기틀이 잡힌 이래로 계속해서 존재했다. 19세기 말과 20세기 초에 섬유회사들은 생산 속도 향상 캠페인을 조직했다(그들은 여성 노동자 집단 간의 경쟁을 통해 착취 강도를 높이려고 했다). 그러나 품질 관리에 관한 생각은 미국 미사일 산업에서 무결점 운동의 형태로 처음 나타났고 1950년대 말에 일본의 생산성 본부가 이를 가져왔다. 2차 대전 이후 일본 노사관계를 주로 연구해 온 무토 이치요(武藤一羊)에 의하면 이런 생각은 그 이전에 존재하던 "소규모 집단 개념"과 "결합"되었다.[14]

무토와 그 외 다른 자료들이 확인해 주듯 품질관리조는 1960년대와 1970년대에 확산되었다. 1962년에는 23개의 품질관리조가 있었다. 1980년쯤에는 그 숫자가 증가해 10만 개를 훌쩍 넘어섰다. 일본 생산성 본부가 1976년 진행한 설문 조사에 의하면 일본 기업 가운데 71퍼센트가 품질관리조를 도입한 것으로 나타난다. 1만 명 이상 노동자를 고용한 대기업에서 그와 같은 집단에 참여한 노동자는 91.3퍼센트 정도였다고 한다. 품질관리조는 일찍이 철강 부분에서 지배력을 얻었다. 니폰 고칸 철강[일본 강관회사]의 가와사키 공장은 이미 1963년에 품질관리운동을 실시했다.

---

14) Ichiyo(1987), p.35.

1980년대 무렵에는 8,000명을 고용한 이 공장에서 품질관리조는 1,320개에 달했다. 이 회사의 전 인력이 품질관리조에 동원된 것이다.[15]

　　품질관리조를 통해 일본 기업은 노동자를 기계의 동물적 확장 상태로 격하하고 싶어 한 테일러주의 전통과는 어느 정도 단절했다. 매우 제한적인 범위에서 그리고 왜곡된 방식으로 일본 기업은 노동자의 물리적 활동과 정신적 활동의 연계를 복원했다. 다시 말하자면 테일러 이전처럼 노동자는 직접적 노동 과정에 대해 어느 정도 지식을 가질 수 있게 되었다. 그러나 자본주의가 노동자의 창의적인 수공업 지식을 복원하려 했다고 결론을 내리는 것은 매우 잘못이다. 노동에서 지적 영역은 기업에 의해 매우 신중하게 규정되었기 때문이다. 그리고 품질관리조는 어떻게 하면 생산 원가를 절감할지, 생산 불량을 최대한으로 줄일지 하는 제안 점수를 사측에 제공해야 했지만, 그것을 결정하고 노동자의 지식을 사용할 권한은 전적으로 사측에 있었다.

　　결론적으로 일본화의 이상과 현실 사이에는 이런 모순이 있다. 일본식 관리 기법을 옹호하는 사람들은 품질관리조가 '자주관리'(自主管理; self-management) 형태로 '관리에 대한 노동자의 참여'를 뜻한다고 주장한다. 그러나 현실은 품질관리조가 과거에 존재하던 일본 노동자들의 자율성은 그 어떤 것이라도 더 약화시켰다는 것이다. 품질관리조는 공식 업무가 끝난 뒤 모여서 생산 효율성 문제를 토론하도록 지시를 받는다. 일반적으로 이런 그룹에 참여해도 노동자는 어떤 초과 근무 수당도 받을 수 없다. 다시 말해 품질관리조는 불불노동일의 연장——착취의 증가——을 의미한다. 가장 주의해야 할 것은 무토가 밝히듯 품질관리조가 노동운동의

---

15) 품질관리조 수의 양적 증가에 관한 그림들은 Mankidy(1984), p. M-57을 볼 것.

역할을 빼앗았다는 점이다. "노동자들은 활동할 수 있는 시간이나 에너지를 모두 기업에 빼앗겼기 때문에 노동조합 활동이 여기에 개입할 여지는 전혀 없다."[16]

포드주의와 도요타주의: 심층 비교

포드주의와 테일러주의 시스템의 목적 중 하나는 상대적으로 높은 임금을 지급하고 연금이나 사회 보장과 같은 복리 후생 제도를 도입함으로써 대기업에 대한 노동자들의 충성도를 확보하는 것이었다. 미국 자동차회사 소유주였던 포드는 자본주의 시스템의 핵심 부문에서 일어난 저항적 조류에 대응하기 위해 선택받은 노동자에게만 경제적 권리를 주는 데 적극 찬성했다. 코리아는 포드가 어떻게 해서 '고임금' 아이디어에 확신을 갖게 되었는지 구체적으로 묘사한다.[17] 1915년 포드는 명목 임금 수준을 크게 인상하기로 했다. 임금 상승 폭은 자그마치 두 배였고 하루 5달러까지 올랐다(그래서 이를 '일당 5달러'Five Dollar Day 정책이라고 부른다). 이러한 정책 변화의 직접적 배경은 자동차 도시 디트로이트에 있는 포드를 비롯한 많은 기업의 노동자들이 높은 이직률을 보였기 때문이었다. 1913년에만 1만 5,000개의 일자리를 채우기 위해서 5만 3,000명이 선발되었다. 게다가 디트로이트는 노동자들의 저항으로 골치를 썩고 있었다. 때문에 포드는 노동자들의 임금을 인상하는 쪽으로 방향을 틀었던 것이다.

---

16) Ichiyo(1987), p. 36. Transnationals Information Exchange(1991) p. 9에 의하면 "도요타주의의 근본적 모순"은 한편에서는 노동자들이 생산 구조와 과정에 대해 생각하는 데 참여하는 한편, "진정한 자기 결정권"은 거부한다는 것이다.

17) Coriat(1980).

바로 위에서 언급한 포드사의 동기에 대해 그람시도 잘 알고 있었다. 그는 포드주의적 '고임금 이데올로기'에 대해 논했고 미국 기업들만이 영원히 지속될 수 없는 그들의 독점적 지위를 통해 고임금을 줄 수 있다고 주장했다. 게다가 고임금은 모든 미국 노동자에게 지급된 것도 아니고 오직 '노동 귀족'에 속한 사람들에게만 지급되었으며 순전히 노동자를 생산 라인에 묶어 두기 위해서였다. 그람시에 의하면 자본가는 노동자를 '훈련된 원숭이', 즉 생각이 없는 종으로 만들려는 의식적 노력을 기울였지만, 노동자는 생각하는 인간으로서 기능하기를 멈추지 않았고 이 점은 자본가들도 알고 있었다.

노동자는 그저 생각만 하는 것이 아니라 자신이 하고 있는 작업으로부터 결코 직접적인 만족을 구할 수 없으며 기업가들이 자신을 훈련된 원숭이로 만들려고 했다는 사실을 깨달으면서 순응주의적인 생각과는 전혀 거리가 먼 여러 가지 생각에 잠길 수도 있다.[18]

'일본화된' 생산 구조에서도 노동 귀족은 필요하다. 따라서 일본 역시 종신 고용 상태의 남성 노동자와 '쓰고 버리는' 많은 여성 노동자로 명확하게 구분된다. 나아가 광범하게 하청관계를 맺는 구조에서 개별 기업가가 적정 생계 수준을 유지시킬 책임은 크게 줄었다. 결국 '고임금'은 공장에서 최종 조립 작업을 수행하는 선택된 소수 정규직 노동자에게만 지급된다. 그 외 모든 노동자, 특히 여성 노동자는 저임금을 받고 20세기 초반

---

18) Gramsci(n. d.), p. 310[『그람시의 옥중수고 1: 정치편』, 373쪽]에서 인용. 이 글에서 그람시는 '고임금' 주제에 따로 한 절을 할애했다. *Ibid.*, pp. 310~313[같은 책, 374~377쪽].

디트로이트의 다른 노동자들처럼 언제든 해고될 수 있다.[19]

포드식 조립 라인 시스템의 장점 중 쉽게 간과되는 것 하나는 포드 시스템에서 자본의 회전기간이 빨라진다는 것이다. 자본가가 자본을 재투자하는 속도가 빨라질수록 초과 이윤을 얻을 기회 또한 커진다는 것은 자명하다. 맑스는 자본의 회전기간이라는 주제의 중요성을 강조했다.[20] 자본의 회전기간과 관련해 그는 생산시간과 노동시간을 구별해야 한다고 했다. 생산시간은 노동시간보다 길게 마련이다. 나무를 예로 든다면 사용 전에 먼저 눕혀 두어 건조해야 한다. 포도의 발효 시간도 생산시간에 포함된다. 자본의 일부가 임시로 저장되고 자본의 회전기간이 연장된다는 뜻이다. 이와 유사한 현상이 1990년에 일본의 담배회사에서 관찰되었다. 담뱃잎을 1년 동안 큰 솥에 저장해 두어야 담배를 생산하기 알맞게 된다. 즉 회사 자본의 일부분이 담뱃잎의 형태로 '저장되는' 것이다.

자본의 생산시간과 마찬가지로 유통시간, 원료를 구입하고 생산된 상품을 판매하는 데 드는 시간도 자본가에게는 복잡한 문제이다. 상품을 사려는 구매자를 찾는 데 걸리는 시간이 길수록 더 많은 비용이 지불된다. 생산이 끝난 후 그 재화를 저장해야 하기 때문이다. 맑스는 판매시간이 유통시간에 영향을 주는 결정적 부분이라고 했다. 반면 자본가는 추가로 금전적 자원이 필요할 수도 있다. 어떤 원재료는 1년 중 아주 짧은 기간에만

---

19) Transnationals Information Exchange(1991, pp. 3~4)에 의하면 일본식 관리 기법의 도입은 공장 폐쇄, 노동조합 활동가 해고, 임금 삭감을 수반하기도 했다. 여기서 언급한 예시들은 캘리포니아 프리몬트의 제너럴 모터스와 도요타 합작회사로 '전 세계 다른 회사들의 모델이 된' 누미(NUMMI: New United Motor Manufacturing Inc.)와 멕시코 시티 근교의 포드-쿠아우티틀란(Cuautitlan) 공장의 것이다.

20) 맑스는 『자본』 2권의 주요 부분을 자본의 유통시간이라는 주제에 할애한다. Marx(1967), p. 156.

구입할 수 있기 때문이다. 이와 관련된 것이 자본의 시작점인 구매시간이다. 맑스에 의하면 자본주의 국가에서 자본가는 자기 자본의 회전기간을 줄이고 결과적으로 자본의 유통을 빠르게 하기 위해 언제나 분투한다. 포드주의와 도요타주의 모두 자본의 회전기간을 줄이는 것을 목표로 한다. 그러나 이 두 시스템은 매우 다른 방식으로 실현된다. 프랑스 학자 코리아를 다시 인용해 보면, "포드는 재고 없는 생산을 도입"했고, 생산에 필요한 모든 재료의 전달과 공급을 잘 조절해서 "놀고 있는 생산 재료를 없애고" 싶어 했다. 포드는 조립 라인에서 강과 강줄기의 이미지를 이용했다고 밝힌다. 조립 라인은 생산 과정에서 재화가 "잘 조절된 흐름"을 따르도록 이용되었다. 공장 내 여러 생산 단계 사이에서 발생하는 재화의 저장으로 인한 화폐 즉 자본의 '손실'을 줄이는 것이 그의 일차적 관심사였다. 컨베이어 벨트 시스템을 도입함으로써 운반 업무와 관련된 비용뿐 아니라 재고를 유지하는 데 드는 지출까지도 줄일 수 있었다.[21]

이처럼 저장 비용을 줄이려는 노력은 일본의 분산적 생산 시스템에서도 있었다. 그러나 생산 과정 자체에서 저장 비용을 줄이는 방식으로 절약이 실현된 것은 아니다. 그보다는 공장에서 생산시간 전후로 재고를 유지하는 데 드는 비용을 줄였다. 도요타주의의 목표는 정확히 자본의 유통 시간을 줄이는 것이었다. 전적으로 일본식 관리 기법으로 특징지을 수 있는 이 같은 개념이 간반, 즉 적기 납품 시스템이다. 정확한 시간에 납품하는 것은 납품업체가 해야 할 일이고 주문하는 기업이 간반의 조건을 정하기 때문에, 이제 기업은 생산 부품을 유지하는 재고를 갖춰야 하는 부담을 덜게 된다. 요컨대 간반은 맑스의 고전인 『자본』에 기초해서 쉽게 이해할

---

21) 이 점은 Coriat(1980)에 의해 언급되었다. p. 57.

수 있는 현대적인 일본식 개념인 것이다.

자본의 회전기간과 맑스 이론의 확장 필요성

이 절에서는 자본의 회전기간 문제에 관한 맑스의 분석이 실제로 타당하다는 것을 강조할 것이다. 맑스는 1857~1858년 겨울에 자신의 이론적·실천적 분석을 위한 준비 단계에서 자신의 생각을 명료하게 하기 위해 기록한 노트 몇 권을 남겼다. 이 원고는 한 세기가 지나 출판되었고 "맑스의 방법론을 연구하는 데 있어서 이루 헤아릴 수 없는 가치가 있는 자료"[22]라는 평가를 받을 만했다.

그 중 두 권은 자본의 회전기간에 대해 많은 분량을 할애하고 있다. 우선 맑스는 그 개념을 어떻게 규정했는가? 맑스에게 자본의 유통이란 자본이 완성되는 전체 주기를 가리킨다. 생산시간과 유통시간(즉 상품의 생산 이전, 생산 중, 그리고 이후에 자본이 거치게 될 여러 단계)을 합한 것을 의미한다.[23] 예를 들어 생산을 시작하기 전에 원료를 확보해 놓아야 하고 상품이 준비된 이후에는 시장으로 가져가야 한다. 이러한 과정을 포괄하는 시간이 자본의 유통시간에 해당한다.

맑스의 핵심적 질문은 이것이다. 유통시간은 가치의 생산에 어떤 영향을 미치게 되는가? "여기서 우리가 관심을 갖는 문제는 다음과 같은 것이다. **노동으로부터 독립적인**, 노동으로부터 직접 출발하지 않고 유통 자체로부터 유래하는 가치 규정의 계기가 들어오는 것은 아닌가?"[24] 맑스의

---

22) Martin Nicolaus의 서문, Marx(1973b), p. 7.

23) Marx(1973b), pp. 520~521, pp. 618~619.

24) *Ibid.*, p. 519[『정치경제학 비판 요강 II』, 151쪽], 강조 추가.

답은 '그렇다'이다. 유통시간은 독립적 영향을 행사한다. 그 예로 맑스는 이렇게 비교한다. 만일 4배 작은 가치가 자본으로서 4번 실현이 되고 4배 큰 가치가 자본으로서 1번 유통된다면 더 작은 자본이 획득한 잉여가치의 생산은 4배 큰 자본이 획득한 것보다 절대 적지 않다.[25] 잉여가치가 잉여 자본으로서 이후에 활용될 수도 있기 때문에, 맑스는 오히려 더 클 수도 있다고 말하는 것이다!

따라서 자본의 유통시간과 회전기간을 정확히 계산하기 위해서는 구체적으로 분석해야 한다. 노동력 착취율 혹은 남녀 노동자에게서 뽑아낸 잉여노동시간을 안다고 해서 자본가의 축적 능력을 파악할 수 있는 것은 아니다. 자본의 회전기간을 살펴봐야만 한다.

> 어떤 주어진 기간 동안에 생산되는 가치액, 또는 자본의 총증식은……
> 생산 과정에서 실현한 잉여 시간에 의해서 단순히 결정되는 것이 아니라
> 이 잉여 시간[잉여가치]을 자본의 생산 과정이 일정한 시간 동안에 얼마
> 나 자주 반복할 수 있는가를 표현하는 수치와 곱한 것에 의해서 결정된
> 다는 것이다.[26]

이후 맑스는 유통시간이 가치를 만들어 내는 요소인지 가치를 파괴하는 요소인지에 대해 논한다. 가치 결정을 놓고 볼 때 노동과 자본의 직접적 관계에 의해 결정되지 않는 유통시간은 정확히 어떤 영향을 미치게 될까? 맑스는 유통시간이 '자연적 장벽'이 될 수도 있다고 본다. 가치 절하

---

25) *Ibid.*
26) *Ibid.*, p. 544[같은 책, 181쪽].

의 시간인 것이다. 자본의 유통 속도가 빨라질 수 있으면 생산 과정이 반복되는 속도도 더 빨라지고 이는 자본 소유자에게도 좋은 것이다. 다시 말해 "유통시간 자체는 자본의 생산력이 아니다.……유통시간——유통 과정——의 촉진과 단축에 의해서 발생할 수 있는 것은 모두 자본의 본성에 의해 정립된 제약을 완화하는 것이다".[27]

이는 오늘날 국제 자본의 몇 가지 주요 흐름, 특히 일본 기업의 구체적 운영 방식(간반)과 의사소통 수단을 더욱 발전시키려는 자본주의의 추동력을 설명해 준다. 예를 들어 생산된 상품의 재고를 유지하기 위해 필요한 시간은 주문을 전달하는 데 걸리는 시간의 영향을 받는다. 원래 이런 것들은 수일 이상 걸려서 운반원이나 편지로 전달되어야 했지만 전신 시스템 그리고 더 최근에는 팩스 시스템의 발명으로 전달 시간은 거의 영에 가까워지게 되었다. 결국 정보 통신의 발전이 유통시간을 최대한 줄여보려고 한 자본의 필요에 기여하게 된 것이다. 여기서 맑스를 다시 인용하자면, "자본은 그 본성상 공간적 제약을 뛰어넘는다. 따라서 교환의 물질적 조건들——통신과 운송 수단——**시간에 의한 공간의 소멸**—— 은 자본을 위해 필요 불가결한 것이 된다".[28]

맑스의 분석을 통해 일본의 간반 원리가 왜 자본가들에게 대단한 인기를 누리는지도 이해할 수 있다. 자본은 (원료나 생산 부품의 형태로) 생산이 시작되기 전 자본이 활용되지 않는 시간과 생산이 끝나고 난 뒤 상품의 재고를 유지해야 하는 기간 두 가지를 모두 최소한으로 줄이는 데 관심이 있다. 자본의 유통을 빠르게 하는 방법 중 하나는 하청회사에게 부품을 정

---

27) Marx(1973b), p. 545[『정치경제학 비판 요강 II』, 182쪽].
28) *Ibid.*, p. 524, 강조 추가[같은 책, 157쪽].

확히 제때에 전달하도록 강제하는 것이다. 일본 기업과 전 세계 경쟁사의 관리자들은 상품 유통에 필요한 시간이 그들이 생산하는 가치의 양에 영향을 미친다는 것을 아주 잘 알고 있다. 간반은 자본 실현의 장벽을 제거하는 데 기여한다. 적어도 그러한 규칙을 강제할 수 있는 사람들에게는 말이다. 의사소통 발전의 경우와 마찬가지로 여기서 자본의 목적은 유통시간을 가능한 한 영에 가깝게 줄이는 것이다.

나아가 일본화 시대는 자본주의 시스템에 대한 근본적 이해를 재고하게 만들었다. 맑스는 산업 자본가들이 노동자 수천 명을 한 지붕, 한 공장 아래 모아 놓으면서 의도치 않게 자기 무덤을 파게 된다고 생각했다. 잘 알려져 있다시피 맑스는 자본주의 스스로 자본주의 시스템을 전복하고 사회주의 사회를 건설하기 위해 자생적으로 투쟁하는 집단적 노동자를 만들어 낸다고 주장했다. 사실 맑스는 한 건물 혹은 한 공간에 함께 모여 있는 노동자들을 새로운 생산양식과 동일시하는 데 주저함이 없었다.

> 아주 많은 수의 노동자가 같은 시간에 같은 공간에서(또는 같은 작업장이라고 해도 좋다) 같은 종류의 상품을 생산하기 위하여 같은 자본가의 지휘 아래 일한다는 것은 역사적으로나 개념적으로나 자본주의적 생산의 출발점을 이룬다.[29]

그러나 후기 자본주의 시기의 새로운 단계로 불리는 현대 일본식 모델에서 맑스의 집단적 노동자 개념에 맞는 노동자의 수는 노동계급에서 소수에 불과하고 산업 노동자의 수 역시 현격히 줄어들었다. 게다가 일본

---

29) Marx(1977a), p. 305[『자본 I-1』, 강신준 옮김, 길, 2008, 449쪽].

자본가들은 자본주의적 생산의 각 단계에 대한 맑스의 개념화를 뒤집었다. 되짚어 보면 맑스는 세 단계를 개념화했다. 선대제 시스템 아래서 일하는 소규모의 '독립적' 생산자로 이루어진 가내 공업이라는 역사적 단계 다음으로 매뉴팩처 단계가 이어진다. 매뉴팩처에서는 같은 공장에서 우두머리 노동자 한 사람의 지도 아래 전문적 장인 노동자들이 일했다. 맑스에 의하면 매뉴팩처 시스템은 노동자들을 기계의 단순한 연장으로 격하하는 공업 시스템으로 대체된다. 맑스는 가내 공업과 매뉴팩처는 당장 없어지지는 않고 얼마간 살아남을 것이라고 생각했다. 예컨대 영국에서는 의류 생산이 "과도적 형태의 집합"으로 여겨진다. 하지만 역사는 공장의 편에 서 있을 것이다. "이들 과도적 형태가 매우 다양하다고 해서 공장제 경영으로 전화하는 경향이 은폐되는 것은 아니다."[30]

오늘날의 현실(100년 이상 지난 상황)은 맑스가 내놓은 도식적인 생각을 뒷받침해주지 않는다. 가내 공업과 소규모 기업은 일본처럼 경제적으로 가장 영향력 있고 산업화가 충분히 진행된 나라에서도 사라지지 않았다. 사실 소규모 하청회사가 계속해서 남아 있는 것은 일본의 대기업이 의도한 바였다. 그리고 하청기업의 생산 방식을 초기 산업 발전 단계의 노동 착취 공장에서 만연하던 생산 방식과 동일시할 수 없다는 것을 인정한다 하더라도, 다국적 기업이 유지해 오는 광범위한 하청 네트워크를 분석하지 않고서는 일본화에 대한 어떤 심층적 이해도 불가능하다. 이는 오늘날 정치경제학자들에게 매우 중요한 과제이다.

그러면 이제 우리는 맑스의 주장이 낡았다거나 자본주의에 대한 그의 이해는 잘못되었다고 결론지어야 하는 것일까? 맑스주의 경제학을 폐

---

30) Marx(1977a), p. 442[『자본 I-1』, 633쪽].

기하려는 경향은 서구 언론이 맑스주의의 '죽음'을 선언했을 당시 극에 달했다. 이 이론을 계속해서 견지하고 있으면 누구든 '시대착오자'로 취급된다. 그러나 나는 맑스주의의 전면적 폐기는 지적 무장 해제를 낳았을 뿐이며, 이는 자유로운 인간을 만들어 내는 대신 '훈련된 원숭이'와 '일회용 노동자'를 양산하는 시스템에 예속되게 만든다고 생각한다. 맑스가 자본의 회전기간을 분석한 것을 언급한 예에서 설명했듯이, 그의 개념화는 세계 자본주의에서 일어난 최근의 발전을 이해하는 데 핵심적 요소들을 제공한다. 실제로 여성의 노동에 대해 내가 이용한 분석적 방법을 똑같이 하청 체계에 적용해 볼 수 있다. 이론적 공백을 메우기 위해 맑스주의의 유산을 확장해야 하는 것이다.

소비재의 대량 생산과 여성의 위치

아직 포드주의와 도요타주의가 여성에게 미친 영향에 관해서는 별로 언급한 게 없다. 그렇다고 소비재를 대량 생산하는 이 두 가지의 방식이 여성에게 아무런 영향도 미치지 않았다는 뜻은 아니다. 사실은 그 반대다. 지금부터 살펴보겠지만, 현대 공장에 조립 라인과 컨베이어 벨트를 도입한 이래 자본 축적 과정에서 핵심적 자리는 언제나 여성이 차지하고 있었다. 특히 자본의 회전기간을 빠르게 하기 위해 취해진 두 가지 서로 다른 접근 방식이 여성에게 많은 영향을 미쳤다. 지금까지 대량 생산 방식을 다룬 문헌들은 남성과 여성 노동자에게 각각 어떤 일이 일어났는지를 오랫동안 구별해서 살펴보지 못했다. 최근에야 몇몇 여성주의자들이 소비재를 대량 생산하는 공장의 성별 분업을 연구하기 시작했다.

미리암 글룩스만은 여성 조립공에 관한 매우 뛰어난 연구를 수행한 연구자다. 이미 언급했듯 글룩스만은 1930년대에 가전제품과 가공식품을 생산하는 영국 공장의 여성 노동자들을 인터뷰했다. 그녀에 의하면 영국은 미국과 매우 다른 방식으로 생산에 '연속 흐름' 공정을 도입했다. 미국에서는 "소형 소비재 산업에서 폭넓게 사용하기 전에" 전동기 산업에서 조립 라인을 먼저 사용했지만 영국에서는 그렇지 않았다.[31] 영국에서는 컨베이어 벨트 시스템을 이용하는 (전기공학 산업과 가공식품 부문에서) 조립 라인과 기계의 속도에 따라 움직이는 단순 노동에 여성이 처음으로 예속되게 되었다. 결국 "조립 라인의 계급관계를 처음으로 개척한 사람들이 바로 여성"이었던 셈이다. 글룩스만에 의하면 "2차 대전이 되어서야 영국의 남성 노동자들은 대대적으로 조립 라인의 계급관계에 속하게 되었다".[32]

포드주의와 도요타주의를 연구하는 남성 연구자들에게는 간과된 사실이지만 자동차 산업에서도 여성은 초기부터 중요한 위치를 점하고 있었다. 글룩스만에 따르면 1930년대에는 여성이 자동차 부품이나 부속품 제조에서 육체 노동력의 상당수를 이루었고, 부품 산업은 "대개 조립회사보다 더 앞서서" 대량 생산 방식을 활용하곤 했다.[33] 그러나 20세기 관리 기법에 관한 문헌들은 오랫동안 큰 공장에서의 자동차 최종 조립에만 관심을 보였다. 최종 조립은 언제나 남성의 몫이었으므로 결국 이런 문헌들은 남성에게만 일방적으로 초점을 맞춘 것이다. 이 때문에 글룩스만은 여러 여성주의 저술가들과 함께[34] 브레이버먼이 제시한 흐름을 비판

---

31) Glucksmann(1990), p. 263.

32) *Ibid.*

33) *Ibid.*, pp. 90~91.

34) Braverman에 대한 상세한 비판은 Beechey(1987) p. 73을 볼 것.

했다. "1974년 브레이버먼의 『노동과 독점 자본』(*Labor and Monopoly Capital*)이 출간된 이래 후속 연구자들의 주된 관심은 확고히 남성에게 고정되어 왔다. 종래의 노동 역사에서보다 여성 노동자는 더 보이지 않게 되었을 뿐 아니라, 노동 과정에 대한 일방적 묘사는 노동 과정에서 일어난 가장 중요한 변화들을 사상함으로써 역사를 왜곡했다."[35]

글룩스만은 5개 공장에서 일어난 변화를 세밀하게 조사했다. 이들은 포장식품 제조 업체(비스킷을 만드는 픽 프레안과 케이크, 빵, 아이스크림을 생산하는 라이언스 컴퍼니) 두 곳과 축음기 제조사(EMI: Electrical and Musical Instruments), 전기 다리미 제조사(모피 리처드), 끝으로 진공청소기 제조사(후버)이다.[36] 이들은 각각 포드주의 원리를 도입했다. 작업자가 줄지어 서서 부품을 붙인 다음 그것을 수작업으로 옮기는 조립 라인 작업의 가장 기본적인 형식은 1930년대 이전에 이미 도입되었다. 중간 단계는 벨트나 밴드를 거치지만 여전히 수작업으로, 한 작업자가 다른 작업자에게 생산품을 운반하는 식으로 이루어질 수 있었다. 그러나 대량 생산 산업에 속한 고용주들을 고무한 '궁극적 목표'는 생산 속도를 '외부에서' (그러니까 사측이) 통제할 수 있는 이동식 컨베이어 벨트의 도입이었다.[37]

게다가 자동차 조립의 경우 이 같은 형식의 기계화를 도입한 목적이 자본의 회전기간 단축이었다는 것은 매우 명백했다. 글룩스만이 지적하듯 이동식 벨트 시스템과 벨트 속도 조절은 소유주에게 생산에 대한 완전한 통제권을 주었고 계획된 생산량의 자동적 달성을 가능하게 했다.[38] 글

---

35) Glucksmann(1990), p. 278.

36) *Ibid.*, p. 93.

37) *Ibid.*, p. 148.

38) *Ibid.*, p. 152.

룩스만은 새로운 시스템의 본질을 명확하게 하기 위해 생산의 '연속 흐름 공정'에 대해 계속 언급했다. "생산 과정의 시작부터 끝까지 업무를 매끄럽고 끊기지 않게 만드는 데 방해가 되는 어떤 것도 갖가지 자원(시간, 노동, 신체 활동)의 낭비와 함께 제거될 것이었다."[39] 자동차를 생산한 포드 공장의 경우와 마찬가지로 소형 소비재를 생산하는 영국 공장 자본가들도 분명 생산 과정의 여러 단계에서 "시간을 낭비하게 하는 어떤 종류의 잠재적 요인"도 제거하려고 했다.[40]

더군다나 글룩스만의 설명을 통해 전자제품이나 포장식품의 대량 생산에서 테일러주의 관리 기법을 특징짓는 시간 동작 연구와 단순 노동의 대상이 된 것은 남성이 아닌 여성임을 알 수 있다. 위에 언급한 기업들도 남성 노동자를 고용하기는 했지만 그들 중 이런 방식의 통제를 받은 이는 없었다. 글룩스만이 기록한 소비재 생산의 모든 사례에서 조립 업무는 여성 작업자에 의해서만 수행되었다. 시간 동작 연구를 통해 생산 목표가 설정되고, 여성이 최대한의 작업 속도로 일하도록 독려하기 위해 보너스 제도가 고안되었다. 예를 들어 픽 프레안 비스킷 공장의 포장 업무에 고용된 여성들은 글룩스만과의 인터뷰에서 1930년대 초반 비도 급여 제도 (Bedaux system)가 어떻게 도입되었는지 기억을 더듬어 설명해 주었다. 이 시스템에서 기본 급여율은 반드시 달성되어야만 하는 것이었고 모든 초과노동은 추가 급여율에 따라 집단 보너스 형태로 지급되었다. "모두가 동일한 상여금을 받았기 때문에, 벨트가 더 빠르게 움직이고 통조림이 더 많이 포장될수록 집단 전체가 돈을 더 많이 벌게 된다는 것을 의미했다."[41]

---

39) Glucksmann(1990), p. 148.
40) *Ibid.*, p. 152.
41) *Ibid.*, p. 105.

라이언스 컴퍼니에서 시간 동작 보너스 시스템은 시간 연구 엔지니어들이 비도 급여 제도를 들여온 이후 비슷한 방식으로 도입되었다.[42]

서벵골의 의류 제조에 관한 5장에서는 낮은 기술 발전 단계에 있는 산업의 성별 분업이 세부적 노동 분업과 교차하게 되는 것을 보았다. 가령 편자비의 제조 과정을 이해하기 위해 남녀 사이에 발생하는 세부적 노동 분업과 제조 업무의 분담에 대해서 면밀히 살펴보았다. 글룩스만은 이 같은 분석을 고도로 기계화된 산업에서 끌어내었다. 글룩스만은 지금까지 무시되어 온 소비재 대량 생산에서 여성이 차지한 역할을 조명하는 데 그치지 않고 이런 산업들에서의 성별 분업을 구체적으로 분석했다. 글룩스만에 의하면 "실제 성별 분업은 언제나 지배적인 기술적 분업 속에 배태되어 있고 또 그와 맞물려 있다".[43]

포드주의적 생산 방식이 접목된 당시의 상황은 산업마다 다르다. 전기공학 산업은 남성이 많았지만 의류나 음식 가공 같은 산업은 남녀가 섞여 있었다. 그러나 글룩스만은 1920년대와 1930년대에 일어난 변화의 결과 이 모든 산업이 훨씬 더 유사해졌다고 주장한다. 여성은 결국 조립 라인의 직접 생산자가 되었지만 남성에게는 부품 공급의 배치, 기계 설치와 수리, 완제품 점검 같은 그 외의 모든 간접적 (정비) 업무의 책임이 주어졌다. 새로운 시스템이 '진행 감독자'처럼 남성에게만 할당되는 새로운 직업들을 만들어 내기도 했지만, 모든 조립 업무는 그 외 다른 책임이 전혀 없던 여성에게만 할당되었다. 글룩스만에 따르면 결국 새로운 성별 분업의 첫번째 특징은 공장 내 직접 생산자와 간접 생산자 사이의 분업과 성별 분

---

42) *Ibid.*, p. 128.
43) *Ibid.*, p. 198.

업이 일치하게 된다는 것이다.[44]

글룩스만은 성별 분업의 또 다른 두 가지 특징에 대해서도 기술한다. 첫째는 여성 노동자들이 동질적 집단을 이룬 반면에 전체 노동력에서 남성 부문은 이질적이었다는 것이다.

> 여성은 모두 유사한 업무를 수행하고 같은 수준의 임금을 받는, 같은 직급, 같은 숙련 수준에 속한 동질적 집단을 이루었다. 이와는 정반대로 남성은 훨씬 더 이질적 위치를 점하고 있었다. 다른 수준의 기술을 보유하고 있던 그들은 분업의 구조에서 모든 직업과 모든 직급에 폭넓게 퍼져 있었고, 매우 다른 종류의 업무를 수행했으며 조금씩 차이는 있었지만 그에 따라 임금을 지급받았다.[45]

글룩스만은 여성이 생산 과정에서 서로 비슷한 처지에 있었다는 사실을 전하기 위해 '결속된 여성'(women assembled)이라는 표현을 사용한다. 여성은 '집단적 노동자'로 결집되고 집단으로 이해관계를 공유한다. 반면 남성은 공장 내 분업에서 각자의 위치에 따라 나뉜다.

끝으로 컨베이어 벨트 시스템 역시 감독관으로서 남성이 여성에게 행사한 가부장적 통제에 영향을 미쳤다. 글룩스만의 회고에 따르면, 그리고 영국 산업의 역사에 관한 다른 여성주의 연구가 확인한 바에 따르면 "전통적 제조업에서 여성 기계 작업자는 개인적 권위를 갖는 남성 지시자에게 직접 감시를 받으며 일했다".[46] 새로운 시대의 조립 라인 산업에서

---

44) Glucksmann(1990), p. 154.
45) *Ibid.*, p. 205.
46) *Ibid.*, p. 207.

여성은 여전히 종속적 위치에 있다. 그러나 그들의 종속은 양상이 바뀌었다. 생산 속도 조절자, 품질 관리자 그리고 통제의 주체로서 행동하는 남성은 컨베이어 벨트를 통해 권한을 행사했다. 따라서 여성은 "그 이전의 혹은 그와 다른 생산 시스템의 경우보다 훨씬 더 직접적으로 기술적 통제에 종속되었다".[47]

앞서 언급했듯 글룩스만의 분석은 역사적인 것이고 후기 관리 방식(즉 일본식 관리 기법)하에서 성별 분업이 어떻게 진화했는지에 대해서는 다루지 않는다. 그러나 그녀의 분석은 포드주의와 도요타주의라는 대량 생산 시스템에서 성별 분업을 비교 분석하는 데 출발점을 제공할 수 있다. 다음 장에서 나는 오늘날 일본 전자회사에서의 성별 분업에 대해 간단히 다룰 것이다. 그녀가 분석한 영국 공장의 경우처럼 여기서도 여성은 여전히 '반숙련'으로 분류되는 일을 한다. 그녀가 지적한 성별 분업의 다른 측면들(직/간접 생산자의 분절, 동질적 여성 노동과 이질적 남성 노동의 분절)이 일본식 경영 원리에 따라 운영되는 기업에도 적용되는지 평가할 필요가 있다.

요약: 혁신적 노동조합 전략의 필요

이 장에서는 일본화/도요타주의에 대해 설명하고 분석했으며, 20세기 초반 미국에서 등장한 포드주의 대량 생산 시스템과도 비교했다. 나는 일본식 관리 방식이 두 가지 매우 중요한 특징을 가지고 있다고 주장했다. 남녀 노동자들을 기업의 규칙에 정신적으로 종속시키려고 만든 품질관리

---

47) *Ibid.*, p. 208.

조, 생산의 위험을 부품 제조사와 그곳에 고용된 노동자들에게 전가하는 하청 구조가 바로 그것이다. 컨베이어 벨트와 스톱워치가 포드주의/테일러주의의 특징이라면 이 두 요소는 도요타주의의 특징적 요소이다.

포드주의와의 심층 비교는 자본가들이 산업혁명 때부터 해결하려고 노력한 일종의 '병목' 현상이 도요타주의 시스템에서 원시적 방식으로 '해결되었음'을 보여 준다. 포드와 테일러는 시간 측정기와 조립 라인을 도입함으로써 노동계급의 반항과 저항 정신을 한꺼번에 쓸어 내고 싶어 했다. 그들은 공장에서 자본에 대한 투쟁, 인간적인 세상을 향한 투쟁을 뿌리째 뽑아 버릴 수 있도록 공장 생산을 규제하려고 애썼다. 그들은 오직 부분적으로만 성공했다. 사회주의에 영향받은 계급투쟁의 흐름이 1960년대와 1970년대 프랑스와 이탈리아 같은 서유럽 국가들을 완전히 에워싼 것을 그 예로 들 수 있다. 이 때문에 상당수 남녀 노동자를 공장에서 물리적으로 쫓아내고, 집단적 노동자를 지리적으로 떨어진 수많은 단위로 잘게 쪼갠 일본식 관리가 관심을 끌 수 있었던 것이다.

일본식 체제와 이를 적용한 전 세계 다국적 기업은 자본 축적 과정의 새로운 단계를 이미 예고하고 있다. 존립 가능한 세계를 향한 투쟁의 미래를 위해 이제 그 중요성을 분명하게 인식해야 할 것이다. 일련의 대량 상품 생산이 일본화된 구조에서 폐기되는 것이 아니다. 사실은 그 반대이다. 일본의 자동차회사와 전자회사도 미국 경쟁자들처럼 되도록 가장 큰 규모로 표준화된 대량 상품 생산을 추구한다.[48] 그러나 이러한 목표에 도달

---

48) 조립 라인에서 일하는 일본 노동자들이 경험하는 강도 높은 압력에 대해 자세히 알고 싶다면 도요타 노동자 가마타 사토시(1986)의 일기를 볼 것. 이 책의 저자는 p. 142에서 조립 라인 생산 시스템은 하청회사로까지 확산되었고 간반 시스템은 그 연결 고리를 제공한다고 말한다. "공급 업체의 조립 라인은 도요타 공장의 조립 라인과 동시에 돌아간다. 언론이 극

하기 위해 내부의 위계적 관계와 외부 관계는 근본적으로 재구조화된다. 코리아가 썼듯이 "포드주의의 위력은 그 엄청난 속도에 있다". 간반의 규범에 따라 운영되는 기업들에서 속도와 비인간적 압박은 전무후무한 수준으로 상승한다.

산업 노동자의 노동조합 운동에 (여기서 나는 고도 산업국가만이 아니라 멕시코나 브라질, 인도 같은 제3세계 나라도 함께 고려하고 있다) 일본화는 엄청난 영향을 미치고 있다. 독일 노동조합 간부는 "노동조합이 완전히 압도될 수 있다"고 밝힌다. 진보적 성향의 노동조합까지 포함해 노동조합들이 그래 온 것처럼 노동 귀족이나 집단적 노동자만을 지향하는 것은 지지받을 수 없다. 그런 전략으로는 가장 특권적인 정규직 남성 노동자만의 이해관계를 옹호하게 되고 계절노동자, 임시직 노동자, 특히 전 세계 노동예비군의 가장 큰 부분을 차지하는 여성의 이해관계는 구조적으로 방치된다. 이런 전략은 자기 파괴적이다. 외적 탈중심화를 통해 자본가들이 전체 노동계급의 힘을 약화시키는 데 성공했기 때문이다. 결론적으로 여러 아시아 국가에서 볼 수 있듯이 간반, 품질관리조, 하청이라는 자본가들의 전략으로 인해 노동조합 전략을 근본적으로 재고해 볼 필요가 있다.[49]

찬해 온 이러한 간반 방식은 사실 하청회사가 제때에 확실히 납품하도록 만들어진 것이었다. 이는 산업 내에 동기화 현상이 점차 강화되고 있음을 보여 주는 증거이기도 하다. 심지어는 납품업체와 도요타 공장 사이의 길마저 두 공장 내의 실제 조립 라인을 서로 연결해 주는 조립 라인처럼 여겨질 정도이다." 이 인용구는 포드주의적 방식의 재고 절감과 도요타 방식의 재고 절감 사이의 긴밀한 상호 연결성을 잘 드러내 준다!

49) 포드주의의 역사는 노동조합 운동에 대한 도요타주의의 승리가 일시적 현상일 수 있음을 보여 준다. 미국 노동조합은 수십 년 후에 포드주의를 따라잡았다. Transnationals Information Exchange(1991), p. 4. "1937년 [미국 자동차 노조United Automobile Workers Union가 만들어지던 중―인용자] 제너럴 모터스의 플린트 자동차 공장에서 연좌 시위가 발생하기 전까지 조립 라인의 미숙련·반숙련 노동자를 노동조합으로 조직하는 것은 불가능하게 여겨졌다."

12장

대규모 노동예비군으로서 일본 여성

"여성은 잠재적 노동예비군이다. 자본주의적 생산양식이 생겨난 이래 그들의 노동 능력은 축적의 주기와 시기에 따라 흡수되기도 하고 거부되기도 해왔다."[1] 꼭 일본 여성을 가리켜 한 말은 아니었지만 베로니카 벤홀트-톰젠의 이런 주장은 산업 발전의 여러 국면에서 일본 여성 노동자들이 경험한 바와 잘 맞아떨어진다. 어느 단계에서나 자본가는 여성을 일회용 노동예비군으로 취급했다.

오랫동안 일본은 노동자가 고용 안정성과 지속적 임금 상승이 뒷받침된 종신 고용을 누리는 나라로 묘사되어 왔다. 자비로운 기업의 관리자들은 노동자들이 직업 안정성을 전혀 걱정할 필요가 없게 한다고들 했다. 앞 장에서 이러한 이미지가 매우 기만적이라는 것은 이미 보여 주었다. 일본의 주요 기업에 생산 부품을 공급하는 하청회사에서 노동자의 종신 고용이란 존재하지 않기 때문이다. 게다가 도요타, 미쓰비시, 닛산 같은 기업의 남성 노동력 대부분이 정규직으로 고용된 것은 사실이지만, 그런 기업

---

1) Bennholdt-Thomsen(1981), p. 27.

들 또한 일본의 교외 지역 같은 곳에서 유입된 계절노동자와 임시직 노동자(temporary workers)에 의존하고 있다.[2]

이 장에서는 일본 여성 대부분이 '종신 고용' 시스템의 혜택을 언제나 빼앗겨 왔음을 보일 것이다. 그들은 일본 자본가들이 만든 그런 '자비'로부터 어떤 도움도 받지 못했다. 오히려 그 반대였다. 자본주의 국가로서 일본이 빠르게 성장하던 시기에 산업 자본가는 노동력의 원천으로 수많은 여성을 활용했다. 그들은 어리고 글을 모르는 시골 여성을 초창기 섬유 공장의 노동력으로 모집했던 것이다. 더 최근인 2차 대전 이후에는 고등학교를 졸업하고 결혼을 앞둔 여성을 고용했고 마침내는 중년 기혼 여성도 고용했다. 그러나 여성의 노동은 임시적이고 언제라도 내쳐질 수 있는 것이었다. 그렇다고 해도 이들의 일은 나름대로의 상시적 특성을 지니고 있었다.

이 장에서 나는 일본을 구체적 예로 들어 여성을 부차적인 일회용 노동력으로 사용한 방식 그리고 여성주의 저술가들이 이러한 현실에서 도출해 낸 이론적 결론을 다루고자 한다. 앞 장에서 나는 자본주의하에서 여성의 가사노동을 설명하기 위해 맑스의 노동가치론을 확장하고자 했다. 이 장에서는 왜 젊은 미혼 여성과 중년 주부가 자본주의 기업에 의해 방대한 노동예비군으로 이용되는지 분명히 하기 위해 마찬가지로 '상대적 과잉 인구'(즉 '노동예비군')에 관한 맑스의 이론을 확장할 필요가 있음을 보여 줄 것이다.

---

2) Bouwman(1986), p. 157; Ichiyo(1987), p. 39를 볼 것.

초기 견사 공장과 섬유 공장의 여성 노동자 착취

일본 산업화의 역사를 간단히 살펴보는 것으로 개괄적인 설명을 시작하는 것이 좋겠다. 이를 통해 여성의 임금노동은 처음부터 자본 축적의 단계에 매우 중요했다는 점을 쉽게 이해할 수 있을 것이기 때문이다. 앞 장에서 이미 이야기했지만 일본에서 근대화는 1868년 메이지 유신이 있고 난 뒤 19세기 후반에 시작되었다. 전통적 지배 집단 사무라이는 외세의 압력에 직면해 외부 환경에 적응하기로 결정하고 근대화 과정을 확산시키기 위해 섬유 공장을 택했다. 20세기까지 줄곧 섬유 부문은 고용 규모(1899년 전체 공장 노동자 가운데 62.8퍼센트라고 보고되었다) 측면에서나 생산품의 가치 측면에서나 일본의 여타 산업을 무색하게 만들기에 충분할 만큼 독보적이었다.[3]

초기 단계에서 섬유 부문은 주로 견사나 면사 생산으로 조직되어 있었다. 견사를 짜는 일은 시골에 위치한 공장에서 소규모로 이루어졌다. 도노 하루이에 의하면 이러한 산업은 목화나 철광석 같은 원료, 그리고 중공업 발전에 필요한 기계를 사는 데 필요한 외화를 벌어들였다. 반면 도시 지역에 설립된 면방적 공장은 수입 대체 산업을 이루고 있었다. 이 공장들은 직물 천의 수입에 따른 외화의 유출을 막는 데 한몫했다.[4] 수십 년 동안 이 두 부문은 일본의 해외 무역을 완전히 지배했다. 1913년 면사와 견사는 일본 수출의 거의 3분의 2를 차지했다. 게다가 면직 공장이 점점 더 많이 생겨남에 따라 세계 직물 시장에서 일본이 차지하는 비중은 더욱 커져

---

3) Harui(1985), p. 51; Kidd(1978), p. 1; Saxonhouse(1976), p. 97.
4) Harui(1985), pp. 51~52.

갔다. 1937년에는 (가중된) 비중이 37퍼센트에 달했다.[5]

흔히 일본의 성공적 전환에 관한 이야기가 회자되는 반면에, 초기 산업 자본가들이 노동력을 얻기 위해 여성에게 일차적으로 의존했다는 것은 훨씬 덜 알려져 있다(표 12-1을 보라). 이는 견사 공장이나 면방적 공장이나 둘 다 마찬가지였다. 그레이 색슨하우스(Gray Saxonhouse)에 의하면 전 세계의 다른 섬유 생산 중심지들과 비교할 때(예를 들어 19세기 중반 매사추세츠의 로웰이나 19세기 말 봄베이[현재 뭄바이]) 여성 노동자의 비중은 일본 섬유 공장에서 가장 높았다. 그의 자료는 1909년 그런 공장에서 여성이 전체 노동력의 83퍼센트를 구성했음을 보여 준다. 색슨하우스는 젊은 여성 노동자를 일컬어 "50년 만에 일본 면섬유 산업을 세계적 수준으로 끌어올린 원동력"[6]이라고 표현했다. 지금부터는 초기 여성 공장 노동자가 직면했던 착취의 조건에 대해 면밀히 살펴봄으로써 여성 노동에 대한 분석을 시작하고자 한다.

견사 공장과 면방적 공장의 소유주가 실행에 옮긴 착취 방법은 다른 지역(산업혁명 당시 영국과 오늘날 방글라데시)의 신흥 자본가가 취한 방식과 주요 측면에서 흡사하다. 방글라데시의 의류 노동자에 관한 장에서 나는 산업화 초기 자본가가 노동자로부터 잉여가치를 뽑아내기 위해서라면 그 어떤 대가도 치르려는 성향을 뚜렷이 보임을 확인했다. 그들은 아동을 포함해 가장 값싼 노동력을 선호하고 육체적으로 지속 가능한 한계를 넘어서까지 노동일을 연장하려고 했다. 가능한 한 가장 짧은 시간에 이윤을 최대한 거두어들이는 데 모든 노력이 맞추어졌다.

---

5) Saxonhouse(1976), p. 97.
6) *Ibid.*, p. 101.

표 12-1 일본의 면방직 노동력 중 여성 비율

일본		미국		영국		인도		프랑스	
1909	83.0	1830	66.0	1835	55.1	1884	22.5	1886	53.0
1914	83.3	1850	63.0	1847	58.7	1894	25.9	1896	50.0
1920	80.0	1890	54.5	1867	61.3	1909	22.1	1906	45.5
1925	80.6	1910	48.3	1878	62.7	1924	21.6		
1930	80.6	1919	42.4	1895	62.3	1934	18.9		

출처: Saxonhouse(1976), p. 100.

표 12-2 일본 제조업의 부문별 고용 비중(1909~30)

	1909	1915	1920	1925	1930
섬유 산업	60.8	59.9	55.5	52.3	47.7
금속 산업	2.3	2.9	4.7	5.4	5.3
기계 공업	5.8	7.8	12.3	13.2	12.5
화학 공업	3.2	4.0	5.9	5.6	6.0
식품 가공업	11.1	8.2	6.5	9.5	8.1
기타	16.8	17.2	15.1	14.0	20.5

출처: Saxonhouse(1976), p. 100.

표 12-3 면방직 산업의 근속 연수별 노동력 비중

	일본 (1897)	일본 (1918)	매사추세츠 주 로웰 시 (1890)	미국 남부 (1925)	인도 봄베이 (1890)	인도 봄베이 (1927~28)
1년 이하	46.2	50.3	25.0	27.3	-	-
1 ~ 2년	23.3	18.4	13.0	13.2	-	-
2 ~ 3년	13.3	11.1	11.0	12.7	-	-
3 ~ 4년	7.7	9.3	11.0	9.6	-	-
4 ~ 5년	4.7	9.3	9.0	6.4	-	-
전체(5년 이하)	95.2	89.1	69.0	69.2	72.2	46.5
5 ~ 10년	4.6	7.0	25.5	19.1	11.1	24.3
10년 이상	0.2	3.9	15.5	11.7	16.7	29.2

출처: Saxonhouse(1976), p. 101.

물론 초창기 일본 자본가들 역시 이렇듯 무자비했다. 먼저 섬유 공장의 노동일은 극도로 길었다. 견사 공장의 여성 노동자들은 하루 14시간 동안 일을 해야 했다. 일본 최초의 파업이 일어난 것도 노동일을 14시간에서 14시간 반으로 연장하려고 할 때였다.[7] 면방적 공장에서 여성의 노동시간은 약간 짧았다(하루 12~13시간). 그러나 1885년부터 방적 공장 소유주들이 도입하기 시작한 2교대 시스템으로 여성과 아동은 일상적으로 야간 근무를 해야 했고 가끔은 25시간 동안 쉬지 않고 일을 해야 했다.[8] 결과적으로 이윤 극대화를 위해 주로 사용된 방식은 '절대적' 잉여가치의 추출(노동일 길이의 연장)이었다.

게다가 오늘날 방글라데시의 공장 소유주처럼 일본의 공장 소유주는 가변자본에 쓰이는 비용을 줄이기 위해 다양한 방법을 고안했다. 그들은 노동자의 착취를 증가시키는 벌금도 제도화했다. 야스에 아오키 키드의 보고에 의하면 면방적 공장은 초창기 노동자들이 생산해야 하는 상품의 질과 양에 대해 매우 엄격한 기준을 세워 놓고 있었다. 그 할당량이 하루 일과가 끝나도록 채워지지 않으면 처벌을 받았고 벌금만큼 월급을 깎였다. 개별 노동자는 매달 회사에 하루 치 일당에 해당하는 보증금을 내야 했다. 그리고 이 보증금은 아무리 작은 잘못이라도 노동 계약이나 공장의 규율을 어길 경우 변상을 위해 빼앗겼다. 오늘날 방글라데시의 의류 공장

---

7) 이 최초의 파업은 주목할 만하다. 다나카 가즈코에 의하면 견사 공장의 여성 노동자들은 사원의 문을 걸어 잠갔다. 이런 행동으로 일본 전역의 섬유 공장에서 파업의 물결이 일어나기 시작했다고 한다. 이는 새로운 계급에 대한 자각을 예고하는 것이었다. 다나카에 의하면 "초기 단계에 파업은 거의 여성의 승리로 끝이 났다. 공장 소유주들은 아직 이런 파업을 진압할 어떤 전략도 가지고 있지 않았기 때문이었다". Tanaka(1977, p. 23).

8) Harui(1985), p. 54; Kidd(1978), p. 31.

에서처럼 이런 벌금 제도는 노동자의 소득을 낮추는 데 이용되었다.[9]

일본 섬유 공장의 또 다른 특징은 아동 노동의 활용이었다. 키드가 면방적 공장에 고용된 여성과 아동의 나이에 관해 제시한 수치를 보면 20세 이하 여성이 전체 노동력의 49퍼센트를 차지했고 14세 미만의 아동은 전체 노동력의 13퍼센트를 차지하고 있었다.[10] 아동도 성인과 똑같이 장시간 노동을 했다. 40년간 아동 노동에 대한 끝없는 착취가 있고 난 뒤, 명시적으로 12세 미만 아동의 고용을 금지하는 공장법이 1911년 공포되었다. 그러나 이 법은 아동을 전혀 보호하지 못했다. 15세 미만의 아동과 모든 연령대의 여성 노동자에게 하루 12시간씩 노동을 허용한 것처럼 전해지게 되면서 오히려 비인간적 대우를 합법화하고 말았다.[11]

정부가 공장주를 지원하는 방식 중 하나가 바로 아동 착취를 금하는 법적 규제를 무시하는 것임을 앞서 살펴보았다. 20세기 초 안정적 외화 벌이에 대한 열망에 사로잡힌 일본 당국은 한 술 더 떴다. 그들은 하루 12시간이라는 비인간적으로 긴 시간 동안 아동을 고용할 수 있도록 법적으로 허가해 주었다. 이에 더해 공장법의 허술한 구멍 가운데 하나가 바로 산업 자본가가 '초과 시간'이라는 명목으로 12시간 이상 노동자에게 일을 시킬 수 있도록 해준 것이었다.[12] 그 결과 일본의 자본 축적의 기초가 놓인 그 시기에 잉여가치를 향한 자본가의 끝없는 열망과 여성과 아동의 노동시간을 무한정 늘리려는 욕구는 사실상 억제되지 않은 채 계속되었다.

---

9) Kidd(1978), pp. 25, 27.
10) *Ibid.*, p. 19.
11) *Ibid.*, p. 22.
12) *Ibid.*, pp. 22~23.

면방적 공장 노동력의 단기적 성격과 통제 수단

섬유 산업에 대해 특별히 관심을 두고 보아야 할 두 가지 특징은 고용 방식과 여성 노동의 단기적 성격이다. 초창기에는 공장주 스스로 젊은 노동자를 찾아 나서야 했지만 이후 면방적 공장 소유주는 프리랜서 중개인에게 의뢰하기 시작했다. 중개인은 공장에서 일할 가난한 농민의 딸을 모집하기 위해 농촌 지역을 돌아다녔다. 농촌 지역에는 기근이 만연했고 빚에 시달리는 가족이 많았기 때문에 중개인은 별 어려움 없이 여성을 모을 수 있었다. 그들은 사채업자처럼 굴었는데 농민에게 돈을 빌려주고 딸이 공장에서 번 임금으로 되돌려 받는 식이었다. 1930년대까지 농촌의 어린 여성은 일본 섬유 공장 노동력의 80~90퍼센트를 차지했다.[13]

부모는 딸의 장밋빛 미래에 대한 이야기에 혹해서 노동 계약을 맺었으나 실제 공장의 환경은 참담했다. 장시간 노동을 해야 할 뿐 아니라 공장주는 여성 노동자의 건강권도 무시했다. 1898년부터 세워지기 시작한 직조 부서 내부에 맑은 공기가 부족한 것이 특히 악명 높았다. 면섬유 조직의 미세한 먼지가 계속 공기 중에 떠다녔기 때문에 먼지 문제는 매우 심각했다. 습기 문제 또한 마찬가지였는데 이는 면섬유의 질을 담보하려면 공기를 계속 습하게 유지할 필요가 있다고 공장주들이 생각했기 때문이었다. 기계로 둘러싸인 어두운 공장 내부는 수증기로 가득 차고 물은 천장에서 떨어지는데 창문은 꽉 막혀 있었다. 여성 노동자들은 이러한 상황에서 매일 12시간을 견뎌야 했다.[14]

---

13) Harui(1985), p. 54; Kidd(1978), p. 9.
14) Kidd(1978), p. 34.

이런 형편 때문에 섬유 노동자의 질병 발생률은 매우 높았다. 정부 측 자료에 의하면 흔한 질병은 배탈이었다. 음식이 열악했고 많은 여성이 오랜 노동일을 버텨 내기 위해 단것을 너무 많이 먹었기 때문이다. 면직조일을 하던 노동자들이 특히 많이 걸린 질병은 감기였다. 그러나 여성 노동자 사망 원인 일순위는 당시의 독일과 마찬가지로 폐결핵이었다. 1898~1902년 진행된 정부 조사에 의하면 섬유 공장 여성 노동자들이 거주하던 기숙사에서 발생한 사망 원인 중에 폐결핵이 4분의 1이었다.[15] 다른 조사들은 폐결핵으로 희생된 노동자들의 수가 훨씬 더 많을 것이라고 본다. 그 중 한 보고서는 섬유 산업 여성 노동자 6분의 1이 이 병으로 쓰러졌다고 주장한다.[16]

많은 여성 노동자가 비인간적 상태에서 말 그대로 도망치려 했다는 것은 전혀 놀라운 일이 아니다. 이미 언급했듯 그들은 공장 소유의 기숙사에 머물렀는데 이곳은 사실상 포로 수용소나 다름없었다. 그런데도 3~5년에 이르는 노동 계약이 끝나기 훨씬 전에 사라지는 일이 잦았다. 만일에 잡히기라도 하면 매질을 당하고 공장 내부를 발가벗은 채로 돌아다녀야 했다. 그들도 도망치는 것이 매우 큰 위험 부담을 지는 것임을 알고 있었다. 그러나 그들 대부분은 도망치는 것이야말로 자유를 얻을 수 있는 유일한 길이라고 생각했다. 그 결과 1897년 섬유산업연합이 실시한 조사에 따르면 가네보가 소유하고 있던 효고 방적 공장에 들어온 신입 중 44퍼센트가 6개월 내에 공장을 떠났다고 한다.[17] 마찬가지로 오사카 근교의 공장에 대한 정부 조사는 "모두 합해 노동자의 절반 이상이 1900년 방적 공장에

---

15) Kidd(1978), p. 45.

16) *Ibid.*, p. 44. Harui(1985), p. 55도 볼 것.

17) Saxonhouse(1976), p. 103.

서 도망쳤다"고 보고한다.[18] 즉 초기 섬유 공장에 고용 안정성이란 존재하지 않았고 압도적으로 많은 여성 노동력의 단기성은 일본의 산업화를 확산시킨 섬유 부문의 주요 특징 중 하나였다. 색슨하우스가 말했듯 여성은 한 일자리에서 평균적으로 2년을 넘기지 못했다.[19]

오늘날 일본 기업이 운영하는 공장에서는 표준적 방법이 되어 버린 노동력의 통제 방식이 이미 한 세기 전 면섬유 공장에서 시험되었다는 것을 역사적 고찰을 통해서 알 수 있다. 1970년대 초에는 일본의 해외 투자가 급증했는데 특히 동남아 국가에 대한 투자가 두드러졌다. 해외 진출의 움직임 속에서 다국적 기업과 중견 기업은 모두 여성 노동력에 집중적으로 의존했다. 그들은 공통적으로 초기 면방적 공장에서 활용된 것과 같은 원천(즉 어리고 실업 상태에 있는 농촌 여성)에서 노동력을 끌어내고자 했다.[20] 게다가 그들은 노동자를 통제하기 위해 오래전부터 발전시켜 온 방법인 소집단 경쟁, 울타리를 친 기숙사, 강제 저축 시스템을 활용했다. 이러한 방법들이 각각 21세기로 접어들 무렵에 어떻게 활용되었는지 간단히 살펴보자.

포드주의와 도요타주의에 관한 장에서 나는 품질관리조라는 아이디어의 기원이 현대 기업의 '선조'가 촉진한 운동회로 거슬러 올라감을 보였다. 키드는 "방적 노동자들 사이에서 집단 경쟁은 같은 현(縣) 출신의 노동자끼리 한 집단으로 모아 다른 현 출신으로 구성된 다른 집단과 겨루게 한 비공식적 게임에서 유래한다"고 썼다.[21] 이렇게 형성된 경쟁 의식을 이

---

18) Kidd(1978), p. 18.
19) Saxonhouse(1976), p. 98.
20) 예를 들어 Harui(1985), p. 63을 볼 것.
21) Kidd(1978), p. 39.

용해 방적 공장주는 여성 노동자 집단 간 생산 경쟁도 유도할 수 있었다. 그들은 승리한 노동자에게 깃발, 수건, 화장품 같은 보잘것없는 포상을 제공했다. 대회는 일 년 내내 열렸기 때문에 많은 스트레스를 유발했다. (면방적 공장 노동자들의 삶을 듣고 쓴 유일한 책으로 명성이 높은) 와키조에 따르면 더 나쁜 것은 여성 노동자들이 이러한 대회에 사실상 강제로 참여해야 했고, 그 중 많은 여성이 탈진이나 질병으로 쓰러졌다는 사실이다.[22]

울타리 친 기숙사의 구조는 도요타와 같은 다국적 기업들이 선조로부터 차용한 또 다른 선구적 아이디어이다. 농촌에서 올라온 어린 여성들이 모여 있던 기숙사는 공장 내부나 공장 지역 안, 또는 그 주변에 위치했으며 모두 "여성이 불시에 도망치거나 떠나지 못하도록 지어졌다".[23] 따라서 많은 공장은 높은 울타리와 벽으로 둘러싸여 있었고 그 뒤에는 깨진 유리, 날카로운 대나무 작대기, 가시 돋힌 철사 같은 것들이 놓여 있었다. 공장의 절반 정도가 기숙사 뒤켠에 바다, 강, 습지 같은 장벽을 마주하도록 지어졌다고 한다. 초기 섬유 공장의 공동 주택 구조 그 자체가 여성 노동자들의 탈출 시도가 얼마나 심각한 문제였는지를 명쾌하게 보여 준다.

지금도 시행되고 있는 세번째 방법은 강제 저축이다. 다국적 섬유 기업 도레이(Toray)에 의해 대만에 도입[24]되기도 한 이 제도는 기숙사 제도와 마찬가지로 일본 자본가들이 새로운 것을 터득해 나가던 시기로 거슬러 올라간다. 오늘날의 공장 소유주와 마찬가지로 초기 방적 공장주는 부모의 대리인 행세를 했다. 소녀들이 자기 가족을 확실하게 돕게 만들려고 공장주는 일정한 금액의 돈을 저축하게 했다. 이 돈은 그들의 임금에서 나

---

22) Kidd(1978), p. 40.

23) *Ibid*., p. 51. Harui(1985), p. 55도 볼 것.

24) Harui(1985), p. 69.

왔고 공장의 자본금을 유지하는 데 쓰였다. 실제 이 시스템은 노동자들의 가족을 지원하기 위해 사용되기보다는 여성 노동력을 공장에 결속하고, 기업의 이윤을 증대하는 데 더 기여했다. 대개 저축은 자유롭게 해약할 수 없었고 우리가 살펴본 것처럼 많은 여성이 계약 기간 동안 회사에 머무르지 않고 도망쳤다. 그 결과 많은 방적 공장이 "압수된 소득으로 뜻밖의 횡재를 할 수 있었던 것이다".[25] 실질적으로 강제 저축 시스템은 잉여가치를 뽑아낼 수 있는 또 하나의 원천이었던 셈이다.

전자 부문의 성장: 여성화와 성별 분업

1960년대 이래 전자 부문은 이전에 섬유 부문이 차지했던 위치를 빠르게 대체하기 시작했다(전자 부문이 일본 자본 축적 과정의 선봉에 있다는 뜻이다). 전자 부문 기업 노조들로 이루어진 전국 노동조합 연맹인 덴키로렌(電機労連) 본부에서 얻은 전자 부문의 세계적 팽창에 관한 데이터를 인용하면 다음과 같다. 덴키로렌의 연구부 대표는 정부 통계를 언급하며 1982년에서 1988년 사이 일본 전자 기업들의 해외 투자가 2배 증가했고 투자액은 5배 증가했다고 말했다.[26] 외부 확장을 추진해 온 기업의 대표적 사례로 1983년 해외 생산의 리더로 알려진 M 전자[27]와, 플랜트와 연구 기관의 전 세계적 네트워크를 주창한 후지쓰 전자를 들 수 있다.

게다가 해외 진출에 앞서 1960년대 말부터 시작된 규슈로의 '비행'이 있었다. 규슈는 열도의 남쪽 모퉁이에 위치한 섬으로 당시까지 일본 경제

---

25) Kidd(1978), p. 29.
26) 개인적 대화, 도쿄, 1990년 2월.
27) Hiroki(1986), p. 26.

의 주변부였다. 미쓰비시나 내셔널 일렉트로닉스 같은 기업들이 1967년과 1969년에 각각 구마모토 시 근교에 집적회로(IC)를 생산하는 공장 부지를 열었다. 규슈는 미국의 실리콘 밸리의 복사판으로 성장했고 수년간 성공적 기업가 정신의 메카로 인식되었다. 일본의 한 연구자 후지타 구니코에 의하면, 1988년 일본에서 생산된 모든 집적회로 가운데 44퍼센트가 규슈에서 생산되었고, 이는 세계 집적회로 생산의 10퍼센트로 실리콘 밸리의 25퍼센트에 비견될 만한 것이었다.[28]

새로운 산업화는 스와스티 미터(Swasti Mitter)가 스코틀랜드에 관해 언급한 것과 매우 유사한 과정을 예고했다. 미터는 "지난 10년 동안 스코틀랜드에서 20만 개 이상의 제조업·광업의 일자리가 사라졌다"고 한다.[29] 철강·조선·광업 부문이 사양길로 접어들면서 산업 지역 남성 노동자의 실업률이 매우 높아졌다. 그러나 웨이퍼 생산(반도체 생산의 첫 단계)에 투자한 전자회사들은 넘쳐나는 조선소 노동자나 광부로 노동력을 충원하지 않고 그들의 아내나 딸로 충원했다. 결국 스코틀랜드에서 전자 산업의 확장으로 인한 "가장 큰 효과"는 "산업의 여성화"였다.[30] 산업의 여성화란 여성이 전체 노동력의 50퍼센트에 육박하고 생산 라인 노동자의 다수인 경우를 가리킨다.

규슈에서 반도체를 생산하는 기업들은 여성 노동력에 대한 선호도가 훨씬 높았다. 예를 들어 구마모토 현에서는 고등학교를 졸업한 여성이 1970년대 초반 전자회사의 전체 노동력에서 95퍼센트를 차지했다. 그들의 일은 집적회로를 조립하고 점검하는 것(즉 생산의 마지막 단계)과 관계

---

28) Kuniko(1988).
29) Mitter(1986), p. 89.
30) *Ibid.*, p. 91.

되어 있었다. 후지타는 "저임의 풍부한 여성 노동력은 집적회로 생산에 엄청난 매력이었다"고 말한다.[31] 그러나 이런 양상은 이후 바뀌었고 후지타는 1980년대 규슈 발전을 묘사하기 위해 '양극화'와 '여성의 주변화'라는 용어를 사용했다. 그녀에 의하면 여성 노동자의 비중은 1986년에 50퍼센트로 떨어졌는데 새로 모집된 남성 노동자 수가 새로운 여성 노동자 수를 훨씬 초과한 것이 주된 이유였다. 여성 노동자의 절대 수는 계속 증가하고 있었지만 남성 노동자 증가율이 훨씬 높았던 것이다.[32]

미터가 스코틀랜드에 대해 제시한 분석과 후지타가 규슈에 대해 실시한 분석 모두 여성과 남성 노동자의 양극화를 지적한다는 점에서 상통한다. 후지타는 여성이 맡았던 역할이 점차 줄어드는 이유를 1980년대 이래 집적회로 생산에 일어난 변화, 즉 본래 노동 집약적 생산에서 고도로 자동화된 자본 집약적 생산으로의 변화와 관련짓는다.

산업이 점차 자동화됨에 따라 집적회로 산업의 특성은 산업 노동자들을 심각하게 양극화하는 경향이 있었다. 연구자나 엔지니어처럼 고도로 숙련된 고임의 남성 노동자가 한쪽 극이라면, 흔한 반숙련의 여성 생산 노동자는 다른 쪽 극이었으며 중간층은 계속해서 사라지고 있었다. 숙련 노동자 수가 증가함에 따라 반숙련 노동자의 역할도 점차 줄어들었다.[33]

스코틀랜드의 웨이퍼 생산 공장의 상황도 마찬가지로 양극화되고 있다. 미터는 "상당수가 여성 직공으로 이루어진 반숙련" 업무와 "새롭게 등

---

31) Kuniko(1988), p. 47.
32) Ibid.
33) Ibid.

장한, 다양한 업무에 숙련된 기술자나 대졸 엔지니어"의 업무 사이에는 "깊은 골"이 있으며, 이로 인해 중간층 블루칼라 노동계급이 소멸되고 있다고 주장한다.[34] 그녀에 의하면 다른 부문과 마찬가지로 전자 산업에서 숙련 노동은 여성이 하지 않는 일이라는 식으로 여성에게 배타적으로 정의되고 있다. 여성은 조그마한 알루미늄 판에 칩을 고정시키는 일처럼 손재주를 요구하는 정교한 업무를 위해 고용되었다. 이러한 손재주는 남성과는 다른, 여성의 '자연적' 특징처럼 여겨졌고 동시에 저급한 업무로 규정되었다. 그 결과 남성이 수행하는 공장의 일을 숙련된 노동으로 여기는 경향이 생겼다.[35]

위계적 성별 분업의 주목할 만한 예는 가고시마 근교에서 남성 600명과 여성 400명을 고용하고 있는 후지쓰 전자 공장 단지에서 찾을 수 있다. 파란 유니폼을 입은 관리자는 남성의 일과 여성의 일은 엄격하게 분리되어 있다고 대놓고 말했다.[36] 웨이퍼를 자르는 것은 기계 유지이기 때문에 대부분 남성이 맡는다. 반면 칩의 품질 관리는 방진된 공간에서 여성이 수행한다. 합성 의류를 입은 여성이 얇은 판 위에 칩 전선들이 잘 고정되어 있는지 점검하기 위해 현미경을 응시한다. 왜 이런 품질 관리가 여성에게만 주어지는 것일까? 그 답은 고정관념이다. 유니폼을 입은 상사들 중 하나가 말했다. "이 일은 여성에게 아주 잘 맞아요. 여성이 바느질이나 자수에 익숙하기 때문이죠. 이 일은 엄청난 집중력이 필요하고 남성은 이런 단조로운 일에는 잘 맞지 않아요."

일본 전자 산업에서 여성이 겪고 있는 일은 방글라데시 여성 의류 노

---

34) Mitter(1986), p. 92.
35) *Ibid.*, p. 93.
36) 개인적 대화.

동자에 관해 언급한 것과 흡사하다. 두 경우 모두 남성은 '숙련직'으로 분류되는 일을 수행하고 여성은 '반숙련' 혹은 '미숙련' 딱지가 붙은 일로 밀려나면서 '부문별' 성별 분업이 강하게 작동하고 있다. 이미 확립된 국제적 관행에 따라서 관리자들은 손재주가 필요한 생산 업무를 수행하는 여성에게 의존했는데 이는 여성이 비공식적 훈련을 통해서 획득한 것이었다. 이미 이런 기술들이 있는 여성을 모집함으로써 관리자들은 훈련 비용을 줄일 수 있었고, 이런 업무를 낮은 임금을 뜻하는 '반숙련' 혹은 '미숙련'으로 정의함으로써 나아가서는 노동 비용도 줄일 수 있었다. 요컨대 숙련의 이슈와 숙련의 정의에 뿌리내린 이데올로기적 편견은 여성의 착취를 분석하는 데 매우 중요하다.

전자 산업에 고용된 여성 노동자에게 중요한 또 다른 이슈는 시력 저하나 목, 어깨, 팔의 통증 같은 직업병이다. 1990년 일본에서 조사를 진행하는 동안 이 문제에 관해 후지쓰 전자의 여성 노동자들과 이야기를 나누면서 간단히 수치를 계산해 보았다. 파란 옷을 입은 간부들의 경계 속에서 우리는 여성 노동자 5명과 인터뷰를 했고 그 중 4명은 방진 공간에서 품질 관리 업무를 하고 있었다. 업무 부담에 관한 일반적 질문을 하고 난 다음—매달 30시간의 초과 근무는 매우 흔한 듯했다—산업 재해에 관한 주제도 다뤄 보려고 했다. 따분한 일을 하다 보면 어떤 종류의 병을 앓게 되는가? 그들 중 한 여성은 "앉아 있는 것이 가장 지겨워요. 움직일 수 있으면 정말 좋겠어요. 의자에 계속 묶여 있어서 어깨 근육이 긴장하게 돼요"라고 답했다. 그 중 한 명이 매일같이 현미경을 주시하는 것이 눈에 문제를 일으킨다는 것을 형식적으로 부인하기는 했지만, 이 문제에 대해서는 후지쓰 내에서도 토론이 계속되고 있는 듯했다. 한 여성 노동자는 "얼마 전에 감독관이 현미경이 잘 조정되어 있으면 눈에 해로울 것이 없을 거라고 얘기해 줬어요"라고 말했다.

일본에서 실시한 인터뷰를 통해 얻은 증거들이 확정적인 것은 아니다. 하지만 집적회로 생산에서 조립 업무와 품질 관리 업무를 위해 고용된 많은 여성이 심각한 직업병에 시달리고 있음을 보여 주는 자료들은 사실 충분히 많다. 1986년 마닐라에서 열린 국제 세미나에서는 미국 소유의 다국적 전자회사에서 현미경으로 칩을 결합하는 일을 하는 사이다라는 여성이 여성 노동자의 건강 문제에 대해 증언했다. 그녀에 의하면 공장에서 일하는 다수의 여성이 멀리 있는 사물을 보지 못하고 안경을 쓰게 되었다고 한다.[37] 동남아시아에 있는 미국 전자 기업에서 칩을 조립하는 일을 하는 여성들의 경험을 묻는 설문 조사에서 메리 핸콕(Mary Hancock) 역시 현미경을 매일 자주 쓰면 두통과 함께 눈에 문제가 생긴다는 것을 발견했다. "조립 업무를 하는 2~3년차 여성 노동자의 50퍼센트 정도가 시력 저하와 두통을 호소했다."[38]

기록된 사례 몇 가지를 참고하면 일본에서는 직업병의 문제와 전자 산업의 명백한 과실은 여성 노동자들이 독자적 노동조합을 형성한 이유가 되었다. 예를 들어 M 전자회사는 1955년에 설립되어 처음에는 라디오의 트랜지스터를 만들면서 자본을 확장해 나갔다. 뒤이어 이 회사는 여성에게 의존해 결합 업무를 수행하는 집적회로 생산 시장으로 뛰어들었다. 미치코 히로키가 기록한 사례에 의하면 1972년 심각한 건강상의 위험이 드러났다고 한다. 기업은 여성들이 호소하던 눈의 지속적 피로, 어깨와 척추의 통증 문제를 다루지는 않고 대신 해고 통지서를 보냈다. 병든 노동자

---

37) Proceedings of the International Consultation on Micro-Chip Technology(1986), p. 27.
38) Hancock(1983), p. 142.

들은 성가실 뿐이었다. 이에 노동자들은 반발했고 성공했다. 노동자들은 해고를 철회시키는 동시에 회사가 재활 프로그램을 시작하게 만들었다.[39] M 전자회사의 여성 노동자들은 다른 곳에서도 이 직업병에 대한 인정을 이끌어 내기 위해 투쟁했고 이 문제를 일본 의회에까지 제출해 이런 질병을 없앨 수 있는 방안을 강구했다.[40]

M형 곡선: 여성 고용에 관한 공식적 시각

일본 노동시장에서 여성의 지위를 더 완전히 묘사하기 위해 여성의 전반적 고용 수치들을 살펴보자. 공식 통계와 그래프에서 다양한 연령대의 여성 고용이 M형 곡선으로 나타난다. 고등학교를 졸업한 여성 수백만 명이 서비스나 소매업 부문(은행, 사무실, 상점)에서 풀타임 노동자로 몇 년 동안 일한다. 결혼하거나 첫아이를 가지게 되면 그들 중 대다수는 노동시장에서 사라지고 아이들이 다 자란 뒤에야 돌아온다. 일본의 많은 중년 여성은 파트타임 노동자이고 여성 고용에서 두번째 정점을 이룬다. 노동성(1989)에서 주장하는 대로 "여성의 고용률은 30~34세 여성이 바닥을 이루고, 20~24세 여성과 45~49세 여성이 각각 좌우의 정점을 이루는 M형 곡선을 그린다".[41]

M형 곡선으로 인해 지난 약 25년 동안 고용 관행에 큰 변화가 일어났다. 그전에 일본 여성의 다수는 농장의 '자영업' 노동자로, 산업적 가내노동자나 가정주부로 일했다(즉 그들은 가정 안팎에서 생산적인 일을 주로 수

39) Hiroki(1986), pp. 18~19.
40) *Ibid.*, p. 32.
41) Ministry of Labour(1989a), p. 11.

행했다). 그러나 1970년대와 1980년대 초반 전체적인 그림이 크게 바뀌었다. 여성 파트타임 노동자 수가 특히 눈에 띄게 증가했다(그림 12-1을 보라). 1980년대 말에는 거의 800만 명까지 치솟았다. 정부 통계에 따르면 여성 파트타임 노동자가 1988년 비정규 여성 노동의 75.7퍼센트였고, 당시 전체 여성 임금노동자의 절반에 가까웠던 것으로 보인다.[42] 여성 파트타임 노동자의 연령 구성을 보면 거의 3분의 2가 35세부터 53세 사이에 속해 있었다.[43]

M형 곡선에 대해 여러 가지 비판적 논평이 제기될 수 있다. 첫째는 정점만 놓고 보면 해당 연령대를 제외하고도 많은 여성이 '인력 중개소'를 통해서 '임시직 노동자'로 일하고, 그 수치 또한 계속해서 증가하고 있다는 사실을 간과하게 된다. 인력 중개소는 정부의 적극적 장려로 급증했다. 1985년 인력 중개소의 운영을 규제하는 법이 도입된 이후 한 해에만 중개소 수가 2,000에서 7,000개로 세 배 이상 증가했다. 노동조합이 실시한 조사는 '임시직 노동자'로 서비스 부문에서 일하는 여성(이 부문 노동력의 3분의 2가 여성이다)은 어떤 추가 수당도 받지 못한다고 결론짓는다. 풀타임으로 일하는 노동자와 근무시간이 다를 바 없는 경우도 많지만 이들은 보너스를 받지 못한다.[44]

M형 곡선은 많은 일본 여성이 계속해서 가내노동자로서 수행하고 있는 임금노동도 제대로 조명하지 못한다. 자본가를 위해 바느질을 하

---

42) Ministry of Labour(1989a), p.6. Ministry of Labour(1989b), p.4도 볼 것. '일하는 여성' 수의 변화에 관한 최근 자료에 대해서는 Nakano(1995), p.35를 볼 것.

43) Ministry of Labour(1989a), p.9.

44) 노동자 파견법에 관한 보고서로는 *Resource Materials on Women's Labour in Japan*, no. 3, June 1988, p.3을 볼 것.

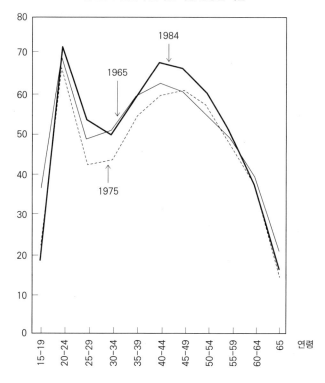

그림 12-1 일본의 일하는 여성 연령별 비율

출처: 일본 총무청 통계국 노동력 조사

고 장난감을 만들며, 전자 부품을 조립하거나 소포를 포장하는 재택 근무 노동자 수는 지난 20년간 급격히 줄어든 것처럼 보인다. 추정하기로는 100~200만에 이르는 여성이 오늘날 이렇게 일한다.[45] 그러나 가내노동자는 이와는 다른 연령 범주를 이룬다. 이 집단이 주로 어린아이를 둔 여

45) Ministry of Labour(1989a, p. 10)에 따르면 "가정 밖에서 일하는 노동자"의 수는 1989년에 99만 8,000명에 이르렀으나, 이 수치에 잡히지 않는 경우도 있을 것으로 보인다.

성(M형 곡선의 아래쪽을 이루는 연령대의 여성)으로 이루어지기 때문이다. 더구나 가내노동자의 임금은 의심할 여지 없이 다른 어떤 여성 노동자 범주보다도 낮다. 하야시에 의하면 후쿠오카 시에서는 평균적으로 시간당 357엔을 번다. 여성 파트타임 노동자 임금의 절반 정도이고, 고정적인 일을 하고 있는 남성 노동자의 임금에 비하면 고작 4분의 1밖에 되지 않는다.[46] J. C. B. 안나바지훌라는 이보다 훨씬 더 큰 차이를 보이는 수치(여성 가내노동자의 소득이 풀타임 노동자의 5분의 1에 불과한)를 인용하기도 한다.[47]

액면 그대로 받아들인다면 M형 곡선은 결국 불완전한 그림만 보여 주게 된다. 물론 이 곡선이 임금노동의 위계에서 여성이 차지하는 부차적 위치를 암시하기는 한다. 앞서 거론했듯 일본은 수십 년 동안 고용 안정성과 견실하게 증가하는 소득을 동반한 종신 고용 시스템을 유지해 왔다. 일본은 이 종신 고용 시스템으로 칭송을 받아 왔을 뿐 아니라 스스로도 자랑스러워해 왔다. 앞서 언급한 사실은 '종신 고용 시스템'에 관한 이야기가 선전 의도를 담고 있으며 현실에 대해 매우 선택적인 단면만 제공함을 보여 준다. 일부 남성 노동자에게만 적용될 뿐 거의 대부분의 여성 노동자는 배제된다. 요컨대 젊은 여성이 결혼하면 보통 퇴직을 유도하거나 필요한 경우 퇴직을 강요하기도 한다. 그리고 10년에서 15년 정도 아이들을 키우고 나면 집 밖으로 나가 다시 돈을 벌고 싶어 하지만 박봉의 파트타임 일자리 외에는 선택권이 없다.

이제 이런 질문이 제기된다. 여성 파트타임 노동자 수가 언제 그리고

---

46) 1990년 2월 개인적 대화.
47) Annavajhula(1989), p. M-23.

어떻게 해서 이렇게 급격하게 증가하게 되었는가? 무엇보다도 일본에서 이루어진 인터뷰와 기록을 참고해 보면 이런 증가는 분명 1970년대 초반부터 발생하기 시작했다. 당시에 기업들은 신규 고용에 맞는 고졸 인력이 매우 부족한 상황을 타개해야 했다. 따라서 자본주의적 기업가들은 싸고 새로운 노동력의 원천을 찾기 시작했다. 예를 들어 노동 인구에 관한 의회 내 합동위원회 조사를 근거로 1969년에 발행된 보고서에는 이렇게 기록되어 있다. "매년 경제 성장률을 10.6퍼센트 정도로 유지하려면 1968년과 1975년 사이에 1642만 명의 노동력이 추가로 필요하다."[48]

　이 보고서는 물론 다른 정부 보고서들도 중년 여성을 새로운 노동력의 유연한 원천으로 활용할 것을 적극적으로 제안했다. 1960년까지만 해도 수상의 자문 기구였던 경제회의(Economic Council)는 "국민 인구의 절반을 이루고 있는" 여성 고용을 주창하는 계획을 고안했다. 나아가 이 계획을 수립한 사람은 여성이 결혼이나 첫아이 출산과 함께 일을 그만둬야 한다는 의견을 밝히기도 했다. 여기서 경제회의가 M형 곡선에 나타나는 경향을 만들어 냈다는 명확한 정황을 확인할 수 있다. 한 소책자를 통해 일본 여성 노동자에 대한 차별에 대해 더 잘 알 수 있는데, 경제회의의 계획은 "다시 일터로 돌아가고 싶은" 중년 여성의 능력을 활용할 필요를 강조하는 것이었다.[49] 노동력위원회(Council on the Labour Force)도 마찬가지로 1975년까지 균형을 맞추려면 800만 명 이상 신규 고용이 필요한데 이는 졸업생만으로는 채워질 수 없고 "이전까지 선발된 적 없는 노

---

48) Carney & O'Kelly(n. d.), p. 23.
49) Shiozawa and Hiroki(1988), p. 19. 같은 자료에 의하면 여성복지법과 고용보험법 같은 법들이 1972년과 1974년에 명시적으로 M형 곡선 패턴을 따라 여성 고용을 촉진하기 위해 채택되었다.

동력, 주로 가정주부로 충원되어야 한다"고 밝혔다.[50]

이런 생각은 도쿄 도(都) 정부가 제정한 법 조항들과 법안 개정에도 잘 담겨 있다. 1986년 4월 기회균등법(Equal Opportunities Law)이 발효되었다. 이 새로운 법은 일본 정부가 서명한 '남녀 기회균등에 관한 국제 연합 협약'(United Nations Convention on equal opportunities between women and men)의 필연적 결과였다. 이 협약은 '동등한 보상'과 '동일 가치 노동 동일 임금'도 포함했지만, 일본의 연구자들과 여성 모임은 기회 균등법이 이런 목표를 달성하기 위해 고안된 것은 아니라고 비판한다. 이들의 비판 가운데 하나는 그 법이 표면상 채용 공고 방식의 변화 등을 통해 고용 시 발생하는 차별을 시정하는 것을 목표로 삼았을 뿐, 기업 내 승진과 역할 분배에 관한 조항은 들어 있지 않다는 것이었다. 실질적으로 '사무직 트랙'의 노동자를 '경영자 트랙'과 분리해 놓는 '다중 트랙' 시스템 같은 것을 통해 여성은 계속 지루하고 보수가 적은 일을 맡게 되었다.[51]

게다가 기회균등에 관한 법률이 채택됨과 동시에 일본 의회를 통과한 노동기준법의 개정은 여성을 파트타임 일자리로 더욱 몰아넣었다고 한다. 법 개정은 여성의 야간 노동 금지와 초과 노동 제한을 완화하는 것이었다. 결과적으로 오랜 시간 혹은 밤늦게까지 일을 할 수 없는 여성은 풀타임 고용에서 배제되고 파트타임 노동자로 일할 수밖에 없게 되었

---

50) Carney and O'Kelly(undated), p. 23.
51) *Resource Materials on Women's Labour in Japan*(1987), p. 5를 볼 것. "남녀고용평등법 (Equal Employment Opportunities Law)이 시행되었을 때 기업들은 이중 경력 경로 고용 시 스템을 도입했다. 이 시스템의 목적은 노동자들을 고용 때부터 두 집단, 바로 관리직과 일반 사무직으로 분할하는 것이었다. 이 시스템은 처음부터 여성을 부수적 집단에 단순 배치함 으로써, 또는 원거리 전근과 장시간 노동을 강제해 대부분의 여성이 사실상 받아들일 수 없 는 조건임을 알게 하고 관리직 집단에서 여성 노동자를 배제함으로써 현존하는 여성 차별 을 고착시키고 확대하는 것으로 드러났다." Nakano(1995), p. 37.

다.[52] 일본의 조세법도 기혼 여성이 풀타임으로 일하는 것을 방해한다고 한다. 높은 임금을 받는 아내는 남편의 벌이에 의존하는 여성으로서의 지위를 잃고 더 많은 세금을 내야 하기 때문이다.[53] 결론적으로 도쿄 도 정부는 1960년대 이후 중년 기혼 여성을 새로운 노동예비군으로 노동시장에 진입하게 만드는 데 적극적이었다. 명목상으로는 여성과 남성의 동등한 기회를 추구한다고 했지만, 실제로 그 법들은 상대적으로 낮은 임금을 받는 부차적 지위의 여성 파트타임 노동자를 양산하도록 설계되어 있었다.

재생산 노동과 보육 시설

가사노동에 관한 여성주의 논쟁을 살펴본 4장에서 맑스가 (그의 선구자 리카도처럼) 노동시간을 기초로 하여 상품 가치를 계산했다는 점을 밝혔다. 그때도 언급했고 인도의 레이스 제조와 의류 제조업에 관한 장에서도 적용해 보았지만, 자본주의하 여성 착취를 폭넓게 평가할 수 있도록 맑스의 가치론을 확장할 필요가 있다. 여성 노동자는 이중의 무급노동——(일부의 돈을 받지 못하는) 임금노동과 (전체적으로 임금을 받지 못하는) 가사노동——을 하고 있고, 이 두 가지 노동에 들어간 시간을 계산하는 것은 자본주의의 이윤을 만들어 내는 데 여성이 얼마나 기여하는지를 보이기 위해 필요하다.

1990년 일본에서 실시된 인터뷰 과정에서 '가정주부화'(house-

---

52) Agora(n. d.), p. 7.
53) *Ibid.*, p. 4. "영국에서 기혼 여성이 대규모로 임금노동 시장으로 진입"한 것은 순전히 2차 대전 이후의 발전이며 "파트타임에 기초한 노동이 가능해진 것과 밀접한 관련"이 있다. Glucksmann(1990), p. 43.

wifization, 여성을 가정주부로 정의하는 가부장적 이데올로기)가 여성 착취를 평가하는 데 이중의 장애물임이 분명해졌다. 먼저 많은 여성 파트타임 노동자가 자신을 노동자가 아니라 가정주부로 생각했다. 예를 들어 나고야의 신시라스나(新白砂電気) 전기회사에서 파트타임으로 일해 온 여성은 해고를 당한 뒤 전 고용주에 대항해 오랜 법적 싸움을 시작했지만 자신을 노동자가 아닌 '가정주부'로 여기는 데 익숙하다고 말했다. 회사와 풀타임 노동자에게 그들은 그저 '시간 때우기'로 파트타임 일을 하는 것처럼 보이기 때문에, 결과적으로 주택 대출금 상환이나 비싼 교육비 부담과 같이 그들을 공장으로 내모는 진짜 이유는 모호해져 버린다.[54]

자신을 '가정주부'로 규정했기 때문에 그들은 풀타임 노동자보다 더 강도 높은 노동 착취를 당했다. 신시라스나에서 일하는 파트타임 노동자의 실제 노동일(勞動日) 길이는 풀타임 노동자와 거의 같지만 임금 차이는 매우 크다.[55] 반면 이들 파트타임 노동자와 일본의 다른 여성 노동자가 수행하는 가사노동은 심각할 정도로 인정받지 못하는 상태이다. "당신은 하루에 몇 시간 동안 가사노동을 하나요?"라는 질문에 대해 우리는 보통 이런 답을 듣기 마련이다. "한 번도 계산해 본 적이 없네요." 다시 말해 가사노동은 그 대가를 전혀 받지 못할 뿐 아니라 여성이 매일 그에 쏟아붓는 시간도 계산되지 못하는데, 이는 여성의 일을 폄하하고 여성에 대한 이중 착취를 은폐하는 데 기여한다. 임금노동 착취율의 강화를 넘어서 '가정주부화' 역시 비임금노동에 대한 착취를 강화한다.

---

54) 1990년 2월 나고야에서 신시라스나의 전 파트타임 노동자와 한 인터뷰.
55) Harui(1985). p. 67. "파트타임 노동자는 풀타임 노동자 임금의 절반(월 5~7만 엔)을 받지만 고작 하루 35분 적게 일하고 있었다. 가장 심할 때는 풀타임 노동자가 보너스로 40만 엔을 받는 반면 파트타임 노동자는 6만 엔을 받는다."

실질적으로 일본 여성의 전체 노동일 길이는 인도 비공식 부문의 여성 레이스 노동자나 의류 제조 노동자의 수치와 크게 다르지 않은 듯하다. 공장에서 일하는 여성은 이른 아침 집을 나서기 전 식사 준비 등의 일을 하는 데 한 시간 반에서 두 시간 정도를 쓰고, 조립 라인의 고단한 일을 끝내고 지쳐 돌아온 뒤에도 네 시간에서 다섯 시간 정도 집안일을 더 한다고 말했다. 담배 제조 회사에서 풀타임 품질 관리 노동자로 일하는 가와노의 경우 15시간을 일한다면, 신시라스나에서 파트타임 조립 라인 감독관으로 일하는 온베의 경우는 6시간 반의 임금노동시간에 6시간의 가사노동 시간이 더해진다(총 12시간 반).[56] 체계적 자료가 부족하긴 하지만 여성의 전체 노동시간에 대해 계산하는 것이 얼마나 필요한 일인지는 일본에서의 인터뷰를 통해 충분히 입증이 되었다.

2차 대전 이후 일본 정부는 육아 비용 중 일부를 부담함으로써 어느 정도 여성의 가사노동 부담을 완화했다. 1970년대에 정부는 보육 시설의 유지와 운영에 대한 지출을 지속적으로 늘렸다. 이는 국가가 미래 노동력(일본 기업의 미래 노동자들)의 생산에 필요한 비용 일부를 부담한다는 것을 의미한다. 그러나 더 최근에 이런 책임을 다시 부모에게 전가하려는 시도가 있었다. 1980년대 이후 정부는 사회 보장에 대한 책임을 계속해서 대폭 줄여 왔으며 이는 어린이집에 눈에 띄게 영향을 미쳤다.

2차 대전 이후 특히 1950년대와 1960년대 사이에 일본에서는 국가가 재정을 지원하는 공립 어린이집의 설립을 요구하는 운동이 시작되었다. 일부 도시에서는 여성들이 우는 아이를 업고 시청 건물 앞에서 시위를 벌이기도 했고 다른 곳에서는 엄마들이 시청 사무소 안에 기저귀를 널어

---

56) 1990년 2월, 개인적 대화를 통해 두 여성에게서 얻은 수치.

말리기도 했다. 가능한 경우에는 지역 관료와 협상을 하기도 하고, 시위자들과 면담을 거부한 시장은 연좌 농성에 직면했다. "1970년대 초반 무렵 어린이집 문제는 일본 전역의 지방 의회에서 주요 현안으로 받아들여졌다."[57] "우편함만큼 많은 보육 시설이 있어야 한다"는 모토하에 이 운동은 정부로 하여금 보육 시설 운영에 드는 비용의 일정 부분을 부담하도록 강제했다.

결국 자기주장을 강하게 내세운 여성들의 압력 때문에 그리고 어쩌면 기혼 여성의 재고용을 촉진하기 위해서, 국가는 어린이집 운영 비용 중 80퍼센트를 책임지게 되었다.[58] 어린아이를 둔 엄마들에게 이는 그들이 직업을 더 쉽게 가질 수 있게 되었음을 의미했다. 이미 말했지만 자본이 원칙적으로 노동자들의 개인적 책임으로 남겨 둔 노동력 재생산의 부담 중 일부를 그때부터 국가가 지게 되었다는 것을 의미한다. 자본주의하에서 아이 양육을 엄마 혹은 가정주부가 수행했더라면 무급으로 남아 있었을 것이다. 하지만 이를 공적 재정 지원을 받는 어린이집으로 부분적으로 이전함으로써 노동자가 아닌 국가가 그 부담을 지게 된 것이다.

그러나 최근 몇 년 동안 여성운동의 이러한 성취는 조금씩 약화되고 있다. 국방비 지출은 계속 증가한 반면 전반적으로 사회 복지와 특히 보육 시설에 쓸 수 있는 돈은 점점 줄어들고 있다. '사용자 부담'이라는 구호 아래 정부는 1985년에 양육 시설당 비용 부담을 80퍼센트에서 70퍼센트로 줄이고, 1986년에는 50퍼센트까지 낮춰 보육 시설 운영 부담을 두 번 줄였다. 1980년에서 1986년 사이 도쿄 도 정부의 전체 재정 비중은 점차 더

---

57) Hiroki(1988).
58) *Ibid.*, p. 11.

빠른 속도로 줄어들었다. 지방 자치 단체는 차례차례 보육비를 올렸다.[59] 이러한 변화는 기혼 여성의 부담을 가중시켰는데, 특히 가내노동자, 임시직 노동자, 파트타임 노동자로 노동예비군에 속한 기혼 여성에게 가해지는 부담은 더욱 컸다.

소매회사에 고용된 여성 파트타임 노동자

15년 동안 소매기업 서니(Sunny)에서 봉급을 받고 일해 온 다무라 가쓰코는 일본에서 파트타임 노동자가 차지하는 위치에 대해 상세히 묘사해 주었다. 1990년 인터뷰 당시에 그녀는 규슈 섬에 위치한 후쿠오카 시의 회사 본부에서 계산원을 훈련시키는 일을 하고 있었다. 그녀는 꽤 괜찮은 봉급을 받으며 풀타임으로 일하고 있었는데, 한 달에 순수하게 17만 엔에서 18만 엔 정도를 벌었다(당시 환율로 대략 900달러 정도). 그러나 그녀는 일본 여성 대부분이 놓인 부당하고 부차적인 경제적 위치에 대해 매우 잘 알고 있었다. 그녀의 표현에 따르면 "남녀의 역할에 대해 매우 강한 편견을 가지고 있는" 남편이 가사를 함께 부담하게 만들기 위해 그녀는 가정에서 기나긴 투쟁을 벌여 왔다고 한다. 자신 있는 미소를 보이며 그녀는 당시 집안일에는 손 하나 까딱하지 않고 남편에게 빨래나 요리를 억지로 시켰다고 했다. 가쓰코의 의식은 가정 배경(아버지가 처가살이를 했다)과 그녀가 속한 여성들의 모임 아고라(Agora)로부터 영향을 받았다.

가쓰코는 서니가 규슈 일대에 퍼져 있는 60여 개 슈퍼마켓으로 이루어져 있다고 설명해 주었다. 정규직, 비정규직 모두 포함해서 전체 1,500

---

59) *Ibid.*, pp. 11~12.

명이 고용되어 있다. 대부분은 판매직과 계산원이고 무려 4분의 3(1,200명)이 파트타임 노동자였다. 기업의 이윤에 대해서는 정확한 수치를 제시하기 어렵다. 가쓰코에 의하면 "다른 일본 소매기업들과 마찬가지로 서니는 이윤을 공개하지 않아요. 국세청에야 자료를 제출하겠지만 노동자들에게는 알려주지 않죠. 제가 추정해 보기로는 연간 총매출액이 500억 엔 정도 되고, 연평균 이윤율은 20퍼센트 정도 되는 것 같아요".

그렇다면 1,200명의 파트타임 노동자 임금은 얼마나 될까?

파트타임 노동자 임금은 당연히 풀타임 노동자 임금과 다르죠. 파트타임 노동자들 사이에도 차이가 있어요. 예를 들면 아침에 일하는 계산원의 임금이 저녁에 일하는 계산원의 임금보다 낮아요. 생선이나 정육 코너에서 일하는 파트타임 노동자는 보통 다른 식재료 코너에서 일하는 사람보다 더 많이 받고요. 새로 고용된 파트타임 노동자의 경우에 평균 시급이 490엔에서 620엔[2.5~3달러——인용자] 사이일 거예요. 1년이 지나면 임금이 15엔씩 올라요. …… 파트타임으로 일하는 인력의 80퍼센트가 시급 550엔 미만을 받습니다.

이 자료는 일본의 임금 수준과 임금 격차에 관한 문헌에서 인용되는 일반적 수치와 일치한다. 예를 들어 1988년 노동성이 내놓은 공식 자료는 "1987년 여성 파트타임 노동자는 정규직 여성 노동자 임금의 70퍼센트 정도를 벌었으며, 이는 두 부문 사이에 매우 큰 임금 격차가 있음을 보여주는 것"[60]이라고 밝히고 있다. 이 자료는 또 이러한 격차가 1970년대 중

---

60) Ministry of Labour(1989b), p. 4

반부터 계속 커지고 있는 추세라는 것도 인정했다. 여기저기에서 인용되는 남녀 임금 수준의 차이는 이보다 훨씬 더 크다. 후쿠오카에 기반을 둔 여성들의 모임인 아고라의 소책자에 의하면 "1983년 여성은 남성이 번 것의 52.8퍼센트 정도만 벌었다"[61]고 한다. 신시라스나 전기회사에 맞선 유명한 소송을 통해 여성 파트타임 노동자들은 임금 불평등을 없앨 것을 요구하기도 했다.[62]

일본 파트타임 노동자의 임금 수준에 큰 영향을 미치는 조건은 이들이 정규직 노동자에게 주어지는 추가 보상의 대부분을 받지 못한다는 것이다. 일본의 임금 구조는 다소 복잡하다. 임금은 기본급 외에도 (휴가비나 가족 수당과 같은) 여러 수당으로 이루어져 있다. 파트타임 노동자는 연말에 쥐꼬리만 한 보너스만 받는다. 가쓰코에 의하면 서니 슈퍼마켓에서 "파트타임 노동자는 1년을 일하면 보통 1,000엔을 받고, 10년이 지나면 1,200엔을 받아요[5~6달러 — 인용자]. 여기에 여름 보너스를 약간 더 받습니다. 1년을 꽉 채우지 못한 사람에게는 연말에 작은 선물만 건네주죠".

게다가 여성 노동자의 노동시간은 파트타임 노동자라는 그들의 직함에 어울리지 않게 매우 길다. 일본에서 파트타임 노동자의 주당 근무시간은 최대 35시간 정도로 예상되지만 파트타임이라는 지위로 인해 그들의 실제 노동시간의 길이는 가려진다. 결국 앞에 거론한 노동성의 자료마저도 "여성 파트타임 노동자의 10퍼센트 정도가 풀타임 노동자의 노동시간과 거의 같은 시간 일한다"[63]는 점을 부정하지 못한다. 파트타임 노동자가

---

61) Agora(n. d.), p. 4.
62) 1990년 2월 나고야에서 여성과 남성 간 임금 차이에 관해 신시라스나의 전 파트타임 노동자와 한 인터뷰. Nakano(1995), p. 37도 볼 것.
63) Ministry of Labour(1989b), p. 4.

풀타임 노동자보다 고작 30분 적게 일하는 경우도 흔하다. 민간 노동 연구 기관이 시행한 조사는 229개 회사의 여성 파트타임 노동자가 주간 평균 5.3일 일하는 것으로 나타났다.[64] 나고야 근교의 신시라스나 공장의 경우 풀타임 노동자는 아침 8시 30분에 일을 시작하고 오후 5시 20분에 일을 끝내지만 파트타임 노동자는 오전 9시부터 오후 5시 15분까지 일을 한다.[65] 당연히 이런 경우 파트타임 노동자라는 지위는 높은 노동 착취율을 의미할 뿐이다.

서니사에서 파트타임 노동자의 노동시간은 부문마다 매우 다르다. 가쓰코에 의하면

여성 파트타임 노동자들은 1년짜리 계약을 해요. 일을 시작할 때 회사하고 각각의 여성 사이에 이루어진 협상을 통해서 개인별로 계약서에 서명을 하죠. 대부분의 여성은 하루에 4시간 일하지만 일부는 8시간 일하기도 해요. 노동시간이 가장 긴 경우에는 주당 5~6일씩 한 달에 22일에서 25일 정도 일합니다.

이런 상황이 서니사에서 항상 일어난 것은 아니었지만, 괜찮은 월급을 주지 않으려고 사실상 풀타임으로 일하는 여성을 '파트타임'으로 부르는 경우가 있었던 것 역시 사실이다.

집단적으로 노동 계약 협상을 하려 한 적은 있는가? 노동조합은 무슨 역할을 하고 있는가? 상황을 개선하기 위해 싸우고 있는가? 가쓰코는 이

---

(64) *Resource Materials on Women 's Labour in Japan*(1989), p. 9를 볼 것.
(65) 1990년 2월 신시라스나의 전 파트타임 노동자와의 개인적 대화.

렇게 대답했다.

서니사의 노동조합에도 파트타임 노동자를 위한 자리가 있기는 해요. 1년 이상 일한 사람들은 자동적으로 조합원이 됩니다. 하지만 조합은 어용 노조이고 사측에 매우 협력적이에요. 여성 파트타임 노동자가 노조에 들어가게 된 것은 소효[總評, 일본 사회당과 연계된 전 노동조합총평의회—인용자]가 파트타임 노동자들의 노동조합을 세우려고 계획하고 있다는 소문이 돌았기 때문이에요. 사측은 그때 겁을 먹었고 파트타임 노동자의 기업 노조 가입을 허용하기로 했어요.

가쓰코는 끝으로 직원들의 높은 이직률에 관한 이야기를 어렵게 꺼냈다. 가쓰코는 파트타임 노동자들 대부분은 서니사에 2년 이상 머물지 않는다고 했다. 일본의 초기 섬유 공장 내 여성 노동이 보인 단기적 특성이 떠오른다. 그렇게 많은 사람들이 슈퍼마켓 파트타임 업무에서 손을 떼게 되는 이유는 무엇일까? 가쓰코는 말한다. "더 나은 일자리를 찾았거나 여성 노동자들 간의 마찰로 인한 사람들 사이의 갈등 때문에 일을 그만두죠. 강한 기질과 약한 기질은 부딪히게 마련이잖아요." 그러나 추가 조사가 이어지고, 특히 여성이 감당해야 하는 업무 부담에 관한 주제로 넘어가자 가쓰코는 이렇게 설명했다.

계산원은 고객들을 대하는 법을 훈련받아요. 안내 책자에는 고객을 어떻게 불러야 하는지, 어떻게 돈을 건네야 하는지, 고객이 카운터를 지나갈 때 어떻게 행동해야 하는지 등이 자세하게 설명되어 있습니다. 사측이 모든 것을 계산해요. 심지어는 계산원이 고객 한 명에게 몇 초를 써야 하는 지도요. 업무 계획은 이런 데이터에 따라 조정됩니다. 분명 어떤 사람들은 이를 거부했죠. 아마 이건 그렇게 많은 파트타임 노동자가 회사를 떠나게 되는 이유들 중 하나일 거예요.

요컨대 서니 슈퍼마켓에서 사람들 사이의 의사소통은 기계화되고, 심지어는 회사의 이윤율을 높이기 위해 공장의 조립 라인에서 일하는 노동자에게 익숙한 업무 속도 가속화 방식까지 적용되고 있는 것이다.

노동예비군으로서 일본 여성들: 맑스 대 벤홀트-톰젠

일본 여성들의 고용 경험에 관한 실제 자료를 살펴봤으니 이제 그 자료가 이론적으로 시사하는 바에 대해 살펴보자. 맑스의 노동예비군 개념에 대해 언급한 적이 있다(불규칙적으로 자본주의 기업가들이 고용하는 '상대적 과잉 인구'). 맑스는 여성을 노동예비군이라는 범주에 넣은 적이 전혀 없고, 가부장제가 임금노동자로서 여성의 지위에 어떤 영향을 미치는지도 논한 바 없다. 그러나 우리가 일본 여성들이 여러 근대화 단계에서 주로 어떻게 고용되어 왔는지 다시 한번 열거해 본다면, 맑스가 노동예비군의 세 가지 주요 범주로 언급한 잠재적·정체적·유동적 노동예비군의 특성을 여성이 언제나 보여 주고 있음을 알게 된다.[66]

우선 19세기 후반과 20세기 초반에 견사 방적과 면방적 공장에서 노예처럼 일했으며 산업 노동력의 다수를 이루던 어린 소녀들을 떠올려 보자. 이들은 맑스가 서술한 범주들 가운데 잠재적 예비군에 속한다. 잠재적

---

66) Marx(1977a), p. 600.

예비군은 빈곤의 늪에 빠져 도시에서 새로운 일자리를 찾던 농촌 지역의 농업 노동자들이 지속적으로 유입되어 형성되었다.[67] 어린 일본 소녀들이 초기 섬유 공장으로 흘러들어 온 것도 마찬가지로 농촌 지역의 가난 때문이었는데, 공장의 여성 노동자들은 대부분 이주자였다. 게다가 앞서 말했듯이 공장에서 오랫동안 일하는 사람은 얼마 되지 않았고 그들의 임금 고용은 매우 단기적인 것이었다.

일본의 자본 축적에 크게 기여해 온 또 다른 범주의 여성은 가내노동자였다. 그 수는 최근 들어 줄어들기는 했지만 여전히 매우 값싼 축적의 원천이다. 『자본』에서 맑스는 "가내 공업"(domestic industry)이 "최대한의 노동시간과 최소한의 임금"으로 특징지어지는 정체적 노동예비군의 주된 형태라고 구체적으로 언급했다.[68] 독일의 베벨과 같은 '맑스주의 해방론자'와 더 최근의 사회주의 여성주의자들 모두 일정 비율 가내노동을 하는 기혼 여성이 노동예비군의 한 부분을 이룬다는 점을 관찰했다. (우산 생산, 완두콩 가공 등의 일을 하는) 기혼 여성 가내노동자가 20세기 초 네덜란드 경제에 어떻게 기여했는지를 분석한 사회주의 여성주의 역사가 셀마 레이데스도르프(Leydesdorff)는 그들이 노동예비군의 특정한 범주를 구성한다고 주장했다. "집에서 일하는 기혼 여성과 그의 가족 구성원들은 공장 생산에 가담할 수 없었고 노동예비군의 모든 특성을 보였다."[69] 레이데스도르프는 기혼 여성이 왜 노동예비군이 되는지 설명하기 위해 가족

---

67) *Ibid.*, p.601.

68) *Ibid.*, p.602[『자본 I-2』, 강신준 옮김, 길, 2008, 873쪽].

69) Leydesdorff(1977), p.123. 브뤼헐은 영국 여성 파트타임 노동자에 대한 구체적 언급과 함께 이렇게 주장한다. "여성 노동자의 점증하는 부분(이제 40퍼센트가 되었음)을 이루는 이들은 바로 파트타임 노동자이다. 이들은 일회용 예비군으로서 여성의 전형에 가장 가깝다." Bruegel(1986), p.49.

안에서 기혼 여성의 경제적 역할을 강조했다.

일본 여성들 중에서 오늘날 노동예비군으로서의 기능을 가장 확실하게 견지하고 있는 부분은 바로 파트타임 노동자로 고용된 중년 기혼 여성이다. 먼저 파트타임 노동자는 맑스가 노동예비군의 특성으로 명시한 일반적 기준들을 충족한다. 낮은 시급을 받기 때문에 이들의 고용은 대체로 일본 경제의 전체적 임금 수준을 낮추도록 압력을 가할 것이다. 자본 소유자는 언제라도 파트타임 노동자를 해고할 수 있기 때문에 이들은 여러 산업 부문과 서비스 부문 사이를 오갈 수도 있다. 맑스의 개념화에서 그들은 유동적 노동예비군으로 분류될 수 있다. 일본 언론에서 파트타임 노동자는 식사 후 별 고민 없이 버릴 수 있는 젓가락에 비유된다. "여성 파트타임 노동자는 지금도 일회용 젓가락, 라이터, 포켓 카메라처럼 '쉽게 버릴 수 있는' 존재로 여겨진다."[70]

기혼 여성이 노동예비군의 한 부분을 이룬다는 사실은 1970년대 후반 이후 서구 산업사회에서 여성의 임금노동을 다시 분석한 사회주의 여성주의자들에 의해 강조되었다. 그들 중 한 사람이 영국의 연구자 베로니카 비치이다. 그녀는 맑스가 정의한 것과 다르게 기혼 여성을 노동예비군의 특정한 한 형태로 정의해야 한다고 주장했다. 기혼 여성은 남성보다 더 쉽게 해고될 수 있다. 남성보다 노동조합에 강하게 조직될 가능성이 낮고 실업률 통계에 잘 나타나지 않기 때문이다. 비치는 여성들이 수평적 이동성이 높고 파트타임 노동이라도 일을 사양하지 않기 때문에 유연한 노동력이 될 가능성이 더 높다고도 주장했다. 그리고 여성의 임금률이 남성보

---

70) Marx(1977a), p. 600. "Part-Time Women Workers", *Mainichi Shimbun*, Tokyo, 26 February 1990, editorial, p. 2와 Chapman(1987). p. 11도 볼 것.

다 매우 낮기 때문에 여성 고용은 임금에 특히 강한 압력을 행사한다.[71]

이렇듯 비치는 노동예비군 내 기혼 여성의 구체적 역할에 대해 지적하고 파트타임 노동에 대한 분석도 시작했다. 그리고 그녀는 기혼 여성이 왜 특정한 범주를 이루게 되는지도 설명했다. 그녀가 설명한 가장 기본적인 이유는 사회의 가부장적 구조와 이데올로기이다. 자본주의 사회에서 여성의 일차적인 경제적 역할은 가사노동이다. 사회가 성별 분업의 밑그림을 그렸다면 산업국가는 그것을 정책에 구체화했다. 비치의 관점에서 맑스는 현실을 부적절하게 인식했고 이를 만족스럽게 이론화하지 못했다. 맑스의 작업에서는 가족과 성별 분업에 관한 이론이 부족했기 때문에, 그는 일반적인 여성 노동에 대해 적절한 설명을 제시할 수도, 노동예비군의 한 부분으로서 여성의 역할에 대해 상세히 서술할 수도 없었다.[72]

일본의 파트타임 노동에 관해 내가 모아 온 자료는 전반적으로 비치의 주장을 확인시켜 준다. M형 곡선 이면에 자리한 핵심적인 생각은 재생산 노동에 대한 여성의 책임이 유지될 수 있도록 여성의 삶을 쪼개야 한다는 것이다. 중년 기혼 여성이 파트타임 노동자로 다시 고용되어야 한다는 생각의 기초는 아이들이 크는 동안에는 기혼 여성이 어머니로서, 가정주부로서 먼저 책임을 다해야 한다는 것이다. 일본 자본가는 분명 파트타임 노동자로 여성을 고용하면서 사회 내 불평등한 성별 분업의 이점을 완전하게 활용한다. 여성과 남성의 전통적 관계는 당연시되고, 파트타임 노동의 모든 구조는 그 관계에 기초하고 있다.[73] 가부장제가 유지되지 않는다

---

71) Beechey(1987), pp. 48~49.
72) *Ibid.*, p. 9.
73) "가족을 책임지고 있는 여성이 남성처럼 가족을 희생시킬 수는 없는 상황에서 기업이 운영된다. 그럼으로써 기업은 여성을 주로 불안한 지위와 나쁜 노동 조건에 놓인 파트타임 고용

면 일본에서 자본 축적을 지속하기 위한 전략은 작동하지 않을 것이다.

독일여성주의 학파의 일원인 베로니카 벤홀트-톰젠은 '상대적 과잉 인구'라는 주제를 언급했다.[74] 그녀는 자본 대비 과잉 인구가 어떻게 발생하는지에 관해 다음과 같은 관점을 제시했다. 지속적인 기술 혁명을 통해 임금노동 인구 중 일부는 불필요하게 되고 자본 축적 과정에서 "쫓겨나게" 된다. 즉 고도로 산업화된 나라에서는 "재생산을 담당하는 주변부 대중"이 형성된다. 과잉 인구의 일원들은 "최저생계비 이하로 자신의 생산물과 노동을 판매한다".[75]

벤홀트-톰젠의 관점은 지난 20년 동안 서유럽에서 일어난 일을 설명하는 데 어느 정도 도움이 된다. 1970년대 중반 이후로 서유럽 국가 대부분은 임노동을 할 수 있는 사람들 수백만 명이 거의 영구적으로 돈벌이가 될 만한 직업을 찾지 못하는 구조적 실업 문제로 골치를 앓고 있다. 국가가 실업 상태의 '주변부 대중'에게 약간의 생계비를 지급하고는 있지만, 상대적 과잉 인구는 비임금노동을 통해 추가로 생존 수단을 찾아야 한다. 자본주의의 모순적 변화는 어느 정도 독일여성주의 학파가 생계 유지를 위한 생산이라고 정의한 직접적 소비를 위한 생산이 재등장하게 되는 결과를 낳기도 한다.

그러나 벤홀트-톰젠의 분석은 지난 25년간 일본에서 일어난 여성 파트타임 노동의 증가를 이해하는 데 별 도움이 되지 않는다. 여성 파트타임 노동의 증가는 수많은 여성이 자본주의 생산 과정에서 퇴출된 것이 아니

에 매어 둔다." Nakano(1995), p. 35.

74) Bennholdt-Thomsen(1981).

75) *Ibid.*, p. 26. 여성에게 적용한 노동예비군 테제에 대한 비판적 논평으로 Barrett(1980), p. 158을 볼 것.

라 그 안으로 편입되었음을 보여 주는 것이기 때문이다. 이전에는 가정주부로서 재생산 노동'만' 하던 여성들이 노동시장으로 끌려 나왔다. 그들의 노동력은 자본에 의해 새롭게 활용되었다. 그리고 이러한 편입은 기혼 여성이 정규직 자리를 얻었다는 것을 의미하지는 않고(그들의 통합은 일회용 노동예비군을 더 쉽게 활용할 수 있게끔 조직되었다), 앞에서 말한 것처럼 추가적 노동력에 대한 자본의 필요에 의한 것이었다.

일본의 여성 파트타임 노동자 증가를 분석할 때 핵심은 기술 혁신이 아니라 여성을 사회의 부차적 위치로 몰아내는 가부장적 관계의 구조이다. 1960년대 초부터 국가를 비롯해 산업 자본가와 서비스 부문 기업은 싼값으로 얻을 수 있는 유연한 노동의 새로운 원천을 주의 깊게 찾기 시작했다. 중년 여성을 고용하기로 한 그들은 양육에 대한 여성의 영구적 책임과 여성의 임금노동을 부차적인 것으로 정의하는 가부장적 이데올로기를 충분히 활용했다. 또한 여성 파트타임 노동자의 고용은 앞서 언급한 대로 전혀 지속적이지 않았지만 그들의 등장은 일본의 자본 소유주들에게 노동력을 팔려는 사람의 수가 눈에 띄게 증가했다는 신호였던 것 같다.

요약

지금까지의 서술과 분석이 보여 주는 것처럼 일본 산업화의 역사를 통틀어 여성 노동이 자본 축적에서 중요하지 않았던 적은 없다. 견사 방적과 면방적 공장이 처음 설립되는 단계에서 이미 공장 소유주는 임금노동자로 어린 농촌 여성을 선호했다. 공장 생활의 엄격한 규칙, 여성의 건강 상태 무시, 노동일의 무자비한 연장을 통해서 초기 자본가들은 상당한 이윤을 빠르게 긁어모을 수 있었다. 절대적 잉여가치의 생산을 통해서 그리고 공장 노동자 가운데 절대다수였던 여성에 대한 착취를 통해서 일본 근대화의 기초가 놓인 것이다.

그러나 여성의 노동은 지나간 시절에만 중요했던 것이 아니다. 오늘날 일본 경제를 지배하는 다국적 기업들은 여전히 여성의 노동에 의존하고 있다. 여성의 타고난 특성으로 여겨지는 '민첩한 손가락'과 참을성을 요하는 단조로운 업무에서는 더욱 그러하다. 경제 동력으로서 섬유 산업의 역할을 이어받은 전자 부문에서 1980년대에 남성 노동자의 비중이 증가했다고는 하지만, 여전히 많은 육체노동은 '반숙련' 혹은 '미숙련' 노동으로 정의되는 여성이 수행하고 있다. 집적회로의 생산에서 여성이 밀려나 현미경을 활용한 칩 접합이나 품질 관리 같은 힘든 일을 하게 되면서 여성과 남성의 엄격한 부문별 노동 분업이 유지되고 있는 것이다.

오늘날 경제에서 여성의 역할에 관한 개괄은 다음과 같은 점도 잘 보여 준다. 일본 기업들은 (제조업이나 서비스업 모두) 여성을 광범위한 노동예비군으로 간주한다. 은행, 슈퍼마켓에 고용된 어린 소녀든 아니면 '중개소'를 통해 고용된 임시직 노동자든, 어린아이를 데리고 집에서 성과급으로 일을 하는 기혼 여성이든 아니면 '파트타임 노동자'로 고용된 중년 여성이든 간에 모든 범주의 여성 노동자는 저임금을 받고 쉽게 버려질 수 있다. 위의 여러 범주 중에서 파트타임 노동자가 오늘날 수적으로 가장 큰 부분인 듯하다. 이런 고용 형태가 기업에 값싼 노동예비군을 공급하도록 고안된 것은 우연이 아니다.

앞에서도 밝혔듯 노동예비군에 관한 맑스의 이론은 일본 경제 내에서 여성 노동이 수행한 역할을 설명하기 위해 활용될 수 있지만, 좀더 정교해질 필요도 있다. 추가 수당 없이 시급으로 돈을 받는 파트타임 노동자로서 중년 기혼 여성의 고용이란 오직 가부장제에 의해서 가능해진다. 그들을 값싼 예비군으로 데려다 쓸 수 있게 된 것은 정확히 그들이 아이(자본의 미래 노동력)의 출산과 양육을 해야 하는 시기에 노동시장을 떠나 있었기 때문이다. 노동예비군의 한 부문으로서 기혼 여성의 지위에 관해 사회주의 여성주의자들이 내린 분석은 오늘날 일본 여성들이 직면한 현실을 가장 잘 설명할 수 있다.

13장

결론: 현대 아시아의 자본 축적

지금까지 나는 아시아 지역의 세 나라──일본, 방글라데시, 인도──의 경제적 경험을 살펴보고 농업과 제조업에서 여성의 노동 활동을 분석의 출발점으로 삼았다. 조사를 통해 나는 자본의 시초 축적, 노동일, 자본의 회전기간에 대한 분석, '노동예비군'과 같은 맑스의 경제 개념들이 적절한지 평가했다. 맑스가 살던 시대에 아시아 경제는 세계 경제 체제의 주변부였고 그의 이론은 세계 경제 체제의 심장이었던 영국의 경험에 주로 뿌리를 두고 있었다. 나의 연구는 맑스의 분석 도구들도 이제는 현실에 아주 잘 들어맞을 정도로 아시아의 자본 축적 과정이 '발전'했음을 보여 준다.

방글라데시, 인도, 일본의 여성 노동을 살펴보면서 국제 여성주의 논쟁에 참여한 이들이 제안한 개념들이 얼마나 중요한지도 평가하고자 했다. 특히 여기서는 서로 다른 흐름의 네 가지 관점에 집중했다. 먼저 농촌 여성의 노동에 대해 연구하면서 여성을 '발전에 통합'하려는 발전여성주의 흐름의 저자들을 주의 깊게 살펴보았다. 또한 지금의 경제 발전 과정이 생태계 파괴, 공유 자원의 손실, 여성의 주변화를 낳는 '악개발'이라고 문제제기 하는 생태여성주의자 반다나 시바의 관점과 발전여성주의자들의 관점을 대조해서 살펴보기도 했다. 셋째로 나는 독일여성주의 학파의 저서와 원고도 살펴보았다. 마리아 미스를 비롯한 독일여성주의 학파 이론가들의 '가정주부화'와 '생계노동' 가설은 나의 논지와 특히 관계가 깊다. 이런 개념들이 여성 노동의 분석에 적합하게 고안되었기 때문이다. 끝으로 '일본화'와 일본 경제에서의 여성에 관한 장에서는 사회주의 여성주의의 분석 작업을 간단히 언급했다.

시초 축적과 방글라데시 경제

시초 축적 혹은 '원시' 축적 과정은 맑스가 분석한 여러 역사적 과정 중의 하나이다. 맑스는 이렇게 주장했다.

> 자본주의적 생산은 대량의 자본과 노동력이 상품 생산자들의 수중에 있다는 것을 전제로 한다. 따라서 이 운동 과정 전체는 하나의 악순환을 이루면서 회전하는 것처럼 보이는데, 우리가 이 악순환에서 벗어나려면 자본주의 축적에 선행하는 원시 축적(애덤 스미스가 말하는 선행적 축적), 즉 **자본주의적 생산양식의 결과가 아니라 그 출발점으로서의 축적**을 상정할 수밖에 없다.[1]

자신의 연구 소재 중 상당수를 이끌어 내는 배경이 된 영국의 시초 축적 과정에 대해 맑스는 어떻게 보았을까? 이 다음 장에서 맑스는 15세기부터 계속해서 영국 농민들을 토지에서 쫓아낸 폭력적 방식을 상세히 묘

---

1) Marx(1977a), p. 667[『자본 I-2』, 강신준 옮김, 길, 2008, 961쪽], 강조 추가.

사했다. 자본은 농업 인구의 생산수단, 특히 토지를 빼앗음으로써 형성되었다. 맑스가 분석한 바에 의하면 이런 강탈 과정의 핵심은 공유지의 사유화였다. 이전 세기까지 농민들이 공동으로 소유하고 가축을 위한 목초지였던 들판에 울타리를 치고 양을 방목하기 시작했다. 당시 영국에서 성장하던 양모 산업에 쓸 원모 생산에 관심이 있던 자본주의적 농장주들이 이 양들을 소유하고 있었다. 공유지의 사유화는 영국 정부가 제정한 '피의 입법'(bloody legislation)의 지지를 받고 있었다.

산업혁명 이전의 시초 축적에 대해 맑스는 매우 구체적으로 분석했다. 그에게 자본주의 축적으로 향하는 길은 농업 생산자에 대한 강탈을 통해서 다져지는 것이었다. "농촌의 생산자(즉 농민)로부터의 토지 수탈은 이 전체 과정의 기초를 이루고 있다."[2] 이러한 수탈은 임노동자 계급과 자본가 계급의 형성을 촉진했다. 맑스에게 이 두 계급의 성장은 분명 서로 연결되어 있는 것이었다. 일단 폭력적으로 쓸어 내고 나자, 그전까지 농민들이 가지고 있던 생계와 생산의 사회적 수단은 자본에 넘어갔고 동시에 직접적 생산자들은 임금노동자로 변모했다. "따라서 이른바 원시 축적이란 바로 생산자와 생산수단과의 역사적 분리 과정이다."[3]

방글라데시 농업의 여성 노동에 관해 다룬 8장에서는 '현대화'의 영향 속에 지난 20년간 집중적으로 벌어진 방글라데시 농민들의 토지 이탈을 이해하는 데 시초 혹은 '원시' 축적 개념이 얼마나 중요한지 설명하고자 했다. 나는 두 가지 중요한 발전에 대해 지적했다. 하나는 싸게 사서 비싸게 팔아 농업에서 잉여를 '뽑아내는' 상인이 득세하면서 수백만 명의 소

2) Marx(1977a), p. 669[『자본 I-2』, 965쪽].
3) Ibid., p. 668[같은 책, 963쪽].

자작농이 땅을 잃고 빈농이 되었다는 점이다. 농업 상품 생산자의 저임금, 농민 부채 증가, 경작지의 대규모 상실, 이는 1971년 정치적 독립을 공식 선언한 이래 한결같이 계속되는 그리고 서로 긴밀히 연관된 방글라데시 농촌 경제의 모습이었다.

다른 하나는 공유재에 접근할 권리를 빼앗긴 농촌의 빈곤층이 늘어나고 있다는 것이다. 폭넓게 보면 이런 과정은 영국에서 일어난 역사적인 공유지의 사유화(인클로저)에 비견할 만하다. 방글라데시의 비옥한 삼각지에 제방과 둑을 지으려는 움직임의 저변에는 공동으로 소유해 온 천연 자원을 사유화하고 싶었던 방글라데시의 주요 '원조자', 바로 세계은행과 농촌 및 도시 지역 지배층의 바람이 깔려 있다. 이는 한 번도 제대로 언급되지 않았고 '인민의 참여'라는 연막에 가려 있지만, 농민들은 제방 건설로 수자원과 어장에 자유롭게 접근하지 못하게 되었다. 자본주의 축적의 기초를 만들어 내기 위해 방글라데시 농촌 지역의 직접 생산자들은 그 어떤 사회적·생태적 비용이 들더라도 생계 수단과 유리되어야 한다.

1960~1970년대에 안드레 군더 프랑크 같은 저명한 맑스주의 이론가들은 자본주의가 세계 경제 체제로 확립된 이후에도 시초 축적은 오랫동안 사라지지 않고 계속된다는 것을 상세히 설명했다. 프랑크는 임금노동자의 잉여가치 생산을 통한 자립적 자본 축적이 있기 전, 시초 축적의 기간이 아주 오랫동안 있었음이 분명하다고 주장한다.[4] 그러나 그는 산업 혁명 이후 이런 축적 과정이 멈추었다는 주장에 대해 이의를 제기한다. 게다가 '원시' 축적의 발생은 영국에 한정되는 것도 아니었다. 식민지와 탈식민지 시기 동안 세계 경제 중심부의 자본 축적을 도모한다는 이유로 제

---

4) Frank(1982), 특히 p. 238에 잘 나타나 있다.

3세계의 농업 생산자는 소비 기금 중 일부를 빼앗겼고 지금도 빼앗기고 있다. 직접 생산자에 대한 강탈, 생산수단의 전유는 전 세계적 현상이며 지금도 계속되고 있다.

방글라데시에 대해 내가 모은 자료들은 대체로 "생산수단을 그 소유자와 분리하고 그들을 임금노동자로 전환하는 과정은 원초적, 원시적, 혹은 자본주의적 단계 이전만이 아니고 자본주의 단계에도 계속되고 있다"[5]는 프랑크의 결론을 뒷받침한다. 방글라데시가 세계 경제로 통합되었다고 하지만, 아직 시장 판매를 위한 상품으로 전환되지 않은 천연자원에 대한 접근 권한을 농민들이 가지고 있다는 사실을 포함해서 방글라데시 농업은 전자본주의적 생산 단계의 모습을 많이 지니고 있다. 둑과 제방 축조가 미친 효과들에 관한 자료는 시초 축적이 한창 진행 중임을 잘 보여 준다. '완전한' 자본주의적 방식으로 잉여 생산물을 확실하게 보호하고 있는 세계은행 같은 기관들이 이러한 축적을 부추기고 있다.

맑스의 노동일 이론과 방글라데시 의류 산업

방글라데시의 경험을 통해 시초 축적이 오늘날까지 계속되고 있다는 것만 볼 수 있는 것은 아니다. 방글라데시의 경험은 자본 축적의 본질 또한 매우 잘 드러내 보인다. 자본주의적 생산의 기본적 특징에 관한 맑스의 이해는 이 책에서 계속 언급했으니 그의 노동가치론을 상세히 재론할 필요는 없을 것이다. 산업 자본가들의 축적은 맑스가 잉여가치라고 부른 것, 다시 말해 임금노동자가 자기 생존에 필요한 가치 외에 추가로 생산한 가

---

5) Frank(1982). 룩셈부르크(1981a)의 p. 313에 '원시' 축적의 문제에 관해 유사한 논평이 있다.

치를 전유함으로써 가능해진다. 잉여노동과 생계 혹은 '필요'노동을 이렇게 구별함으로써 오늘날의 착취를 설명할 수 있게 되는 것이다. 바로 이것이 맑스 경제 사상 체계의 초석이다.

자본 소유자가 잉여가치를 전유하는 두 가지 주요 방식 중 하나는 노동일의 연장인데, 이는 영국의 공장 소유주들이 산업혁명 기간과 그후에 적극적으로 활용한 방법이다. 맑스는 이 방법을 일컬어 절대적 잉여가치의 생산이라고 했다. "절대적 잉여가치의 생산은 전적으로 노동일의 길이에 좌우된다." 맑스는 이를 "자본주의 체제의 일반적 토대"로 여겼다.[6] 그래서 맑스는 절대적 잉여가치를 이렇게 정의했다. "노동자가 자기 노동력 가치의 등가를 생산하는 점 이상으로 노동일이 연장되고 이 잉여노동이 자본에 의해 취득되는 것 ──이것이 바로 **절대적 잉여가치의 생산**이다."[7]

역사적으로 보면 영국에서 자본주의적 생산양식의 옹호자들은 노동일의 점진적 연장을 강화하기 위해 지난한 싸움을 벌여야 했다. 맑스가 지적했듯 근대 산업과 기계제 시대까지 영국 자본은 노동자들을 한 주 동안 붙잡아 놓지 못했고, 일주일에 엿새 내내 힘든 노동을 강제하려는 몸부림은 18세기에도 꽤 오랫동안 계속되었다. "도덕과 자연, 연령과 성, 낮과 밤의 모든 제약이 분쇄되었"던 것은 겨우 18세기 중후반에 이르러서였다.[8] 그제야 비로소 근대 산업의 탄생만으로 노동일의 길이에 대한 모든 제약이 사라지게 되었다. 맑스는 그 특유의 언어로 임금노동자의 노동시간을 심지어는 그들이 육체적으로 감당할 수 있는 정도를 넘어서는 수준으로까지 연장하려는 것은 자본가의 "잉여가치에 대한 무제한적 욕망"을 반영

---

6) Marx(1977a), p. 477[『자본 I-2』, 701쪽].
7) *Ibid*., 강조 추가[같은 책, 701쪽].
8) *Ibid*., p. 264[『자본 I-1』, 강신준 옮김, 길, 2008, 391쪽].

한 것이라고 평했다.

방글라데시의 수출 주도형 의류 산업에 관한 장에서 우리는 맑스의 노동일 이론이 오늘날 제3세계 경제의 노사관계에 어떻게 적용될 수 있을지 살펴보았다. 이 산업 부문은 1977년에야 설립되었고 대략 15년 남짓한 기간에 방글라데시 경제의 핵심 산업 부문으로 성장해 왔다. 의류 산업은 그에 버금가는 규모를 자랑하는 부문——황마 생산——보다도 임금노동자를 세 배 이상 많이 고용한다. 18세기 후반과 19세기 초반에 이미 같은 전철을 밟은 영국처럼 방글라데시 의류 공장의 소유주들도 노동일을 연장하기 위해 끈질긴 싸움을 벌였다. 전통적으로 유력한 황마 생산 부문도, 여전히 농촌 지역의 생산자 대다수를 고용하고 있는 농업 부문도, 의류 산업처럼 장시간 노동이라는 특징을 보이지는 않는다. 노동일이 극도로 긴 것은 오직 의류 부문뿐이다. 몇 가지 사례를 살펴보면 노동시간은 48시간 내지 72시간까지 (즉 공장에서 일하는 대다수 여성 노동력이 육체적으로 유지될 수 있는 수준을 넘어서까지) 늘어났다.

노동일의 무제한적 연장이라는 관행은 정부 법안들, 그 중에서도 특히 1965년 공장법을 어떻게 위반하는지를 살펴보면 잘 드러난다. 공장법과 그 외 규제들은 노동일의 정상적인 길이, 최대 초과 근무시간, 공장에서 아동이 일할 수 있는 시간, 여성의 노동시간 등에 대한 규정을 통해 산업 노동자 착취를 제한하고자 했다. 무급 초과 근무 강제 관행, 법정 한도 이상으로 수습 기간 연장, 어른처럼 초과 근무를 해야 하는 아동, 그리고 그 외의 많은 불법적 관행은 가능한 한 많은 노동시간을 전유하고 노동자의 착취율을 극대화하고 싶은 소유주의 바람을 적나라하게 보여 준다.

결국 '절대적' 잉여가치의 추출에 관한 맑스의 관점은 19세기 영국의 상황을 분석했을 때만큼 오늘날 제3세계의 상황을 이해하는 데도 여전히 유효하다. 하루 14시간 내지 16시간 근무, 보통 때 시급의 40~60퍼센트 수준으로 매월 70시간 혹은 그 이상 초과 근무와 같은 현상의 존재는 맑스가 고안한 이론의 틀로 가장 잘 분석될 수 있다. 노동력을 구매하는 소유주는 필요노동과 잉여노동을 절대로 구별하지 않기 때문에 노동자의 눈에 그 차이는 보이지 않는다. 하지만 이는 의류 노동자들이 받고 있는 착취를 폭로하고 그것을 수량화하기 위한 열쇠이다. 맑스의 구분이 없다면 세계시장을 겨냥한 현대의 의류 공장에 '중세의' 노예가 존재하는 이유는 수수께끼로 남게 될 것이다.

끝으로 오늘날 방글라데시 의류 노동자와 19세기 영국의 산업 노동자 사이에는 경제적 위치로 볼 때 큰 차이가 있다는 점을 언급할 필요가 있다. 영국 노동자가 생산한 잉여가치와 달리 방글라데시 의류 노동자가 생산한 잉여가치는 직접 소유자가 전부 다 축적하지 않는다. 의류에서 얻는 이윤 가운데 알맹이는 북반구 국가들의 소매회사들이 전유하기 때문이다. 방글라데시 노동자가 자신의 소비 기금 중 일부를 빼앗기게 된 데는 부분적으로 이들도 책임이 있다. 정리하자면 방글라데시 의류 부문의 산업 관계에 대한 종합적 평가는 잉여가치의 전유를 위한 이중 구조, 즉 공장 소유주가 직접 가치를 전유하는 것과 함께 불평등한 무역 관계를 통해서도 가치를 '뽑아내고' 있다는 점을 설명해야 한다.

일본화와 자본의 회전기간

일본의 산업 관리 기법을 다룬 장에서는 자본의 회전기간에 관한 맑스의 분석이 적절한지를 논했다. 맑스가 정의한 바에 의하면 회전기간은 상품의 실제 생산시간과 생산을 전후한 유통시간(즉 원료 구매에 필요한 시간과 생산된 재화의 판매에 필요한 시간)을 모두 포함한다. 이 유통시간은 자본 소유자에 의해 움직이는 순환에서 중요한 역할을 한다. 맑스의 설명에 의하면 "자본가에게 자본의 회전기간은 자신의 자본을 증식시켜 원래 형태로 회수하기 위해서 그가 자신의 자본을 선대해야 하는 기간이다".[9]

회전기간이라는 주제의 중요성을 상세히 언급하면서 맑스는 지금의 현실에도 잘 맞아떨어지는 두 가지 기본적인 문제를 제기하고 그 답도 제시했다. 첫째는 회전기간의 길이가 창출될 수 있는 가치의 양에 독자적인 영향을 미치는지 여부이다. 맑스가 가치의 원천으로 본 노동의 가치를 창출하는 능력과는 독립적으로 생산시간과 유통시간의 합이 자본 축적 과정에 영향을 미치는가? 맑스의 답은 '그렇다'이다. 그는 엄밀한 계산을 통해 이를 증명해 보였다. 다른 자본가의 자본보다 규모 면에서 4배 정도 더 작은 자본을 가진 소유주라도 자본의 회전기간이 4분의 1이라면 적어도 4배의 자본을 가진 기업가만큼 모을 수 있다.[10] 더 빠른 자본의 속도가 상대적으로 작은 규모를 보완해 주는 것이다.

맑스가 논한 둘째 문제는 회전기간이 가치 창출에 미치는 영향이 긍정적인가 부정적인가이다. 맑스는 회전기간 중에서 자본의 소유주가 원료를 획득하고 상품을 판매하는 일로 바쁜 기간(유통시간)은 가치 절하의 시간을 이룬다고 반복해서 서술했다.[11] 결국 이 시간이 부정적 영향을 미친다는 것이고 맑스의 표현에 따르면 이는 가치 창출의 "자연적 장벽"이다. 유통시간이 오래 이어질수록 자본 소유자의 비용 부담은 더 커진다. 결과적으로 자본 소유주들은 유통시간을 되도록 최소한으로 줄여 사실상

---

9) Marx(1967), p. 159[『자본 II』, 강신준 옮김, 길, 2010, 195쪽].
10) Marx(1973b), p. 519.
11) *Ibid.*

영에 가깝게 만들려는 지난한 싸움을 하게 된다.

19세기 중반에 맑스가 내놓은 이런 설명은 1980년대 세계 경제에서 일어난 핵심적 변화를 분석하는 데 유용하다. 산업재가 실제로 생산되는 시점 전후인 자본의 유통시간에 대해 다시 한번 들여다보자. 이 시간의 길이는 생산 회사로 들어오고 나가는 주문이 전달되는 속도에 영향을 받는다. 산업혁명 당시 공장 소유주는 공급자와 구매자에게 메시지를 전달하기 위해 운반 회사에 의존해야 했지만 이후에는 우편과 전신 시스템을 통해서 의사소통을 촉진할 수 있었다. 컴퓨터와 팩스의 도입 후 전달 시간은 사실상 거의 영에 가깝게 되었다. 유통시간에 관한 맑스의 설명에 따르면 자본가들이 원격 의사소통의 발달에 보인 관심을 쉽게 이해할 수 있다.

일본화에 관한 11장에서 자본의 회전기간에 관한 문제가 포드주의(미국주의)와 도요타주의(일본화)를 고안하는 데 영향을 준 공통 요인 중 하나라고 지적했다. 이 두 관리 기법은 20세기 세계 경제 핵심 부문의 산업 관계를 형성했다. 자본의 회전기간을 단축하고 싶은 바람이 이 둘을 고안하는 과정의 핵심적 요소였다. 포드주의의 경우 여러 단계의 생산 과정에서 버려지는 '비생산적' 시간을 최소화하는 데 우선 관심을 두고 노력을 기울였다. 조립 라인 도입의 결과 중 하나는 노동자들의 수작업으로 이루어지는 일과 자동차를 조립하는 일 사이에 (자동차 부품 등의) 운반 시간이 줄었다는 것이다.

자본의 회전기간을 줄이기 위한 바람은 어쩌면 도요타주의에 더 강력한 영향을 미쳤는지도 모른다. 맑스는 자본 순환의 장애물 중 하나가 매일 혹은 매주 사용될 수 있는 것보다 더 많은 양의 원료 등을 생산이 이루어지는 공간에 항상 비축해 놓아야 하는 것이라고 설명했다. "원료의 필요량을 신속하고 규칙적이며 안정적으로 공급함으로써 중단이 발생하지 않도록 하기 위한 것이다."[12] 저장 기간을 제한하려는 자본의 요구가 도요타주의를 고안하는 데 핵심적 역할을 했다. 이런 요구를 압축적으로 담고 있는 일본식 표현이 바로 간반이다. 이 요구는 주문회사가 재고를 유지하지 않고도 생산 과정에 어떤 차질도 빚지 않게 하청회사가 부품을 제때제때 전달해야 한다는 것을 뜻한다.

끝으로 간반의 원리만 일본화에 해당되는 것은 아니다. 분석을 통해서 일본 기업이 노동자의 지식을 다루는 방식에서의 차이 또한 도요타주의를 이해하는 데 중요하다는 것을 알 수 있었다. '품질관리조' 제도는 테일러주의에 대한 '정정'(correction)으로 분석되었다. 20세기 이래 관리 방식은 별도의 엔지니어 부서로 지식을 완전히 독점하려는 목적에서 계속 변화해 왔다. 물론 도요타주의의 이런 측면이 19세기에 정립된 맑스의 이론에 기초해서 분석될 수는 없을 것이다. 그러나 여전히 회전기간의 문제에 관한 맑스의 정교한 논점, 다시 말해 자본가는 자본의 순환을 가능한 한 빠르게 하기 위해 그 어떤 장벽도 없애 버리려 한다는 그의 관점은 산업 관리에서의 최근 혁신을 분석하는 데 여전히 유효하다.

일본 여성에게 적용한 맑스의 노동예비군 가설

일본 경제 내 여성의 지위에 관한 12장에서 나는 일본에서 여성과 관련해 실시되는 고용 정책이 '상대적 과잉 인구'나 '노동예비군'에 관한 맑스의 이론에 기초할 때 가장 잘 이해할 수 있음을 보이고자 했다. 맑스는 자본주의적 생산양식이 새로운 계급, 집단적 노동자를 양산할 뿐 아니라 과잉

---

12) Marx(1967), p. 145[『자본 II』, 176쪽].

인구 또한 만들어 낸다는 점을 포착했다. 맑스는 "자본주의 축적이──물론 그 힘과 규모에 비례해서──끊임없이 상대적인……과잉의 추가적인 노동자 인구를 낳는다"[13]고 했다. 그는 "자본주의적 생산양식의 고유한 인구 법칙"이라는 맥락에서 이렇게 주장했다.[14]

나아가 맑스는 노동계급 내 이러한 상대적 과잉 부분은 "자본주의 축적의 지렛대 역할을 하며, 따라서 자본주의적 생산양식의 존재 조건이 된다. 그것은 언제든지 이용 가능한 노동예비군을 이루고, 이 노동예비군은 마치 자본이 자신의 비용을 들여 키우기라도 한 것처럼 완전히 절대적으로 자본에 속해 있다"[15]고 한다. 자본 소유주의 뜻에 따라 고용되고 또 해고되는 유동적 예비군의 핵심적 기능이란 전반적 임금 수준을 낮추고 정규직 노동자의 '요구'(pretentions)를 억제하는 것이다. 심지어 맑스는 임금의 일반적 움직임은 "노동예비군의 팽창과 수축을 통해서만 규제"되고 이 과정은 산업 순환의 주기적 변동을 따른다고 보았다.[16]

맑스는 당시의 영국 상황에 관한 방대한 자료를 자신의 관점에 대한 근거로 들었다. 그는 명시적으로 영국을 자본주의의 '전형'이라고 불렀다. 이는 영국이 세계 경제에서 주도적 지위를 차지하고 있었으며, 자본주의적 생산이 "충분히 발전한 유일한 나라"[17]였기 때문이었다. 그는 영국 산업 노동자 계급 가운데 가장 낮은 수준의 임금을 받는 사람들의 영양 결핍에 대해 기록하고 있는데, '유랑민'(nomad population, 농촌에서 태어난 이

---

13) Marx(1977a), p. 591[『자본 I-2』, 858쪽].
14) *Ibid.*[같은 책, 860쪽].
15) *Ibid.*, p. 592[같은 책, 860쪽].
16) *Ibid.*, p. 596[같은 책, 866쪽].
17) *Ibid.*, p. 607[같은 책, 880쪽].

주 노동자)에 속한 이들의 건강 상태는 개탄스러운 수준이었다. 그는 또 점차 악화되고 있는 농업 노동자의 생활 수준에 대해서도 상세히 서술했다. 노동예비군은 다양한 범주로 나누어 볼 수 있지만 각 범주들이 자본 축적 과정에서 공통적으로 수행하는 역할이 있다. 바로 사회의 임금 수준을 묶어 두는 것이다.

맑스의 이론, 적어도 맑스 이론의 핵심적 특징들은 여성 임금노동자가 차지하는 부차적인 경제적 지위를 설명할 때 현대 일본의 상황에 잘 맞아떨어진다. 미국과 유럽의 다른 국가들과 마찬가지로 오늘날 일본은 세계 경제의 중심부에 위치한다. 아시아 국가들 가운데 명실상부하게 자본주의적 생산양식이 가장 완전하게 발전한 국가이기도 하다. 더군다나 다른 산업화 국가들에 비해 실업률이 상대적으로 낮다고는 하지만 일본 경제에도 대규모 노동예비군은 존재한다. 파트타임 노동자로 힘들게 일하고 있는 800만 중년 여성은 대개 그들을 고용한 기업 소유주가 마음만 먹으면 언제라도 쫓겨나고 해고당할 수 있다.

맑스가 영국에 대해 분석한 것처럼 나 또한 일본 여성 노동자들이 속해 있는 여러 노동예비군 범주에 대해 분석해 보았다. '인력 중개소'를 통해 임시직 노동자로 고용된 여성의 지위는 몹시 불안정해서 그들은 "때로는 축출되고 때로는 대규모로 다시 흡수"된다(즉 이들은 유동적 노동예비군을 이룬다).[18] 여성 가내노동자 범주는 '정체적' 부분이라 할 수 있다. 그 수가 점점 줄어든다고는 해도 여기에 속한 여성은 분명 임금노동을 수행하는 일본 여성들 가운데 가장 낮은 임금을 받는다. 우리가 살펴본 가장

---

18) Marx(1977a), p. 600[『자본 I-2』, 871쪽]. 자본 축적을 위한 '노동예비군'의 의미에 대한 룩셈부르크의 해석은 Luxemburg(1981a), p. 311을 볼 것.

중요한 부분은 여성 '파트타임' 노동자이다. 그들은 '풀타임' 노동자와 거의 비슷한 시간을 일하지만 임금은 정규직 여성 노동자의 3분의 2에 불과하고 일본의 정규직 노동자에게는 당연시되는 대부분의 추가 수당도 받지 못한다.

일본 경제에서 파트타임 노동이 제도화되었다는 것은 자본 축적 과정에서 노동예비군의 존재가 생사가 걸린 문제라는 점을 가장 분명하게 보여 주는 것 같다. 앞서 밝혔듯 중년 여성을 파트타임 노동자로 고용하도록 촉진하는 데는 일본 정부가 중요한 역할을 했다. 1960년대 파트타임 노동자에 관한 생각을 제도화하는 데 도움을 준 M형 곡선을 고안한 것이 바로 경제회의와 같은 정부 조직이었다. 또한 일본 정부는 명목상으로는 남녀의 '기회 균등'을 촉진한다고 했지만 실상은 값싸고 언제든 쓰고 버릴 수 있는 새로운 여성 노동력의 등장을 부추겨 왔다. 간단히 말해 일본의 여성 파트타임 노동자는 맑스가 정의한 노동예비군의 전형적 특성을 보여 주고 있다.

자본주의 국가에서 여성이 노동예비군 가운데 한 부분을 구성한다는 생각은 이제 더는 새로운 것이 아니다. 베벨[19]과 같은 정통 맑스주의 저술가들도, 벤홀트-톰젠[20]과 같은 현대의 여성주의 저술가도 이런 주장을 해 왔다. 일본 파트타임 노동자의 사례는 노동예비군의 한 부분으로서 여성이 수행하는 역할이 가부장제와 가부장제에 의해 규정되는 성별 분업에 의해 조건 지어지게 됨을 잘 보여 준다. 여성이 자녀 출산과 양육에 책임을 지고 있기 때문에, 그들이 평생 임금노동에 참여하지 못하게 되기 때문

---

19) Bebel(1979), p. 182.
20) Bennholdt-Thomsen(1981). Beechey(1987), pp. 48~49; Bruegel(1982); Young(1986), p. 43도 볼 것.

에 일본 정부는 중년 여성을 언제라도 활용할 수 있는 노동예비군으로 정의할 수 있었던 것이다. 따라서 맑스의 노동예비군 가설이 일본 여성 파트타임 노동자의 지위를 분석하는 데 여전히 유효하기는 해도, 가족 내 성별 분업에 대한 여성주의적 분석이 결합될 필요가 있다.

여성의 비임금노동과 맑스 노동가치론의 확장

지금까지 계속해서 설명했지만, 맑스의 많은 생각들이 여전히 오늘날의 아시아 경제를 이해하는 데 유효하다고 해서 맑스 경제 사상의 핵심을 이루는 노동가치론을 무비판적으로 받아들여서는 안 된다. 1세대 여성주의 후에도 여성의 가사노동과 여성이 수행하는 그 외의 비임금노동을 맑스의 경제 이론에 포함시키려는 시도가 없었다는 것은 주요 여성주의자들의 비판을 받아 왔다. 맑스의 이론이 19세기 유럽 프롤레타리아의 경험에 근거하는 것처럼, 역사적 이유에서 가사노동 논쟁 또한 시작부터 지나치게 유럽 중심적 경향이 있었다. 따라서 제3세계 농촌 여성의 생산 활동은 거의 대부분 무시되어 왔다. 그럼에도 불구하고 그 논쟁은 보편적 측면에서 맑스의 노동가치론의 의미 있는 확장을 가능하게 했다.

　이 책에서 나는 1, 2세대 여성주의의 발전과 장단점을 이해하기 위해서 20세기 초 독일 프롤레타리아 여성운동의 조직적 성취와 1960년대 산업국가에서 등장한 여성운동의 이론적 성취 간의 확연한 차이에 대해 알 필요가 있다고 밝혔다. 독일 프롤레타리아 여성운동은 실천적 수준에서 여성 임금노동자와 프롤레타리아 가정주부를 어떻게 동원할 것인지 보여주었지만 이론적 성취의 측면에서는 미미했다. 반면 2세대 여성주의에서 얻은 경험은 조직적 교훈이라는 측면에서 긍정적으로 이끌어 낼 만한 것이 거의 없다. 그래도 가사노동에 관한 '수수께끼'가 이론적 수준에서 기본적으로 해소될 수 있었던 것은 2세대 여성주의에서였다. 여기서 우리는 역사 속에서 재차 반복되는 이론과 실천의 불균등한 발전을 보게 된다.

클라라 체트킨의 지도하에 프롤레타리아 여성운동의 조직세는 양적으로 눈에 띄게 증가했다. 이 운동은 공식적 노동계급 정당이었던 사회민주당의 남성 지도부로부터 상당한 정도의 자율성을 확보하고 있었고, 탄압 속에서 조직을 매우 유연하게 운영하지 않으면 안 되었다. 여성 노동의 세 '분야'(공식 부문, 비공식 부문, 가사노동 부문)에서 모두 여성이 폭넓게 참여하도록 만들어야 할 필요로 인해, 운동은 파업이나 정치적 보이콧과 같은 여러 형태의 행동 결합에 의존하는 법을 알게 되었다. 한편 노동계급 여성이 받고 있는 착취에 대해 당시에 실시된 조사는 풍부한 기초 자료를 남겼지만, 프롤레타리아 여성운동의 지도부와 사회민주당 내 좌파 진영에 속한 사상가의 개념적 이해를 높이는 데는 실패했다.

앞서 언급했듯이 2세대 여성주의가 얻은 경험은 강력한 새 조직에 대한 생각을 발전시키지 않았다. 운동은 가사노동을 수행하는 여성에만 초점을 맞추었기 때문에 제대로 성장할 수 없었다. 논쟁은 가정주부와 공식, 비공식 산업 부문에서 임금노동을 하는 여성을 분리하는 듯했다. 그래도 이후 중대한 영향을 미친 이론적 돌파구가 만들어졌다. 가사노동이 사용가치를 생산할 뿐 아니라 노동력 상품이라는 형태로 교환가치도 생산한다는 달라 코스타의 주장이 대표적이다. 달라 코스타가 말했듯이 여성은 가정에서 (미래의 노동력인) 아이를 낳고 기르면서 생산을 하고, 또 (현재 노동력인) 살아 있는 노동자의 힘, 즉 노동할 수 있는 능력을 회복시키면서 생산을 한다. 이러한 이론적 틀이 놓이면서 자본주의하에서 여성의 노동이 남성보다 훨씬 더 포괄적이라는 점이 더 잘 드러날 수 있게 되었다.

이 책에서 나는 맑스의 노동가치론을 여성주의적으로 확장해 아시아 경제의 여성 노동에 적용해 보았다. 맑스는 가치가 노동시간에 의해 결정된다고 했지만, 정작 노동시간을 계산할 때는 자본가를 위한 상품 생산에서 임금노동자가 사용하는 시간만 고려했다. 일본 여성 파트타임 노동자의 노동에 대해 살펴보면서 그들이 공장에서 일하는 시간과 가사에 쓰는 시간을 모두 계산해 보았다. 그 결과 그들의 평균 노동시간은 90시간 이상인 것으로 밝혀졌다. 서벵골에서 성과급으로 바느질을 하는 가내노동자를 인터뷰했을 때에도 마찬가지로 놀라운 결과를 얻었는데, 여성은 하루에 15시간 일을 하고 그 중 절반은 비임금노동이었다. 여성의 재생산 노동이 자기 자신과 가족 구성원의 노동하는 능력을 유지하는 데 필연적이고 필수적이라는 점을 감안한다면, 여성 노동자에게 가해지는 착취의 정도를 계산할 때 이 또한 포함되어야 할 것이다.

여성이 사용가치와 교환가치를 모두 생산한다는 것도 이 책에서 확인할 수 있다. 예를 들어 마리아 미스는 인도 나르사푸르의 레이스 산업 연구에서 여성 노동자가 이 두 종류의 가치를 생산한다는 관점을 잘 담아냈다. 인도 여성의 일이 서구의 가정주부가 하는 노동과 동일하다고 볼 수는 없겠지만, 그들이 수행하는 (쇠똥 덩어리 만들기와 우유 생산 같은) 일들은 가족의 소비와 시장 판매를 동시에 추구하기 때문에 명백히 이중의 가치 창출이라는 특성을 갖는다. 따라서 제3세계와 북반구 산업국가들의 경제적 조건이 매우 다름에도 불구하고, 2세대 여성주의 당시 형성된 맑스의 노동가치론에 대한 비판과 확장은 제3세계 여성 노동에도 잘 적용될 수 있다. 이는 가치 창출에 대한 여성의 기여를 평가하는 데 유용한 기본 틀을 제공한다.

성별 분업과 아시아 경제의 경험

성별 분업 역시 맑스의 관점에 관한 비판을 요하는 주제이다. 맑스는 '자연적으로 주어진 것으로서' 여성과 남성의 분업에 대해 제기된 의문을 무시하는 경향이 있었다. 이 책에서 설명했듯, 맑스가 볼 때 역사적으로 최초의 사회적 분업은 도시와 농촌 간의 분업이었다. 여성의 노동에 관한 현대의 논쟁에 참여한 사람들은 다른 생각을 갖고 있다. 생태여성주의자 반다나 시바를 제외하고 모든 국제적 여성주의 흐름에 속한 여성 저술가들은 성별 분업이라는 주제가 대단히 중요하며, 그것이 다양한 양태로 나타난다는 점에 대해 공감대를 형성하고 있다. 사실상 성별 분업은 이제 인류 역사상 최초로 확립된 분업으로 여겨지고 있다.

이 주제를 구체적으로 토론하기 위해 크게 '사회적' 성별 분업과 '부문별' 성별 분업을 구분해 볼 필요가 있다.[21] 여성과 남성의 사회적 분업은 사회 전체적으로 여성이 요리, 청소, 양육과 같은 가사를 책임지는 반면 남성은 그런 일에서 면제된다는 사실을 가리킨다. 부문별 분업은 한 경제의 특정 부문 내에서——곡식 생산이든(농업 부문), 산업 부문이든지 간에——여성과 남성 간에 위계적 분업이 작동한다는 사실을 가리킨다. 사회적 성별 분업이 '고정적'이고 보편적인 성격을 갖는다면 후자의 경우 여성에 대한 남성의 지배를 유지하기 위한 필요에 따라 때때로 변화한다.

부문별 성별 분업의 유연성은 이 책의 여러 장에서 설명되었다. 예를 들어 방글라데시 농업에서 농촌 여성의 노동을 다룬 8장은 여성과 남성 사이의 전통적 분업이 현대화의 영향 아래 어떻게 변화하고 있는지를 보

---

21) 비교를 위해 Mies(1982), p. 110의 성별 분업에 관한 토론을 볼 것.

여 준다. 과거에 가부장제는 여성의 일을 낟알 데치기와 옥수수 껍질 벗기기같이 마당과 집 안에서 이루어질 수 있는 가공일로 제한했지만, 1970년 대 이후 빈곤화 때문에 무토지 농민의 가정 혹은 땅이 있어도 가난한 가정의 여성들은 점점 더 농업 노동자처럼 집 밖의 일을 찾아야 했다. 여성에 대한 임금 차별이 여전했다는 것을 보면 알겠지만 이러한 발전이 농촌 여성의 해방을 이끈 것은 아니었다. 그럼에도 여성의 고용은 엄청난 사회적 변화였고 상당히 상반된 반응을 불러일으켰다.[22]

유연한 부문별 성별 분업에 관한 또 다른 예는 서벵골 지역에서 펀자비, 바지, 드레스, 기타 의류를 제조하는 여성 가내노동자에 관한 장에서 설명했다. 여기서는 성별 분업의 진화가 아닌 지역별 차이가 일차적 문제이다. 모헤슈톨라-산토슈푸르에서는 남성이 모든 기계 작동을 독점한다. 이들의 일 가운데는 최근 들어 기계화가 되긴 했으나 이전에는 수작업으로 여성이 도맡아 하던 것도 있다. 반면 둠둠-파이크파라에서 기계를 사용하는 주요 업무(재봉)는 여성이 수행한다. 앞서 서술한 것처럼 남성은 공장 소유주의 집에서 일하는 반면 여성 생산자는 모두 집에서 일한다는 것이 이 지역 임금노동자의 차이점이다. 여기서는 남성과 여성의 임금노동이 이루어지는 장소가 사회적 성별 분업에 따라 그어진 분할선과 일치한다.

그럼에도 여성주의 저술가들은 흔히 그리고 당연스레 기술적 도구를 남성의 전유물로 만든 것이 남성 지배를 실현하기 위한 방편이었다고 여긴다. 이와 관련해 인도 안드라프라데시의 세 가지 농작물——기장, 쌀, 담

---

22) 농촌 여성의 가정 밖 고용이 증가하면서 방글라데시 사회 내 교조적 무슬림 분파의 반발이 일어났다.

배──생산에서의 성별 분업에 대해 미스가 내린 설명은 매우 중요하다. 미스에 따르면 농업에서 여성의 일이 도구나 장비를 사용하는 경우는 거의 없지만 남성이 하는 활동은 대부분 농업 기구나 가축의 도움으로 수행된다. 미스의 자료는 생태여성주의자 시바의 생각과는 달리 남성이 농업에서 생태 순환을 유지하는 데 적극적인 역할을 수행하고 있다는 점도 분명히 해준다. 그러나 성별 분업은 남성의 생태적 역할과 여성의 역할에 엄격히 차이를 두는 방식으로 구조화되어 있다.

가내노동과 가정 밖 노동의 분할, 수작업과 주요 기계·장비를 사용한 노동의 분할에서 벗어나, 이 책에서 규명한 성별 분업을 '구조화하는 원리' 그 셋째는 숙련과 반숙련 혹은 미숙련 노동의 분할이었다. 숙련 노동으로 지칭되는 남성의 일과 미숙련 노동으로 지칭되는 여성의 노동 사이의 분할은 방글라데시 공장의 의류 제조에 관한 장에서 언급되었다. 재단이나 다림질 같은 남성 노동자의 일과 재봉틀을 다루는 것 같은 여성의 일 그 어떤 것도 순전히 수작업만으로 이루어지지는 않는다. 남성과 여성 노동자들이 수행하는 일들은 어느 정도 도구나 기계 장비를 거쳐야만 한다. 그런데도 임금을 산정할 때 공장 관리자들은 한결같이 남성이 의류 제조에 기여한 바를 여성이 기여한 바보다 훨씬 더 높게 쳐 준다. 숙련의 문제에 관한 여성주의자들의 연구에 의하면 숙련의 정의를 조작하는 것이 위계적 성별 분업을 유지하는 또 하나의 방법이다.[23]

요컨대 아시아 국가들의 경제에 관한 나의 연구를 통해 여성에 대한 억압과 착취를 가늠하면서 성별 분업을 무시할 수 없다는 점을 확인할 수 있었다. 체계적인 연구를 위해 여성과 남성 간 사회적 분업과 부문별 분업

---

23) 예를 들어 Elson and Pearson(1986); Phillips and Taylor(1976)를 볼 것.

을 모두 살펴보아야 한다. 또한 여성의 경험을 통해 성별 분업이 다양하며 (예를 들어 안드라프라데시와 방글라데시에서 모내기 업무의 전통적 배분이 놀라울 만큼 서로 다르다는 점), 시간에 따라 변화한다는 점도 확인할 수 있었다. 성별 분업이 자연적으로가 아니라 사회적 조건에 의해 결정되는 것이라면 여성의 종속적 지위를 지속시키기 위한 몇 가지 방식(기술의 정의와 기계에 대한 남성의 독점 같은)도 규명해 볼 수 있을 것이다.

독일여성주의 학파 이론의 강점과 약점

독일여성주의 학파의 구성원인 미스, 벤홀트-톰젠, 폰 베를호프의 목적은 2세대 여성주의의 가사노동 논쟁이 지닌 한계를 뛰어넘어 제3세계 여성 노동에 대한 적절한 분석을 내놓는 것이었다. 이 점에서 그들은 비자본주의적 영역 없이 자본주의는 살아남을 수 없다(즉 자본의 축적은 비자본주의적 생산과 착취 방식이 존재하는 가운데 번성할 수 있다)는 로자 룩셈부르크의 제국주의론에서 영감을 받았다. 룩셈부르크의 이론이 구체적으로 여성의 생산 활동에 초점을 맞춘 것은 아니었으나, 독일여성주의 학파의 구성원들은 자본주의 세계 체제의 끝없는 성장을 위해서는 여성의 가사노동과 기타 비임금노동이 중요하다는 점을 설명하기 위해 룩셈부르크의 이론이 활용될 수 있고, 또 활용되어야 한다고 주장했다.

독일여성주의 학파의 관점은 아시아 경제를 이해하는 데 얼마나 중요한가? 독일여성주의 학파의 두 가지 가설 중 하나는 가정주부라는, 서구 사회와 근래 제3세계가 갖고 있는 여성에 대한 사회적 정의에 관한 것이다. 인구 조사 보고와 통계 자료에서 여성을 가정주부로 정의함으로써, 그리고 남성은 '생계 부양자'이고 '비소득자'인 여성의 일은 중요하지 않다는 이데올로기를 퍼뜨림으로써, 자본주의 체제의 옹호자들은 제3세계 여성의 생산적 노동 중 상당 부분을 눈에 보이지 않게 만들고, 여성 노동력에 대한 무자비한 착취를 강화한다. 따라서 가정주부라는 여성에 대한 사회적 정의는 중요한 이데올로기적 도구이다. 이는 생산관계의 위계 구조에서 여성의 종속적 지위를 영속시키고 강화하는 것을 돕기 때문이다.

인도의 나르사푸르 레이스 산업을 다룬 7장에서는 미스가 이런 가설을 구체적 사례에 어떻게 적용했는지에 초점을 맞추었다. 바로 여성 가내 노동자들이 세계시장용 생산을 하고 있다는 것이었다. 여성 레이스 노동자는 소규모 중개인과 수출업자를 거쳐 북반구 산업국가의 소매업자로 이어지는 하청관계의 위계에서 가장 밑바닥에 위치한다. 가내 임금노동자를 그저 '시간이나 때우려고' 레이스를 만드는 가정주부로 정의함으로써, 그리고 그들의 임금노동과 비임금노동의 필요성을 부정함으로써, 자본 소유주는 극도로 가혹한 수준으로 경제적 착취를 강화할 수 있다. 과도한 해석은 경계해야겠지만, 나는 레이스 노동자 착취에 대한 미스의 연구가 가정주부 이데올로기의 중요성을 확립했다고 주장한다. 임금노동자라는 여성의 진정한 정체성을 은폐함으로써 그들의 노동에서 많은 이윤을 거두어들일 수 있다.

나는 '가정주부화'설보다 독일여성주의 학파의 두번째 가설인 생계 노동에 더 비판적이었다. 이 가설에 따르면(1969년 가사노동 논쟁이 촉발된 당시 벤스턴이 내놓은 관점에 가깝다)[24] 전 세계 여성은 기본적으로 사용가치의 생산자이고, 더 일반적으로는 삶의 생산자이다. 이런 맥락에서 미스는 생계의 생산과 재생산의 연속체를 이야기했다. 벤홀트-톰젠은 자

---

24) Benston(1980).

본주의 시스템을 이중 구조로 이해해야 한다고 주장함으로써 이 가설을 정교하게 만들었다. 이는 맑스가 '확대 재생산'이라고 한 것과 '생계 재생산'(전 세계 여성이 차지하는 부차적 영역)을 조합한 것이다.

이런 가설의 정당성을 평가하는 가운데 나는 미스의 구체적인 연구(1970년대 후반 안드라프라데시의 여성 농업 노동자에 대한 미스의 현장 연구)를 다시 나의 출발점으로 삼고자 했다. 기장 재배, 땔감 모으기, 물소를 먹이기 위한 꼴 베기처럼 미스가 인용한 사실들은 오늘날 인도에서 농촌 지역 여성이 사용가치의 생산에 계속해서 참여하고 있다는 점과 이런 활동들이 시간이 많이 걸린다는 것을 보여 준다. 그러나 그녀는 여성이 시장 지향적 생산 활동 또한 많이 수행하고 있다는 증거도 내놓고 있다. 쿨리[막노동꾼]로 상업적 농업에 고용된 농촌 여성의 숫자가 증가하고 있다는 것은 사실상 교환가치의 생산에 여성의 참여가 계속해서 확대되고 있음을 보여 주는 것이다.

생계노동설에 의문을 제기하면서 나는 두 가지 근본적 반론을 제시했다. 먼저 이런 가설이 여성의 생산적 노동 중 일부를 보이지 않게 만들 위험이 있다고 주장했다. 현실에서 전 세계 여성이 수행하는 일은 계급 사회가 시작된 이래 줄곧 가족의 직접적 소비를 위한 생산에 국한되지 않았다. 오히려 수천 년 동안 노예 소유주, 영주, 그 외 다른 착취 계급의 이익이 되는 잉여노동까지 포함했다. 둘째로 나는 자본주의 시스템이 단순히 비자본주의 생산관계의 영역을 그대로 남겨 둘 것이라고 생각하지 않는다. 세계은행과 다른 국제기구들이 추진한 정책들은 제3세계 국가들에서 공유재의 소실을 가속화하고 있다. 또한 그 결과로 사유 재산 관계라는 부르주아적 시스템이 곳곳에 스며들 뿐 아니라 교환가치의 생산도 계속해서 증가하고 있다.

결론적으로 나는 현대 자본주의에서의 여성 노동을 이해하기 위해서는 자본주의 시스템이 본질적으로 자기모순적이라는 룩셈부르크의 평가가 타당하다는 것을 인정할 필요가 있다고 생각한다. 80여 년 전[1913년] 그녀가 말했듯이 체제의 확장, 즉 축적 과정은 생산의 비자본주의적 영역을 필요로 한다. 그럼에도 총자본의 자기 확장은 비유럽, 전(前)자본주의 경제의 점점 더 많은 부분을 문어발처럼 움켜쥐고 통합하는 결과를 낳게 될 것이다. 방글라데시, 인도, 일본의 경제에 관해 이 책에서 제시한 자료들은 이 점을 입증하고 있다. 결국 아시아든 다른 어떤 곳에서든 자기모순적인 자본의 팽창 과정을 살피지 않고서는 여성의 노동 활동에 대해 온전한 평가를 내릴 수 없을 것이다.

참고문헌

Abdullah, Tahrunnessa and Zeidenstein Sondra. 1997. "Rural Women and Development", in *ADAB News*, newsletter of Agricultural Development Agencies in Bangladesh, Vol. 4, No. 6, June.

_____. 1982. *Village Women of Bangladesh: Prospects for Change*. Oxford: Pergamon Press.

Adnan, Shapan. 1991. *Floods, People and the Environment*. Dhaka: Research and Advisory Services.

Adnan, Shapan, Alison Barrett, S. M. Nurul Alam and Angelika Brustinow. 1992. *People's Participation: NGOs and the Flood Action Plan—An Independent Review*. Dhaka: Research and Advisory Services.

Afanasyev, V., A. Galchinsky and V. B. Lantsov. 1980. *Karl Marx's Great Discovery—The Dual Nature of Labour Doctrine: Its Methodological Role*. Moscow: Progress Publishers.

Agarwal, Bina. 1985. "Work Participation of Rural Women in the Third World—Some Data and Conceptual Biases", *Economic and Political Weekly*, Vol. 20, Nos 51, 52, 21~28 December.

_____. 1988. "Who Sows? Who Reaps? Women and Land Rights in India". Paper presented at a workshop on Women in Agriculture, Trivandrum, Centre for Development Studies, 15~17 February.

Agora. n. d. "Hanako—A Japanese Working Woman", Fukuoka, Agora, Fukuoka Women's Group.

Akhtar, Farida. 1992. "The Garments industry and the Future of Women Workers in National and International Perspective". Paper presented at the Seminar on Women Workers, Dhaka, October.

Akhtar, Shireen. 1992. "Women Workers and the Policy of Trade Unions". Paper presented at a seminar on Women Workers, Dhaka, October.

Alam, Sultana. 1985. "Women and Poverty in Bangladesh", *Women's Studies*

International Forum, Vol. 8, No. 4.

Alamgir, Mohiuddin Khan(ed.). 1981. *Land Reform in Bangladesh*. Dhaka: Centre for Social Studies.

Alavi, Hamza. 1988. "Pakistan: Women in a Changing Society", *Economic and Political Weekly*, 25 June.

Albistur, M. and D. Armogathe. 1977. *Histoire du Féminisme Français du Moyen Age a Nos Jours*(The History of French Feminism from the Middle Ages up to Our Times). Paris: Éditions des Femmes.

Alim, A. 1982. *Bangladesh Rice*. Dhaka: Urmee and Abu Bakar.

Allen, Sheila and Carol Wolkowitz. 1986. "Homeworking and the Control of Women's Work", in Feminist Review(ed.), *Waged Work—A Reader*. London: Virago Press.

Amin, Samir. 1974. *Accumulation on a World Scale—A Critique of the Theory of Underdevelopment*, Vols 1 and 2. New York and London: Monthly Review Press.

Annavajhula, J. C. B. 1988. "Subcontracting in Electronics—A Case Study of Keltron", *Economic and Political Weekly*, 27 August.

_____. 1989. "Japanese Subcontracting Systems", *Economic and Political Weekly*, 25 February.

Arens, Jenneke and Jos van Beurden. 1977. *Poor Peasants and Women in a Village in Bangladesh*. Oxford: Paupers' Press.

Arora, Dolly. 1994. "NGOs and Women's Empowerment", *Economic and Political Weekly*, 2 April: 792~93.

Baader, Odilia. 1905. "Bericht der Vertrauensperson der Genossinnen Deutschlands"(Report of the Trusted Person of the Female Comrades of Germany), *Die Gleichheit*, Supplement, 23 August.

Baker, Susan. 1993. "The Principles and Practices of Ecofeminism: A Review", *Journal of Gender Studies*, Vol. 2, No. 1.

Bandopadhyay, Bela. 1997. "Kajer Meera", Parichay, December.

_____. 1985. "The Value of Women's Daily Chores", *Point-Counterpoint*, No. 58, 25 August.

Banerjee, Nirmala. 1985. *Women Workers in the Unorganised Sector—The Calcutta Experience*. Calcutta: Sangam Books.

_____. 1989. "Trends in Women's Employment, 1971~1981—Some Macro-level Observations", *Economic and Political Weekly*, Vol. 24, No. 17, 29, April.

_____. 1983. "Working Women in Colonial Bengal: Modernisation and Marginalisation", in Kumkum Sangari and Sudesh Vaid(eds.), *Recasting Women—Essays in Colonial History*. New Delhi: Kali for Women.

_____. (ed.). 1991. *Indian Women in a Changing Industrial Scenario*. New Delhi: Sage Publications.

Banerjee, Nirmala and Devaki Jain(eds.). 1985. *The Tyranny of the Household—Investigative Essays on Women's Work*. New Delhi: Shakti Books.

Bangladesh: Country Study and Norwegian Aid Review. 1986. Bergen: The Chr. Michelson Institute.

Bangladesh Agricultural Research Council(BARC). 1989. "Floodplain Agriculture". Policy brief based on a discussion meeting on 30 November, Dhaka.

Bangladesh People's Solidarity Centre(ed.). 1994. *Proceedings of the European Conference on the Flood Action Plan in Bangladesh, European Parliament, 27~28 May 1993.* Amsterdam, January.

Banu, Fazila. 1985. "Garment Industry and its Workers in Bangladesh", in *Industrial Women Workers in Asia.* Hong Kong: ISIS International and the Committee for Asian Women, September.

Barrett, Michele. 1980. *Women's Oppression Today—Problem: in Marxist Feminist Analysis.* London: Verso and New Left Books.

Barrett, Michele and Mary McIntosh. 1987. The "Family Wage", in Elisabeth Whitelegg et al.(eds.), *The Changing Experience of Women.* London: Basil Blackwell.

Bauer, Karin. 1978. *Clara Zetkin und die Proletarische Frauenbewegung*(Clara Zetkin and the Proletarian Women's Movement). Berlin: Oberbaum.

Baxandall, Rosalyn, Linda Gordon and Susan Reverby. 1976. *America's Working Women—A Documentary History, 1600 to the Present.* New York: Vintage Books.

Bebel, August. 1979. *Die Frau und der Sozialismus*(Women and Socialism). Berlin: Dietz Verlag. 아우구스트 베벨, 『여성론』, 이순예 옮김, 까치, 1987.

Beechey, V. 1987. *Unequal Work.* London: Verso.

Beechey, V. and T. Perkins. 1987. *A Matter of Hours—Women, Part-time Work and the Labour Market.* Polity Press.

Behal, Monisha. 1984. "Within and Outside the Courtyard: Glimpses into Women's Perceptions", *Economic and Political Weekly,* Vol. 19, No. 41, 13, October.

Bennholdt-Thomsen, Veronika. 1981. "Subsistence Reproduction and Extended Reproduction—A Contribution to the Discussion about Modes of Production" in K. Young et al.(eds.), *Of Marriage and the Market.* London: Routledge and Kegan Paul.

_____. 1988a. "Investment in the Poor: An Analysis of World Bank Policy", in Maria Mies et al.(eds.), *Women: The Last Colony.* London: Zed Books.

_____. 1988b. "Why do Housewives Continue to be Created in the Third World Too?", in Maria Mies et al.(eds.), *Women: The Last Colony.* London: Zed Books.

_____. 1991. "Overleven in Mexiko—Ekonomische Krisis en de Waardigheid van Mensen", Konfrontatie(monthly magazine), Zero Issue, 1 March.

Benston, Margaret. 1980. "The Political Economy of Women's Liberation", in Ellen Malos(ed.), *The Politics of Housework.* London: Allison and Busby.

Bernstein, Eduard. 1899. *Die Voraussetzungen des Sozialismus und die Aufgaben der Sozialdemokratie*(Preconditions of Socialism), trans. Henri Tudor. Cambridge: Cambridge University Press.

_____. 1988. *Marxism and Social Democracy*. Cambridge: Cambridge University Press.

Bhasin, Kamla. 1993. *What is Patriarchy?* New Delhi: Kali for Women.

Birnbaum, Lucia Chiavola. 1986. *Liberazione della Donna: Feminism in Italy*. Middletown, Connecticut: Wesleyan University Press.

Bono, Paula and Sandra Kemp(eds.). 1991. *Italian Feminist Thought: A Reader*. Oxford: Basil Blackwell.

Borneman, Ernest(ed.). 1981. *Arbeiterbewegung und Feminismus: Berichte aus Werzehn Landern*(Workers' Movement and Feminism: Reports from Fourteen Countries). Frankfurt am Main: Ullstein Materialien.

Bortolotti, Franca Pieroni. 1963. *Alle Origini del Movimiento Femminile in Italia—1848~1892* (On the Origins of the Women's Movement in Italy). Turin: Einaudi.

_____. 1974. *Sozialismo E Questione Femminile in Italia—1898~1922* (Socialism and the Women's Question in Italy). Milan: Gabriela Mazzotta.

Bose, A. N. 1978. *Calcutta and Rural Bengal: Small Sector Symbiosis*. Geneva: International Labour Organisation.

Boserup, Ester. 1970. *Women's Role in Economic Development*. New York: St. Martin's Press.

Bouwman, Theo. 1986. "Over Saturn, Toyota en Mensen"(About Saturn, Toyota and Human Beings), in Satoshi Kamata, *Japan aan de Lopende Band*. Amsterdam: Jan Mets.

Boyce, James. 1990. "Birth of a Megaproject: Political Economy of Flood Control in Bangladesh", *Environmental Management*, Vol. 14, No. 4.

Braverman, Harry. 1974. *Labour and Monopoly Capital—The Degradation of Work in the Twentieth Century*. New York: Monthly Review Press. 해리 브레이버맨, 『노동과 독점 자본: 20세기에서의 노동의 쇠퇴』, 이한주·강남훈 옮김, 까치, 1987.

Braybon, Gail. 1982. "The Need for Women's Labour in the First World War", in Elizabeth Whitelegg et al.(eds.), *The Changing Experience of Women*. Oxford and New York: Basil Blackwell.

Breman, Jan. 1976. *Een Dualistisch Arbeidsbestel? Een Kritische Beschouwing over het Begrip "De Informale Sector"*(A Dualistic Labour System? A Critical Review Regarding the Concept of the 'Informal Sector'). Rotterdam: Van Gennep.

_____. 1985. *Of Peasants, Migrants and Paupers: Rural Labour Circulation and Capitalist Production in West India*. Delhi: Oxford University Press.

Brinker-Gabler, Gisela(ed.). 1979. *Frauenarbeit und Beruf—Die Frau und der Gesellschaft. Frühe Texte*. Frankfurt am Main: Fischer.

Brow, Monica and Hiroe Gunnarsson. 1982. *Frauen in Japan—Zwischen Tradition und Aufbruch*(Women in Japan—Between Tradition and Break-up). Frankfurt am Main: Fischer Taschenbuch Verlag.

Bruegel, Irene. 1982. "Women as a Reserve Army of Labour: A Note on Recent British Experience", in Elizabeth Whitelegg et al.(eds.), *The Changing Experience of Women*. Oxford: Open University.

_____. 1986. "The Reserve Army of Labour, 1974~1979", in Feminist Re-view(ed.), *Waged Work: A Reader*. London: Virago.

Cain, Mead, Syeda Rokeya Khanam and Shamsun Nahar. 1979. "Class, Patriarchy and Women's Work in Bangladesh", *Population and Development Review*, Vol. 5, No. 3.

Carney, Larry S. and O'Kelly, Charlotte G. n. d. "Women's Work and Women's Place in the Japanese Economic Miracle", Rhode Island College and Providence College, mimeo.

Carroué, Laurent. 1993. "Dumping Social et Délocalisations: Le Naufrage des Industries Textiles Européennes", *Le Monde Diplomatique*, December.

Caudwell, Christopher. 1989. *The Crisis in Physics*. Calcutta: Baulmon Prakashan.

Chandigarh Women's Conference. 1986. "Women in the Informal Sector—To Keep on Keeping On", *Economic and Political Weekly*, 20 December.

Chapkis, Wendy and Cynthia Enloe(eds.). 1983. *Of Common Cloth—Women in the Global Textile Industry*. Amsterdam: Transnational Institute.

Chapman, Christine. 1987. "Throwaways Seek a Better Deal for Part-time Women Workers", *International Herald Tribune*, 24 March.

Chattopadhyay, Paresh. 1994. "Marx's First Critique of the Political Economy, 1844~1994", *Economic and Political Weekly*, Vol. 29, No. 31, 30 July.

Chaudhury, Rafiqul Huda and Nilufer Raihan Ahmed. 1980. *Female Status in Bangladesh*. Dhaka: Bangladesh Institute of Development Studies.

Chen, Marty. 1977. "Women Farmers in Bangladesh: Issues and Proposals", *ADAB Newsletter*, Dhaka, Vol. 4, No. 6, June.

_____. 1986a. "Poverty, Gender and Work in Bangladesh", *Economic and Pol-itical Weekly*, Vol. 21, No. 5, 1 February.

_____. 1986b. *A Quiet Revolution—Women in Transition in Rural Bangladesh*. Dhaka: BRAC Prokashana.

Chen, M. and R. Ghaznavi. 1977. *Women in Food-for-Work: The Bangladeshi Experience*. Dhaka: BRAC.

Chhachhi, Amrita. 1989. "The State, Religious Fundamentalism and Women in South Asia: Conceptual Issues and Trends", *Economic and Political Weekly*, Vol. 24, No. 11, 18 March.

Clairmonte, Frédéric F. 1994. "Malaysia: The Unstoppable Tiger?" *Economic and Political Weekly*, Vol. 29, No.37, 10 September.

Clairmonte, Frédéric F. and John Cavanagh. 1981. *The World in their Web—The Dynamics of Textile Multinationals*. London: Zed Press.

Commins, Saxe and Robert N. Linscotts. 1954. *Man and the Universe: The Philosophers of Science*. New York: Modern Pocket Library.

Conference of Socialist Economists. 1977. Pamphlets on the Political Economy of Women. London: Stage 1.

Coontz, Stephanie and Petra Henderson(eds.). 1986. *Women's Work, Men's Property: The Origins of Gender and Class*. London: Verso Books.

Corea, Gena. 1988. *The Mother Machine: Reproductive Technologies from Artificial Insemination to Artificial Wombs*. London: Women's Press.

Coriat, Benjamin. 1980. *De Werkplaats en de Stopwatch: Over Taylorisme, Fordisme en Massaproduktie*(The Workplace and the Stopwatch: Regarding Taylorism, Fordism and Mass Production). Amsterdam: Van Gennep.

Coulson, Margaret, Branka Magas and Hilary Wainwright. 1975. "The Housewife and her Labour under Capitalism—A Critique", *New Left Review*, No. 89, January-February.

Custers, Peter. 1987. *Women in the Tebhaga Uprising: Rural Poor Women and Revolutionary Leadership(1946~47)*. Calcutta: Nayaprakash.

_____. 1991a. "Gulf Crisis and World Economy", *Economic and Political Weekly*, Vol. 26, Nos 1 and 2, 5~12 January.

_____. 1991b. "Women's Labour in the Japanese Economy", *Economic and Political Weekly*, 1~8 June: 1415~22.

_____. 1991c. "Floods and Disasters—A History of Mismanagement". Lecture at a seminar held at the Agricultural University of Wageningen, the Netherlands, September.

_____. 1992a. "Cyclones in Bangladesh: A History of Mismanagement", *Eco-nomic and Political Weekly*, Vol. 25, No. 7, 15 February.

_____. 1992b. "Banking on a Floodfree Future? Flood Mismanagement in Bangladesh", *The Ecologist*, Vol. 22, No. 5, September~October.

_____. 1992c. *Nari Sram: Oitihashik O Tattik Prekhapot*(Women's La-bour—Historical and Theoretical Perspectives). Calcutta: Shilpa Sahitya.

_____. 1993. "Bangladesh's Flood Action Plan: A Critique", *Economic and Pol-itical Weekly*, Vol. 28, Nos 29 and 30, 17~24 July.

Cutrufelli, Maria Rosa. 1977. *Operaie Senza Fabrica*(Workers Without Factory). Rome: Editore Riuniti.

d'Héricourt, Jenny. 1856. "M. Proudhon et la Question des Femmes", *Revue Phil-osophique et Religieuse*, 1 December.

_____. 1857. "Réponse de Mme Jenny d'Héricourt á M. P. J. Proudhon", *Revue Philosophique at Religieuse*, 1 February.

D'Mello, Bernard. 1992. "Thinking About the Labour Process—Some Clues from Western Studies", *Economic and Political Weekly*, Vol. 27, May.

Dalal-Clayton, Barry. 1990. *Environmental Aspects of the Bangladesh Flood Action Plan*. London: International Institute of Environment and Development.

Dalla Costa, Maria Rosa and Salma James. 1972. *Die Macht der Frauen und der Umsturz der Gesellschaft*(The Power of Women and the Subversion of the Community). Berlin: Merwe Verlag.

Darby, H. C. 1956. *The Draining of the Fens*. Cambridge: Cambridge University Press.

Das, Ranjit. 1994. "Ten Fatwas", *Khabarer Kagaz*, 25 January, p. 17.

Davis, Angela. 1982. *Women, Race and Class*. London: Women's Press.

de Marco, Clara and Manlio Talamo. 1976. *Lavoro Nero—Decentramento Produttivo e Lavoro a Domicilio*(Black Work—Decentralisation of Production and Homeworking). Foro Buonaparte, Milan: Gabriele Mazzotta.

de Vylder, Stefan. 1982. *Agriculture in Chains: Bangladesh: A Case Study in Contradictions and Constraints*. London: Zed Press.

Desai, Dolat(ed.). 1990. *All India Directory of Readymade Garment Dealers*, August.

Desai, Neera and Maithreyi Krishnaraj. 1987. *Women and Society in India*. New Delhi: Ajanta Publications.

Deshpande, Sudha and I. K. Deshpande. 1992. "New Economic Policy and Female Employment", *Economic and Political Weekly*, 10 October.

Dharmalingam, A. 1993. "Female Beedi Workers in a South Indian Village", *Economic and Political Weekly*, Vol. 27, Nos 27, 28, 3~10 July.

Diamond, Irene and Gloria Feman Orenstein(eds.). 1990. *Reweaving the World: The Emergence of Ecofeminism*. San Francisco: Sierra Club Books.

Dietrich, Gabriele. 1983. "Women and Household Labour", *Social Scientist*, Vol. 11, No. 2, February.

_____. 1992. *Reflections on the Women's Movement in India: Religion and Eco-logical Development*. New Delhi: Horizon India Books.

Draper, Patricia. 1975. "! Kung Women: Contrasts in Sexual Egalitarianism in Foraging and Sedentary Contexts", in Rayna R. Reiter(ed.), *Towards an Anthropology of Women*. New York: Monthly Review Press.

Dubois, E. C. 1978. *Feminism and Suffrage: The Emergence of an Independent Women's Movement in America, 1848~1869*. Ithaca: Cornell University Press.

Dunayevskaya, Raya. 1982. *Rosa Luxemburg, Women's Liberation, and Marx's Philosophy of Revolution*. Sussex: Humanities Press, Harvester Press.

Easton, Loyd D. and Kurt H. Guddat. 1967. *Writings of the Young Marx on Philosophy and Society*. New York: Anchor Books.

Ecologist. 1992. "Development as Enclosure: The Establishment of the Global Economy", Vol. 22, No. 4, July~August.

Economists Interested in Women's Issues Group(EIWIG). 1984. "Women, Tech-nology and Forms of Production", *Economic and Political Weekly*, 1 December.

Ehrenreich, Barbara and Deirdre English. 1976. "The Manufacture of House-work", in *Capitalism and the Family*. San Francisco: Agenda Publishing Company: 7~42.

_____. 1979. *For Her Own Good: 150 Years of Expert Advice to Women*. London: Pluto

Press.

Eisenstein, Zillah. 1979. *Capitalist Patriarchy and the Case for Socialist Feminism*. New York and London: Monthly Review Press.

Einstein, Albert and Leopold Infeld. 1938. *The Evolution of Physics*. Cambridge: Cambridge University Press.

Ellickson, Jean. 1975. "Rural Women", in *Women for Women Series*. Dhaka: Women for Women Research Group, University Press Limited.

Elson, Diana and Ruth Pearson. 1986. "Third World Manufacturing", in Feminist Review(ed.), *Waged Work—A Reader*. London: Virago Press.

Engels, Dagmar. 1986. "Female Labour Migration in the Organized Industrial Sector in Bengal, 1890~1930". Paper presented at the International Conference of Historians of the Labour Movement, Linz, September.

Engels, Frederick. 1969. *The Peasant War in Germany*. London: Lawrence and Wishart. 프리드리히 엥겔스, 「독일 농민전쟁」, 『칼 맑스 프리드리히 엥겔스 저작선집 2』, 이관형 옮김, 박종철출판사, 1991.

_____. 1975. *The Conditions of the Working Class in England: From Personal Observation and Authentic Sources*. Moscow: Progress Publishers. 프리드리히 엥겔스, 『영국 노동계급의 상황』, 이재만 옮김, 라티오, 2014.

_____. 1976. *Dialectics of Nature*. Moscow: Progress Publishers. 프리드리히 엥겔스, 『자연변증법』, 새길아카데미, 2012.

_____. 1977. *Anti-Dühring: Herr Eugen Duhring's Revolution in Science*. Moscow: Progress Publishers. 프리드리히 엥겔스, 『반듀링론』, 김민석 옮김, 새길, 2012.

_____. 1979. *The Origin of the Family, Private Property and the State*. New York: Pathfinder Press. 프리드리히 엥겔스, 『가족, 사유재산, 국가의 기원』, 김대웅 옮김, 두레, 2012.

Erler, Brigitte. 1985. *Tödliche Hilfe—Bericht von Meiner Letzten Dienstreise in Sachen Entwicklungshilfe*(Aid that Kills—Report of My Last Official Visit Regarding Development Aid). Freiburg: Dreisam Verlag.

Ettinger, Elzbieta. 1986. *Rosa Luxemburg: A Life*. Boston: Beacon Press.

Evans, Richard. 1976. *The Feminist Movement in Germany, 1894~1933*. London: Sage.

_____. 1977. *The Feminists: Women's Emancipation Movements in Europe, America and Australasia, 1840~1920*. London: Croom Helm.

_____. 1979. *Sozialdemokratie und Frauenemanzipation in Deutschen Kaiser-reich, 1870~1918*(Social Democracy and Women's Emancipation in the German Empire). Berlin: Dietz Verlag.

Faaland, Just, Rounaq Jahan, Fashiuddin Mahtab, Patricia Almada-Villela and Geoffrey Wood. 1995. *Flood and Water Management: Towards a Public Debate*. Report by the Independent Flood Action Plan Review Mission. Dhaka: United Nations Development Programme.

Feldman Shelley. 1979. "Rural Women in Bangladesh", *ADAB Newsletter*, Vol. 6, No. 12, December.

Frabotta, Biancamaria. 1973. *Feminismo e Lotta di Classe In Italia(1970~1973)*(Feminism and Class Struggle in Italy). Rome: Saggestica.

Frank, André Gunder. 1981. *Reflections on the World Economic Crisis*. New York: Monthly Review Press.

_____. 1982. *World Accumulation: 1492~1789*. London: Macmillan Press.

Fransen, Jan. 1991. *Subcontracting and Inequality—The Case of Hindustan Lever in India*(A Unilever Company). Nijmegen, The Netherlands: Third World Centre.

Fuentes, A. and B. Ehrenreich. 1984. *Women in the Global Factory*, Inc. Pamphlet No. 2. Boston: South End Press, November.

Gain, Philip. 1990. "Women Workers in the Clothing Industry of Bangladesh", Dhaka: Manobadhikar Samannaya Parishad.

Gandhi, Nandita and Nandita Shah. 1992. *The Issues at Stake—Theory and Practice in the Contemporary Women's Movement in India*. New Delhi: Kali for Women.

Ganguly, Basudev and Peter Custers. 1993. "Bengal's Tailoring Industry: The Little Money Machine(I and II)", *Frontier*, 1 and 8 May.

Gardiner, Jean. 1975. "Women's Domestic Labour", *New Left Review*, January/February.

Garments. 1993. "The Current Labour Law and the Garment Industry". Dhaka: Bangladesh Workers and Employees Federation.

Gates, Hill. 1995. "Foot Binding, Handspinning and the Modernisation of Little Girls", Stanford: Stanford University, April, mimeo.

Gaul, Karen. 1994. "Exploding Myths: Women, Men and Work in a Himachal Village", *Manushi*, No. 81.

Geras, Norman. 1976. *The Legacy of Rosa Luxemburg*. London: New Left Books.

Glickman, Rose L. 1984. *Russian Factory Women: Workplace and Society, 1880~1914*. Berkeley: University of California Press.

Glucksmann, Miriam. 1990. *Women Assemble: Women Workers and the New Industries in Inter-War Britain*. London: Routledge.

Goldschmidt-Clermont, Luisella. 1982. "Unpaid Work in the Household", *Women, Work and Development*, Series No. 1. Geneva: ILO.

Gothoskar, Sujata. 1989. "Part-time Work for Women", *Economic and Political Weekly*, 18 November.

Gough, Kathleen and Hari Sharma(eds.). 1973. *Imperialism and Revolution in South Asia*. New York: Monthly Review Press.

Gramsci, Antonio. n. d. "Americanism and Fordism", *Selections from the Prison Notebooks*. New York: International Publishers. 안토니오 그람시, 『그람시의 옥중수고 1: 정치편』, 이상훈 옮김, 거름, 1999.

Greeley, Martin. 1980. "Rural Technology, Rural Institutions and the Rural Poorest", September, mimeo.

Grubitzsch, H. and L. Lagpacan. 1980. *Freiheit für die Frauen, Freiheit für das Volk: Sozialistische Frauen in Frankreich, 1830~1848*(Freedom for Women. Freedom for the People: Socialist Women in France). Frankfurt: Syndikat.

Guérin, Daniel. 1970. *Anarchism —From Theory to Practice*. New York: Monthly Review Press.

_____. 1982. *Rosa Luxemburg et la Spontanéité Revolutionnaire*. Paris: Spartacus Publications.

Gulati, Leela. 1984. "Technological Change and Women's Work—Participation and Demographic Behaviour—A Case Study of Three Fishing Villages", *Economic and Political Weekly*, Vol. 19, No. 49, 8 December.

Gunew, Sneja(ed.). 1990. *Feminist Knowledge: Critique and Construct*. London: Routledge and Kegan Paul.

Hall, Catherine. 1987. "The Home Turned Upside Down? The Working Class Family in Cotton Textiles 1780~1850", in Elisabeth Whitelegg et al.(eds.), *The Changing Experience of Women*. Oxford: Basil Blackwell and The Open University.

Hancock, Mary. 1983. "Transnational Production and Women Workers", in Annie Phizacklea(ed.), *One Way Ticket*. London: Routledge and Kegan Paul.

Harding, Sandra. 1986. *The Science Question in Feminism*. Ithaca: Cornell Uni-versity Press. 샌드라 하딩, 『페미니즘과 과학』, 이박혜경·이재경 옮김, 이화여자대학교 출판부, 2002.

Harrison, Faye V. 1991. "Women in Jamaica's Urban Informal Economy: Insights from a Kingston Slum", in Chandra Talpade Mohanty et al.(eds.), *Third World Women and the Politics of Feminism*. Bloomington and Indianapolis: Indiana University Press.

Hartmann, Betsy and James Boyce. 1983. *A Quiet Violence—View from a Bangladesh Village*. London: Zed Books.

Hartmann, Heidi. 1981. "The Unhappy Marriage of Marxism and Feminism: Towards a More Progressive Union", in Lydia Sargent(ed.), *The Unhappy Marriage of Marxism and Feminism: A Debate on Class and Patriarchy*. London: Pluto Press. 하이디 하트만, 『여성해방이론의 쟁점: 사회주의 여성해방론과 마르크스주의 여성해방론』, 하이디 하트만·린다 변행 외 지음; 김혜경·김애령 옮김, 태암, 1989.

Harui, Tono. 1985. "Japan's Industrialisation and Women Workers", in Women's Journal, *Industrial Women Workers in Asia*, ISIS International/Committee for Asian Women, Rome and Hongkong.

_____. 1989. "Women Workers and the Multinationals: The Shin Shirasuna Case", *AMPO-Japan-Asia Quarterly Review*, Vol. 20, No. 4, and Vol. 21, No. 1.

Hashemi, Syed M. 1991. "The Agricultural Sector in Bangladesh: Productivity and Equity Issues", in Rehman Sobhan(ed.), *The Decade of Stagnation: The State of the Bangladesh Economy in the 1980s*. Dhaka: University Press Limited.

Hegel, G. W. F. 1987. *Logic, trans. by William Wallace from the Encyclopedia of Philosophical Sciences.* Oxford: Clarendon Press.

Hiroki, Michiko. 1986. *In the Shadow of Affluence—Stories of Japanese Women Workers.* Hongkong: Committee for Asian Women.

_____. 1988. "Child Care and Working Mothers", *Resource Materials on Women's Labour in Japan.* Tokyo, No. 3, June.

Huizer, Gerrit. 1980. *Peasant Movements and their Counter-forces in South East Asia.* New Delhi: Marwah Publications.

_____. 1993~94. "Some Thoughts on Global Marxism in the Next Millennium", *Economic Review*, December~January.

Huws, Ursula. 1984. *The New Homeworkers.* London: Low Pay Unit.

Ichiyo, Muto. 1987. "Class Struggle and Technological Innovation in Japan since 1945", *Notebooks for Study and Research.* Amsterdam: International Institute for Research and Education.

Itoh, Makoto. 1983. *Waarde en Krisis: Een Bijdrage aan de Marxistische Politieke Ekonomie.* Groningen: Uitgeverij Konstapel.

Jackson, Ben. 1992. *Threadbare—How the Rich Stitch Up the World's Rag Trade.* London: World Development Movement.

_____. 1992b. "Hard Work—But there is Hope", *Spur*, September~October.

Jackson, Cecile. 1995. "Radical Environmental Myths: A Gender Perspective", *New Left Review*, No. 210, March/April.

Jannuzi, F. Thomassen and James T. Peach. 1980. *The Agrarian Structure of Bangladesh: An Impediment to Development.* Boulder: Westview Press.

Jansen, Eirik G. 1987. *Rural Bangladesh: Competition for Scarce Resources.* Dhaka: University Press Limited.

_____. 1991. "Processes of Polarisation and the Break-up of Patron-Client Relationships in Rural Bangladesh", in Reidar Gronhaug a. o.(ed.), *The Ecology of Choice and Symbol.* Bergen: Alma Mater Forlag AS.

_____. 1992. "Interest Groups and Development Assistance: The Case of Bangladesh", *Forum for Development Studies*, No. 2.

Jayawardena, Kumari. 1986. *Feminism and Nationalism in the Third World.* London: Zed Books.

Jeffery, Roger, Patricia Jeffery and Andrew Lyon. 1989. "Taking Dung-Work Seriously—Women's Work and Rural Development in North India", *Economic and Political Weekly*, 29 April.

Jhabvala, Rehana. 1985. "From the Mills to the Streets—A Study of Retrench-ment of Women from Ahmedabad Textile Mills", *Manushi*, No. 26.

Johnson, B. C. L. 1982. *Bangladesh.* London: Heinemann Educational Books.

Jone, Alwyn. 1987~88. "From Fragmentation to wholeness: A Green Approach to Science and Society(Parts I and II)", *The Ecologist*, Vol. 17, No. 6 and Vol. 18,

No. 1.

Jose, A. V.(ed.). 1989. *Limited Options—Women Workers in Rural India*. Geneva: International Labour Organisation.

Kabeer, Naila. 1988. "Subordination and Struggle: Women in Bangladesh", *New Left Review*, No. 168, March~April.

Kamata, Satoshi. 1986. *Japan aan de Lopende Band* (Japan on the Passing Line). Amsterdam: Jan Mets.

Katayama, Sen. 1918. *The Labour Movement in Japan*. Chicago: Charles Kerr.

Kelkar, Govind and Dev Nathan. 1991. *Gender and Tribe—Women, Land and Forests in Jharkhand*. New Delhi: Kali for Women.

Khan, Abdus Sattar. 1993. Speech on the World Bank-coordinated Flood Action Plan(FAP) to the European Parliament in Strasbourg, 28 May, published in Bengali by the Krishok(Peasant) Federation, Dhaka.

Khan, A. Z. M. Obaidullah. 1994. "The Earth does not Belong to Man: Man Belongs to the Earth", *Holiday*, 29 July.

Khondker, S. M. 1993. "Axe Comes Down on Garment Workers", *Holiday*, 1 January.

Khor, Martin. 1994. "Back to Basics—Goodbye to the Green Revolution", *Fron-tier Weekly*, 11 June, pp. 13~14.

Kidd, Yasue Aoki. 1978. *Women Workers in the Japanese Cotton Mills: 1880~1920*. East Asia Papers, No. 20. Ithaca and New York: Cornell University Press.

Kishwar, Madhu and Ruth Vanita(eds.). 1984. *In Search of Answers—Indian Women's Voices from Manushi*. London: Zed Books.

Kollontai, Alexandra. 1977. "Social Democracy and the Women's Question", in A. Kollontai, *Selected Writings*. London: Alison and Busby.

Korsch, Karl. 1970. *Marxism and Philosophy*. London: New Left Books.

Kossler, Reinhart and Mammo Muchie. 1990. "American Dreams and Soviet Realities: Socialism and Taylorism, A Reply to Chris Nyland", *Capital and Class*, No. 40, Spring.

Krishnaswamy, G. 1989. "Dynamics of the Capitalist Labour Process—The Knitting Industry in Tamil Nadu", *Economic and Political Weekly*, 17 June.

Kuhn, Annette and Annemarie Wolpe(eds.). 1978. *Feminism and Materialism: Women and Modes of Production*. London: Routledge and Kegan Paul.

Kulkarni, Sumati. 1994. "Dependence on Agricultural Employment", *Economic and Political Weekly*, Vol. 29, Nos 51 and 52, 17~24 December.

Kuniko, Fujita. 1988. "Women Workers, State Policy and the International Div-ision of Labour: The Case of Silicon Island in Japan", *Bulletin of Concerned Asian Scholars*, Vol. 20, No. 3.

Langlois, Jacques. 1976. *Défense et Actualité de Proudhon*. Paris: Petite Bibliothêque Payot.

Leacock, Eleanor Burke. 1981. *Myths of Male Dominance: Articles on Women Cross-*

culturally. New York and London: Monthly Review Press.

Lee-Wright, Peter. 1990. "The Sun Never Sets: The Legacy of Empire in Ban-gladesh", in P. Lee-Wright(ed.), *Child Slaves*. London: Earthscan.

Lenin, V. I. 1972. "The Taylor System—Man's Enslavement by the Machine", *Collected Works*, Vol. 20. Moscow: Progress Publishers.

_____. 1973. *Collected Works*, Vol. 38. Moscow: Progress Publishers.

_____. 1976. *Marx*. Peking: Foreign Languages Press.

_____. 1977a. *The Development of Capitalism in Russia, Collected Works*, Vol. 3. Moscow: Progress Publishers. V. I. 레닌, 『러시아에 있어서 자본주의의 발전』(전 2권), 김진수 옮김, 태백, 1988.

_____. 1977b. *The Three Sources and Component Parts of Marxism*. Beijing: Foreign Languages Press.

Lewenhak, Sheila. 1980. *Women and Work*. Glasgow: Fontana Paperbacks.

Leydesdorff, Selma. 1977. *Verborgen Arbeid—Vergeten Arbeid: Een Verkenning in the Geschiedenis van de Vrouwenarbeid rond Negentien-Honderd*(Hidden Labour—Forgotten Labour: An Exploration into the History of Women's Labour around Nineteen Hundred). Amsterdam: Van Gorcum.

Liddington, Jill and Jill Norris. 1978. *One Hand Tied Behind Us: The Rise of the Women's Suffrage Movement*. London: Virago.

Liebknecht, Karl. 1973. *Militarism and Anti-militarism—With Special Regard to the International Young Socialist Movement*. Cambridge: Rivers Press.

Lim, Linda. 1985. *Women Workers in Multinational Enterprises in Developing Countries*. Geneva: United Nations Centre on Transnational Corporations, ILO.

Luxemburg, Rosa. 1971. *Selected Political Writings*, ed., with an introduction by Dick Howard. New York and London: Monthly Review Press.

_____. 1972. *Schriften über Kunst und Literature*(Writings on Art and Literature). Dresden: VEB Verlag der Kunst.

_____. 1974. *Reform or Revolution?* New York: Pathfinder Press.

_____. 1981a. *Die Akkumulation des Kapitals—Ein Beitrag Zur Ökonomischen Erklärung des Imperialismus*. First Published in 1913. Reprinted in *Gesammelte Werke*(Collected Works), Vol. 5. Berlin: Dietz Verlag. 로자 룩셈부르크, 『자본의 축적』(전 2권), 황선길 옮김, 지만지, 2013.

_____. 1981b. "Einführung in die Nationalökonomie", in *Gesammelte Werke*, Vol. 5. Berlin: Dietz Verlag.

_____. 1981c. *Die Akkumulation des Kapitals oder Was die Epigonen aus der Marxschen Theorie Gemacht Haben. Eine Antikritik*, in *Gesammelte Werke*, Vol. 5. Berlin: Dietz Verlag.

_____. n. d. *The Junius Pamphlet—The Crisis in Social Democracy*. First published in 1915. Republished. London: Merlin Press.

Maal, Bodil. 1989. *Fish Cultivation for Landless Groups in the Water Bodies of Kurigram District*. Dhaka: Rural Employment Sector Programme.

Maal, Bodil and Shahid Ali. 1990. *Women's Participation in Fish Culture in Greater Dinajpur District—Constraints and Possibilities*. Dhaka: Centre for Development Studies, University of Bath and Bangladesh Centre for Advanced Studies.

Malos, Ellen(ed.). 1980. *The Politics of Housework*. London: Allison and Busby.

Mandel, Ernst. 1972. *Der Spätkapitalismus—Versuch Einer Marxistischen Erklärung*(Late Capitalism—Attempt at a Marxist Interpretation). Frankfurt am Main: Surkamp Verlag.

Mankidy, Jacob. 1984. "Human Resource Management—Relevance of the Japanese Model for India", *Economic and Political Weekly*, Vol. 19, Nos 20 and 21, 19~26 May.

Marx, Karl. 1967. *Capital: A Critique of Political Economy*, Vol. 2. Moscow: Progress Publishers. 카를 마르크스, 『자본 II』, 강신준 옮김, 도서출판 길, 2010.

_____. 1973a. *The Economic and Philosophical Manuscripts of 1844*, ed., with an introduction by Dirk Struik. New York: International Publishers.

_____. 1973b. *Grundrisse—Foundations of the Critique of Political Economy*. London: Penguin New Left Books. 칼 맑스, 『정치경제학 비판 요강』(전 3권), 김호균 옮김, 그린비, 2007.

_____. 1973c. "Wages, Price and Profit", in K. Marx and F. Engels, *Selected Works*, Vol. 2. Moscow: Progress Publishers. 칼 마르크스, 『임금·가격·이윤』, 남상일 옮김, 백산서당, 1990.

_____. 1975. *The Poverty of Philosophy—Answer to "Philosophy of Poverty" by M. Proudhon*. Moscow: Progress Publishers. 칼 마르크스, 『철학의 빈곤』, 강민철·김진영 옮김, 아침, 1988.

_____. 1977a. *Capital: A Critique of Political Economy*, Vol. 1. Moscow: Progress Publishers. 카를 마르크스, 『자본 I-1』, 『자본 I-2』, 강신준 옮김, 도서출판 길, 2008.

_____. 1977b. *Capital: A Critique of Political Economy*, Vol. 3. Moscow: Progress Publishers. 카를 마르크스, 『자본 III』, 강신준 옮김, 도서출판 길, 2010.

Marx, Karl and Frederick Engels. 1967. "The German Ideology: A Critique of the Most Recent German Philosophy as Represented by Feuerbach, B. Bauer and Stirner", in *Writings of the Young Marx on Philosophy and Society*, ed. and trans. by Loyd D. Easton and Kurt H. Guddat. New York: Anchor Books. 칼 마르크스·프리드리히 엥겔스, 『독일 이데올로기 I』, 박재희 옮김, 청년사, 2007.

_____. 1973. *Selected Works*, Vol. 2. Moscow: Progress Publishers.

Matthaei, Julie A. 1982. *An Economic History of Women in America—Women's Work, the Sexual Division of Labour and the Development of Capitalism*. New York: Schocken Books and Brighton: Harvester Press.

Mellon, Mary. 1992. *Breaking the Boundaries—Towards a Feminist Green Socialism.* London: Virago Press.

Mencher, Joan P. and K. Saradamoni. 1982. "Muddy Feet, Dirty Hands—Rice Production and Female Agricultural Labour", *Economic and Political Weekly*, Vol. 17, No. 52, 25 December.

Merchant, Carolyn. 1980. *The Death of Nature—Women, Ecology and the Scientific Revolution.* New York: Harper and Row. 캐롤린 머천트, 『자연의 죽음』, 전규찬·전우경·이윤숙 옮김, 미토, 2005.

_____. 1992. *Radical Ecology—The Search for a Livable World.* New York and London: Routledge and Kegan Paul. 캐롤린 머천트, 『래디컬 에콜로지』, 허남혁 옮김, 이후, 2001.

Mies, Maria. 1973. *Indische Frauen Zwischen Patriarchat und Chancengleichheit—Rollenkonflikte Studierender und Berufstätiger Frauen*(Indian Women Between Patriarchy and Equal Opportunity). Meisenheim am Glan: Verlag Anton Hain.

_____. 1980. "Capitalist Development and Subsistence Reproduction: Rural Women in India", *Bulletin of Concerned Asian Scholars*, Vol. 12, No. 1: 2~14.

_____. 1981. "Dynamics of the Sexual Division of Labour and Capital Accumulation—Women Lacemakers of Narsapur", *Economic and Political Weekly*, March.

_____. 1982. *The Lacemakers of Narsapur: Indian Housewives Produce for the World Market.* London: Zed Press.

_____. 1986a. "Indian Women in Subsistence and Agricultural Labour", *Women, Work and Development Series*, No. 12. Geneva: ILO.

_____. 1986b. *Patriarchy and Accumulation on a World Scale—Women in the International Division of Labour.* London: Zed Press. 마리아 미즈, 『가부장제와 자본주의』, 최재인 옮김, 갈무리, 2014.

_____. 1988. "Capitalist Development and Subsistence Production: Rural Women in India", in Maria Mies et al.(eds.), *Women: The Last Colony.* London: Zed Books.

Mies, Maria and Kumari Jayawardena. 1981. *Feminism in Europe—Liberal and Socialist Strategies, 1789~1919.* The Hague: Institute of Social Studies.

Mies, Maria and Vandana Shiva. 1993. *Ecofeminism.* Halifax: Fernwood Pub-lications and London: Zed Books. 마리아 미스·반다나 시바, 『에코페미니즘』, 손덕수·이난아 옮김, 창작과비평사, 2000.

Mies, Maria, Veronika Bennholdt-Thomsen and Claudia von Werlhof(eds.). 1988. *Women: The Last Colony.* London: Zed Books.

Ministry of Labour, Japan. 1989a. "The Labour Conditions of Women, 1989(Sum-mary)", Tokyo, Foreign Press Centre, November.

Minsitry of Labour, Japan. 1989b. "Analysis of the 1988 Labour Economy(Sum-mary)",

Tokyo, Foreign Press Centre, July.

Mitra, Debendra Bijoy. 1978. *The Cotton Weavers of Bengal: 1757~1833.* Calcutta: KLM Private Limited.

Mitter, Swasti. 1986. *Common Fate. Common Bond—Women in the Global Eco-nomy.* London: Pluto Press.

Mitter, Swasti and Anneke van Luijken. 1983. "A Woman's Home is her Factory", in Wendy Chapkis and Cynthia Enloe(eds.), *Of Common Cloth—Women in the Global Textile Industry.* Amsterdam: Transnational Institute.

Moghadam, Valentine M. 1992. "Revolution, Islam and Women: Sexual Politics in Iran and Afghanistan", in Andrew Parker et al.(eds.), *Nationalisms and Sexualities.* New York and London: Routledge.

Mohanty, Chandra Talpade. 1991. "Under Western Eyes: Feminist Scholarship and Colonial Discourses", in C. T. Mohanty et al.(eds.), *Third World Women and the Politics of Feminism.* Bloomington and Indianapolis: Indiana University Press.

Mukherjee, Ramkrishna. 1974. *The Rise and Fall of the East India Company.* New York and London: Monthly Review Press.

Nagaraj, R. 1984. "Subcontracting in Indian Manufacturing Industries—Analysis, Evidence and Issues", *Economic and Political Weekly,* Vol. 19, Nos 31~33, August.

Nakano, Mami. 1995. "Ten Years Under the Equal Employment Opportunity Law", *AMPO Japan—Asia Quarterly,* Vol. 25, No. 4 and Vol. 26, No. 1.

Nanda, Meera. 1991. "Is Modern Science a Western, Patriarchal Myth? A Critique of the Populist Orthodoxy". *South Asia Bulletin,* Vol. 11, Nos 1 and 2.

Nayyar, Rohini. 1987. "Female Participation in Rural Labour", *Economic and Political Weekly,* 19 December.

_____. 1989. "Rural Labour Markets and the Employment of Women in Punjab-Haryana", in A. V. Jose(ed.), *Limited Options—Women Workers in Rural India.* Geneva: ILO.

Nettle, Peter. 1969. *Rosa Luxemburg.* London: Oxford University Press.

Nichols, Theo(ed.). 1980. *Capital and Labour—A Marxist Primer.* Glasgow: Fontana Paperbacks.

Niggemann, Heinz. 1981. *Emanzipation zwischen Sozialismus und Feminismus* (Emancipation Between Socialism and Feminism). Wuppertal: Peter Hammer Verlag.

O'Brien, Mary. 1981. *The Politics of Reproduction.* London: Routledge and Kegan Paul.

Omvedt, Gail. 1983. "Household Labour, Marxism and Patriarchy", *Weekly Frontier,* Vol. 50, Nos 43~45, June.

Operations Review Unit(OIV). 1993. *Flood Action Plan, Bangladesh—A Study of the Debate on Flood Control in Bangladesh.* The Hague: Netherlands' Ministry of Development Cooperation.

Pankhurst, Sylvia. 1977. *The Suffragette Movement—An Intimate Account of Persons and Ideals.* London: Virago.

Patnaik, Utsa. 1976. "Class Differentiation Within the Peasantry: An Approach to the Analysis of Indian Agriculture", *Economic and Political Weekly*, Vol. 11, No. 39, 11 September.

Patrick, Hugh(ed.). 1976. *Japanese Industrialisation and its Social Consequences.* Berkeley: University of California Press.

Pearce, Fred. 1991. "The Rivers that won't be Tamed", *New Scientist*, 13 April.

Petras, James. 1978. *Critical Perspectives on Imperialism and Social Class in the Third World.* New York: Monthly Review Press.

Phelan, Brian. 1986. *Made in Bangladesh? Women, Garments and the Multi-Fibre Arrangement.* London: Bangladesh International Action Group, Third World Publications.

Phillips, Anne and Barbara Taylor. 1978. "Sex and Skill", in Feminist Review(ed.), *Waged Work—A Reader.* London: Virago Press.

Phizacklea, Annie(ed.). 1983. *One Way Ticket.* London: Routledge and Kegan Paul.

Plumwood, Val. 1992. "Beyond the Dualistic Assumptions of Women, Men and Nature", *The Ecologist*, Vol. 22, No. 1, January~February.

Proceedings of the International Consultation on Micro-Chip Technology. 1986. *From Bonding Wires to Banding Women.* Quezon City: Centre for Women's Resources.

Proudhon, Pierre-Joseph. 1863. *Du Principe Fédératif et de la Nécessité de Recon-stituer le Parti de la Révolution*(On the Federal Principle and the Necessity to Reconstitute the Party of the Revolution). Paris: Dentu.

_____. 1865. *De la Capacité Politique des Classes Ouvrières*(On the Political Capacity of the Labouring Classes). Paris: Dentu.

_____. 1875. *La Pornocracie ou les Femmes dans les Temps Modernes*(Pornocracy or Women in Modern Times). Paris: Lacroix et C.

_____. 1888. *System of Economical Contradictions or the Philosophy of Misery*, Vol. 1, trans. by B. R. Tucker. Boston.

_____. 1970. *Von der Anarchie zur Pornokratie*(From Anarchy to Pornocracy). Zürich: Die Arche.

_____. n. d. *Qu'est-ce que la propriété?*(What is Property?). First published in 1840 by Groupe Fresnes-Antony, Federation Anarchiste, Antony.

Pyne, Hnin Hnin. 1994. "Reproductive Experiences and Needs of Thai Women: Where has Development Taken Us?", in Gita Sen and Rachel C. Snow(eds.), *Power and Decision: The Social Control of Reproduction.* Boston: Harvard School of Public Health.

Quataert, Jean Helen. 1974. "The German Socialist Women's Movement, 1890~ 1918: Issues, Internal Conflicts and the Main Personages." Ph. D. Thesis, Los Angeles: University of California.

Rabaut, J. 1978. *Histoire des Feminismes Francais*(History of French Feminisms). Paris: Stock.

Raeburn, Antonia. 1973. *The Militant Suffragettes*. London: Michael Joseph Ltd.

Rahman, Ashabur. 1986. *Bangladesher Krishikathamo, Krishak Samaj O Unnayan*(The Agrarian Structure, Peasant Society and Development in Bangladesh). Dhaka: University Press Limited.

Rahman, Atiur. 1986. *Peasants and Classes: A Study in Differentiation in Ban-gladesh*. Dhaka: University Press Limited.

Rahman, Atiur and Syed Azizul Hoque. 1987. *Dhanik Goshtir Lutpater Kahini* (The Story of the Looting by the Wealthy Elite). Dhaka: Suchana.

Rahman, Md. Mahbubar and Willem van Schendel. 1994. "Gender and Inheritance of Land: Living Law in Bangladesh". Paper presented at the Workshop of the European Network of Bangladesh Studies, the Netherlands, August.

Rahman, Saira. 1994. "Floating People Also have a Right to Live", *Holiday*, 11 February.

Raman, C. S. 1984. "Development of Ancillaries", *Economic and Political Weekly*, Vol. 19, Nos 20 and 21, 19~26 May.

Rao, Sudha V. 1984. "Rural Labour: A Case Study of a Karnataka Village", *Economic and Political Weekly*, Vol. 19, No. 18, 5 May.

Ravera, Camilla. 1978. *Breve Storia del Movimiento Femminile in Italia*(Short History of the Women's Movement in Italy). Rome: Editore Ruiniti.

Ray, Krishnendu. 1994. "Crises, Crashes and Speculation—Hegemonic Cycles of the Capitalist World Economy and the International Financial System", *Economic and Political Weekly*, Vol. 29, No. 31, 30 July.

Ray, Suprakash. 1990. *Bharater Krishak Bidroh o Ganatantrik Sangram: Unabingsa Shatabdi*(Peasant Rebellions of India and the Democratic Struggle: The Nineteenth Century). Calcutta: Book World.

Reed, Evelyn. 1975. *Women's Evolution—From Matriarchal Clan to Patriarchal Family*. New York and Toronto: Pathfinder Press.

Reiter, Rayna R.(ed.). 1975. *Towards an Anthropology of Women*. New York: Monthly Review Press.

Resource Materials on Women's Labour in Japan. 1987. "Equal Employment Opportunity Law After One Year", Centre for Asian Women Workers' Fellowship, *Newsletter* No. 2, September.

_____. 1988. "The Temporary Workers' Employment Act—Two Years After its Passage", Centre for Asian Women Workers' Fellowship, *Newsletter* No. 3, June.

_____. 1989. "Employers Seeking Part-time Workers", Centre for Asian Women Workers' Fellowship, Newsletter No. 5, November.

Ricardo, David. 1817. *The Principles of Political Economy and Taxation*. London: John Murray. 데이비드 리카도, 『정치경제학과 과세의 원리에 대하여』, 권기철 옮김, 2011, 책세상.

Richebächer, Sabine. 1982. *Uns Fehlt Nur Eine Kleinigkeit: Deutsche Proletarische*

Frauenbewegung, 1890~1914(We Just Lack a Little: The German Proletarian Women's Movement). Frankfurt am Main: Fischer Taschenbuch Verlag.

Risseeuw, Carla. 1980. *The Wrong End of the Rope: Women Coir Workers in Sri Lanka*. The Netherlands: University of Leiden.

_____. 1991. *Gender Transformation, Power and Resistance Among Women in Sri Lanka*. New Delhi: Manohar Publications.

Rogers, Barbara. 1980. *The Domestication of Women —Discrimination in Devel-oping Societies*. London and New York: Tavistock Publications.

Rogers, Peter, Peter Lydon and David Seckler. 1989. *Eastern Waters in the Ganges —Brahmaputra Basin*. Washington D. C.: US Agency for International Development, April.

Romatet, Emmanuel. 1983. "Calcutta's Informal Sector —Theory and Reality", *Economic and Political Weekly*, Vol. 18, No. 50, 10 December.

Rosdolksy, Roman. 1977. *The Making of Marx's Capital*. London: Pluto Press.

Rosier, Mechteld. 1993. *Verborgen Verzet —Organisatie en Verzet door Werk-neemsters in de Export Industrie: Hongkong, Malaysia en Sri Lanka*(Hidden Resistance: Organisation and Resistance by Female Employees in the Export Industry). Amsterdam: SOMO, Foundation for Research on Multinational Companies.

Rowbotham, Sheila. 1974. *Women, Resistance and Revolution*. Middlesex: Pelican.

Rowbotham, Sheila and Swasti Mitter(eds.). 1994. *Dignity and Daily Bread —New Forms of Economic Organising Among Poor Women in the Third World and the First*. London and New York: Routledge.

Rubin, Isaak Illich. 1972. *Essays on Marx's Theory of Value*. Detroit: Black and Red.

Saffioti, Heleieth I. B. 1978. *Women in Class Society*. London and New York: Monthly Review Press.

Sahela, Begum and Martin Greeley. 1983. "Women's Employment in Agriculture: Extracts from a Case Study", in "Women in Bangladesh: Some Socio-Economic Issues", *Women for Women Series*, Seminar Papers, Vol. 1.

Salahuddin, Khaleda. 1986. *Impact of Technological Change in Agriculture on Rural Women of Bangladesh —Women and Technology*. Dhaka: Salahuddin Ahmed.

Samachar Reporter. 1991a. "Breakthrough in the Garments' Sector: The Birth of the Oikho Parishad(Unity Council)", *Samachar*, newsbulletin of the Bangladesh People's Solidarity Centre, Amsterdam, March~April.

_____. 1991b. "Garment Workers Struggle Against the Beximco Company", *Samachar*, Amsterdam, June~July.

_____. 1992. "Women Garment Workers' Tough Struggle for Organisational Consolidation", *Samachar*, March~April.

Santen, J. van. 1968. *De Marxistische Accumulatie-Theorie*. Leiden: H. E. Stenfert Kroese.

Saradamoni, K. 1987. "Labour, Land and Rice Production —Women's Involve-ment in

Three States", *Economic and Political Weekly*, Vol. 22, No. 17, 25 April.

Sargent, Lydia(ed.). 1986. *The Unhappy Marriage Between Marxism and Feminism: A Debate on Class and Patriarchy*. London: Pluto Press.

Sau, Ranjit. 1978. *Unequal Exchange, Imperialism and Underdevelopment: An Essay on the Political Economy of World Capitalism*. Calcutta: Oxford University Press.

Saxonhouse, Gary R. 1976. "Country Girls and Communication Among Com-petitors in the Japanese Cotton-spinning Industry", in Hugh Patrick(ed.), *Japanese Industrialisation and its Social Consequences*. Berkeley: University of California Press.

Seccombe, Wally. 1974. "The Housewife and her Labour under Capitalism", *New Left Review*, No. 83, January~February.

_____. 1975. "Domestic Labour—A Reply to Critics", *New Left Review*, November~December.

Sen, Ilina. 1988. "Class and Gender in Work Time Allocation", *Economic and Political Weekly*, 13 August.

Sen, Sunil. 1979. *Agrarian Relations in India (1793~1947)*. New Delhi: People's Publishing House.

Sharma, Hari. 1973. "The Green Revolution in India: Prelude to a Red One?" in Kathleen Gough and Hari Sharma(eds.), *Imperialism and Revolution in South Asia*. New York: Monthly Review Press.

Sharma, Ursula. 1983. *Women, Work and Property in North-west India*. London and New York: Tavistock Publications.

Shirokov, G. K. 1980. *Industrialisation of India*. New Delhi: People's Publishing House.

Shiozawa, Miyoko and Michiko Hiroki. 1988. *Discrimination Against Women Workers in Japan*. Tokyo: Asian Women Workers' Centre.

Shiva, Vandana. 1988. *Staying Alive—Women, Ecology and Survival in India*. New Delhi: Kali for Women and London: Zed Press. 반다나 시바, 『살아남기』, 강수영 옮김, 솔, 1998.

_____. 1991a. *The Violence of the Green Revolution—Third World Agriculture, Ecology and Politics*. Penang: Third World Network.

_____. 1991b. "Role of Modern Science in the Ecological Crisis", *Third World Resurgence*, No. 16, January.

_____. 1992. "The Seed and the Earth: Women, Ecology and Biotechnology", *The Ecologist*, Vol. 22, No. 1, January~February.

_____. 1993. "Women's Indigenous Knowledge and Biodiversity", in Maria Mies and Vandana Shiva, *Ecofeminism*. Halifax: Fernwood Publications and London: Zed Books. 반다나 시바, 「여성의 토착지식과 생물다양성 보존」, 마리아 미스·반다나 시바, 『에코페미니즘』, 손덕수·이난아 옮김, 창작과비평사, 2000.

Shiva, Vandana and Radha Holla-Bhar. 1993. "Intellectual Piracy and the Neem Tree",

The Ecologist, Vol. 23, No. 6, November~December.

Simmons, Pam. 1992. "Women in Development: A Threat to Liberation", *The Ecologist*, Special Issue on Feminism, Nature and Development, Vol. 22, No. 1, January~February.

Singh, Manjit. 1991. *Labour Process in the Unorganized Industry—A Case Study of the Garment Industry*. New Delhi: Manohar Publications.

Sinha, Narendra K. 1956. *Economic History of Bengal: From Plassey to the Permanent Settlement*. Calcutta: Gossain and Company.

Slocum, Sally. 1975. "Woman, the Gatherer: Male Bias in Anthropology", in Rayna R. Reiter(ed.), *Towards an Anthropology of Women*. New York: Monthly Review Press.

Sobhan, Rehman(ed.). 1991. *The Decade of Stagnation: The State of the Ban-gladesh Economy in the 1980s*. Dhaka: University Press Limited.

Sobhan, Salma. 1992. "The Legal Rights of Women Workers". Paper presented at the Seminar on Women Workers, Dhaka, October.

Steger, Manfred(ed.). 1996. *Selected Writings of Eduard Bernstein, 1900~1921*. New Jersey: Humanities Press.

Stites, R. 1977. *The Women's Liberation Movement in Russia: Feminism, Nihilism and Bolshevism, 1860~1930*. Princeton: Princeton University Press.

Storry, Richard. 1976. *A History of Modern Japan*. Middlesex: Penguin Books.

Sullerot, Evelyne. 1968. *Histoire et Sociologie du Travail Féminin*(History and Sociology of Female Labour). Paris: Gonthier.

_____. 1979. *Geschiedenis en Sociologie van de Vrouwenabeid*(History and Sociology of Women's Labour). Nijmegen, the Netherlands: SUN.

Sultana, Hazera. 1989. "The Violation of Garment Workers' Human Rights". Statement presented at the Seminar on "New Labour Relations—Inter-national Developments in the Garments' Industry and the Consequences for Women Workers", Dordrecht, the Netherlands, 19~21 June.

Sunderayya, P. 1972. *Telengana People's Struggle and its Lessons*. Calcutta: CPI(Marxist).

Sweezy, Paul. 1972. *Theorie der Kapitalistischen Entwicklung*(Theory of Capitalist Development). Frankfurt am Main: Edition Suhrkamp. 폴 스위지, 『자본주의 발전의 이론』, 이주명 옮김, 필맥, 2009.

_____. 1980. "Japan in Perspective", *Monthly Review*, Vol. 31, No. 9, February: 1~14.

Tanaka, Kazuko. 1977. *A History of the Women's Movement in Modern Japan*. Japan, January.

Tax, Meredith. 1980. *The Rising of the Women—Feminist Solidarity and Class Conflict, 1880~1917*. New York: Monthly Review Press.

Taylor, Frederick W. 1964. *The Principles of Scientific Management*. New York: Harper and Brothers. First published in 1913.

Thönnessen, Werner. 1976. *The Emancipation of Women: The Rise and Decline of the*

Women's Movement in German Social Democracy, 1863~1933. London: Pluto Press.

Transnationals Information Exchange(TIE). 1991. "International Meeting on Toyotism in the Car Sector", Barcelona, 10~13 April. Amsterdam: TIE *Newsletter*.

Tristan, Flora. 1986. *Peregrinations of a Pariah*. London: Virago Press.

Ueno, Chizuko. 1987. "The Position of Japanese Women Reconsidered", *Current Anthropology*, Vol. 28, No. 4, August~October.

Umar, Badruddin. 1978. *Chirasthayee Bandobaste Bangladesher Krishak*(The Peasants of Bangladesh in Permanent Settlement). Calcutta: Chirayat Prak-ashan.

_____. 1986. *General Crisis of the Bourgeoisie in Bangladesh*. Dhaka: Papyrus Prakashanee.

Ummerkutty, A. N. P. 1991. *Science of the Oceans and Human Life*. New Delhi: National Book Trust.

Unni, Jeemol. 1990. "Work Participation of Women in India", *Economic and Political Weekly*, Vol. 25, No. 10, 10 March.

van Vierssen, W. 1991. "Ecology and the Bangladesh Disaster: On the Ecological Profile of Bangladesh and the Sustainable Use of its Natural Resources". Lecture at the Bangladesh Seminar, Delft University, the Netherlands, Sep-tember.

von Harder, Gudrun Martius. 1975. "Women's Role in Rice Processing", *Women for Women Series*. Dhaka: University Press Ltd.

_____. 1978. *Die Frau im Ländlichem Bangladesh—Empirische Studie in Vier Dorfern im Comilla Distrikt*(The Woman in Rural Bangladesh: Empirical Study in Four Villages in Comilla District). Saarbrucken: Verlag Breitenbach.

von Werlhof, Claudia. 1988. "The Proletarian is Dead: Long Live the Housewife!" and "Women's Work: The Blind Spot in the Critique of Political Economy", in Maria Mies et al.(eds.), *Women: The Last Colony*. London: Zed Books.

Wahyana, Juliane. 1994. "Women and Technological Change in Rural Indus-try—Tile-Making in Java", *Economic and Political Weekly*, 30 April.

Wallerstein, Immanuel. 1983. *Historisch Kapitalisme*. Weesp, the Netherlands: Uitgeverij Heureka. 이매뉴얼 월러스틴, 『역사적 자본주의/자본주의 문명』, 나종일·백영경 옮김, 창작과비평사, 1993.

West, Jackie. 1980. "A Political Economy of the Family in Capitalism: Women, Reproduction and Labour", in Theo Nichols(ed.), *Capital and Labour: A Marxist Primer*. Glasgow: Fontana Paperbacks.

Westergaard, Kirsten. 1983a. *Pauperisation and Rural Women in Bangladesh: A Case Study*. Comilla, Bangladesh: Bangladesh Academy for Rural De-velopment.

_____. 1983b. "Rural Pauperisation: Its Impact on the Economic Role and Status of Rural Women in Bangladesh", in "Women in Bangladesh: Some Socio-Economic Issues", *Women for Women Series, Seminar Papers*, Vol. 1.

White, Sarah C. 1992. *Arguing with the Crocodile: Gender and Class in Bang-ladesh*.

London: Zed Books and Dhaka: University Press.

Willcocks, William. 1988. *Ancient System of Irrigation in Bengal*. Delhi: B. R. Publishing Corporation.

Williams, C. Addams. 1966. *History of the Rivers in the Gangetic Delta: 1750~1918*. Calcutta: NEDECO/East Pakistan Inland Water Transport Authority.

Women for Dialog. 1988. "Women Workers and the Garment Industry", ISIS Bulletin.

Women's Research Centre. 1984. "Continual Displacement—Women Workers in The Cotton Textile Industry in Calcutta", *Manushi*, No. 23.

Woodcock, George. 1979. *Anarchism—A History of Libertarian Ideas and Movements*. Middlesex: Penguin Books.

Young, Iris. 1986. "Beyond the Unhappy Marriage: A Critique of the Dual Systems Theory", in Lydia Sargent(ed.), *The Unhappy Marriage of Marxism and Feminism: A Debate on Class and Patriarchy*. London: Pluto Press.

Zetkin, Clara. 1958. *Zur Geschichte der Proletarischen Frauenbewegung Deutschlands*(On the History of the Proletarian Women's Movement of Ger-many). Berlin: Dietz Verlag.

_____. 1979. "Die Arbeiterinnen und Frauenfrage der Gegenwart"(The Contemporary Question of Female Workers and the Women's Question), in Gisela Brinker-Gabler(ed.), *Frauenarbeit und Beruf*. Frankfurt am Main: Fischer.

옮긴이 후기

이 책은 피터 커스터스가 오랜 현장 연구 끝에 지난 1997년 출간한 *Capital Accumulation and Women's Labour in Asian Economies*의 2012년 개정판을 번역한 것이다. 사회주의 이론가이자 열성적인 활동가이기도 한 커스터스는 여성학, 사회운동 이론, 경제학, 철학, 사회학, 지역학 등을 아우르는 폭넓은 식견을 바탕으로 세계 경제의 구조, 아시아 경제의 성장, 그리고 여성 노동이 상호 관계를 맺고 어떻게 발전해 왔는지를 보여 주고 있다. 저자의 끈질긴 노력과 풍부한 현장 연구 덕분에 우리는 아시아 경제에서 자본 축적이 가속화되는 데 여성 노동이 어떤 역할을 했는지에 대한 이론적이면서도 구체적인 논의를 접할 수 있다. 역자이기 이전에 여성주의와 맑스주의 이론에 관심을 갖고 있는 한 사람의 독자로서 그의 열정과 노력에 깊은 감사를 표하고 싶다. 이 책이 담고 있는 여러 이론적 논쟁과 흥미로운 사실들이 번역 작업에 몰입하는 데 큰 도움이 되었다.

이 책의 두 가지 주요한 기여를 되짚는 것으로 책 소개를 대신하고 싶다. 이 책의 가장 큰 의의는 현대 자본주의와 여성의 노동을 이해하는 데 있어 맑스주의가 갖는 이론적 함의를 재확인시켜 준다는 것이다. 저자는 책 전반을 통해 분업, 절대적/상대적 잉여가치의 추출, 노동예비군 등과 같은 맑스주의 이론과 개념에 입각해서 여성의 생산 및 재생산 노동에 대한 착취를 설명하고, 궁극적으로는 이것이 자본의 축적 과정과 어떻게 연결되는지를 보이고자 했다. 가부장제 문제를 경제 문제에서 분리시켜 이해하려는 여성주의 내 흐름을 염두에 둘 때 이 책의 의미는 더욱 남다르다. 사실 그동안 많은 이들이 맑스주의를 이미 실패한 이론으로 단정지어 왔으며 이는 여성주의 흐름 안에서도 크게 다르지 않았다. 그러나 이 같은 인식과는 별개로 자본주의 시스템이 여성에 대한 차별을 강화하는 주요 기제 중 하나라는 사실은 변함이 없으며, 자본주의의 구조적 모순을 주어진 조건으로 가정한 채 여성 문제를 설명하는 것은 현상의 한 단면만을 드러낼 뿐이다. 무엇보다도 자본주의와 여성 문제를 통합적으로 이해하는 관점을 형성하는 것이 필요하고, 이 점에서 맑스주의 이론이 제공하는 통찰은 중요한 의미를 갖는다. 이 책을 통해 독자들은 맑스주의 이론이 여성 문제를 이해하는 데 어떻게 적용될 수 있는지, 그리고 그것이 얼마나 시의적절하고 타당한지 다시금 평가할 기회를 갖게 될 것이다.

물론 맑스주의에도 한계가 있다. 저자는 맑스를 비롯한 여러 진보적 사상가들이 자본 축적 과정에서 여성의 역할을 저평가하고 이를 적극적으로 자신의 이론 속에 포함시키려 하지 않았다는 것을 강하게 비판한다. 나아가 그는 균형 잡힌 시각에서 맑스의 이론이 현대 여성주의 사상과 연구를 통해 수정되고 보완되어야 할 필요가 있음을 강조한다. 구체적으로 생태여성주의, 독일여성주의 학파, 사회주의 여성주의와 같은 다양한 여성주의 조류를 비교하고 평가하면서 그는 각 이론들의 고유한 문제의식과 한계에 대해 짚고 있다. 그리고 이러한 이론들이 맑스주의의 맹점을 어떻게 보완할 수 있을지에 대한 제언 또한 빠뜨리지 않는다. 이처럼 다양한 이론적 주장들을 종합함으로써 저자는 자본주의와 가부장제가 어떻게 공생 관계를 맺으며 함께 발전해 왔는지에 대해 설득력 있는 관점을 제시하고 있다.

이 책의 또 다른 업적은 앞서 제시한 이론적 통찰과 주장이 구체적이고 실증적인 자료를 통해 충실하게 뒷받침된다는 점이다. 그는 아시아 여성 노동자와 여성 농민의 노동 조건에 관한 광범위한 자료 조사와 현장 연구를 토대로 세계 경제의 흐름과 변화에 아시아 지역의 여성 노동이 어떻게 연결되어 있는지를 보여 준다. 사실 이처럼 다양한 경험과 이론을 적절히 조화시킨 연구는 그동안 흔치 않았다. 더불어 지금까지 한국의 독자들이 쉽게 접하지 못했던 아시아 경제의 구체적 사례를 접할 수 있는 좋은 기회이기도 하다. 그 중 일본의 경험은 한국 여성들의 노동 현실을 그대로 대입해서 읽더라도 무리가 없을 정도로 닮은 점이 많다. 한국에서 여성의 사회 진출이 활발해지던 시점에 일본식 경영으로 대변되는 신자유주의적 고용 관행이 확산되기 시작한 것은 단순한 우연의 일치가 아니다. 자본 축적 메커니즘의 변화 속에서 여성 노동이 적극적으로 활용되기 시작하면서, 결과적으로는 비정규직이나 파트타임과 같은 불안정 노동이 여성 노동의 고유한 특징으로 고착화되고 있는 것이다. 이렇듯 이 책에 등장하는 여러 사례를 통해서 자본 축적 과정에 여성 노동이 구체적으로 어떻게 기여하고 있는지 쉽게 이해할 수 있을 것이다.

이 책에서 한 가지 아쉬운 점은 1997년 첫 출간된 이후 2012년에 재출간되었지만 그동안의 변화상을 반영해 새롭게 수정하지는 못했다는 점이다. 그러나 저자의 이론적 논의나 분석 자체는 20년 가까이 지난 지금에도 여전히 유효하다. 다만 보다 최근의 경험과 사례를 중심으로 아시아 경제의 발전과 여성 노동의 현실을 이해하고 싶은 독자에게는 그런 점이 아쉽게 느껴질 수도 있을 것이다.

끝으로 전문 번역가가 아닌 데다 전공자도 아닌 내게 이 책의 번역은 상당히 버거운 작업이었음을 고백한다. 첫 번역이었기 때문에 전반적인 일 처리 과정도 낯설었고 얕은 지식으로 책을 이해하려다 보니 스스로의 자질에 대해서도 회의감이 들기도 했다. 무엇보다도 원서를 이해하는 것과 그것을 우리말로 다시 표현하는 것은 완전히 다른 능력을 요하는 것임을 알게 되면서 섣부르게 번역 작업에 뛰어들기로 했던 결정이 얼마나 무모한 것이었는지를 절실히 깨닫게 되었다. 공동 번역의 형식으로 각자의 전공과 관심에 맞춰 분담했기에 서툴게나마 작업을 마무리할 수 있었다. 경영학 전공자로서 나는 이론적 논쟁을 다룬 1부와 일본식 경영을 다룬 4부를 번역하였고, 지역학 전공자로서 박소현은 인도와 방글라데시의 사례를 다룬 2부와 3부를 맡아 번역하였다.

번역 초고를 가지고 세미나를 하면서 번역 상태를 꼼꼼히 점검해 준 '세미나 네트워크 새움' 회원들의 도움이 이 책이 나오는 데 큰 몫을 했다. 그분들이 내용 이해를 위한 토론은 물론이고 서툰 표현을 다듬는 데까지 적극 참여해 주었기 때문에 첫 번역에 대한 불안감을 어느 정도 이겨낼 수 있었던 것 같다. 뒤늦게나마 임수연, 한형식, 박준규 선생님께 감사의 말씀을 드린다. 바쁘신 와중에도 인도와 방글라데시의 인명과 지명 표기를 정정해 주신 부산외국어대학교 이광수 교수님께도 감사드린다. 또한 경험으로나 역량으로나 부족한 역자로 인해서 함께 고생한 편집자 이현숙 씨와 좋은 책을 한국에 소개하는 데 뜻을 함께 해준 그린비출판사 여러분께 진심으로 감사드린다.

2015년 4월
옮긴이를 대표하여
장희은

찾아보기